DEVOCIONAL EN UN AÑO™

LOS LENGUAJES DEL *Amor*

GARY CHAPMAN

TYNDALE HOUSE PUBLISHERS, INC.
CAROL STREAM, ILLINOIS

Visite Tyndale en Internet: www.tyndaleespanol.com y www.BibliaNTV.com.

TYNDALE, el logotipo de la pluma, *The One Year* y *One Year* son marcas registradas de Tyndale House Publishers, Inc.

En un año, El logotipo de En un año y el logotipo de The One Year son marcas de Tyndale House Publishers, Inc.

Devocional en un año—Los lenguajes del amor

Originalmente publicado en inglés en 2009 como *The One Year Love Language Minute Devotional* por Tyndale House Publishers, Inc., con ISBN 978-1-4143-2973-4.

Diseño: Al Navata

Traducción al español: Adriana Powell y Omar Cabral

Edición del español: Mafalda E. Novella

ISBN 978-1-4143-7335-5

Impreso en Estados Unidos de América

Printed in the United States of America

18 17 16 15 14 13 12
7 6 5 4 3 2 1

INTRODUCCIÓN

HE TENIDO EL privilegio de aconsejar a parejas por más de treinta años, y durante ese tiempo he sido testigo de muchísimos conflictos conyugales. Sin embargo, también he visto una y otra vez el poder de Dios para transformar las relaciones. Cuando dos personas se comprometen una con otra —y especialmente cuando se comprometen a expresarse amor mutuamente mediante los cinco lenguajes del amor—, ocurren cambios positivos.

Debido a que mi especialidad es la consejería matrimonial, cuando escribo tiendo a comunicarme en términos del matrimonio. Algunos de los temas que abordo son específicos al matrimonio. No obstante, si ustedes están de novios o comprometidos, espero que también lean el libro. Hay abundante información que les será útil. Las piezas con las que se construye el matrimonio —tales como una buena comunicación, respeto, amor incondicional y perdón— son fundamentales para cualquier relación romántica. Aprender a identificar y a hablar el lenguaje de amor de su ser querido será beneficioso para la pareja en cualquiera de sus etapas.

Pueden usar este devocional en forma individual o leerlo juntos cada día como pareja. Usen la oración al final de cada porción como punto de partida para su propia oración, ya sea que oren silenciosamente juntos a la vez o uno por vez en voz alta. En apenas un minuto o dos por día, podrán descubrir verdades bíblicas alentadoras.

Sea que la relación esté sólida o atravesando dificultades, que se encuentren firmes o tambaleantes, es mi oración que este devocional los anime y les renueve la alegría del uno por el otro. Que su relación se fortalezca durante este año mientras se proponen amarse y crecer juntos.

Gary Chapman

COMUNICANDO AMOR

Tres cosas durarán para siempre: la fe, la esperanza y el amor; y la mayor de las tres es el amor. ¡Que el amor sea su meta más alta!

1 CORINTIOS 13:13–14:1

DESPUÉS DE TREINTA años de aconsejar a parejas, estoy convencido de que hay cinco maneras de hablar y de comprender el amor emocional: cinco lenguajes del amor. Cada uno de nosotros tiene un lenguaje esencial de amor; uno de los cinco lenguajes nos habla más profundamente que los otros cuatro.

Rara vez ambos cónyuges tienen el mismo lenguaje de amor. Tendemos a hablar nuestro propio lenguaje y, en consecuencia, nos desconectamos. Es cierto, somos sinceros. Hasta expresamos amor, pero no nos conectamos emocionalmente.

¿Le suena conocido? El amor no necesita disminuir con el paso del tiempo. El final de 1 Corintios 13, el famoso "capítulo del amor" en la Biblia, dice que el amor es algo muy valioso y que durará para siempre. Más aún, el apóstol Pablo dice que el amor debe ser nuestra meta más alta. Sin embargo, para mantener vivo el amor, usted tendrá que aprender un nuevo lenguaje. Eso requiere disciplina y práctica . . . pero la recompensa es una relación duradera y profundamente comprometida.

Señor, gracias por crear a cada uno de nosotros tan diferente. Guárdame de suponer que mi pareja piensa y siente de la misma manera que yo. Por favor, dame paciencia para descubrir la manera más eficaz de expresarle amor a mi cónyuge.

2 DE ENERO

APRENDIENDO LOS LENGUAJES DEL AMOR

Queridos amigos, ya que Dios nos amó tanto, sin duda nosotros también debemos amarnos unos a otros. Nadie jamás ha visto a Dios; pero si nos amamos unos a otros, Dios vive en nosotros y su amor llega a la máxima expresión en nosotros. 1 JUAN 4:11-12

MI INVESTIGACIÓN INDICA que existen cinco lenguajes básicos de amor:

- Palabras de aprobación: usar palabras positivas que apoyen a la persona amada
- Regalos: entregar obsequios que demuestren que uno estaba pensando en esa persona
- Actos de servicio: hacer algo que uno sabe que agradará a la otra persona
- Tiempo de calidad: brindar atención completa
- Contacto físico: tomarse de la mano, besarse, abrazarse, poner la mano sobre el hombro o cualquier otro contacto que exprese respaldo

Cada uno de nosotros tiene uno de estos cinco lenguajes como lenguaje de amor principal. Uno de ellos nos llega con más profundidad que los demás. ¿Sabe cuál es su lenguaje de amor? ¿Sabe cuál es el de su cónyuge?

Muchas parejas se aman sinceramente, pero no comunican su amor de una manera eficaz. Si no sabe expresarse en el lenguaje principal de su cónyuge, él o ella podrían sentir que no son amados, inclusive cuando usted esté expresándole amor de otras maneras.

La Biblia dice claramente que debemos amarnos unos a otros como Dios nos ama. El apóstol Juan escribió que el amor de Dios "llega a la máxima expresión en nosotros." Si es así para la iglesia en general, ¿cuánto más lo es para una pareja? Descubrir cuál es la forma en que su ser amado se siente querido es un paso importante para expresar amor de manera eficaz.

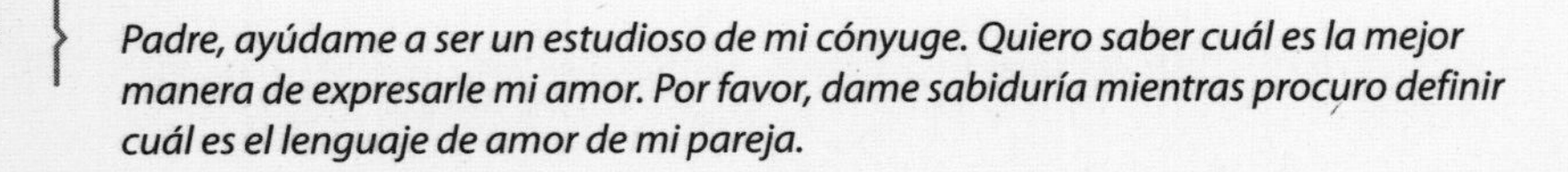
Padre, ayúdame a ser un estudioso de mi cónyuge. Quiero saber cuál es la mejor manera de expresarle mi amor. Por favor, dame sabiduría mientras procuro definir cuál es el lenguaje de amor de mi pareja.

SEGUIR LAS CLAVES

Ahora les doy un nuevo mandamiento: ámense unos a otros. Tal como yo los he amado, ustedes deben amarse unos a otros. El amor que tengan unos por otros será la prueba ante el mundo de que son mis discípulos. JUAN 13:34-35

¿QUÉ ES LO que su cónyuge le pide más a menudo? Por lo general, esta es una clave del lenguaje de amor de esa persona. Quizás haya interpretado esas peticiones como una molestia, pero en realidad, su cónyuge le ha estado diciendo qué es lo que le hace sentirse amado o amada.

Por ejemplo, si su cónyuge le pide con frecuencia que salgan a caminar después de comer, o que salgan de picnic, o que apaguen el televisor para conversar, o que salgan por el fin de semana; está solicitando que usted le dé *tiempo de calidad*. Una esposa me dijo: "Me siento abandonada y poco amada porque mi esposo rara vez pasa tiempo conmigo. Me regala cosas bonitas para mi cumpleaños y se pregunta por qué no me entusiasman. Los regalos no significan nada cuando uno no se siente amado." Su esposo era sincero y estaba tratando de demostrarle que la amaba, pero no estaba expresándolo en el lenguaje de amor de su mujer.

Como hemos visto en el versículo citado arriba, Jesús instruyó a sus discípulos que se amaran unos a otros tal como él los había amado. ¿Cómo nos ama Dios? De manera perfecta y con una comprensión completa. Él nos conoce y sabe de qué manera podemos experimentar su amor. Por supuesto, nunca podremos amar de manera perfecta de este lado del cielo, pero descubrir el lenguaje de amor del cónyuge es dar un paso importante en la dirección correcta.

Señor, gracias por conocerme a la perfección y amarme de manera perfecta. Ayúdame a pensar cuidadosamente en lo que mi cónyuge me pide con más frecuencia. Dame sabiduría para interpretar correctamente sus necesidades, para poder expresarle mi amor de la mejor manera.

4 DE ENERO

MOSTRARSE A SÍ MISMO EN EL MATRIMONIO

El SEÑOR da rectitud y hace justicia a los que son tratados injustamente. Dio a conocer su carácter a Moisés y sus obras al pueblo de Israel. SALMOS 103:6-7

¿QUÉ SABE USTED acerca del arte de la autorrevelación? Todo comenzó con Dios. Él se reveló a nosotros por medio de los profetas, por medio de las Escrituras y de manera suprema por medio de Cristo. Como dicen los versículos citados arriba, se reveló a los antiguos israelitas por medio de sus obras. Pudieron verlo cuando los sacaba de Egipto y los guiaba hacia la Tierra Prometida, y de esa manera fueron conociéndolo. Si Dios no hubiera decidido revelarse a sí mismo, no podríamos conocerle.

El mismo principio se aplica en el matrimonio. Autorrevelarnos permite conocer mutuamente nuestros pensamientos, deseos, frustraciones y alegrías. En una palabra, es el camino a la intimidad. ¿Cómo se aprende el arte de revelarse a sí mismo?

Usted puede comenzar aprendiendo a hablar de sí mismo. Los expertos en comunicación a menudo describen este modo de hablar como el que utiliza expresiones centradas en "yo" más que en "tú." Por ejemplo, decir: "*Yo* me siento frustrada porque no vas a ir conmigo a la cena de cumpleaños de mi mamá" es diferente de decir: "*Tú* me has desilusionado otra vez porque no vas a ir a la cena de cumpleaños de mi mamá." Cuando usted se enfoca en su reacción, revela sus propios sentimientos. Enfocarse en los actos de la otra persona es echarle culpa. Las declaraciones centradas en "tú" generan discusiones. Las que están centradas en "yo" alientan la comunicación.

Padre, ayúdame a recordar que revelar más de mi persona es el primer paso hacia una mayor intimidad con la persona que amo. Gracias por haberte revelado a nosotros, y dame la valentía necesaria para compartir mi intimidad con mi cónyuge.

EXPRESAR LOS SENTIMIENTOS

Hay una temporada para todo, un tiempo para cada actividad bajo el cielo. . . . Un tiempo para llorar y un tiempo para reír. Un tiempo para entristecerse y un tiempo para bailar. ECLESIASTÉS 3:1, 4

ALGUNAS PERSONAS SE preguntan por qué habrían de compartir sus sentimientos con su cónyuge. La verdad es que si usted no comparte abiertamente sus sentimientos, es probable que de todos modos se evidencien en su comportamiento; pero su cónyuge no entenderá por qué usted se comporta de esa manera. Entonces es cuando llega la pregunta proverbial: "¿Pasa algo?" Su cónyuge sabe que algo pasa, pero no sabe qué.

Las emociones son parte natural de la vida. El rey Salomón escribió en Eclesiastés que hay un tiempo para todo, inclusive para la alegría y la tristeza, para el duelo y la celebración. Todos los sentimientos tienen un lugar en nuestra vida y comunican mucho acerca de nosotros. La mayoría de nuestras emociones está ligada a alguna experiencia que tuvimos en el pasado o con algo que estamos experimentando ahora. La próxima vez que usted sienta desilusión, pregúntese: *¿Qué provocó mi desilusión?* Luego trate de compartirlo con su cónyuge.

Revelar sus emociones le permite a su pareja saber lo que está ocurriendo dentro de usted: lo que siente y por qué. Por ejemplo, usted podría decir: "Estoy enojado conmigo mismo porque llegué tarde a casa anoche y no pudimos hacer el paseo al campo." Esa declaración podría alentar a su cónyuge a decir: "Yo también estoy decepcionada. Quizás podamos hacerlo el jueves por la noche." Dar a conocer sus emociones crea una atmósfera de intimidad y confianza.

Señor, no siempre me resulta fácil expresar mis sentimientos. Ayúdame a recordar que reprimirlos solo logra que mi cónyuge se pregunte por qué actúo como lo hago. Por favor dame la valentía para compartir lo que siento. Que esto contribuya a acercarnos más.

6 DE ENERO

COMPARTIR LOS ANHELOS

La esperanza postergada aflige al corazón, pero un sueño cumplido es un árbol de vida. PROVERBIOS 13:12

AL ESCRIBIR EN los días anteriores sobre revelarnos a nosotros mismos, hemos considerado el compartir experiencias y emociones. Hoy quiero hablar acerca de compartir anhelos. Fracasar en este aspecto es fuente de mucha frustración y malos entendidos en cualquier relación romántica. Esperar que su cónyuge cumpla deseos no expresados es pedir lo imposible, y entonces la desilusión resulta inevitable. Por ejemplo, si usted quiere que su cónyuge haga algo especial para su cumpleaños, dígaselo. No espere que su pareja le lea la mente.

En Proverbios 13:12, el rey Salomón presenta una vívida figura de los deseos cumplidos y de los no cumplidos. Por supuesto, no todos nuestros deseos cotidianos alcanzan el nivel de provocarnos desconsuelo en caso de no cumplirse, pero la idea esencial es que cuando los deseos buenos y sanos se cumplen, dan como resultado alegría. ¿Por qué no habría usted de querer eso para su cónyuge? ¿Por qué su cónyuge no habría de quererlo para usted?

Permitir que su cónyuge sepa lo que usted quiere es un aspecto vital de la autorrevelación. Hay una variedad de expresiones que manifiestan deseos: "Quiero . . . ," "Deseo . . . ," "¿Sabes lo que me haría muy feliz?" o "Me gustaría . . ." Cuando usted expresa sus deseos, su cónyuge tiene la oportunidad de satisfacerlos. Usted no está exigiendo; está pidiendo. Usted no puede controlar las decisiones de su pareja, pero puede expresar claramente lo que le gustaría. Es un paso hacia la intimidad.

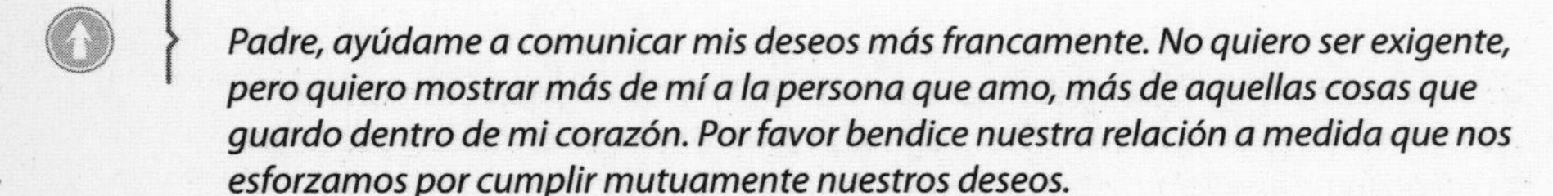

Padre, ayúdame a comunicar mis deseos más francamente. No quiero ser exigente, pero quiero mostrar más de mí a la persona que amo, más de aquellas cosas que guardo dentro de mi corazón. Por favor bendice nuestra relación a medida que nos esforzamos por cumplir mutuamente nuestros deseos.

EXPLICAR NUESTRO COMPORTAMIENTO

Oh SEÑOR*, has examinado mi corazón y sabes todo acerca de mí. Sabes cuándo me siento y cuándo me levanto; conoces mis pensamientos aun cuando me encuentro lejos. . . . Semejante conocimiento es demasiado maravilloso para mí, ¡es tan elevado que no puedo entenderlo!* SALMOS 139:1-2, 6

ESTOS VERSÍCULOS TOMADOS del Salmo 139 están entre los más amados en las Escrituras, porque muestran que Dios nos conoce completamente. Conoce nuestros pensamientos y nuestras emociones y por qué hacemos lo que hacemos. No podemos siquiera abarcar tal nivel de comprensión, mucho menos imitarlo. Por eso la autorrevelación es tan importante en el matrimonio.

Ya hemos hablado sobre compartir deseos y emociones, pero también es importante compartir acerca de nuestro comportamiento. Su cónyuge puede observar su conducta, pero tal vez no la interprete correctamente a menos que usted la explique. Por ejemplo, mi esposa podría observar que dormité mientras ella me hablaba. Sería conveniente que yo le dijera: "Te pido disculpas porque cabeceé mientras me hablabas. Tomé un medicamento para el dolor de cabeza que me produce sueño. No quiere decir que no quiera escuchar lo que tienes para decirme." Esa explicación la ayudará a entender correctamente mi comportamiento.

También puede ser útil explicar el comportamiento por anticipado. "Me propongo cortar el césped apenas regrese a casa después de jugar a la pelota. ¿Está bien? Te amo." De esa manera, ella no estará preocupándose toda la tarde por el césped alto mientras usted juega a la pelota. Ella ya sabe lo que usted se propone hacer.

Dar a conocer algo que ya hizo también puede darle a su cónyuge información valiosa. "Hoy fui a la mueblería y estuve mirando un juego de dormitorio. Me gusta mucho y me parece que es una buena compra. Me gustaría que vayas a verlo." Explicar lo que usted ha hecho respecto a una decisión ayuda a su cónyuge a procesarlo adecuadamente. Todas estas cosas promueven la comprensión y la intimidad en la pareja.

Señor Jesús, gracias por conocernos tal como somos y aun así amarnos. Ayúdanos como pareja a desear un conocimiento mutuo más profundo. Por favor, anímanos mientras aprendemos a compartir acerca de nuestros comportamientos.

EL COMIENZO DEL CAMBIO

[Jesús dijo:] "¿Por qué te preocupas por la astilla en el ojo de tu amigo, cuando tú tienes un tronco en el tuyo? . . . Primero quita el tronco de tu ojo; después verás lo suficientemente bien para ocuparte de la astilla en el ojo de tu amigo".

MATEO 7:3, 5

COMO CONSEJERO MATRIMONIAL he llegado a una conclusión: cada persona desea que su cónyuge cambie. "Podríamos tener un buen matrimonio si tan solo él me ayudara un poco más en la casa." "Nuestro matrimonio sería grandioso si ella estuviera dispuesta a tener sexo más de una vez por mes." Él quiere que ella cambie y ella quiere que él cambie. El resultado: ambos se sienten condenados y resentidos.

Las palabras de Jesús en Mateo 7 ilustran el problema vívidamente. Creemos que podemos ver con claridad las faltas de los demás y dedicamos un enorme esfuerzo en tratar de corregirlas, pero en realidad, nuestro propio pecado nos enceguece. Si todavía no nos hemos ocupado de nuestras propias fallas, no corresponde que critiquemos las de nuestro cónyuge.

Hay un camino mejor: comience consigo mismo. Admita que no es perfecto. Confiésele a su cónyuge una de sus faltas más obvias y dígale que quiere cambiar. Pídale una sugerencia por semana sobre cómo podría ser mejor esposo o esposa. Haga todo lo posible por cambiar. Es muy probable que su cónyuge adopte la misma actitud.

Padre, es mucho más fácil concentrarme en los defectos de mi cónyuge que ocuparme de los míos. Por favor dame coraje para examinarme con honestidad. Ayúdame hoy a tratar de cambiar en algo y de esa manera ser un mejor integrante del matrimonio.

9 DE ENERO

VOLVERSE

[El mensaje de Juan el Bautista] era el siguiente: "Arrepiéntanse de sus pecados y vuelvan a Dios, porque el reino del cielo está cerca. . . . Demuestren con su forma de vivir que se han arrepentido de sus pecados y han vuelto a Dios".

MATEO 3:1-2, 8

UNA MUJER ME dijo recientemente: "Tenemos las mismas viejas discusiones sobre los mismos viejos temas. Hemos estado casados durante treinta años y estoy harta de sus disculpas. Quiero que cambie." Esta mujer quería que su esposo se arrepintiera. La palabra *arrepentimiento* significa "volverse." En el contexto de una disculpa, significa que uno lamenta profundamente el sufrimiento que ha causado y que está decidido a cambiar.

Juan el Bautista predicó que la gente necesita arrepentirse: volverse de sus pecados hacia Dios. Jesús tuvo el mismo mensaje cuando comenzó su ministerio. Como vemos en el versículo 8 citado arriba, la prueba de nuestro cambio de corazón se ve en nuestras acciones. Cuando Cristo gobierna en nuestro corazón, no nos sentimos bien repitiendo los mismos viejos pecados. En lugar de ello, buscamos la ayuda divina para cambiar nuestro rumbo.

Si herimos a nuestro cónyuge, debemos reconocer que lo que hicimos está mal y que la sola disculpa no es suficiente corrección. También tenemos que hacer un plan para cambiar nuestra conducta a fin de no lastimar nuevamente de la misma manera a la persona amada. ¿Por qué no habríamos de hacerlo en la relación más íntima que tenemos? El arrepentimiento es un aspecto vital de una disculpa genuina.

Señor, sé que necesito hacer algo más que disculparme. Necesito renunciar a mis patrones de conducta equivocados al relacionarme con la persona que amo. Quiero cambiar, pero necesito tu ayuda. Por favor dame fuerzas para arrepentirme.

10 DE ENERO

LA DECISIÓN DE CAMBIAR

Arrepiéntete y apártate de tus pecados. ¡No permitas que tus pecados te destruyan! Deja atrás tu rebelión y procura encontrar un corazón nuevo y un espíritu nuevo. EZEQUIEL 18:30-31

TODOS NOSOTROS NECESITAMOS aprender a disculparnos, por una sencilla razón: todos somos pecadores. De vez en cuando lastimamos a las personas que más amamos. Cuando nos disculpamos, esperamos que la persona ofendida nos perdone. Podemos alentar el perdón si en nuestra disculpa incluimos una declaración de arrepentimiento o de cambio. Como dijo una mujer: "No quiero escuchar solo palabras; quiero ver cambios. Cuando él dice que se propone cambiar, siempre estoy dispuesta a perdonarlo."

El verdadero arrepentimiento comienza en el corazón. La decisión de cambiar demuestra que ya no presentaremos justificaciones ni minimizaremos nuestro comportamiento. En lugar de ello, aceptamos plenamente la responsabilidad de nuestros actos. Como dicen los versículos citados arriba, estamos dejando atrás nuestro comportamiento pecaminoso y buscando "un corazón nuevo y un espíritu nuevo." Solo Dios puede darlos. Él puede renovar en nosotros el deseo de modificar la manera en que actuamos. Puede ayudarnos a mejorar. Cuando expresamos nuestro deseo de cambiar, la parte ofendida puede ver nuestro corazón. Eso con frecuencia conduce al perdón.

Padre, ¡qué promesa maravillosa, que puedes darme un corazón nuevo y un espíritu nuevo! Cambia mi corazón, oh Dios, y ayúdame a cambiar mi comportamiento. Quiero comunicarle eso a la persona que amo para que pueda confiar plenamente en mí.

DISCULPAS EFICACES

Los que encubren sus pecados no prosperarán, pero si los confiesan y los abandonan, recibirán misericordia. PROVERBIOS 28:13

UNA DISCULPA EFICAZ requiere la voluntad de cambiar nuestro comportamiento. Proverbios 28:13 deja en claro que cuando no admitimos nuestras faltas —ya sea hacia Dios o hacia nuestro cónyuge—, no podemos esperar un buen resultado. Sin embargo, cuando admitimos ("confesamos") las heridas que hemos causado y formulamos un plan para evitar cometerlas nuevamente ("las abandonamos"), el perdón es posible.

Recuerdo a Joel, cuya esposa, Jimena, era terriblemente negativa. No importa qué dijera Joel, Jimena estaba en desacuerdo. En nuestras sesiones de consejería descubrí que Jimena veía todo como bueno o malo, correcto o incorrecto. En consecuencia, si estaba en desacuerdo con Joel, no podía tratarse solamente de una diferencia de opinión: Joel debía estar *equivocado*.

Llevó tiempo, pero finalmente Jimena se disculpó por su actitud negativa y formuló un plan para cambiar. Aprendió a decir: "Esa es una manera interesante de considerarlo" o: "Entiendo tu perspectiva." Aprendió a compartir sus ideas como opiniones y no como dogmas. Aprendió a decir: "Mi punto de vista es . . ." Joel perdonó de buena gana a Jimena cuando vio que realmente trataba de cambiar. Las disculpas eficaces pueden salvar el matrimonio.

Dios, es duro reconocer mis patrones equivocados de comportamiento, pero sé que lastimo a mi cónyuge de la misma manera una y otra vez. Por favor dame el coraje para confesar esas faltas y para abandonarlas, y cuando mi pareja haga lo mismo, ayúdame a brindarle gracia y perdón.

12 DE ENERO

DIVISIÓN DE TAREAS

Es mejor ser dos que uno, porque ambos pueden ayudarse mutuamente a lograr el éxito. Si uno cae, el otro puede darle la mano y ayudarle; pero el que cae y está solo, ese sí que está en problemas. ECLESIASTÉS 4:9-10

EN CASA YO me ocupo de limpiar la alfombra y de lavar la vajilla. ¿Qué hace usted en su casa? Toda pareja debe decidir quién hará qué. En mi opinión, se debe tomar en cuenta los talentos y las habilidades de cada persona. Un cónyuge puede estar más capacitado que el otro para ciertas tareas. ¿Por qué no asignar al jugador mejor calificado a ese puesto?

Esto no significa que una vez que esa persona acepta una responsabilidad, la otra nunca le ofrecerá ayuda. El amor procura ayudar y lo hace a menudo. En Eclesiastés, el rey Salomón escribió claramente acerca del valor del trabajo en equipo. Como pareja podemos ayudarnos el uno al otro y juntos lograr más de lo que lograríamos individualmente. Las Escrituras no nos dicen con precisión quién debería hacer qué, pero nos alientan a ponernos de acuerdo en la respuesta.

En una ocasión el profeta Amós preguntó: "¿Pueden dos caminar juntos sin estar de acuerdo adonde van?" (3:3). La respuesta es: "No lo harán muy bien y no llegarán lejos." Los animo a seguir negociando hasta que ambos se sientan bien respecto a quién hace qué en el hogar.

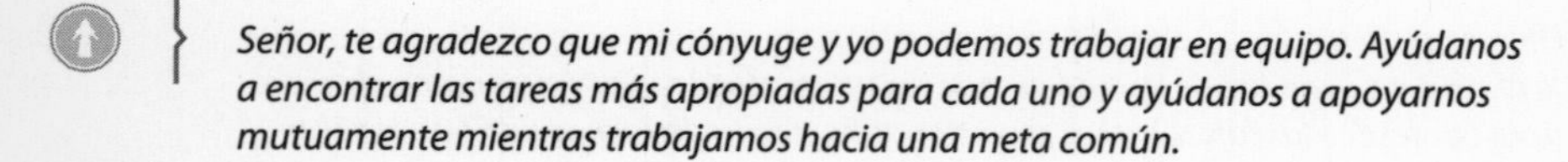

Señor, te agradezco que mi cónyuge y yo podemos trabajar en equipo. Ayúdanos a encontrar las tareas más apropiadas para cada uno y ayúdanos a apoyarnos mutuamente mientras trabajamos hacia una meta común.

COMPARTIENDO LA META

Por fin se completó la muralla alrededor de toda la ciudad hasta la mitad de su altura, porque el pueblo había trabajado con entusiasmo. NEHEMÍAS 4:6

COMO PAREJA, ¿QUÉ meta comparten? Quizás lograr un hogar que funcione sin problemas, una relación armoniosa, un sentimiento de equidad. Recientemente, una mujer estuvo en mi oficina quejándose de que su esposo no la ayudaba con las responsabilidades de la casa. "Ambos trabajamos afuera a tiempo completo," dijo, "pero él pretende que yo haga todo en la casa mientras él mira la tele y se relaja. Bueno, yo también necesito relajarme." Sin duda, esta pareja no había definido una meta compartida.

En un equipo deportivo, no todos los jugadores desempeñan la misma tarea, pero todos tienen la misma meta. También fue así cuando Nehemías lideró a los israelitas para reconstruir la muralla alrededor de Jerusalén. Algunos reconstruyeron las puertas, otros acarrearon materiales y otros montaban guardia, vigilando a los que querían sabotear el trabajo. Los individuos tenían tareas diferentes, pero todos estaban unidos en su meta final: restaurar la seguridad de Jerusalén.

Si queremos armonía e intimidad en nuestra relación, entonces cada uno debe hacer su parte en el trabajo. Un cónyuge que se siente explotado probablemente no se interese en mantener la intimidad. Podrías preguntarle a tu cónyuge: "¿Te parece que formamos un buen equipo en la casa?" Deje que la respuesta que reciba guíe sus acciones.

Padre, te agradezco por el extraordinario ejemplo de trabajo en equipo en el libro de Nehemías. Quiero tener presente la meta final mientras mi cónyuge y yo nos ponemos de acuerdo sobre las tareas de la casa. Ayúdame a hacer mi parte de manera voluntaria y amable.

14 DE ENERO

SATISFACCIÓN SEXUAL MUTUA

A un hombre recién casado no se le debe reclutar para el ejército ni se le debe asignar alguna otra responsabilidad oficial. Debe estar libre para pasar un año en su casa, haciendo feliz a la mujer con la que se casó.

DEUTERONOMIO 24:5

DOS PREGUNTAS QUE escucho bastante a menudo en mi práctica de consejería son: "¿Qué puedo hacer para lograr que mi esposa quiera tener relaciones sexuales más seguido?" y "¿Cómo puedo asegurarme de que ambos lo disfrutemos?" La frecuencia con que una esposa desea sostener relaciones sexuales estará influenciada por la manera en que la trata su esposo. Encontrar satisfacción sexual mutua es un proceso; no ocurre de manera automática. En Deuteronomio 24:5 leemos que Dios ordenó a los israelitas que no le dieran a un recién casado ninguna responsabilidad oficial, en particular aquellas que lo pudieran alejar de su hogar, como el servicio militar. Durante el primer año de matrimonio, la pareja debía brindarse felicidad el uno al otro. Podemos deducir que para Dios era importante ayudar a las parejas a desarrollar la intimidad matrimonial.

Una de las mejores maneras de aprender sobre la intimidad sexual es adquirir buena información. Sugiero que usted y su cónyuge lean un capítulo por semana de *Las 5 necesidades sexuales de hombres & mujeres* de Gary y Barbara Rosberg. Al final de la semana, conversen sobre las ideas presentadas en el capítulo. Esta es una manera de entender mejor la sexualidad masculina y femenina, y de descubrir cómo proporcionarse mutuo placer sexual.

Su actitud debe ser siempre amorosa, buscando cada uno el placer del otro. Expresen sus deseos mutuamente, pero nunca obliguen a su cónyuge a participar en alguna expresión sexual específica. La comunicación franca en una atmósfera de amor conducirá a la mutua satisfacción sexual.

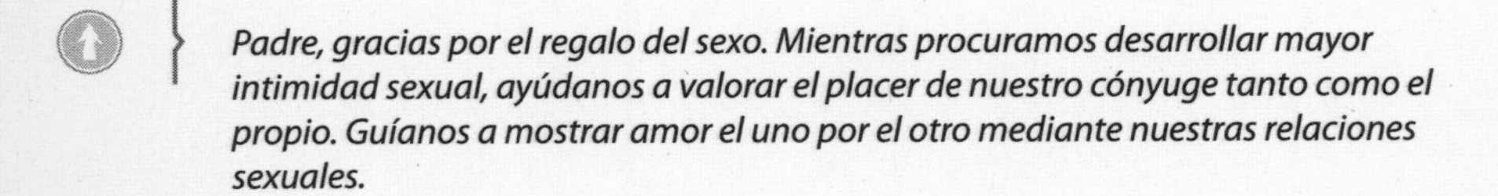

Padre, gracias por el regalo del sexo. Mientras procuramos desarrollar mayor intimidad sexual, ayúdanos a valorar el placer de nuestro cónyuge tanto como el propio. Guíanos a mostrar amor el uno por el otro mediante nuestras relaciones sexuales.

UNA PERSPECTIVA POSITIVA SOBRE EL SEXO

Tu amor me deleita, tesoro mío, esposa mía. Tu amor es mejor que el vino, tu perfume, más fragante que las especias. CANTAR DE LOS CANTARES 4:10

QUISIERA HABLAR SOBRE la satisfacción mutua en la relación sexual. Por favor observe la palabra *mutua*. Cuando se trata de la relación sexual, el plan de Dios es nada menos que la profunda experiencia de satisfacción tanto del marido como de la esposa. ¿Cuáles son las pautas que llevan hacia esa satisfacción mutua?

La primera es tener una actitud saludable hacia el sexo. Por un sinnúmero de razones, algunas personas tienen actitudes muy negativas hacia la intimidad sexual, inclusive dentro del matrimonio. La manera de contrarrestar las actitudes negativas comienza con el estudio sobre el sexo en la Biblia. En 1 Corintios 7, Pablo sostiene que el sexo es una parte importante del matrimonio. Si lee el Cantar de los Cantares, verá que el sexo en el matrimonio está celebrado allí en forma detallada como un regalo de Dios. Permita que este conocimiento lo libere. Después de todo, Jesús dijo: "Si se mantienen fieles a mis enseñanzas . . . conocerán la verdad, y la verdad los hará libres" (Juan 8:31-32).

El segundo paso hacia un cambio de actitud es la oración. Pídale a Dios que transforme su perspectiva sobre el sexo para que sea positiva. Las actitudes positivas llevan a un comportamiento positivo.

Padre, sabes que a veces tengo una actitud negativa hacia las relaciones sexuales. Leo en tu Palabra que las relaciones íntimas son sanas y buenas. Ayúdame a creerlo de todo corazón. Oriéntame mientras hablo con mi cónyuge y procuro crecer en este aspecto de nuestro matrimonio.

16 DE ENERO

RESOLVIENDO EL PECADO SEXUAL

Por lo tanto, ya no hay condenación para los que pertenecen a Cristo Jesús; y porque ustedes pertenecen a él, el poder del Espíritu que da vida los ha libertado del poder del pecado, que lleva a la muerte. ROMANOS 8:1-2

UNA DE LAS realidades de la sociedad contemporánea es que muchas personas llegan al matrimonio habiendo tenido ya experiencia sexual, sea entre ellos o con otra pareja. La cultura trata de convencernos de que la experiencia sexual anticipada nos prepara mejor para el matrimonio. Sin embargo, todas las investigaciones indican lo contrario. De hecho, el índice de divorcios entre quienes han tenido experiencia sexual previa es dos veces mayor que entre quienes no la han tenido.

Lo cierto es que la experiencia sexual anticipada a menudo se convierte en una barrera que impide alcanzar la intimidad sexual en el matrimonio. La respuesta del cristianismo a esa barrera consiste en confesar las faltas y perdonarse mutuamente con sinceridad los errores del pasado. Los maravillosos versículos de Romanos 8 citados arriba nos recuerdan que no hay nada imposible para la gracia y el perdón de Dios. Si usted está en Cristo y ha confesado su pecado, está perdonado y libre del pasado. Quizás las cicatrices del pasado permanezcan para siempre, pero las cicatrices sanadas pueden servirle como recordatorios de la gracia y del amor de Dios. Aceptar esta realidad y perdonarse mutuamente es un paso en el camino hacia la satisfacción sexual mutua.

Señor, sabes el lugar que ocupa el pecado sexual en nuestra relación. Por favor perdona mis pecados y ayúdame a comenzar de nuevo, ahora perdonado y dispuesto a desarrollar una relación sexual más sana con mi cónyuge.

ACEPTAR LAS EMOCIONES

Jesús miró con enojo a los que lo rodeaban, profundamente entristecido por la dureza de su corazón. Entonces le dijo al hombre: "Extiende la mano". Así que el hombre la extendió, ¡y la mano quedó restaurada! MARCOS 3:5

ALGUNOS CRISTIANOS DESCONFÍAN de las emociones. Tal vez haya escuchado alguna vez afirmaciones como la siguiente: "No confíe en sus emociones. El camino hacia el crecimiento espiritual es la fe, no los sentimientos." ¿Por qué rechazamos nuestras emociones? En Marcos 3 leemos que Jesús sintió enojo y tristeza, y por una buena razón. Era el día de descanso, y cuando Jesús estaba en la sinagoga vio a un hombre con la mano deforme. Sintió compasión y sanó al hombre, pero lo único que se le ocurrió pensar a los fariseos que observaban fue que Jesús había quebrantado las leyes del día de descanso. El enojo y la tristeza de Jesús hacia esa reacción eran totalmente apropiados y reflejaban el corazón del Padre. Probablemente nosotros no condenaríamos a Jesús por mostrar esas emociones. Entonces ¿por qué nos condenamos a nosotros mismos?

Dios nos dio emociones para favorecer el desarrollo, la madurez, la plenitud y el gozo. Los sentimientos deberían ser nuestros colaboradores y servirnos de señales importantes. Cuando experimentamos una emoción negativa, ella nos advierte de algo que requiere atención. Piense en las emociones como en esa luz en el tablero de su automóvil que se enciende cuando necesita aceite. No maldecimos esa luz; nos ocupamos del problema en ciernes. ¿Por qué no hacemos lo mismo con las emociones?

Cuando experimente una emoción negativa, especialmente respecto a su cónyuge, deténgase por un momento y analice el verdadero problema. Si toma un camino constructivo, la emoción habrá cumplido su propósito.

Señor, gracias por las emociones. Nos creaste a tu imagen como seres emocionales. Ayúdame a considerar mis sentimientos como un regalo. Por favor dame sabiduría para reconocer el problema detrás de las emociones y para ocuparme del mismo antes de que mis sentimientos impulsivos hieran a mi cónyuge.

18 DE ENERO

ENFRENTAR EL MIEDO

Cuando tenga miedo, en ti pondré mi confianza. Alabo a Dios por lo que ha prometido. En Dios confío, ¿por qué habría de tener miedo? SALMOS 56:3-4

¿SE SORPRENDERÍA SI le dijera que Jesús sintió miedo? Esta es una emoción que nos empuja a alejarnos de una persona, de un lugar o de una cosa. En Mateo 26:39 leemos que Jesús oró en el huerto de Getsemaní diciendo: "¡Padre mío! Si es posible, que pase de mí esta copa de sufrimiento." A medida que se aproximaba el momento de su muerte, anticipó el sufrimiento físico y emocional que le esperaba y sintió miedo. Sus emociones le pedían seguir otro camino. Sin embargo, Jesús no permitió que el temor lo impulsara a arremeter contra otros o a darle la espalda a lo que sabía que debía hacer. En lugar de eso, Jesús nos mostró qué hacer con nuestro miedo: expresárselo a Dios.

El salmista nos recuerda que Dios ha prometido su presencia y protección. Cuando confiamos en Dios, sabemos que él tiene el control, de modo que no hay razón para tener miedo. De hecho, la Biblia registra 365 ocasiones en las que Dios dice: "No temas, porque yo estoy contigo." Nuestro temor nos conduce a Dios y confiamos en que su poder nos protegerá.

Cuando usted sienta miedo, no se menosprecie ni culpe a su cónyuge. En lugar de eso, corra tan rápido como le sea posible a los brazos del Dios amoroso.

Padre, quiero confiarte mis temores. Perdóname por las ocasiones en las que he arremetido contra mi cónyuge o lo he culpado de mis miedos. Ayúdame a presentarte mis temores de inmediato. Gracias por estar conmigo.

19 DE ENERO

EXPULSAR EL ENOJO

"No pequen al dejar que el enojo los controle". No permitan que el sol se ponga mientras siguen enojados, porque el enojo da lugar al diablo.

EFESIOS 4:26-27

¿SE DESCUBRE REACCIONANDO en exceso ante molestias menores? Su cónyuge se olvidó de comprar leche y usted hace una mueca o un comentario sarcástico. Su hijo ensucia la nueva alfombra pisándola con los pies embarrados y usted explota. Cuando eso ocurre, es muy probable que usted tenga enojo reprimido, enojo que ha vivido durante años en su interior.

Quizás sus padres lo hirieron con palabras ásperas o castigos severos. Tal vez sus compañeros se burlaban de usted cuando era adolescente, o su jefe lo trataba con injusticia. Si usted ha mantenido esas heridas en su interior, es posible que ahora el enojo reprimido se refleje en su comportamiento. Sabiamente, la Biblia nos dice que no debemos permitir que termine el día mientras seguimos enojados. En otras palabras, debemos ocuparnos inmediatamente del enojo, en lugar de dejar que se acumule. En mi libro *El enojo*, explico cómo liberarnos del enojo reprimido. Todo comienza con entregarle nuestro enojo a Dios. Dígale acerca de sus emociones y pídale ayuda para manejar las situaciones que las provocaron. Él puede ayudarnos a sacar a luz las heridas del pasado y a perdonar a quienes nos hirieron.

No es malo sentir enojo, pero como nos dice Efesios 4, *sí* es malo permitir que el enojo nos controle; y esto puede ser muy perjudicial para el matrimonio.

Señor, a veces siento mucho enojo frente a hechos menores. Sé que estoy lastimando a mi cónyuge con mis reacciones y no quiero seguir haciéndolo. Por favor perdóname. Te entrego esta ira. Ayúdame a examinar por qué la tengo y a deshacerme de ella.

20 DE ENERO

EXPRESAR AMOR

Jesús contestó: "El mandamiento más importante es: '¡Escucha, oh Israel! El Señor nuestro Dios es el único Señor. Amarás al Señor tu Dios con todo tu corazón, con toda tu alma, con toda tu mente y con todas tus fuerzas'. El segundo es igualmente importante: 'Amarás a tu prójimo como a ti mismo'".

MARCOS 12:29-31

LA PALABRA *CRISTIANO* significa "parecido a Cristo." Cuando se usó en el primer siglo, *cristiano* no fue un nombre elegido por los seguidores de Jesús. Más bien fue el nombre que les dieron otros. Los creyentes basaban su estilo de vida en las enseñanzas de Cristo, entonces la mejor manera de describirlos era llamarlos cristianos.

¿Qué ocurriría si los cristianos fuéramos realmente parecidos a Cristo? El mandamiento de amar es algo central en las enseñanzas de Jesús. De hecho, en los versículos citados arriba, Jesús dijo que el mandamiento más importante es amar a Dios y el segundo, amar a nuestro prójimo. Estos mandamientos superan a todos los demás, porque todo lo demás fluye de ellos.

El amor comienza con una actitud, la cual a su vez conduce a actos de servicio. "¿Cómo puedo ayudarte?" es una buena pregunta para comenzar. Hoy es un buen día para expresarle amor a su prójimo. En mi opinión, eso comienza con los más cercanos a nosotros —primero a su cónyuge, luego a su familia— y de allí a los demás.

Padre, dijiste con claridad que amarte a ti y a los demás es lo más importante que debo hacer. Ayúdame a tenerlo como prioridad. Permite que hoy le exprese a mi cónyuge un amor parecido al de Cristo.

21 DE ENERO

LA AMABILIDAD

Sean amables unos con otros, sean de buen corazón, y perdónense unos a otros, tal como Dios los ha perdonado a ustedes por medio de Cristo. EFESIOS 4:32

QUIZÁS MEMORIZAMOS ESTE versículo cuando niños, pero ¿lo hemos olvidado al llegar a adultos? La amabilidad es una de las características del amor, tal como se describe en el famoso "capítulo del amor" en la Biblia, 1 Corintios 13: "El amor es paciente y bondadoso" (versículo 4). ¿Se propone conscientemente ser amable con su cónyuge a lo largo del día? La amabilidad se expresa tanto en la manera en que hablamos como también en lo que hacemos. Gritar y chillar no son actos amables. Sí lo son hablar suavemente y con respeto. También lo es mantener un tiempo de conversación valiosa cuando su esposa o su esposo se siente inseguro, molesto o solo.

Además hay actos amables, cosas que hacemos para ayudar a otros. Cuando volcamos nuestra energía en hacer cosas unos por otros, la relación puede renovarse. ¿Qué gesto amable podría tener hoy hacia su cónyuge? Tal vez una tarea en el hogar que no sea su responsabilidad habitual, o servirle el desayuno en la cama. Quizás una nota de estímulo, o traerle un obsequio que aprecie. Estas son cosas pequeñas, pero pueden tener un gran impacto. Imagínese cómo podría ser su relación si ambos resaltaran la amabilidad.

Señor Jesús, quiero mostrar mi amor por medio de la amabilidad. Ayúdame a pensar en qué formas puedo hoy ser amable con la persona que amo.

22 DE ENERO

MOSTRAR PACIENCIA

Sean siempre humildes y amables. Sean pacientes unos con otros y tolérense las faltas por amor. EFESIOS 4:2

TENER PACIENCIA SIGNIFICA aceptar las imperfecciones de otros. Por naturaleza, queremos que los otros sean tan buenos como lo somos nosotros (o tan buenos como pensamos que somos), tan puntuales como nosotros o tan organizados como nosotros. La realidad es que los seres humanos no son máquinas. El resto del mundo no vive según nuestra lista de prioridades; nuestra agenda no es la de ellos. Es muy importante que las parejas recuerden esto. En una relación amorosa, mostrar paciencia significa soportar los errores del cónyuge y darle libertad para ser diferente de usted.

¿Cuándo fue la última vez que se mostró impaciente con su cónyuge? ¿Se debió su impaciencia a que él o ella no cumplió con sus expectativas? No creo que sea simple coincidencia que Efesios 4:2 combine la humildad con la paciencia. Cuando somos humildes, reconocemos que no somos el centro del mundo y que no somos nosotros los que establecemos el patrón de conducta de los demás. Cuando pensamos de esa manera, es mucho menos probable que perdamos la paciencia.

La Biblia dice que "el amor es paciente y bondadoso" (1 Corintios 13:4). Si la impaciencia hace que arremeta contra la persona amada, el amor requiere que se disculpe y arregle la situación. Esfuércese por desarrollar la paciencia en su matrimonio.

Señor, necesito más paciencia. Por favor, enséñame a renunciar a mis expectativas de que los demás sean como yo espero, de tratar de conseguir lo que quiero y de recibir lo que considero que se me debe. Ayúdame a tratar a mi cónyuge con una actitud de paciencia amorosa.

APRENDER A ESCUCHAR

Los necios creen que su propio camino es el correcto, pero los sabios prestan atención a otros. PROVERBIOS 12:15

SI NO APRENDEMOS a escuchar, jamás podremos resolver conflictos. Mucha gente cree que está escuchando, cuando en realidad solo está dejando de hablar por un momento . . . haciendo una pausa para recargar su artillería verbal. El versículo de Proverbios citado arriba no ahorra palabras cuando llama *necios* a los que no escuchan. Puede no gustarnos esa palabra, pero lo cierto es que negarnos a escuchar demuestra falta de humildad. Las personas sabias escuchan a las otras, en especial a aquellas que aman. Escuchar en serio significa esforzarse por entender lo que la otra persona piensa y siente. Implica ponernos en los zapatos de la otra persona y tratar de mirar el mundo a través de sus ojos.

Esta es una buena manera de comenzar: "Quiero entender lo que estás diciendo porque sé que es importante." Un hombre me comentó que había hecho un cartel que decía: "Yo escucho." Cuando su esposa comenzaba a hablar, él se colgaba el cartel al cuello para recordarse a sí mismo lo que estaba haciendo. Su esposa sonreía y decía: "Espero que sea cierto." Este hombre aprendió a ser un buen oyente.

Señor Jesús, gracias por escucharme cuando oro. Ayúdame a escuchar a mi cónyuge —a escuchar de verdad—, de manera que pueda comprenderlo mejor.

24 DE ENERO

HONRAR ESCUCHANDO

Ámense unos a otros con un afecto genuino y deléitense al honrarse mutuamente. ROMANOS 12:10

TODOS ESTAMOS OCUPADOS. Con frecuencia, demasiado ocupados para escuchar. Sin embargo, escuchar es la única manera en la que podemos llegar a comprender los pensamientos y los sentimientos de nuestro cónyuge. Escuchar requiere tiempo y concentración. Mucha gente se jacta de ser capaz de escuchar mientras lee correos electrónicos o mira televisión, pero cabe preguntarse si eso es realmente escuchar. Un esposo comentó: "Mi esposa insiste en que me siente y la escuche. Me siento como si estuviera en una camisa de fuerza, como si perdiera el tiempo."

En Romanos 12 Pablo dice: "Deléitense al honrarse mutuamente." Una manera de honrar al otro es escucharlo con cuidado y darle nuestra completa atención. Es una cuestión de respeto. Cuando dejamos todo a un lado, miramos a nuestro cónyuge y lo escuchamos, estamos comunicándole: "Eres la persona más importante en mi vida." Por el contrario, cuando intentamos escuchar mientras hacemos otra cosa, comunicamos: "Eres apenas uno de mis variados intereses." Escuchar es una poderosa demostración de amor.

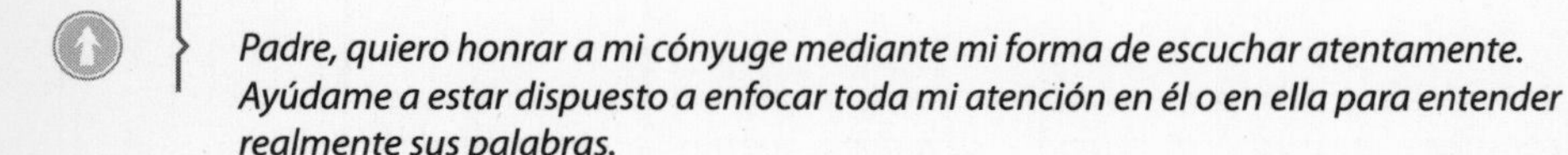

Padre, quiero honrar a mi cónyuge mediante mi forma de escuchar atentamente. Ayúdame a estar dispuesto a enfocar toda mi atención en él o en ella para entender realmente sus palabras.

25 DE ENERO

CUANDO LA FAMILIA INTERFIERE

"El hombre deja a su padre y a su madre, y se une a su esposa, y los dos se convierten en uno solo". Como ya no son dos sino uno, que nadie separe lo que Dios ha unido. MATEO 19:5-6

EN UNA OCASIÓN, una mujer me consultó: "Se supone que debemos dejar nuestras familias y unirnos al otro, pero mi esposo está tan ligado a su familia que yo me siento excluida. ¿Qué puedo hacer?" Por supuesto, esa situación puede ocurrir tanto con el hombre como con la mujer.

En la enseñanza bíblica sobre el matrimonio es fundamental el concepto de "dejar y unirse." Aparece por primera vez en Génesis, inmediatamente después de la unión entre el primer hombre y la primera mujer. Tanto Jesús como Pablo citaron este texto y por una buena razón. Cuando no se obedece este principio, el matrimonio sufre.

Si usted está viviendo circunstancias como las de la mujer mencionada más arriba, se sentirá excluida porque su cónyuge no está satisfaciendo su necesidad emocional de amor. Hasta podría sentir que, para su cónyuge, la familia es más importante que usted. Sin embargo, la solución no consiste en dispararle discursos airados sobre el hecho de que está demasiado ligado a sus padres. Si lo hace, lo alejará aún más. Sus padres están ofreciéndole amor mientras que usted se muestra enojada y exigente. Discutirán interminablemente sobre el tiempo que pasa con sus padres, lo cual es solo un síntoma y no la raíz del problema. La relación entre ustedes se verá afectada.

Es más adecuado concentrarnos en satisfacer mutuamente nuestras necesidades de amor. Que la familia política no sea el centro de la discusión. Averigüe qué hace que su cónyuge se sienta amado y comuníquele lo que a usted la hace sentirse amada. Entonces concéntrense en hablar el lenguaje apropiado de amor. Usted y su cónyuge irán acercándose cuando se sientan mutuamente amados. Pasar tiempo juntos se volverá aún más atractivo que pasar tiempo con los padres, y su relación de pareja resultará fortalecida.

Señor, a veces me frustro cuando siento que para mi cónyuge su familia es más importante que yo. Ayúdame a evitar las discusiones inútiles y, en lugar de ello, a concentrarme en mostrar amor. Que podamos estar cerca el uno del otro y unidos en amor.

26 DE ENERO

QUÉ HACER CON EL CONSEJO DE LOS PADRES

El consejo oportuno es precioso, como manzanas de oro en canasta de plata.

PROVERBIOS 25:11

EN LA CONSEJERÍA es común escuchar: "Quiero honrar a mis padres, pero tratan de aconsejarnos constantemente. ¿Cómo puedo lograr que entiendan que necesitamos tomar nuestras propias decisiones?"

Hay tres cosas importantes a tener en cuenta frente a los padres que dan consejos en exceso. Primero, usted debe entender que tienen buenas intenciones. No están tratando de hacerle la vida miserable; quieren ayudarlo a evitar que tome malas decisiones. Segundo, es muy probable que sus padres tengan más sabiduría que usted ya que han estado más tiempo por aquí y tienen más experiencia. Tercero, es cierto que sus padres no deberían controlar su vida una vez que usted se ha casado.

¿Cómo se armonizan estos tres factores para conseguir lo mejor? Sugiero que a veces pida consejo a sus padres antes de que ellos se lo den. No lo descarte de inmediato; a menudo puede ser beneficioso. Después de todo, el libro de Proverbios elogia el consejo oportuno y apropiado. Luego pida sabiduría a Dios, analice el asunto con su cónyuge y tomen la decisión que consideren mejor. Si sus padres se oponen, dígales que valoran su aporte y lo encuentran útil, pero que harán lo que usted y su cónyuge consideren mejor. Con el tiempo, llegarán a considerarlos como adultos y a respetar su sabiduría.

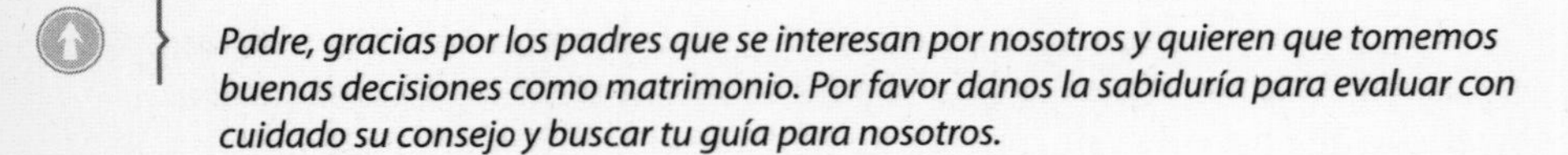

Padre, gracias por los padres que se interesan por nosotros y quieren que tomemos buenas decisiones como matrimonio. Por favor danos la sabiduría para evaluar con cuidado su consejo y buscar tu guía para nosotros.

27 DE ENERO

EL PODER TRANSFORMADOR DE LA ACTITUD

El corazón contento alegra el rostro; el corazón quebrantado destruye el espíritu. . . . Para el abatido, cada día acarrea dificultades; para el de corazón feliz, la vida es un banquete continuo. PROVERBIOS 15:13, 15

¿DE QUÉ MANERA mejora usted las estaciones de su matrimonio? O ¿cómo pasa de lo que yo llamo un matrimonio invernal (uno negativo y lleno de frustración) a un matrimonio primaveral (uno lleno de esperanza y renovación)? Una de las estrategias es optar por una actitud ganadora.

La mayoría de los atletas coincidiría en que la actitud aporta 90 por ciento de posibilidades de ganar, mientras que el entrenamiento aporta 10 por ciento. Si eso es cierto en el mundo de los deportes, no hay duda que también lo es en el mundo de las relaciones. Los matrimonios primaverales se consiguen y se sostienen mediante actitudes positivas. Los matrimonios invernales se caracterizan por las actitudes negativas. Lo que pensamos influye enormemente en lo que hacemos. A su vez, nuestras acciones influyen enormemente sobre nuestras emociones. El rey Salomón reconoció estas verdades en los versículos de Proverbios que citamos arriba. El optimismo produce alegría, pero la negatividad se alimenta a sí misma y nos hace sentir todavía más abatidos. Ante la opción entre las dificultades constantes y la vida como "banquete continuo," ¿quién no elegiría esto último?

El vínculo entre la actitud y las acciones abre una puerta de esperanza para todas las parejas. Si podemos cambiar nuestra manera de pensar, podemos cambiar la atmósfera de nuestro matrimonio. El error más frecuente que cometen las parejas es permitir que las emociones negativas dirijan su comportamiento. Cuando fallan en reconocer el poder de una actitud positiva, las parejas no alcanzan el potencial de su matrimonio. La buena noticia es que usted tiene la opción de cambiar de actitud.

Padre celestial, sé que mi actitud puede hacer la diferencia en cuanto a la manera de percibir mi matrimonio e incluso en la manera de relacionarme con mi cónyuge. Por favor renueva mi actitud con esperanza y optimismo.

CAMBIO DE ACTITUD

Y ahora, amados hermanos, una cosa más para terminar. Concéntrense en todo lo que es verdadero, todo lo honorable, todo lo justo, todo lo puro, todo lo bello y todo lo admirable. Piensen en cosas excelentes y dignas de alabanza.

FILIPENSES 4:8

SU CAMBIO DE actitud puede ser un catalizador que ponga en marcha un cambio de estación en su matrimonio. Debo confesar que aprendí este principio por el camino difícil. A comienzos de mi matrimonio, pasé mucho tiempo en la estación invernal debido a mis actitudes negativas. Cuando estaba en medio del invierno, me resultaba difícil admitir que mi actitud era parte del problema. Era mucho más fácil culpar a Karolyn, mi esposa. Hoy estoy dispuesto a admitir que mi actitud negativa fue la responsable del problema.

Si su relación está llena de frustración y de tensión, sospecho que usted también tiene la tendencia de culpar a su cónyuge y de no admitir su propia actitud negativa. Si quiere liberarse del frío y de la amargura de una relación invernal, lo desafío a cambiar de actitud. Mientras siga maldiciendo a la oscuridad, se pondrá más oscuro. En cambio, si se esfuerza por encontrar algo bueno en su matrimonio, así será.

Este famoso versículo de Filipenses 4 nos recuerda que debemos concentrar nuestros pensamientos en las cosas buenas: en aquello que es verdadero, honorable, justo, puro, bello y admirable. Este tipo de enfoque puede modificar la manera en que percibimos todo alrededor de nosotros. Concentrarnos en lo positivo produce un clima más cálido. Exprese aprecio por una acción positiva de su cónyuge y es probable que vea otra.

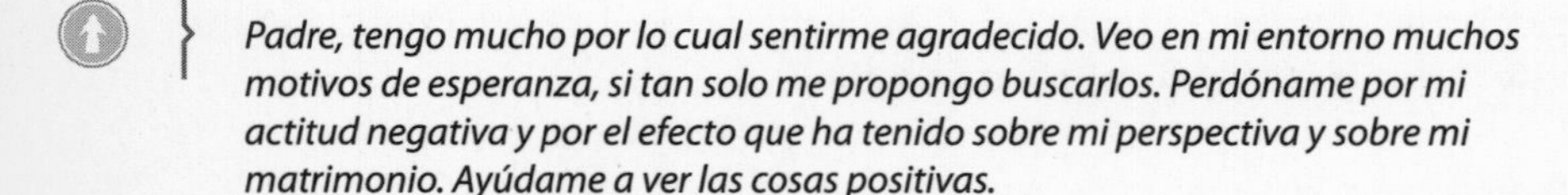

Padre, tengo mucho por lo cual sentirme agradecido. Veo en mi entorno muchos motivos de esperanza, si tan solo me propongo buscarlos. Perdóname por mi actitud negativa y por el efecto que ha tenido sobre mi perspectiva y sobre mi matrimonio. Ayúdame a ver las cosas positivas.

VER LO POSITIVO

Algunas personas hacen comentarios hirientes, pero las palabras del sabio traen alivio. PROVERBIOS 12:18

UNA DE LAS cosas más poderosas que podemos hacer para mejorar las estaciones de nuestro matrimonio es optar por una actitud ganadora. ¿Cómo lo hacemos?

Primero, debemos reconocer nuestra manera negativa de pensar. Mientras usted siga pensando negativamente, nunca podrá tener una actitud ganadora. El segundo paso es identificar las características positivas de su cónyuge aunque le resulte difícil hacerlo. Hasta podría pedirles ayuda a sus hijos preguntándoles: "¿Qué cosas buenas pueden ver en papá o en mamá?" En tercer lugar, una vez que haya identificado esas características positivas, dé gracias a Dios por ellas. Luego, en cuarto lugar, comience a expresar verbalmente agradecimiento a su cónyuge por los rasgos positivos que observa. Establezca una meta, tal como hacerle un cumplido cada semana durante un mes. Entonces avance a dos por semana, luego a tres y continúe así hasta que esté ofreciendo un halago cada día.

El libro de Proverbios tiene mucho que decir sobre la importancia de las palabras. Proverbios 18:21 declara: "La lengua puede traer vida o muerte." Proverbios 12:18 se refiere a palabras que traen alivio. Proverbios 15:4 habla de las palabras suaves como "un árbol de vida." Usted puede renovar la vida de su matrimonio si reemplaza la condenación y la crítica por halagos y palabras de aprobación.

Señor Dios, gracias por todas las cosas maravillosas de mi cónyuge. Por favor ayúdame a tenerlas siempre presente. Ayúdame a elogiarlas con palabras. Que aquello que diga traiga sanidad y vida.

30 DE ENERO

CONFLICTOS SIN RESOLVER

Comenzar una pelea es como abrir las compuertas de una represa, así que detente antes de que estalle la disputa. PROVERBIOS 17:14

¿POR QUÉ ES tan importante resolver los conflictos? Porque los conflictos no resueltos son obstáculos contra la unidad de la pareja. Los conflictos se producen en torno a los asuntos sobre los que tenemos diferencias y en los que cada uno siente que tiene la razón. Si no buscamos la manera de llegar al término medio, nos volvemos enemigos en lugar de ser compañeros de equipo y la vida se vuelve un campo de batalla. El proverbio citado arriba nos recuerda que comenzar una pelea o una discusión a menudo nos conduce a lugares adonde no nos proponíamos llegar. Siempre es mejor tratar de resolver las cosas antes de que se deterioren. A pocas personas les gusta pelear, de modo que, si los conflictos continúan, tarde o temprano hay uno que se rinde y se marcha.

Es triste que haya miles de relaciones arruinadas porque las parejas no aprendieron a resolver los conflictos. El primer paso es salir del "modo discusión" y entrar al "modo comprensión." Deje de intentar ganar la discusión y comience a tratar de comprender a su cónyuge.

Señor, tú conoces las áreas de conflicto entre la persona que amo y yo. Necesitamos de tu gracia para resolver estos asuntos sin constantes discusiones y batallas. Ayúdame, en primer lugar y sobre todas las cosas, a esforzarme por comprender a mi cónyuge.

31 DE ENERO

SEA QUIEN RESUELVE LOS CONFLICTOS

El amor no es celoso ni fanfarrón ni orgulloso ni ofensivo. No exige que las cosas se hagan a su manera. No se irrita ni lleva un registro de las ofensas recibidas. 1 CORINTIOS 13:4-5

¿POR QUÉ DISCUTE la gente? En una palabra, por inflexible. Cuando discutimos, en esencia estamos diciendo: "Mi manera es la manera correcta. Si no se hace a mi manera, te haré la vida miserable." El que discute insiste en que las cosas se hagan a su manera.

Las personas que resuelven conflictos tienen una actitud diferente. Dicen: "Sé que podemos resolver esto de una manera que sea positiva para ambos. Pensémoslo juntos." Buscan una solución en la que todos ganan. Comienzan por respetar las ideas de ambas partes y buscar una solución, en lugar de tratar de ganar la discusión.

La Biblia dice que el amor "no exige que las cosas se hagan a su manera." El amor tampoco es orgulloso, de modo que no insiste en que su punto de vista es el mejor. En realidad, amar significa procurar el bien de la otra persona. Filipenses 2:4 dice: "No se ocupen solo de sus propios intereses, sino también procuren interesarse en los demás." La pregunta que se hace el amor es: "¿Qué sería lo mejor para ti?"

Padre, quiero dejar de ser una persona que discute y comenzar a ser la persona que resuelve los conflictos. Ayúdame a pensar primero en mi cónyuge y después en mí. Ayúdame a no exigir lo que yo quiero sino a buscar una solución que sea favorable para ambos. Necesito tu ayuda para lidiar con mi egoísmo innato.

1 DE FEBRERO

SIRVIENDO AL SEÑOR AL SERVIR A LA GENTE

Trabajen de buena gana en todo lo que hagan, como si fuera para el Señor y no para la gente. Recuerden que el Señor los recompensará con una herencia y que el Amo a quien sirven es Cristo. COLOSENSES 3:23-24

EL MENSAJE CRISTIANO consiste en que servimos a Cristo al servir a otro. Como dice Colosenses 3:23, debemos hacer todo como para el Señor, en otras palabras: voluntariamente, con alegría y con entusiasmo.

Todos tenemos una visión idealizada de que nuestro cónyuge nos pregunta: "¿Cómo puedo ayudarte hoy?" o "¿Cómo puedo hacerte la vida más fácil esta semana?" No obstante, la verdad es que muchos de nosotros crecimos en hogares donde teníamos que pelear para sobrevivir. No aprendimos a reconocer el valor de servir a los demás. ¿Cómo desarrollar una actitud de servicio cuando uno ha crecido en un hogar donde la vida era una competencia despiadada?

Comencemos por su familia de origen, la familia en la que creció. En una escala de cero a diez, ¿cómo calificaría a su papá en cuanto a su actitud de servicio hacia su mamá? La calificación cero significa que nunca levantó un dedo para ayudarla; diez significa que siempre se parecía a Cristo en su actitud de servicio. A continuación, califique a su mamá. ¿En qué medida mostraba ella una actitud de servicio? Ahora vayamos al nivel personal. ¿Cómo se calificaría usted mismo? ¿Se parece más a su papá o a su mamá? ¿Tiene mucho para crecer todavía? ¿O ya está sirviendo a Cristo siendo servicial con su cónyuge?

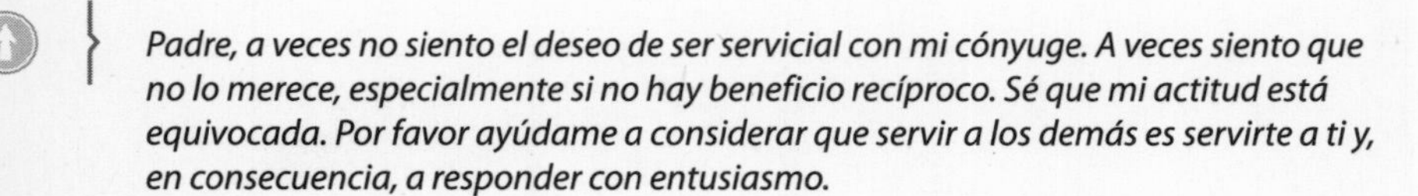

Padre, a veces no siento el deseo de ser servicial con mi cónyuge. A veces siento que no lo merece, especialmente si no hay beneficio recíproco. Sé que mi actitud está equivocada. Por favor ayúdame a considerar que servir a los demás es servirte a ti y, en consecuencia, a responder con entusiasmo.

"DE VERDAD LO APRECIO"

El que quiera ser el primero entre ustedes deberá ser esclavo de los demás. Pues ni aun el Hijo del Hombre vino para que le sirvan, sino para servir a otros y para dar su vida en rescate por muchos. MARCOS 10:44-45

LA ESENCIA DE la vida cristiana es servir a Cristo al servir a los demás. Jesús vino a la tierra para servir a otros: primero lo hizo con su amor, su enseñanza y sus sanaciones, y finalmente con su muerte. Cuando servimos a los demás no solo estamos sirviendo a Cristo, sino que estamos siendo como él. Entonces ¿por qué no comenzar a desarrollar una actitud de servicio en nuestra relación más cercana? De hecho, realizamos actos de servicio el uno por el otro todos los días. Sin embargo, no hablamos a menudo acerca de ellos y, en consecuencia, comenzamos a darlos por sentado.

Quiero sugerir un sencillo ejercicio de comunicación que pondrá el servicio en un lugar destacado. Es un juego llamado "De verdad lo aprecio." Se juega así: El esposo le dice a la esposa: "Una de las maneras en que te serví hoy fue guardando la ropa limpia." La esposa responde: "De verdad lo aprecio." Entonces ella le dice: "Una de las maneras en que te serví hoy fue preparando la comida." El esposo responde: "De verdad lo aprecio." Juéguenlo una vez por día durante una semana y comenzarán a estar más conscientes de los actos de servicio que ya están realizando el uno por el otro. Al hablar de ellos, los elevarán a un lugar de importancia. Si tienen hijos, déjenlos escuchar cuando ejercitan el juego y ellos querrán participar en la diversión.

Señor Jesús, gracias por tu persona y por tu ejemplo de servicio. Por favor transfórmame más cada día a tu imagen. Ayúdanos como pareja a servirnos mutuamente con amor y a demostrar nuestro aprecio el uno por el otro.

SIRVIENDO CON ALEGRÍA

Cantad alegres a Dios, habitantes de toda la tierra. Servid a Jehová con alegría; venid ante su presencia con regocijo. SALMOS 100:1-2 (RV60)

UN MATRIMONIO SANO incluirá una actitud positiva de servicio entre esposo y esposa. Ella querrá hacer cosas para él y él querrá hacerlas para ella. No obstante, ¿cómo saber qué cosas hacer? Es simple: pregunte.

Podría preguntarle a su cónyuge: "¿Qué querrías que hiciera por ti esta semana para hacerte la vida más fácil?" Cuando él o ella le responda, diga: "Trataré de recordarlo." Todo servicio genuino debe ser hecho con libertad, de modo que la decisión de hacer lo que su cónyuge le sugiere todavía depende de usted. Sin embargo, ahora usted tiene una idea concreta de cómo invertir su tiempo y energía de una manera que él o ella apreciará.

Cuando decide hacer lo que su cónyuge le ha pedido, está sirviendo a Cristo mediante el servicio a la persona que ama. Los primeros versículos del Salmo 100 nos recuerdan que hemos sido llamados a servir con alegría. Servir a Dios —ya sea en forma directa o al servir a los demás— puede ser alegre y estimulante, y sin duda traerá bendición. Es el camino a la grandeza y también fortalecerá el crecimiento de su matrimonio.

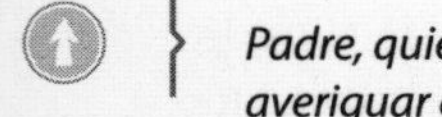

Padre, quiero servirte con alegría. Ayúdame a acercarme a mi cónyuge para averiguar cuál es la mejor manera de mostrarme servicial y entonces ayúdame a hacerlo con gozo.

DEJAR UN LEGADO

Vengan, hijos míos, y escúchenme, y les enseñaré a temer al SEÑOR.

SALMOS 34:11

SI TENEMOS HIJOS, ¿cómo podremos dejarles un buen legado? Un legado es una herencia que pasa de una generación a la siguiente. En sentido legal, es la cesión de una propiedad personal por medio de un testamento. Sin embargo, un verdadero legado va más allá de las cosas materiales, y por lo general su impacto es mucho más profundo. Nuestro legado tendrá una poderosa influencia en la vida de nuestros descendientes.

El más importante de los legados no es material, sino emocional, espiritual y moral. Gira en torno al carácter de la persona que delega. Los legados del pasado afectan el futuro de una familia. Todos conocemos a familias que tienen una prolongada reputación de buen carácter: amabilidad, honestidad y decencia. También conocemos a familias que han recibido un legado negativo de carácter y de comportamiento; tal vez fue deshonestidad, falta de ética laboral o decisiones equivocadas al establecer relaciones. Si bien nos gustaría creer que un individuo puede superar cualquier desventaja, el legado recibido será una bendición o una maldición en nuestra vida.

El Salmo 34 indica la máxima bendición que podemos dar a nuestros hijos: enseñarles a amar y a servir al Señor. Lo hacemos al leerles y al conversar con ellos, pero sobre todo por medio de nuestro ejemplo. ¿Qué cambios necesita hacer en su vida o en su relación de pareja a fin de dejar un legado positivo para sus hijos?

Padre, es bueno detenerme y pensar en lo que les estoy enseñando a mis hijos y de qué modo eso es congruente con las lecciones que quiero dejarles. Por favor muéstrame lo que necesito cambiar. Guíame mientras procuro dejarles un legado positivo a mis hijos.

DAR LA VIDA

Conocemos lo que es el amor verdadero, porque Jesús entregó su vida por nosotros. De manera que nosotros también tenemos que dar la vida por nuestros hermanos. 1 JUAN 3:16

ANTES DE QUE mi esposa y yo nos casáramos, yo creía que todo el mundo se levantaba temprano cada mañana al salir el sol, pero después de casarnos, descubrí que mi esposa no funcionaba bien temprano por la mañana. No tardó mucho para que ella dejara de gustarme y tampoco llevó mucho tiempo para que yo dejara de gustarle a ella. Estuvimos luchando durante varios años, muy frustrados con nuestro matrimonio.

¿Qué hizo que nuestro matrimonio finalmente tomara otro curso? El profundo descubrimiento de que no me correspondía exigir que ella cumpliera mis expectativas. Lo que me correspondía era entregar mi vida para que la de ella fuera más fácil y más significativa. ¿Quién era mi modelo? Nada menos que Cristo, quien dio su vida para nuestro beneficio. El apóstol Juan nos recuerda que el sacrificio de Cristo es un ejemplo del verdadero amor. Debido a su sacrificio, nosotros también deberíamos dar nuestra vida por los demás, comenzando por nuestro cónyuge.

Esa idea no se me hubiera ocurrido ni en mil años, pero lo cierto es que los caminos de Dios no son los nuestros. (Vea Isaías 55:8-9 y encontrará una hermosa descripción de esta realidad.) En la manera de Dios de hacer las cosas, el camino a la grandeza está en servir a otros. ¿Qué mejor lugar para comenzar que en su propio matrimonio? Mi esposa es mi primera responsabilidad. Cuando decido servir a Dios, él me dice: "Comencemos con tu esposa. Haz algo bueno para ella hoy." Cuando capté la idea, mi esposa respondió rápidamente. Fue una buena alumna.

El amor engendra amor. Esa es la manera de Dios.

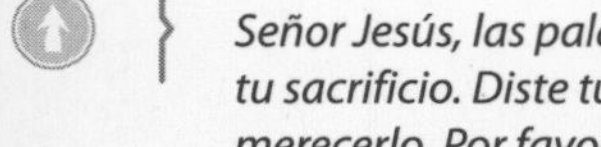

Señor Jesús, las palabras no alcanzan para expresar lo agradecido que estoy por tu sacrificio. Diste tu vida por nosotros cuando no habíamos hecho nada para merecerlo. Por favor transforma mi corazón para que yo pueda tener esa misma actitud hacia mi cónyuge. Que esté dispuesto a dejar de lado mis deseos y expectativas personales para servir a mi pareja. Sé que cosecharé una recompensa maravillosa en nuestra relación.

ENFRENTANDO LA DEPRESIÓN

El Señor está cerca de los que tienen quebrantado el corazón; él rescata a los de espíritu destrozado. SALMOS 34:18

JUAN ERA UN empresario exitoso cuya esposa estaba sufriendo de depresión. "Pasa la mayor parte de la mañana en cama, y por la tarde no hace otra cosa que quedarse encerrada en la casa," me dijo. "Parece no tener ninguna ambición. No tiene energía para cocinar y muchas veces no cena con nosotros. Ya perdió veinte kilos durante el último año. Para ser franco, la vida es bastante miserable en casa. Me da pena por los niños, aunque ellos reciben más atención que yo, pero sé que deben preguntarse qué problema tendrá su mamá."

Juan acababa de describir algunas de las características típicas de la depresión. Lamentablemente la depresión es bastante común y no desaparece con el paso del tiempo. La esposa de Juan necesitaba atención médica y psicológica, porque de lo contrario las cosas se pondrían peor.

Muchos cristianos no entienden la depresión y piensan que es solo un problema espiritual. Si bien puede tener una dimensión espiritual, a menudo tiene su origen en un desequilibrio físico y emocional. En las próximas páginas nos ocuparemos de las causas y el tratamiento de la depresión. Si usted o su cónyuge padecen este problema, recuerde las palabras de Salmos 34:18. La Biblia promete que el Señor siente compasión por ustedes y que los trata tiernamente durante la depresión.

Padre, tú sabes lo que sufre nuestro matrimonio por la depresión. Gracias por tu ternura hacia nosotros aun cuando nos sentimos débiles y vulnerables. Ayúdame a no criticar a mi cónyuge, sino a darle apoyo y a buscar la ayuda que necesitamos.

7 DE FEBRERO

TIPOS DE DEPRESIÓN

Él sana a los de corazón quebrantado y les venda las heridas. SALMOS 147:3

¿QUÉ HACER CUANDO usted o su ser amado está deprimido? En primer lugar, debe conseguir información que le ayude a entender los aspectos básicos de la depresión. Es útil pensar en tres categorías. Primero, la depresión puede ser la secuela de una enfermedad física. Cuando estamos físicamente enfermos, con frecuencia nuestra manera de pensar y nuestras emociones se tornan depresivas. Nos aislamos temporalmente. Es la manera en que la naturaleza nos protege de preocuparnos constantemente por nuestra condición física.

La segunda clase de depresión es la llamada depresión reactiva o situacional, y se genera a partir de una situación especialmente dolorosa en la vida. Muchas de estas experiencias incluyen un sentimiento de pérdida: del trabajo, de un hijo, por un cambio importante como cuando un hijo se va de la casa para estudiar, o la pérdida de una amistad.

La tercera categoría de la depresión es la que tiene su origen en algún desequilibrio químico. Esta es una enfermedad física y debe ser tratada con medicamentos.

Consulte libros o hable con su médico para informarse sobre la depresión. Es el primer paso para conseguir ayuda.

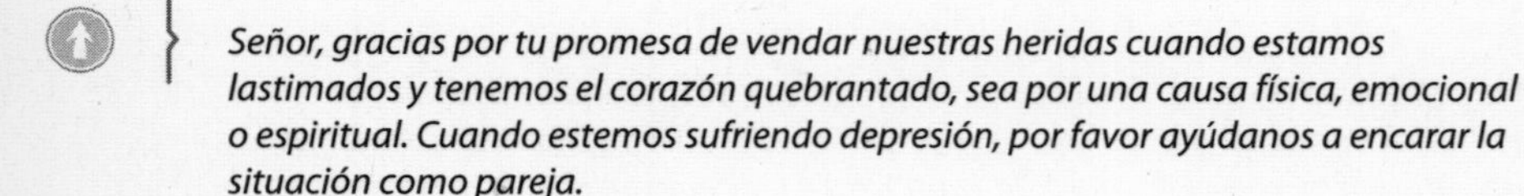

Señor, gracias por tu promesa de vendar nuestras heridas cuando estamos lastimados y tenemos el corazón quebrantado, sea por una causa física, emocional o espiritual. Cuando estemos sufriendo depresión, por favor ayúdanos a encarar la situación como pareja.

8 DE FEBRERO

TRATAMIENTO DE LA DEPRESIÓN

¿Por qué estoy desanimado? ¿Por qué está tan triste mi corazón? ¡Pondré mi esperanza en Dios! Nuevamente lo alabaré, ¡mi Salvador y mi Dios!

SALMOS 42:5-6

LA DEPRESIÓN PROLONGADA puede ser extremadamente perjudicial para una relación. Por lo tanto, si usted o su ser amado está deprimido, tiene que hacer todo lo que esté a su alcance para conseguir ayuda.

Por lo general, el primer paso es ver a un médico o a un consejero. Con frecuencia el médico prescribirá antidepresivos. Si la depresión tiene un origen químico, entonces los medicamentos pueden ser útiles. Lo típico es que se necesite de tres a cuatro semanas para evaluar si determinado fármaco está produciendo resultados positivos. Si no es así, el médico recetará otro tipo de medicamento.

Sin embargo, solo alrededor de un tercio de los cuadros depresivos tienen un origen químico. Sea que los medicamentos ayuden o no a aliviar los síntomas, también es valioso ver a un consejero profesional capacitado, con experiencia en el tratamiento de la depresión. El consejero puede ayudarlo a descubrir la raíz emocional de la depresión y a comenzar la terapia. Si la depresión se ha prolongado varias semanas o meses, le aconsejo que actúe de inmediato. La depresión no es una enfermedad incurable. Hay esperanza, pero usted necesita conseguir ayuda. El Salmo 42 ofrece una pintura vívida de que hay esperanza de restauración. Mantenga presente esta imagen mientras pasa por la depresión. Llegará el día en que ambos estarán llenos de alegría y de alabanza.

Padre, cuando me resulte imposible ver el final de esta situación difícil, por favor renueva mi esperanza. Renueva mi fe en que tú puedes sanar y restaurar. A ti te importamos y tú estás con nosotros. Gracias, Señor.

9 DE FEBRERO

FALTAS DEL PASADO

No hay ni un solo justo, ni siquiera uno. Nadie es realmente sabio, nadie busca a Dios. Todos se desviaron, todos se volvieron inútiles. No hay ni uno que haga lo bueno, ni uno solo. ROMANOS 3:10-12

¿SE HA PREGUNTADO alguna vez por qué no podemos simplemente olvidar el pasado y seguir adelante? Por lo general es porque no nos hemos ocupado adecuadamente del pasado. Las palabras ásperas y las actitudes egoístas pudieron haber dejado huellas en la relación. Sin embargo, la sanación es posible y comienza con la identificación de las faltas cometidas a fin de que podamos confesarlas y pedir perdón. La muralla que se ha levantado entre usted y su cónyuge debe ser demolida ladrillo por ladrillo. El primer paso es identificar cada ladrillo.

¿Qué le parece pedirle a Dios que traiga a su mente las ocasiones en las que usted le falló a su cónyuge? Tome un lápiz y anótelas. Luego pídale a su cónyuge que haga una lista de la forma en que piensa que usted le falló en el pasado. Quizás también pueda pedirles a sus hijos o a sus padres que le comenten situaciones en las que observaron que usted se expresó duramente o se mostró descortés con su cónyuge. Al hacer su lista, es posible que descubra que el muro de faltas del pasado es alto y voluminoso. No se desanime. La Biblia dice claramente que todos han pecado contra Dios y contra otros. Identificar y reconocer las faltas es el primer paso para comenzar a "demoler la pared."

Señor Dios, tú conoces todos mis pecados del pasado. Te he fallado a ti y a los que amo. Por favor trae esas faltas a mi mente para que pueda ocuparme de ellas.

DEMOLIENDO EL MURO DE LAS FALTAS

Ten misericordia de mí, oh Dios, debido a tu amor inagotable; a causa de tu gran compasión, borra la mancha de mis pecados. Lávame de la culpa hasta que quede limpio y purifícame de mis pecados. SALMOS 51:1-2

AYER HABLAMOS SOBRE identificar las faltas del pasado en su relación. Hoy quiero hablar acerca de confesar las faltas. Usted y su cónyuge saben que hay una pared entre ambos. Entonces ¿por qué no demolerla?

Una vez que haya hecho la lista de las maneras en que ofendió a su cónyuge, confiéselas a Dios. El Salmo 51, escrito por el rey David después de su falta moral más grave —cometer adulterio con Betsabé y hacer asesinar a su esposo—, ofrece un modelo de confesión sincera. Agradézcale a Dios porque Cristo pagó el castigo de sus pecados y pídale perdón.

A continuación hable con su cónyuge y confiésele sus faltas. Al confesar, decimos: "Estuve mal. Estoy arrepentido. Sé que te lastimé y no quiero volver a hacerlo. ¿Me perdonas?" La confesión sincera abre la puerta a la posibilidad del perdón. Cuando usted recibe el perdón, su lado del muro ya está demolido. Si su cónyuge también está dispuesto a confesar y a recibir perdón, puede demolerse el muro completo y el matrimonio puede avanzar.

Padre, te confieso mis pecados: pecados de egoísmo, de impaciencia y de falta de amor, entre otros. Gracias por tu promesa de perdón. Por favor dame fuerzas para confesarle mis faltas a mi cónyuge, a quien he herido profundamente.

PERDÓN MUTUO

Sean comprensivos con las faltas de los demás y perdonen a todo el que los ofenda. Recuerden que el Señor los perdonó a ustedes, así que ustedes deben perdonar a otros. COLOSENSES 3:13

EN LOS DOS días anteriores hemos hablado acerca de cómo identificar nuestras faltas y confesárselas a Dios y a nuestro cónyuge. Ahora quiero que hablemos sobre el perdón.

Cuando su cónyuge le confiesa faltas anteriores y le pide perdón, es hora de perdonar. De hecho, negarse a perdonar es desobedecer las enseñanzas explícitas de Jesús. Él enseñó a sus discípulos a orar así: "[Padre nuestro,] perdona nuestros pecados, así como hemos perdonado a los que pecan contra nosotros" (Mateo 6:12). Si nos negamos a perdonar cuando otros se arrepienten y se confiesan a nosotros, ponemos en peligro el perdón que nosotros mismos recibimos de Dios. El apóstol Pablo enfatizó esta idea en Colosenses 3:13, al escribir que debemos perdonar a los demás porque el Señor nos perdonó a nosotros. Además, una de las parábolas de Jesús dejó en claro que nuestra deuda con el Señor es mucho más grande que la deuda que cualquier persona podría tener con nosotros.

No se gana nada con retener las faltas del pasado. En cambio, la disposición a perdonar abre la puerta a la oportunidad de crecimiento futuro. Se puede reconstruir la confianza y renovar el amor. Cuando una pareja está dispuesta a confesar y a perdonar las faltas, un matrimonio puede avanzar de la amargura y el conflicto a un estado de renovación y gozo.

Padre, estoy muy agradecido por tu perdón. Ayúdame a extender ese mismo perdón por gracia a mi cónyuge cuando me lo pida, aunque me sea difícil. Sé que los beneficios serán enormes.

EXPRESAR AMOR

¡Que el amor sea su meta más alta! 1 CORINTIOS 14:1

¿QUIERE CONOCER EL lenguaje de amor de su cónyuge? Entonces observe de qué manera él o ella le expresa habitualmente amor. ¿Lo hace con palabras de aprobación? ¿Con regalos? ¿Con gestos de servicio? ¿Compartiendo tiempo de calidad? ¿Con caricias? La manera en que la otra persona le expresa amor probablemente sea la manera en que desea que usted le exprese su amor.

Si su marido la abraza y la besa con frecuencia, es probable que su lenguaje de amor sea el *contacto físico*. Él anhela que usted tome la iniciativa de abrazarlo y besarlo. Si su esposa a menudo está quitando la maleza, balanceando las finanzas del hogar o limpiando el baño después de que usted lo usa, entonces es probable que su lenguaje de amor sea el de los *actos de servicio*. Ella desea que usted la ayude con las tareas de la casa. Si usted no lo hace, ella no se siente amada. Un esposo dijo: "Si yo hubiera sabido que sacar la basura la hubiera hecho sentirse amada y que también estaría más dispuesta en la cama, entonces habría comenzado a sacar la basura años atrás." Lástima que le llevó tantos años descubrir cuál era el lenguaje de amor de su esposa. Como dice la Biblia, el amor debe ser nuestra meta más elevada. Para alcanzar esa meta, necesitamos esforzarnos por averiguar de qué manera nuestro cónyuge recibirá mejor nuestro amor.

Señor Jesús, ayúdame a hacer del amor mi meta más elevada: tanto en la vida como en mi matrimonio. Por favor dame sabiduría mientras observo a mi cónyuge y procuro descubrir cuál es su lenguaje de amor. Quiero demostrarle bien todo mi amor.

13 DE FEBRERO

DESCUBRIR LO BUENO EN LAS QUEJAS

El amor nunca se da por vencido, jamás pierde la fe, siempre tiene esperanzas y se mantiene firme en toda circunstancia. 1 CORINTIOS 13:7

¿DE QUÉ SE queja con más frecuencia su cónyuge? Por lo general recibimos las quejas como crítica negativa, pero en realidad nos proveen información valiosa. Las quejas revelan el corazón de la persona. La queja reiterada de una persona a menudo revela cuál es su lenguaje de amor.

Si un esposo dice con frecuencia: "Nunca pasamos tiempo juntos. Somos como extraños," está diciéndole a su esposa que su principal lenguaje de amor es el *tiempo de calidad* y que su provisión de amor se encuentra vacía.

Si una esposa dice: "Tengo la impresión de que nunca me tocarías si yo no tomara la iniciativa," está revelando que su lenguaje de amor es el *contacto físico*.

Si un esposo regresa después de un viaje de trabajo y su esposa dice: "¿Quiere decir que no me trajiste nada?" está diciéndole que para ella el lenguaje del amor está en los *regalos*. No puede creer que su marido haya vuelto a casa con las manos vacías.

Si una esposa se queja: "Nunca me sale nada bien," lo que está diciendo es que su lenguaje de amor son las *palabras de aprobación* y que no las está recibiendo.

Si un esposo dice: "Si me amaras, me ayudarías," está diciendo a gritos que su lenguaje de amor son los *actos de servicio*.

¿Se siente usted frustrado porque le parece que no logra comunicarle amor a su cónyuge? Las palabras de 1 Corintios 13 nos alientan a no darnos nunca por vencidos. Las cosas pueden mejorar cuando mantenemos la esperanza. Descubrir y hablar el lenguaje de amor de su cónyuge es una de las maneras de ayudar a que la relación crezca.

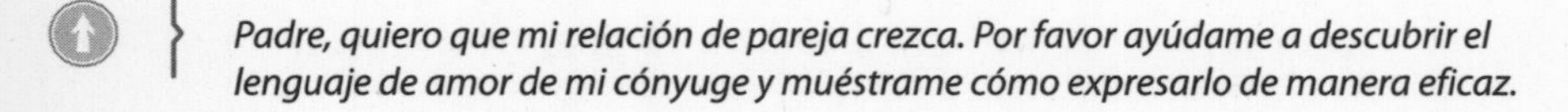

Padre, quiero que mi relación de pareja crezca. Por favor ayúdame a descubrir el lenguaje de amor de mi cónyuge y muéstrame cómo expresarlo de manera eficaz.

TOMAR LA INICIATIVA DE AMAR

Dios mostró cuánto nos ama al enviar a su único Hijo al mundo, para que tengamos vida eterna por medio de él. En esto consiste el amor verdadero: no en que nosotros hayamos amado a Dios, sino en que él nos amó a nosotros y envió a su Hijo como sacrificio para quitar nuestros pecados. Queridos amigos, ya que Dios nos amó tanto, sin duda nosotros también debemos amarnos unos a otros.

1 JUAN 4:9-11

CONSIDERO QUE NUESTRA necesidad emocional más profunda es la de sentirnos amados. Si estamos casados, la persona de quien esperamos recibir más amor es nuestro cónyuge. Si nos sentimos amados por esa persona, el mundo entero se ve espléndido. Si no nos sentimos amados, el mundo entero parece gris. Sin embargo, no se consigue ese amor con exigencias o planteando quejas.

Un hombre me dijo: "Si mi esposa fuera un poquito más cariñosa, entonces yo le mostraría más interés, pero cuando no me expresa afecto, no tengo ganas de acercarme a ella." Este hombre está esperando recibir amor antes de darlo. Alguien debe tomar la iniciativa. ¿Por qué debería ser la otra persona?

¿Por qué nos cuesta tanto entender que siempre es uno mismo quien debe tomar la iniciativa del amor? Dios es nuestro ejemplo en esto. Nosotros amamos a Dios porque él nos amó primero (ver 1 Juan 4:19). Nos amó cuando todavía éramos pecadores, cuando no le mostrábamos ningún interés, cuando no habíamos hecho nada para merecer su amor. Ese es el máximo ejemplo de un amor que toma la iniciativa. Si usted decide ofrecerle a su cónyuge amor incondicional y aprende a expresarse en el lenguaje de amor que su pareja puede apreciar, entonces es muy probable que su cónyuge reaccione de igual manera. El amor engendra amor.

Padre, tú nos has mostrado cómo amar: de manera incondicional, tomando la iniciativa y sin esperar la respuesta favorable de la otra persona. Por favor ayúdame a expresarle esa clase de amor a mi cónyuge.

INTIMIDAD INTELECTUAL

Mi corazón te ha oído decir: "Ven y conversa conmigo". Y mi corazón responde: "Aquí vengo, Señor". SALMOS 27:8

LA MAYORÍA DE nosotros no se casó para que alguien nos ayudara a preparar la comida, a lavar la vajilla, a mantener el automóvil o a criar a los hijos. Más bien, nos casamos motivados por el profundo deseo de conocer y de ser conocidos, de amar y de ser amados, de mantener una relación íntima genuina. ¿Cómo se hace realidad esta elevada meta? Sería provechoso considerar los cinco componentes esenciales de una relación íntima, y de eso nos ocuparemos en los días siguientes.

El primer factor es el de la intimidad intelectual. Buena parte de la vida se vive en el mundo de la mente. A lo largo del día tenemos cientos de pensamientos relacionados con la vida a medida que vamos encarándola. También tenemos anhelos, cosas que nos gustaría experimentar u obtener. La intimidad intelectual proviene de compartir con nuestro cónyuge algunos de esos pensamientos y anhelos. Pueden girar en torno a las finanzas, a la comida, a la salud, a los acontecimientos actuales, a la música o a la iglesia. Sean o no importantes por sí mismos, estos pensamientos y anhelos revelan algo de lo que ha ocupado nuestra mente a lo largo del día.

Las palabras del Salmo 27:8 describen una de las maneras de cultivar nuestra intimidad con Dios, y es la de responderle cuando nos invita a conversar con él. Este mismo principio se aplica a las relaciones humanas. En el matrimonio tenemos el placer de aprender algo sobre los pensamientos íntimos en la mente de nuestro cónyuge. Esa es la esencia de la intimidad intelectual.

Padre, ¡gracias por querer hablar conmigo y por escucharme! Sé que la conversación fortalece las relaciones. Ayúdame a compartir libremente mis pensamientos con la persona que amo y también a escuchar con atención los pensamientos que comparta conmigo.

INTIMIDAD EMOCIONAL

Me retuerzo atormentado por el dolor; todo el día estoy lleno de profunda tristeza. SALMOS 38:6

LA INTIMIDAD EMOCIONAL es uno de los cinco componentes de una relación íntima. Los sentimientos son nuestra reacción emocional espontánea ante lo que se nos presenta a través de los sentidos. Escucho que murió el perro de mi vecino y me siento triste. Veo pasar el camión de los bomberos a toda velocidad y me siento inquieto. Mi esposa me toca la mano y me siento amado. Veo su sonrisa y me siento alentado.

Su vida interior está cargada de emociones, pero nadie las ve. Compartir sus sentimientos es una manera de construir intimidad emocional. Permitir que su pareja ingrese a su mundo interior significa estar dispuesto a decirle: "En este momento siento mucho temor" o: "Esta noche estoy muy contento." Estas son frases de autorrevelación. El Salmo 38:6 nos da uno de los muchos ejemplos en los que el salmista derrama su corazón ante Dios. El rey David y otros escritores de los salmos fueron honestos respecto a sus sentimientos de tristeza, depresión, ira y dolor, tanto como lo fueron respecto a sus emociones de alegría, adoración y celebración. Esa clase de revelación franca aumentaba más y más su intimidad con Dios.

Aprender a hablar sobre las emociones puede ser una de las experiencias más enriquecedoras de la vida. Compartir así requiere una atmósfera de aceptación. Si tengo la certeza de que mi cónyuge no juzgará mis emociones ni tratará de modificar mis sentimientos, entonces es mucho más probable que hable libremente sobre ellos.

Señor, gracias por estar dispuesto a escuchar nuestros sentimientos. Sé que compartir nuestras emociones como pareja nos acercará más. Te ruego que nos ayudes a cultivar una atmósfera de amor y de aceptación en la cual podamos compartir con libertad.

INTIMIDAD SOCIAL

Te busco durante toda la noche; en la mañana busco de todo corazón a Dios.

ISAÍAS 26:9

BUENA PARTE DE la vida gira en torno a los encuentros que suceden durante el día: cosas que la gente dice o hace, o situaciones que se presentan. Cuando mi esposa y yo compartimos estas cosas, sentimos que somos parte de lo que hace el otro. Desarrollamos intimidad social y la sensación de que somos una unidad social. En otras palabras, lo que ocurre en la vida de mi esposa es importante para mí.

Otro aspecto de la intimidad social es el que se refiere a cosas que hacemos juntos. Ir al cine, asistir a un evento deportivo, ir de compras o lavar el auto juntos, o salir de picnic al parque son una variedad de maneras en que se construye la intimidad social. Gran parte de la vida implica hacer cosas. Cuando hacemos algo juntos, no solo estamos desarrollando el sentido del trabajo en equipo, sino que además enriquecemos nuestra relación. En el versículo citado arriba, vemos que el profeta Isaías escribió acerca de su intenso deseo de pasar tiempo con Dios. Esa misma sensación de urgencia por estar en la compañía del cónyuge (algo que a menudo se incentiva por nuestros buenos recuerdos de encuentros anteriores) es beneficiosa para el matrimonio.

Las cosas que hacemos juntos con frecuencia alimentan nuestros recuerdos más vívidos. ¿Cómo poder olvidar el haber escalado una montaña juntos? ¿O aquella oportunidad en que le cortamos el pelo al perro? La intimidad social es un aspecto importante en el crecimiento de un matrimonio.

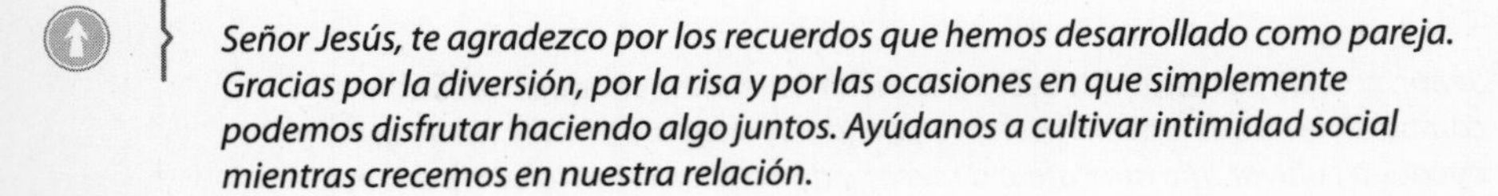

Señor Jesús, te agradezco por los recuerdos que hemos desarrollado como pareja. Gracias por la diversión, por la risa y por las ocasiones en que simplemente podemos disfrutar haciendo algo juntos. Ayúdanos a cultivar intimidad social mientras crecemos en nuestra relación.

INTIMIDAD ESPIRITUAL

También pedimos que se fortalezcan con todo el glorioso poder de Dios para que tengan toda la constancia y la paciencia que necesitan. Mi deseo es que estén llenos de alegría y den siempre gracias al Padre. COLOSENSES 1:11-12

LA INTIMIDAD MATRIMONIAL tiene cinco componentes esenciales. Hemos hablado acerca de la intimidad intelectual, emocional y social, y hoy nos ocuparemos de la intimidad espiritual. Somos criaturas espirituales. Los antropólogos han descubierto que en todas las culturas alrededor del mundo la gente es religiosa. Nuestro ser tiene una dimensión espiritual. La pregunta es si estamos dispuestos a compartir este aspecto de nuestra vida con las personas que amamos. Cuando lo hacemos, experimentamos intimidad espiritual.

Puede ser algo tan simple como compartir algo que leyó en la Biblia esta mañana y expresar lo que significó para usted. La intimidad espiritual también se promueve al compartir una experiencia. Después de asistir con su esposo al culto de adoración, una mujer dijo: "Hay algo en la experiencia de escucharlo cantar que me da un sentimiento de cercanía con mi marido." Orar juntos es otra manera de desarrollar la intimidad espiritual. Si no se sienten cómodos orando en voz alta, entonces háganlo silenciosamente tomados de la mano. No se oirán palabras, pero sus corazones se acercarán.

También pueden proponerse orar el uno por el otro como una manera de fortalecer la relación. Muchas de las cartas del apóstol Pablo contienen oraciones hermosas por aquellos a quienes les estaba escribiendo, incluyendo la que citamos arriba, de Colosenses 1, en la que le pide al Señor que fortalezca a los creyentes y les dé paciencia, perseverancia y gozo. Orar fervientemente por la relación de su cónyuge con Dios puede ser una experiencia extraordinariamente íntima.

Padre, sé que no hay nada tan importante en nuestra vida como la relación contigo. Ayúdame a alentar a mi cónyuge en este terreno. A que estemos dispuestos a compartir nuestros pensamientos y nuestras oraciones. Acércanos el uno al otro, Señor, mientras nos acercamos cada vez más a ti.

INTIMIDAD SEXUAL

El esposo debe satisfacer las necesidades sexuales de su esposa, y la esposa debe satisfacer las necesidades sexuales de su marido. La esposa le da la autoridad sobre su cuerpo a su marido, y el esposo le da la autoridad sobre su cuerpo a su esposa. 1 CORINTIOS 7:3-4

DEBIDO A QUE hombres y mujeres son diferentes en el terreno sexual, con frecuencia llegan a la intimidad sexual por caminos diferentes. Usualmente, el énfasis para el marido está en el aspecto físico. Ver, tocar, sentir y la experiencia de la estimulación erótica y el clímax son el centro de su atención. La esposa, por su parte, se acerca a la intimidad sexual enfatizando el aspecto emocional. Sentirse amada, cuidada, valorada y tratada con ternura es lo que a ella le da un placer enorme. En síntesis, si ella se siente verdaderamente amada, la experiencia sexual será entonces una extensión de ese placer emocional.

La intimidad sexual requiere una respuesta comprensiva a estas diferencias. En 1 Corintios 7, el apóstol Pablo enseña francamente que cada cónyuge debe satisfacer las necesidades sexuales de su pareja. En otras palabras, la intimidad sexual requiere entrega. Para que la relación sexual sea una fuente de intimidad, cada miembro de la pareja debe pensar primero en el otro y en cómo hacer que la relación sexual le resulte una fuente de gozo.

Debería ser obvio que no podemos separar la intimidad sexual de la intimidad emocional, intelectual, social y espiritual. No podemos alcanzar la intimidad sexual si no hay intimidad en las otras áreas de la vida. La meta no es solamente tener relaciones sexuales, sino experimentar cercanía y alcanzar la satisfacción mutua.

Padre, perdóname por las ocasiones en que he considerado que la satisfacción física era la única meta de las relaciones sexuales. Ayúdanos como pareja a enfocar la conexión emocional e íntima que se alcanza cuando cada uno piensa en el otro durante la relación sexual.

20 DE FEBRERO

¿CUÁL ES NUESTRA ACTITUD HACIA EL DINERO?

Los que aman el dinero nunca tendrán suficiente. ¡Qué absurdo es pensar que las riquezas traen verdadera felicidad! Cuanto más tengas, más se te acercará la gente para ayudarte a gastarlo. Por lo tanto, ¿de qué sirven las riquezas? ¡Quizás solo para ver cómo se escapan de las manos! ECLESIASTÉS 5:10-11

A VECES PARECE que cuanto más tenemos, más discutimos sobre lo que tenemos. El matrimonio estadounidense más pobre siempre tendrá abundancia en comparación con gran parte de la población del mundo. Estoy convencido de que el problema no reside en la *cantidad* de dinero que tiene una pareja sino en su *actitud* hacia el dinero y en la manera en que lo manejan.

Creo que muchos de nosotros tenemos una "cantidad mágica" que parece ser la cuota que nos haría felices. Llegamos allí y luego nos damos cuenta de que: *No, no es suficiente*. En Eclesiastés 5, el rey Salomón, uno de los reyes más ricos de los que se tiene conocimiento, escribe sin rodeos sobre la empresa de nunca acabar que representa la búsqueda de "suficiente" dinero. Si pensamos que cierta suma de dinero nos dará la felicidad, estamos condenados a la desilusión.

La escritora Jeannette Clift George dijo: "La gran tragedia de la vida no está en el hecho de no conseguir lo que se busca. ¡La gran tragedia de la vida es conseguirlo y descubrir que no valía la pena el esfuerzo!"

Cuando nuestra vida se concentra en conseguir más dinero, tenemos el enfoque equivocado. Nuestra relación matrimonial y nuestra relación con Dios son mucho más importantes que cuánto dinero tenemos. Ordenar nuestras prioridades es el primer paso para lograr que el dinero sea una ventaja y no un lastre para el matrimonio.

Señor, tú sabes lo fácil que me resulta pensar que todo sería mejor si tuviéramos apenas un poco más de dinero. Gracias por recordarme que si esa es la manera en que pienso, nunca me sentiré satisfecho. Mi ruego es establecer mejores prioridades y desarrollar un sentimiento más sólido de contentamiento.

COMPARTIR EL DINERO

Amados hermanos, les ruego por la autoridad de nuestro Señor Jesucristo que vivan en armonía los unos con los otros. Que no haya divisiones en la iglesia. Por el contrario, sean todos de un mismo parecer, unidos en pensamiento y propósito. 1 CORINTIOS 1:10

CUANDO UNO SE casa, ya no es más "tu dinero" y "mi dinero," sino más bien "nuestro dinero." De la misma manera, ya no se trata de "mis deudas" y "tus deudas" sino de "nuestras deudas." Cuando se aceptan el uno al otro en matrimonio, aceptan tanto los activos como los pasivos del otro.

Antes del casamiento, ambos deberían mostrarse todos sus activos y pasivos financieros. No está mal llegar al matrimonio con deudas, pero es necesario saber cuáles son esas deudas y acordar un plan de pagos.

La meta del matrimonio es que dos lleguen a ser uno. Cuando esto se aplica a las finanzas, significa que todos los recursos les pertenecen a ambos. Quizás uno sea el responsable de pagar las cuentas y balancear la chequera, pero esto nunca debe usarse como excusa para esconder asuntos financieros del otro cónyuge. Quizás uno de los dos tenga un salario más alto que el otro, pero eso no le da más derecho a determinar de qué manera se distribuirá el dinero.

Ya que el dinero les pertenece a ambos, los dos deben estar de acuerdo en la manera de usarlo. Antes de cualquier decisión financiera debe haber conversaciones amplias y completas, y la meta debe ser estar de acuerdo. Siga el consejo del apóstol Pablo de ser "todos de un mismo parecer, unidos en pensamiento y propósito." Esto es apropiado para los seguidores de Cristo, cuyas prioridades deberían ser las mismas. Recuerden que son compañeros, no competidores. El matrimonio se beneficia cuando hay acuerdo en los asuntos financieros.

Padre, gracias por hacernos uno. Ayúdanos a esforzarnos por tener unidad de propósito y prioridades cuando se trata de nuestro dinero. Que podamos ser francos y honestos en todas nuestras decisiones financieras.

BUENA MAYORDOMÍA

Después de mucho tiempo, el amo regresó de su viaje y los llamó para que rindieran cuentas de cómo habían usado su dinero. El siervo . . . dijo: "Amo, usted me dio cinco bolsas de plata para invertir, y he ganado cinco más". El amo lo llenó de elogios. "Bien hecho, mi buen siervo fiel. Has sido fiel en administrar esta pequeña cantidad, así que ahora te daré muchas más responsabilidades. ¡Ven a celebrar conmigo!". MATEO 25:19-21

¿ESTÁ USTED HONRANDO a Dios en la manera en que usa su dinero? Dios se interesa por la manera en que usamos lo que nos da. En Mateo 25 leemos la famosa parábola de los talentos. Jesús relató la historia de un amo que confió ciertos montos de dinero a varios de sus sirvientes mientras él estaba de viaje. Cuando regresó, algunos de sus sirvientes habían sido administradores sabios y habían ganado más dinero. Como vemos en los versículos arriba, el amo reaccionó con elogios y dio a esos sirvientes mayores responsabilidades con más dinero.

Los recursos económicos, sean abundantes o modestos, tienen un tremendo potencial para hacer el bien. La buena administración, el comprar, el ahorrar y el invertir son diversas facetas de la mayordomía. Otro aspecto de una administración fiel es ofrendar a Dios por medio de la iglesia y de otras organizaciones cristianas.

Más importante que el monto de la ofrenda es nuestra actitud. Se trata de un acto de la voluntad estimulado por el amor a Dios, no de una obligación legalista que se lleva a cabo para conseguir mérito. Su cónyuge y usted ¿han analizado recientemente cómo están ofrendando a Dios? Lo que dan ¿refleja su amor a Dios? Cuando ambos deciden honrar a Dios en sus ofrendas, han dado un gran paso hacia el crecimiento en el matrimonio.

Padre, como matrimonio queremos ser buenos administradores de todo lo que nos has dado. Ayúdanos a usar nuestro dinero con sabiduría y a dar con generosidad a la obra de tu reino.

23 DE FEBRERO

SABIDURÍA PARA EL FUTURO

El prudente se anticipa al peligro y toma precauciones. El simplón avanza a ciegas y sufre las consecuencias. PROVERBIOS 22:3

AHORRAR DINERO ES señal de sabiduría. Acumular dinero en exceso no lo es. El rey Salomón escribió en Proverbios que las personas sabias hacen planes para enfrentar posibles dificultades futuras; los necios asumen que todo andará bien y luego se encuentran en problemas. Un matrimonio sabio toma precauciones para los tiempos difíciles. En el sentido financiero, esto significa ahorrar e invertir. De los dos, el ahorro es el más importante. Muchos consejeros cristianos de finanzas sugieren que la pareja destine 10 por ciento de sus ingresos al ahorro y a las inversiones. Usted puede decidirse por más o por menos, pero debe tomar la decisión. Si su plan es ahorrar "lo que sobre," lo más probable es que no ahorre.

Si usted ofrenda 10 por ciento a la obra del Señor y ahorra 10 por ciento, eso le deja 80 por ciento para distribuir entre el pago de la hipoteca (o el alquiler), gas, electricidad, teléfono, alimentos, etcétera. La pareja que sistemáticamente ahorra un porcentaje de sus ingresos no solo tendrá las reservas necesarias para las emergencias, sino también la satisfacción proveniente de administrar bien los recursos. Los ahorros deberían ser parte de su plan financiero.

Señor, como pareja queremos ser sabios en nuestra manera de usar el dinero. Por favor danos la disciplina necesaria para ahorrar, invertir y ofrendar. Sabemos que todo lo que tenemos es tuyo y queremos usarlo bien.

¿CON QUÉ PAUTA MIDE SU VIDA?

El que es generoso será bendecido, pues comparte su comida con los pobres.
PROVERBIOS 22:9 (NVI)

RECURRIR AL CRÉDITO para comprar cosas es un gran tema de la cultura actual. Los medios vociferan: "Compre ahora, pague más tarde." Lo que no se dice es que si "compra ahora," más tarde pagará *mucho más*. Los intereses que se aplican a las deudas de las tarjetas de crédito pueden superar el 21 por ciento anual.

La tarjeta de crédito estimula nuestro impulso a comprar y la mayoría de nosotros tiene más impulsos de los que se puede permitir. Esto puede llevar a una tensión mensual extrema en el matrimonio, cuando llega la factura de la tarjeta. En lugar de seguir el "compre ahora, pague más tarde," ¿por qué no acordar como pareja que no comprarán nada que esté por encima de sus posibilidades? La mayoría de nosotros puede vivir con menos y probablemente estar más feliz. Jesús enseñó: "La vida no se mide por cuánto tienen" (Lucas 12:15). Lo más importante en la vida son las relaciones: primero con Dios, luego con su cónyuge, sus hijos, la familia extensa y los amigos. Llega un punto en que usar nuestro dinero para nosotros mismos tiene poco sentido o importancia, pero como señala Proverbios 22:9, usar nuestro dinero con generosidad hacia otros —sea para quienes conocemos o para otros que pasan necesidad— es algo que nos bendice. Puede fortalecer nuestras relaciones, darnos un sentido de propósito y alentar a otros.

Las cosas solo tienen sentido si benefician a las relaciones. ¿Por qué debería tener lo más grande y lo mejor, si eso provoca tensión en su matrimonio? Las *cosas* solo dan placer momentáneo, mientras que las relaciones duran toda la vida.

Padre, es fácil quedar atrapado por cosas que creo que necesitamos ahora. Por favor dame la perspectiva correcta. Ayúdame a reconocer lo que realmente tiene significado: nuestra relación contigo y con otros. Que podamos invertir abundantemente en esto.

25 DE FEBRERO

CUANDO LAS PERSONALIDADES CHOCAN

Dios, en su gracia, nos ha dado dones diferentes para hacer bien determinadas cosas. ROMANOS 12:6

EN MI OFICINA de consejería escucho con frecuencia sobre los choques de personalidad que conducen a la falta de armonía en el matrimonio. Por personalidad me refiero a un patrón de respuesta ante la vida. Hablamos de personas extrovertidas o introvertidas, prolijas o descuidadas, pesimistas u optimistas, decididas o indecisas, entusiastas o serenas. Todos estos son rasgos de la personalidad. Son maneras predecibles en las que uno tiende a responder ante las situaciones de la vida.

Una esposa dijo respecto a su esposo: "Es tan lento y reflexivo que cuando toma la decisión es demasiado tarde." Estaba describiendo la manera en que le molestaba uno de los rasgos de personalidad de su marido. Todos tenemos una mezcla de características en la personalidad y alguien que nos conoce bien por lo general puede predecir cómo reaccionaremos ante determinada situación. La mayoría de los rasgos de personalidad tiene fortalezas así como debilidades. La clave en el matrimonio es aprovechar al máximo nuestras fortalezas y aprender a minimizar las debilidades.

Es importante reconocer que, como nos dice Romanos 12, Dios nos ha creado como individuos únicos. Tenemos personalidades diferentes y somos talentosos para diferentes cosas. Esto es algo que deberíamos celebrar, en lugar de sentirnos frustrados. Cuando como pareja nos entendemos bien, nuestras personalidades particulares pueden ser una ventaja en lugar de un impedimento.

Padre, gracias por crearnos diferentes. Es fácil que me fastidie con algunos de los rasgos de personalidad de mi cónyuge que difieren de los míos. Por favor, ayúdame a considerarlos como un regalo y no como un problema. Ayúdame a aprender de mi cónyuge.

EL PACIFICADOR

Dios bendice a los que procuran la paz, porque serán llamados hijos de Dios.

MATEO 5:9

PARA LLEGAR A entendernos, debemos identificar nuestras diferencias de personalidad. Hay muchos tipos de personalidad, todos los cuales tienen aspectos positivos y negativos, y en los días que siguen consideraremos algunos de ellos. Hoy nos ocuparemos de los pacificadores. Esta es una personalidad equilibrada, tranquila, pausada y fácil de complacer. Esta persona es típicamente agradable, no le gustan los conflictos, casi nunca se la ve alterada y rara vez expresa ira.

El pacificador tiene emociones pero no las manifiesta fácilmente. En el matrimonio, el pacificador quiere tranquilidad, tiende a ignorar los desacuerdos y evita las discusiones a toda costa. Es una persona con la que resulta agradable estar; sin embargo, el aspecto negativo de esta personalidad es que con frecuencia los conflictos quedan sin resolver. Si la pareja entra en una discusión, el pacificador tratará de calmar a la otra persona consintiendo o conformándose, aunque no esté de acuerdo. Es amable y de buen corazón y quiere que todo el mundo disfrute de la vida. Sin embargo, si el pacificador está casado con una persona controladora, es posible que sea aplastado y que eventualmente sufra en un estado de ira silenciosa.

En el Sermón del Monte, Jesús pronunció bendiciones para los pacificadores y dijo que serán llamados hijos de Dios. ¡Qué declaración tan maravillosa! Santiago 3:18 agrega otro elogio a este tipo de personalidad: "Los que procuran la paz sembrarán semillas de paz y recogerán una cosecha de justicia." Si usted está casada con un pacificador, agradezca a Dios por ello. Además, sea cuidadosa para no tomar ventaja de la actitud complaciente de su cónyuge.

Padre, agradezco el deseo de mi cónyuge de ser un pacificador. Sé que tú bendices esa actitud. Por favor ayúdame a apreciarla plenamente y a no aprovecharla en mi beneficio.

EL CONTROLADOR

Diótrefes —a quien le encanta ser el líder— no quiere tener nada que ver con nosotros. . . . No solo se niega a recibir a los maestros itinerantes, sino que les dice a otros que no los ayuden y, cuando los ayudan, él los expulsa de la iglesia. 3 JUAN 1:9-10

¿CÓMO ES VIVIR con alguien que tiene una personalidad controladora? Los controladores son personas rápidas, activas, prácticas y de voluntad fuerte. Tienden a ser autosuficientes, independientes, decididos y dogmáticos. Les resulta fácil tomar decisiones y a menudo las toman no solo para ellos mismos sino para otras personas.

Los controladores toman posiciones definidas sobre distintos temas y a menudo se los puede ver dirigiendo cruzadas por causas especiales. No se rinden ante la presión de otros sino que discuten hasta el final. Los controladores ven los problemas como desafíos. Tienen una determinación férrea y no simpatizan fácilmente con los demás. El controlador no expresa fácilmente compasión ni emociones afectuosas. Si bien es típico que los controladores logren mucho en la vida, es frecuente que pasen por encima de cualquiera que se cruce en su camino. En el matrimonio, el cónyuge del controlador siente que sus ideas y sentimientos no se respetan; quizás también se queje de no sentirse amado.

Es posible que algunos de los profetas bíblicos hayan tenido esta personalidad y en sus casos, por lo general, era una ventaja. Necesitaban tener una personalidad fuerte y decidida para cumplir el propósito ordenado por Dios a la vez que enfrentaban presiones y persecución. Otros casos en la Biblia no son tan positivos. En los versículos citados arriba, el apóstol Juan hace referencia a una persona controladora llamada Diótrefes. Había decidido no ayudar a los maestros cristianos itinerantes que eran comunes en aquella época y además quería impedir que otros lo hicieran. Cuando pasamos de tomar nuestras propias decisiones a hacernos cargo de las de otros, entonces estamos ejerciendo un control enfermizo.

Si usted tiene una fuerte personalidad controladora, es probable que necesite ayuda para entender de qué manera sus actos afectan a los demás. Si esto describe a su cónyuge, quizás necesite confrontarlo con amabilidad cuando sienta que la ignora o no la respeta.

Padre, ayúdanos a tratar con las cuestiones del control en nuestro matrimonio. Te agradezco por la capacidad de ser decidido y eficiente, pero ayúdame a no perjudicar a mi cónyuge con esos rasgos de mi personalidad. En cambio, ayúdanos a ambos a ser amables y respetuosos.

EL ALMA DE LA FIESTA

David fue y llevó el arca de Dios de la casa de Obed-edom a la Ciudad de David con gran celebración. . . . Y David danzó ante el SEÑOR con todas sus fuerzas. 2 SAMUEL 6:12, 14

HEMOS ESTADO HABLANDO sobre tipos de personalidad y hoy nos ocuparemos del que es el alma de la fiesta. Esta es la personalidad cálida, animada y entusiasta. Para esta persona, todo en la vida es una fiesta. Son los que disfrutan de la gente, no les gusta la soledad y están en su mejor momento cuando se encuentran rodeados por amigos y en medio de la fiesta. Nunca les faltan las palabras. Pueden convertir una simple comida en una celebración. Estas personas hacen que la vida sea emocionante no solo para ellos sino para los demás. Están llenos de historias, de expresiones dramáticas y de canciones, y su meta es que todos estén contentos.

Sin duda la Biblia no menoscaba la celebración. Los versículos citados arriba enfocan al rey David conduciendo una celebración nacional cuando trasladaban el arca del Señor de regreso a Jerusalén. ¡"Y David danzó ante el Señor con todas sus fuerzas"! Él sabía que algunas cosas merecen ser festejadas.

El lado negativo de esta personalidad es que los demás a veces consideran al que es el alma de la fiesta como una persona indisciplinada y poco confiable. ¿Por qué? Porque pueden estar tan absorbidos por el momento que olvidan compromisos tomados previamente. No es que se propongan fallar; simplemente se olvidan. Si usted está casada con alguien que es el centro de la fiesta, disfruta de la experiencia . . . y pregúntale a tu cónyuge cómo puede ayudarlo a mantener la vida en orden.

Padre, gracias por tus celebraciones, y gracias porque el espíritu alegre de mi cónyuge hace que tantas cosas sean un disfrute. Ayúdame a apreciar esto y a ser amable cuando trato de ayudarlo.

1 DE MARZO

DIFERENCIAS DE PERSONALIDAD EN EL MISMO EQUIPO

El que planta y el que riega trabajan en conjunto con el mismo propósito. Y cada uno será recompensado por su propio arduo trabajo. Pues ambos somos trabajadores de Dios. 1 CORINTIOS 3:8-9

EN LOS DÍAS anteriores hemos hablado acerca del matrimonio y de las diferencias de personalidad. Es importante entender los diferentes tipos de personalidad porque generalmente buscamos satisfacer nuestras necesidades psicológicas y espirituales de una manera acorde a nuestra personalidad.

Por ejemplo, una persona protectora encontrará su valor al interesarse por un amigo necesitado. Quizás pase horas tratando de ayudar a su amigo a resolver problemas y a encontrarle sentido a la vida. Sin embargo, la persona controladora rara vez comprenderá sus esfuerzos. Su actitud dice: "¿Por qué dedicar tanto tiempo y energía para tratar de ayudar a semejante perdedor?" No reconoce que la persona protectora está encontrando su propio sentido al ocuparse de alguien necesitado. Por su parte, el controlador probablemente encuentre significante llevar a cabo proyectos y lograr que las cosas marchen bien.

Si entendemos el papel que juega la personalidad en la motivación de nuestro comportamiento, nos entenderemos mejor unos a otros. La comprensión conduce a una mayor armonía en el matrimonio. Debemos recordar que como pareja estamos trabajando en el mismo equipo. Pablo escribió en 1 Corintios 3 que él y Apolos, otro predicador, no eran competidores sino compañeros de equipo con diferentes fortalezas y responsabilidades. Lo importante era que ambos estaban trabajando por la misma meta. De manera similar, en el matrimonio tenemos diferentes fortalezas y debilidades, y a menudo realizamos distintas tareas. Aun así, podemos trabajar juntos en unidad y comprensión por el bien de nuestra relación.

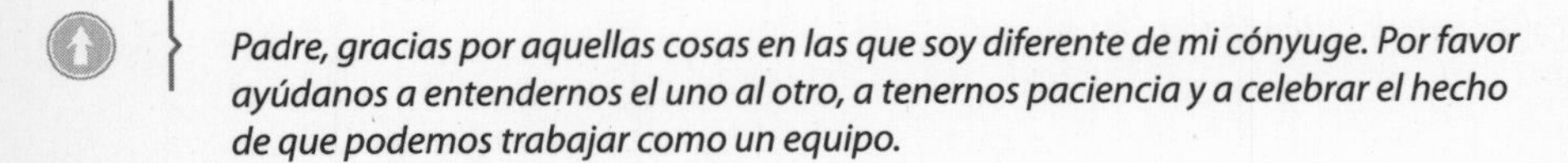

Padre, gracias por aquellas cosas en las que soy diferente de mi cónyuge. Por favor ayúdanos a entendernos el uno al otro, a tenernos paciencia y a celebrar el hecho de que podemos trabajar como un equipo.

2 DE MARZO

CONFRONTAR LA ACTITUD DEFENSIVA

[Samuel preguntó:] "¿Por qué no obedeciste al SEÑOR*? ¿Por qué te apuraste a tomar del botín y a hacer lo que es malo a los ojos del* SEÑOR*?" "¡Pero yo sí obedecí al* SEÑOR*! —insistió Saúl—. ¡Cumplí la misión que él me encargó!"*

1 SAMUEL 15:19-20

¿POR QUÉ NOS ponemos tan defensivos? La actitud defensiva forma parte de la naturaleza humana. Hasta en la Biblia podemos encontrarla. Job, harto de los consejos de los supuestos amigos, en determinado momento les dijo con enojo que sabía tanto como ellos (ver Job 13:2). En los versículos citados arriba, vemos que el rey Saúl, primer rey de Israel, reaccionó de manera defensiva y poco veraz cuando el profeta Samuel lo confrontó por haber desobedecido las instrucciones del Señor.

Considere este ejemplo: Ernesto estaba cortando cebolla y Jimena estaba poniendo aceite en la sartén. Cuando Ernesto salió para sintonizar la radio, Jimena arrojó la cebolla en el aceite. Él regresó y dijo: "Sabes que hay una mejor manera de hacer eso." Jimena reaccionó: "¿Por qué tienes que estar siempre a cargo de todo?" "Solo pensé que te interesaría mi consejo. Ya sabes que esta comida es mi especialidad," dijo Ernesto. "Entonces haz tu comida especial," resopló Jimena mientras salía de la cocina.

¿Qué ocurrió en esta aventura en la cocina? Los comentarios de Ernesto presionaron los sensibles botones emocionales de Jimena. Ella ya venía sintiendo que Ernesto ejercía demasiado control; ahora le estaba diciendo cómo cocinar y entonces ella se puso a la defensiva.

Todos tenemos botones emocionales sensibles. No sabemos dónde están hasta que se presionan. Cuando eso ocurre, la clave es tomarnos el tiempo para hacer algunas preguntas: ¿Qué podemos aprender a partir de nuestra actitud defensiva? ¿Qué hubo en mis palabras que te hicieron reaccionar a la defensiva? Una vez que tomemos este enfoque, llegaremos a entender nuestra actitud y encontraremos maneras de lidiar positivamente con el problema.

Padre, me resulta fácil ponerme a la defensiva cuando me siento examinado o acusado. Por favor ayúdame a entender por qué reacciono así. Ayúdame a elegir una reacción más adecuada.

3 DE MARZO

QUÉ HACER CON LOS BOTONES EMOCIONALES SENSIBLES

Sean siempre humildes y amables. Sean pacientes unos con otros y tolérense las faltas por amor. EFESIOS 4:2

TODOS TENEMOS BOTONES emocionales sensibles. Cuando nuestro cónyuge dice o hace ciertas cosas, nos ponemos a la defensiva. Por lo general, nuestra reacción está enraizada en nuestra historia. Quizás descubra que con frecuencia las frases dichas por su cónyuge hacen eco de cosas que le decían sus padres y que a usted lo avergonzaban o lo lastimaban. El hecho de que reaccione a la defensiva indica que la herida nunca sanó. La próxima vez que se ponga a la defensiva pregúntese por qué le ocurre. Es probable que los recuerdos inunden su mente. Comparta esas experiencias del pasado con su cónyuge y él o ella lo comprenderá mejor.

¿Y si usted es el cónyuge? Una vez que sepa por qué su esposo o esposa se pone a la defensiva ante ciertas cuestiones, entonces puede decidir qué hacer. Podría preguntar: "¿Cómo te gustaría que hablemos de este asunto de aquí en adelante? No quiero lastimarte. ¿Cómo puedo hablar de ello en una manera que no te haga daño?" Ahora está en camino a desactivar la conducta defensiva de su cónyuge. También está obedeciendo las Escrituras porque se muestra paciente y comprensivo hacia los conflictos de su cónyuge, tal como aconseja Pablo en Efesios 4:2. Aprender a negociar los "botones sensibles" de la vida es un aspecto importante en el desarrollo del matrimonio.

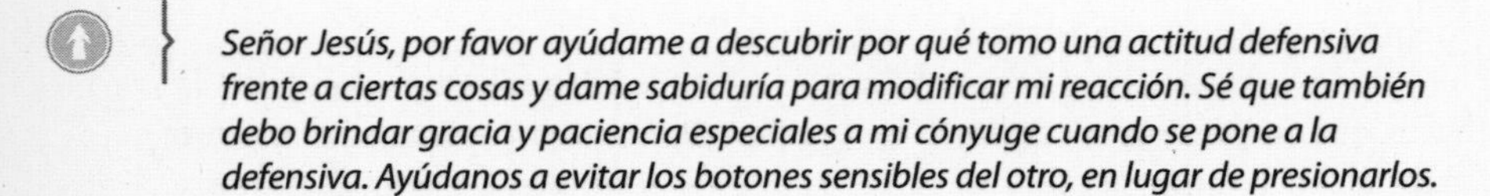

Señor Jesús, por favor ayúdame a descubrir por qué tomo una actitud defensiva frente a ciertas cosas y dame sabiduría para modificar mi reacción. Sé que también debo brindar gracia y paciencia especiales a mi cónyuge cuando se pone a la defensiva. Ayúdanos a evitar los botones sensibles del otro, en lugar de presionarlos.

CONTACTO FÍSICO

Bésame, una y otra vez, porque tu amor es más dulce que el vino.
CANTAR DE LOS CANTARES 1:2

MANTENER VIVO EL amor emocional en una relación hace que disfrutemos más de la vida. Es menos probable que el esposo o la esposa que se siente amado se aleje. ¿Cómo mantener vivo el amor una vez que se evaporan las emociones del enamoramiento? Creo que se logra aprendiendo a hablar el lenguaje de amor del otro. En los días que siguen, quiero enfocarme en el lenguaje de amor del contacto físico.

Cuando algunos maridos escuchan las palabras *contacto físico*, inmediatamente piensan en el sexo, pero la relación sexual es solo uno de los dialectos del lenguaje de amor del contacto físico. Tomarse de la mano, besarse, abrazarse, masajearse la espalda, poner el brazo alrededor de los hombros o colocar suavemente la mano sobre la pierna de la persona amada son todas maneras de expresar amor mediante el contacto físico. El libro del Cantar de los Cantares en el Antiguo Testamento deja en claro que el contacto físico entre un marido y su esposa puede ser hermoso, favorece la intimidad y es algo para celebrar. El versículo citado arriba es apenas un ejemplo de la poesía con la que este libro celebra las expresiones físicas del amor.

Para algunas personas, tanto hombres como mujeres, el contacto físico es el principal lenguaje de amor. Si no reciben contacto tierno, quizás no se sientan amadas aunque usted esté comunicándose en otros lenguajes de amor. Si su cónyuge corresponde a esta descripción, asegúrese de esmerarse en caricias significativas.

Padre, gracias por el don del contacto físico. Ayúdame a comunicarle amor a mi cónyuge mediante mis caricias.

APRENDIENDO EL LENGUAJE DE LAS CARICIAS

Su brazo izquierdo está debajo de mi cabeza, y su brazo derecho me abraza.
CANTAR DE LOS CANTARES 2:6

PARA LA PERSONA cuyo lenguaje principal de amor es el contacto físico, nada es más importante que las caricias tiernas. Tocar mi cuerpo es tocarme a mí. Alejarte de mi cuerpo es distanciarte emocionalmente de mí. En nuestra sociedad, darse la mano en un saludo es una forma de expresar apertura y buenos modales. En raras ocasiones, cuando una persona se niega a darle la mano a otra, eso comunica que la relación no está en buenos términos. El mismo principio se aplica al matrimonio. Si usted se retira físicamente de su cónyuge, también se está alejando emocionalmente.

Las caricias pueden ser explícitas y requerir toda su atención, por ejemplo masajear la espalda o el juego previo a la relación sexual. O bien pueden ser implícitas y requerir apenas un momento, por ejemplo colocar la mano sobre el hombro de la otra persona mientras le sirve café, o rozarlo con su cuerpo al pasar por la cocina. Una vez que descubre que el contacto físico es el principal lenguaje de amor de su cónyuge, el único límite es su imaginación. Dé un beso al subir al automóvil. Eso puede beneficiar enormemente el viaje. Abrace a su esposo antes de ir de compras y lo escuchará rezongar menos cuando regrese. Pruebe nuevas caricias y preste atención a las reacciones para saber si resultan placenteras o no. Recuerde que su cónyuge tiene la última palabra; usted está aprendiendo a comunicarse en el lenguaje que él o ella prefiere.

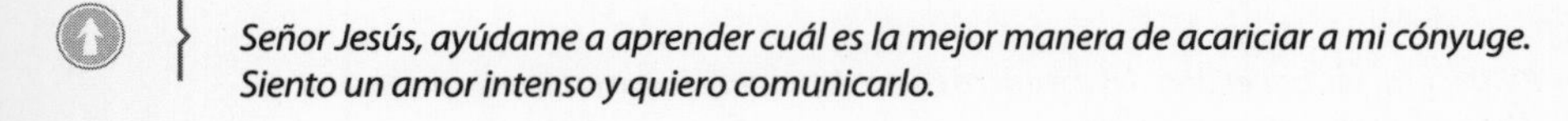

Señor Jesús, ayúdame a aprender cuál es la mejor manera de acariciar a mi cónyuge. Siento un amor intenso y quiero comunicarlo.

CARICIAS QUE CONSUELAN

Hay una temporada para todo, un tiempo para cada actividad bajo el cielo. . . . Un tiempo para llorar y un tiempo para reír. Un tiempo para entristecerse y un tiempo para bailar. Un tiempo para esparcir piedras y un tiempo para juntar piedras. Un tiempo para abrazarse y un tiempo para apartarse.

ECLESIASTÉS 3:1, 4-5

ES CASI INSTINTIVO que en un momento de crisis nos abracemos unos a otros. ¿Por qué lo hacemos? En una crisis, lo que más necesitamos es sentirnos amados. No siempre podemos modificar las circunstancias, pero podemos sobrevivir si nos sentimos amados.

Todos los matrimonios experimentan crisis. La muerte de los padres es inevitable. Los accidentes automovilísticos lesionan a miles de personas cada año. La enfermedad no respeta a nadie. Las decepciones son parte de la vida. Lo más importante que puede hacer por su cónyuge en un tiempo de crisis es expresarle amor. Especialmente si el lenguaje de amor principal de su cónyuge es el contacto físico, nada será tan importante como abrazar a su esposa mientras llora o colocar la mano sobre el hombro de su esposo mientras toma una decisión difícil. Sus palabras significan poco para una persona que está herida o en estado de shock, pero el contacto físico le comunicará que a usted le importa.

Eclesiastés 3 nos recuerda que hay un tiempo para todo, y las crisis ofrecen oportunidades excepcionales para expresar amor. Las caricias tiernas serán recordadas mucho después de que la crisis haya pasado, pero tal vez nunca se olvide su incapacidad de brindar ternura. El contacto físico es un poderoso lenguaje de amor. En momentos de crisis, un abrazo vale más que mil palabras.

Padre celestial, cuando como pareja nos toque enfrentar una situación difícil, ayúdame a acercarme a mi cónyuge con caricias amorosas. Que mi contacto le dé consuelo.

7 DE MARZO

PROCESANDO EL ENOJO

¡Ya no sigas enojado! ¡Deja a un lado tu ira! No pierdas los estribos, que eso solo trae daño. SALMOS 37:8

¿CUÁNDO FUE LA última vez que sintió enojo hacia su cónyuge, y cómo lo manejó? En los días que siguen, quiero presentarle un programa de cinco pasos para manejar la ira de manera positiva.

El primer paso es admitir ante usted mismo que está enojado. Tal vez me diga: "Eso es obvio. Cualquiera se daría cuenta de que estoy enojado." Quizás, pero la pregunta es: ¿Está *usted* consciente de su enojo? La ira llega tan repentinamente que a menudo se verá atrapado por la reacción verbal o física antes de reconocer conscientemente qué es lo que está ocurriendo en su interior.

Las Escrituras no dicen que el enojo sea malo, pero son muchos los pasajes donde habla sobre la importancia de controlar la ira. El Salmo 37 habla sobre evitar la ira y no perder el control, ya que podría dañar a otros. Le sugiero que, cuando se dé cuenta de que está enojado, diga en voz alta estas palabras: "Estoy enojado sobre esto, ¿qué es lo que voy a hacer ahora?" De esa manera pone el asunto sobre la mesa y distingue entre aquello que siente —el enojo— y la acción que está por realizar. En consecuencia, prepara el escenario para aplicar la razón a su sentimiento de enojo, en lugar de dejarse controlar por las emociones. Este es el primer paso hacia el manejo constructivo del enojo.

Padre, me enojo más de lo que me gustaría admitir. Por favor ayúdame a manejar mi enojo de la forma correcta. Protégeme de perder el control y de lastimar a la persona que más amo.

MODIFICAR LOS PATRONES DEL ENOJO

La persona enojada comienza pleitos; el que pierde los estribos con facilidad comete todo tipo de pecados. PROVERBIOS 29:22

¿QUÉ HACER PARA no caer en pecado cuando estoy enojado? Ese es el desafío que se plantea en Efesios 4:26, donde dice: "Airaos, pero no pequéis" (RV60). El rey Salomón expresa esta misma opinión en Proverbios 29 cuando nos recuerda que perder los estribos puede conducirnos a muchos pecados. Todos hemos visto evidencias de esta verdad, sea que el pecado consista de palabras hirientes y cortantes, violencia física o conductas imprudentes. Hay un camino mejor.

Ayer mencionamos el primer paso para el manejo saludable del enojo: admitir ante sí mismo que está enojado. Hoy consideraremos el segundo paso: reprimir su reacción inmediata. No se precipite a la acción. Piense. La mayoría de nosotros sigue esquemas de comportamiento aprendidos en la infancia, y esos patrones tienden a agruparse en dos extremos: en uno la descarga verbal o física, y en el otro el aislamiento y el silencio. Ambos son destructivos.

¿Cómo se modifican esos esquemas? ¿Cómo se evita la reacción impulsiva? Algunos lo manejan contando hasta diez o hasta cien. Otros, inhalando profundamente o saliendo a caminar. Una mujer me dijo que cuando se enoja, riega las plantas. "El primer verano en que lo puse en práctica casi ahogo mis petunias," me contó. Sí, es posible romper los viejos esquemas de comportamiento. Busque un plan que le sirva y aprenda a reprimir esas reacciones de ira.

Señor Jesús, cuando me enojo a menudo pierdo el control y lastimo a mi pareja con ataques verbales. Sé que eso destruye nuestra relación. Por favor ayúdame a controlarme para reaccionar de manera distinta.

9 DE MARZO

ENCONTRAR LA FUENTE DEL ENOJO

Si un creyente peca contra ti, háblale en privado y hazle ver su falta. Si te escucha y confiesa el pecado, has recuperado a esa persona. MATEO 18:15

EN LOS DÍAS anteriores hemos considerado dos de los pasos que le ayudarán a controlar el enojo: admitir ante sí mismo que está enojado y reprimir la reacción inmediata. Hoy tomaremos el tercer paso: ubicar la fuente del enojo. Si está enojado con su cónyuge, dé un paso atrás y pregúntese a sí mismo: *¿Por qué estoy enojado? ¿Es por lo que mi cónyuge dijo o hizo? ¿Es por la manera en que me habla? ¿Es por la manera en que me mira?*

La razón para localizar el foco de su ira es establecer con exactitud qué es lo que usted considera incorrecto en lo que su cónyuge hizo o dejó de hacer. ¿Pecó su cónyuge de alguna forma contra usted? Si no cometió pecado, entonces su enojo está distorsionado. Usted no se salió con la suya y por eso está enojado. Eso es infantil. Es hora de crecer y reconocer que en el matrimonio no siempre se consigue lo que se quiere. Sin embargo, si su cónyuge efectivamente pecó contra usted, entonces es hora de calmarse y confrontar al otro con amor. Siga el ejemplo que dejó Jesús en Mateo 18 en cuanto a hacer una confrontación directa y en privado, y en estar dispuesto a escuchar además de hablar. Localizar la razón de su enojo le ayudará a definir si su sentimiento es apropiado o está distorsionado.

Padre, necesito sabiduría para determinar por qué me enojo. Por favor no permitas que mis emociones nublen mi razonamiento. Ayúdame a diferenciar claramente entre aquello que tiene una causa justificada y aquello que no la tiene. Oro a ti para que exista una comunicación positiva entre mi cónyuge y yo.

LENTO PARA LA IRA

Mis amados hermanos, quiero que entiendan lo siguiente: todos ustedes deben ser rápidos para escuchar, lentos para hablar y lentos para enojarse. El enojo humano no produce la rectitud que Dios desea. SANTIAGO 1:19-20

COMO VENIMOS ANALIZANDO, la manera en que usted maneja el enojo podría ser perjudicial para su matrimonio. Hoy vamos a considerar un cuarto paso en el control del enojo: analizar sus alternativas. Ahora que sabe por qué está enojado, puede decidir de qué manera responder.

Hay muchas cosas que usted podría hacer, algunas de las cuales son extremadamente hirientes. Podría descargar agresiones verbales contra su cónyuge. Algunas personas pasan al territorio del abuso físico y sacuden y hasta golpean a la otra persona. Dios odia esa clase de violencia; en efecto, el Salmo 11:5 dice que él aborrece a los que aman la violencia. El apóstol Santiago aconsejó a sus lectores a ser lentos para la ira precisamente por eso: porque el enojo a menudo desemboca en actos injustos que no son los que Dios desea para nosotros. Usted debe dejar a un lado esas reacciones pecaminosas y adoptar un enfoque más sano.

Cualquier cosa que considere hacer, debe responder a dos preguntas. La primera: ¿es constructiva la acción que estoy por emprender? Es decir, ¿tiene la posibilidad de ocuparse del mal que se cometió y de mejorar las cosas? La segunda pregunta es: Lo que estoy por hacer ¿es un gesto amoroso? ¿Tiene como objetivo el beneficio de la persona con la que estoy enojado? Si la respuesta a estas dos preguntas es afirmativa, entonces usted está listo para el paso final.

Padre, perdóname por las ocasiones en que me enojo con facilidad y peco. Por favor dame fuerzas mientras trato de tomar mejores decisiones en cuanto a cómo reaccionar.

11 DE MARZO

MANEJAR LA IRA CONSTRUCTIVAMENTE

Líbrense de toda amargura, furia, enojo, palabras ásperas, calumnias y toda clase de mala conducta. Por el contrario, sean amables unos con otros, sean de buen corazón, y perdónense unos a otros, tal como Dios los ha perdonado a ustedes por medio de Cristo. EFESIOS 4:31-32

EN LOS ÚLTIMOS días hemos presentado un programa de cinco pasos para controlar el enojo: admitir ante sí mismo que está enojado; reprimir su reacción inmediata; localizar la causa de su enojo; analizar sus alternativas. Ahora estamos listos para el quinto paso: emprender la acción constructiva.

En mi opinión, hay dos caminos. El primero es confrontar amorosamente a la persona con la que está enojado. El segundo es decidir conscientemente pasar por alto la ofensa. Eso es lo que la Biblia llama paciencia. El libro de Romanos habla sobre la misericordia y la paciencia de Dios, que no levanta nuestros pecados contra nosotros. La paciencia es la mejor opción cuando usted se da cuenta de que su ira está distorsionada y que en realidad nació del egoísmo. Si es su caso, puede liberar ese enojo presentándose ante Dios en oración: "Padre, perdóname por ser tan egoísta." Luego suelte ese sentimiento. También puede optar por pasar por alto ofensas reales que en realidad usted sobredimensionó.

Por otro lado, si su cónyuge pecó contra usted, hay instrucción bíblica clara de que usted debe confrontarlo en amor. "Me doy cuenta de que tal vez no cuento con toda la información, pero siento enojo y necesito hablar contigo. ¿Es buen momento para hacerlo ahora?" Entonces pone el asunto sobre la mesa ante su cónyuge y busca reconciliación. En ese caso, el enojo ha cumplido un buen propósito y la relación queda restaurada.

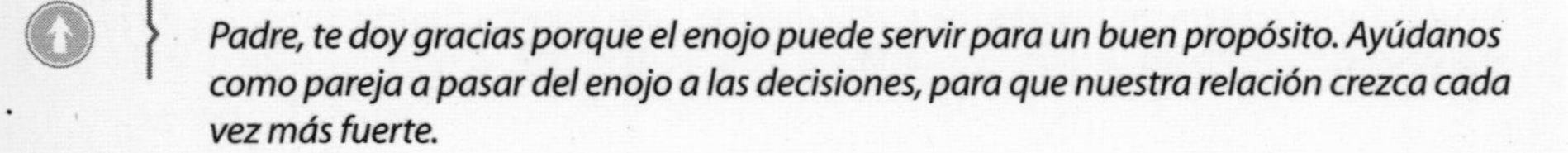

Padre, te doy gracias porque el enojo puede servir para un buen propósito. Ayúdanos como pareja a pasar del enojo a las decisiones, para que nuestra relación crezca cada vez más fuerte.

BUSCAR EL REINO DE DIOS

Lo único que le pido al Señor —lo que más anhelo— es vivir en la casa del Señor todos los días de mi vida, deleitándome en la perfección del Señor y meditando dentro de su templo. SALMOS 27:4

UNA PRIORIDAD ES algo que consideramos importante. Cuando enumeramos nuestras prioridades, estamos eligiendo aquellas cosas que consideramos más valiosas en la vida.

La mayoría de los cristianos estaría de acuerdo en que la prioridad número uno es nuestra relación y comunión con Dios. Nada es más importante. De hecho, nuestra relación con Dios influye en el resto de nuestras prioridades. Si Dios es el autor de la vida, entonces nada puede ser más importante que conocerlo. Si Dios ha hablado, nada es tan importante como oír su voz. Si Dios nos ama, nada puede producir mayor gozo que responder a su amor. En el Salmo 27:4, el salmista expresó su deseo más elevado: buscar a Dios y estar en su presencia. Jesús dijo: "Busquen primeramente el reino de Dios y su justicia" (Mateo 6:33, NVI).

¿Puede usted decir honestamente que su máxima prioridad es buscar el reino de Dios? Si lo es, eso tendrá un profundo impacto en la manera en que encare su matrimonio. Su ardiente deseo será el de seguir las pautas de Dios para el matrimonio, lo mismo que para el resto de la vida.

Padre, sé que tu reino debería ser mi máxima prioridad, pero con demasiada frecuencia eso no se refleja en mi manera de vivir. Por favor perdóname. Ayúdame a buscar tu reino por encima de todas las cosas. Que pueda tener tu perspectiva en todos los aspectos de mi vida, incluyendo lo que pienso respecto al matrimonio.

13 DE MARZO

DARLE PRIORIDAD A LA FAMILIA

"¡Al fin! —exclamó el hombre—. ¡Esta es hueso de mis huesos y carne de mi carne! Ella será llamada 'mujer' porque fue tomada del hombre". Esto explica por qué el hombre deja a su padre y a su madre, y se une a su esposa, y los dos se convierten en uno solo. GÉNESIS 2:23-24

¿ES SU FAMILIA una de sus principales prioridades? Cuando reconocemos que Dios instituyó el matrimonio y la familia como la unidad básica de la sociedad, la familia se convierte en algo extremadamente importante. De hecho, Salmos 68:6 nos dice que, en su compasión, "Dios ubica a los solitarios en familias."

En el conjunto de relaciones familiares, es evidente que la relación matrimonial es más esencial que la relación padre-hijo. El versículo de Génesis 2 citado arriba muestra lo singular de la relación esposo-esposa. No solo que la primera mujer fue creada de la costilla del varón, sino que ninguna otra relación humana se describe con términos tales como unirse y convertirse en uno solo. El matrimonio es una relación íntima para toda la vida. En contraste, usualmente los hijos en algún momento dejarán a sus padres y establecerán sus propias familias.

Si la familia es una de mis prioridades máximas, ¿cómo afectará eso la manera en que uso mi tiempo, mi dinero y mi energía? Cuando soy servicial con mi esposa, también estoy haciendo algo por mis hijos. Estoy dando un ejemplo que espero que recuerden cuando se casen. Una de las cosas más importantes que usted puede hacer por sus hijos es amar y servir a su cónyuge. Nada produce un ambiente más seguro para los niños que el ver a mamá y a papá amarse el uno al otro. Nada cimenta más el matrimonio.

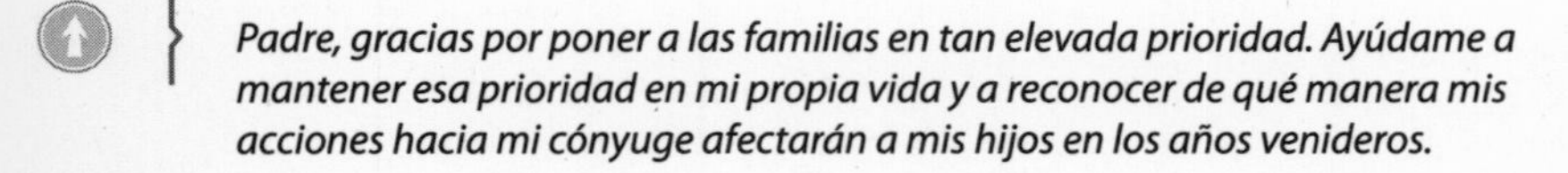
Padre, gracias por poner a las familias en tan elevada prioridad. Ayúdame a mantener esa prioridad en mi propia vida y a reconocer de qué manera mis acciones hacia mi cónyuge afectarán a mis hijos en los años venideros.

OCUPARSE DE SÍ MISMO

¿No saben que ustedes son templo de Dios y que el Espíritu de Dios habita en ustedes? . . . Porque el templo de Dios es sagrado, y ustedes son ese templo.

1 CORINTIOS 3:16-17 (NVI)

HACE POCO UNA mujer casada me dijo: "Estoy tan ocupada con mi familia, mi trabajo y mi iglesia que no me queda tiempo para mí misma." ¿Es egocéntrica esta esposa? En absoluto. Está intentando equilibrar sus prioridades. Si estamos convencidos de que fuimos creados a la imagen de Dios y que nuestro cuerpo es templo del Espíritu Santo, la mayoría de los creyentes estará de acuerdo en que en su lista de prioridades debería estar el cuidado de su bienestar físico, emocional y espiritual. Pablo escribe en 1 Corintios 3 que los creyentes somos el templo sagrado de Dios, porque el Espíritu Santo vive en nosotros. El deseo de ser un templo adecuado debería ser motivación suficiente para cuidar de nosotros mismos. Citando la ley del Antiguo Testamento, Jesús dijo a sus oyentes que debemos amar a nuestro prójimo como a nosotros mismos (ver Mateo 22:39). El creyente que no presta la atención necesaria a sus propias necesidades no podrá ser constante en su amor y servicio hacia su prójimo.

En el matrimonio, debemos ayudarnos el uno al otro a encontrar tiempo para el desarrollo personal. El esposo que se ocupa de los niños para que su esposa pueda salir a caminar o leer un libro está mostrando liderazgo espiritual. Está ocupándose del bienestar de su esposa. Cuando ella le devuelve el favor, está sirviendo a Dios al servir a su esposo. Ayudarse el uno al otro a encontrar tiempo para renovarse física, emocional y espiritualmente es un factor importante en el desarrollo de la pareja.

Señor Dios, me maravilla saber que el Espíritu Santo vive en mí. Sé que sin ti nunca tendría la dignidad necesaria para ser tu templo, por eso te ruego que me limpies. Ayúdame a dedicarle el tiempo necesario a mi persona para rejuvenecerme física, emocional y espiritualmente. Muéstrame también cómo proveer esa oportunidad a mi cónyuge.

15 DE MARZO

APOYO MUTUO

El cuerpo humano tiene muchas partes, pero las muchas partes forman un cuerpo entero. Lo mismo sucede con el cuerpo de Cristo. 1 CORINTIOS 12:12

LA MAYORÍA DE nosotros marcaría al matrimonio, a la familia y a la vocación como las prioridades más elevadas, pero a veces es difícil definir la mejor manera de equilibrar el tiempo y la energía que se les dedica. Permítame compartir una idea con usted. Convoque a una reunión familiar, ponga un almanaque sobre la mesa y anoten los acontecimientos importantes del mes en la vida de cada miembro de la familia. Pueden incluirse citas médicas, actividades en la iglesia, responsabilidades del trabajo y, si tienen hijos, recitales musicales, acontecimientos escolares y partidos deportivos. Haga una copia del calendario mensual para cada miembro de la familia.

Con su cónyuge, decidan a cuáles eventos asistir y luego aplíquense con diligencia a ordenar su agenda para que puedan cumplir. Muchos empleadores estarán dispuestos a mostrarse flexibles cuando vean su compromiso con la familia. Además, desafíe a todos a orar por los otros miembros de la familia el día en que les toca un evento especial.

La Biblia deja en claro que si bien los miembros del cuerpo de Cristo tienen diferentes talentos y cumplen diferentes funciones, somos uno en Cristo. Eso es verdad para la iglesia y es verdad para una familia creyente. Mientras organizan la agenda, recuerde a sus hijos que, si bien cada miembro de la familia es diferente, cada uno puede y debe apoyar al otro. La clave es el equilibrio y es posible de lograr.

Padre, gracias por mi familia. Gracias por recordarnos que si bien somos individuos, somos uno en ti. Ayúdanos a mostrar esa unidad en la manera de apoyarnos unos a otros y de equilibrar nuestras actividades.

ESCUCHAR CON EMPATÍA

El corazón prudente adquiere conocimiento; los oídos de los sabios procuran hallarlo. PROVERBIOS 18:15 (NVI)

LA HABILIDAD PARA *hablar* y para *escuchar* son dos de los dones más profundos recibidos de Dios. Nada es tan importante en una relación como hablar y escuchar. La comunicación franca es el elemento vital que mantiene al matrimonio en las estaciones de la primavera y el verano: tiempos de optimismo y de regocijo. Por el contrario, el fracaso en la comunicación trae los tiempos de otoño e invierno: tiempos de negatividad y desánimo.

Parece tan simple. El problema es que mientras escuchamos, muchos de nosotros actuamos como jueces. Evaluamos lo que oímos a partir de nuestra propia perspectiva de la situación y respondemos pronunciando nuestro juicio. Después nos preguntamos por qué nuestro cónyuge ya no nos habla.

Para la mayoría de nosotros, escuchar de manera eficaz exige un importante cambio de actitud. Debemos pasar de una escucha *egocéntrica* (percibir la conversación a través de nuestro punto de vista) a la escucha *empática* (percibir la conversación a través de los ojos del otro). La meta es descubrir cómo percibe nuestro cónyuge la situación y cómo se siente. Proverbios 18:15 equipara la sabiduría con escuchar cuidadosamente y con la búsqueda de conocimiento. En el matrimonio eso con frecuencia significa conocer más a su cónyuge. Las palabras son la clave del corazón de la otra persona y escuchar con el propósito de comprender favorece la conversación.

Señor Jesús, quiero ser un oyente empático en lugar de uno que emite juicio. Por favor, cuando converse con mi cónyuge, ayúdame a concentrarme en lo que dice y no en mí mismo. Bendice nuestras conversaciones.

DIALOGAR SIN DISCUTIR

Las palabras del justo son como la plata refinada. . . . Las palabras del justo animan a muchos. PROVERBIOS 10:20-21

¿CÓMO SE PUEDE conversar sin discutir? Comienza por tomar una decisión: no condenaré tus pensamientos sino que trataré de entenderlos. Las palabras con las que le responde a su ser amado pueden ser alentadoras o desalentadoras. Compare, por ejemplo: "Ese es un pensamiento interesante. ¿Podrías explicarlo un poco más?" con: "Esa es la cosa más ridícula que jamás escuché. ¿Cómo se te ocurrió?" ¿Cuál de estas expresiones estimulará más a su cónyuge para volver a compartir con usted lo que piensa?

El libro de Job contiene muchos ejemplos de conversaciones poco constructivas. En Job 8:1-2, el supuesto amigo de Job, Bildad, le responde duramente a Job, quien ha estado derramando su corazón compartiendo lo difícil de su situación. Las palabras de Bildad ("¿Hasta cuándo seguirás hablando así? Suenas como un viento rugiente") contrastan nítidamente con la manera en que el rey Salomón describe las palabras de los piadosos, palabras valiosas y alentadoras.

A continuación encontrará algunas sugerencias que le ayudarán a desarrollar una comunicación más profunda:

- Lean el mismo artículo en el diario local y compartan sus comentarios.
- Miren un programa de televisión o una película y respondan a las siguientes preguntas: ¿Tenía algún mensaje esta película? ¿Qué te pareció criticable? ¿Qué te pareció más interesante?
- Lean un libro sobre cualquier tema, un capítulo por semana, y coméntense el uno al otro alguna idea que hayan encontrado intrigante o útil en el capítulo.

En cualquiera de estas opciones, esfuércese por entender al otro más que en demostrar que usted tiene la razón. La intimidad se cultiva mediante conversaciones constructivas. Esta clase de diálogos intencionales, practicados durante un tiempo, estimularán la intimidad intelectual, la cual a su vez puede conducir a la intimidad emocional y sexual. La buena comunicación es clave para un matrimonio sólido.

Padre, perdóname por las ocasiones en que mis palabras se han parecido más a las de Bildad que a las del rey Salomón. Te pido que como pareja podamos crecer en nuestra capacidad para dialogar sin discutir. Que nuestras conversaciones nos ayuden a entendernos mejor el uno al otro.

RESPALDAR AUNQUE HAYA DESACUERDO

La respuesta apacible desvía el enojo, pero las palabras ásperas encienden los ánimos. PROVERBIOS 15:1

¿SABE USTED CÓMO respaldar a su cónyuge aunque estén en desacuerdo? Este es un gran paso para aprender a mantener conversaciones valiosas. Observe este ejemplo: una esposa comparte con su esposo que se siente herida por algo que él ha hecho y él responde: "Agradezco que hayas compartido conmigo tus pensamientos y tus emociones. Ahora entiendo por qué te sentiste herida. Si yo estuviera en tu lugar, me sentiría igual. Quiero que sepas que te amo mucho y que me duele verte contrariada. Valoro el que hayas sido franca conmigo." Este esposo ha aprendido el arte de respaldar a su esposa aun si tal vez no coincide con la opinión de ella.

Por supuesto, él todavía mantiene su punto de vista y en algún momento lo expresará, pero antes quiere que su esposa sepa que la comprende y que se identifica con su dolor. No condena la percepción de su esposa, ni le dice que no debería sentirse mal. De hecho, está admitiendo que si él estuviera en su lugar, se sentiría igual. Sin lugar a dudas lo sentiría, porque si él tuviera la personalidad y la percepción que ella tiene, entonces se sentiría igual que ella.

Las palabras ásperas y el juicio con frecuencia provocan la ira, pero una respuesta apacible, como recomienda el rey Salomón en el proverbio citado arriba, alienta una respuesta reflexiva. Esta manera de respaldar las emociones produce un clima positivo y permite que la persona lastimada ahora pueda escuchar el punto de vista del otro.

Padre, ayúdame a establecer como meta responder a mi cónyuge de manera amable. Por favor dame la humildad para reconocer sus sentimientos sin tener necesidad de sacar a luz de inmediato mi propio punto de vista.

19 DE MARZO

NUESTRA NECESIDAD DE AMAR Y SER AMADOS

¡Qué precioso es tu amor inagotable, oh Dios! Todos los seres humanos encuentran refugio a la sombra de tus alas. SALMOS 36:7

EL COMPORTAMIENTO HUMANO está motivado por ciertas necesidades físicas, emocionales y espirituales. Si usted no entiende las necesidades de su cónyuge, nunca entenderá su comportamiento. En los próximos días nos ocuparemos de algunas de esas necesidades. Hoy nos enfocaremos en la necesidad de amor.

La necesidad de amar y ser amado es la principal de nuestras necesidades. El deseo de amar explica el lado caritativo de los seres humanos. Nos sentimos bien con nosotros mismos cuando amamos a otros. Por otro lado, buena parte de nuestro comportamiento está motivado por el deseo de recibir amor. Nos sentimos amados cuando estamos convencidos de que alguien se interesa genuinamente por nuestro bienestar. En el versículo citado arriba, el salmista confirma esta necesidad humana de recibir amor cuando le agradece a Dios por su amor inagotable. La imagen de que las personas se refugian en el Señor como las aves se refugian bajo las alas de su madre nos conmueve profundamente porque esa necesidad de ser cuidados es muy importante.

Cuando su cónyuge se queja de que usted no le da suficiente tiempo, está suplicando amor. Cuando su cónyuge dice: "Nunca hago nada bien," está pidiendo palabras de aprobación. Si discuten sobre el *comportamiento*, solo alentarán más comportamiento negativo. Observe *detrás* del comportamiento y descubrirá la necesidad emocional. Satisfaga esa necesidad y entonces eliminará el comportamiento negativo. El amor busca satisfacer las necesidades emocionales del otro.

Padre, dame la madurez necesaria para buscar qué necesidad hay detrás del comportamiento de mi cónyuge. Ayúdame a expresarle todo mi amor.

FAVORECER LA LIBERTAD

Dios es tan rico en gracia y bondad que compró nuestra libertad con la sangre de su Hijo y perdonó nuestros pecados. EFESIOS 1:7

UNO DE LOS grandes regalos de Dios es el don de la libertad. Como dice este versículo, Dios nos ha dado la máxima libertad al liberarnos de los lazos del pecado. En Cristo tenemos una libertad extraordinaria y este llamado a la libertad es parte de nuestra esencia.

El deseo de libertad es tan fuerte que cada vez que sentimos que alguien intenta controlarnos, en especial si es alguien a quien amamos, tendemos a ponernos a la defensiva y a enojarnos. Debemos darnos libertad el uno al otro: para leer un libro, para ver espectáculos deportivos, para ir de compras, para dormir una siesta, para pensar en una nueva vocación. Cuando pretendemos controlar el comportamiento de nuestro ser amado, amenazamos su libertad y alentamos la ira.

¿Se ha preguntado por qué, cuando reprocha a su esposa por perder tiempo, ella suele empezar una pelea? Es porque usted ha amenazado su libertad. Ella siente que usted está tratando de controlar su comportamiento. No hay problema en *pedir* un cambio de conducta, pero un pedido es muy diferente de una exigencia. Las exigencias se perciben como control; los pedidos brindan información. Pruebe con un pedido respetuoso: "¿Podrías sacar la basura, por favor? Eso me haría muy feliz." Quizás lo haga o quizás no, pero por lo menos él no sentirá que usted trata de controlarlo.

Señor Jesús, gracias por la libertad que nos ofreces por medio de tu sacrificio. Ayúdanos a ofrecernos libertad el uno al otro como pareja, en lugar de tratar de controlarnos mutuamente.

21 DE MARZO

LA NECESIDAD DE SENTIRNOS VALIOSOS

Ellos serán mi pueblo y yo seré su Dios. Les daré un solo corazón y un solo propósito: adorarme para siempre. JEREMÍAS 32:38-39

TODOS TENEMOS LA necesidad de sentirnos valiosos. En lo profundo de cada uno de nosotros hay un deseo de hacer algo que nos supere. Queremos realizar algo que produzca un impacto en el mundo y que nos dé un sentido de plenitud y de satisfacción. Este es un deseo dado por Dios y él quiere que encontremos nuestra trascendencia final en él. El versículo de Jeremías citado al comienzo expresa claramente que Dios nos creó con el propósito de servirle y adorarle.

Esta necesidad de trascendencia es lo que a veces se esconde en el afán del adicto al trabajo. Muchas veces ese impulso está motivado por las experiencias de la niñez. Por ejemplo, el padre que le dice al hijo que nunca llegará a nada podría provocar en el hijo el temor de no llegar a sentirse valioso jamás. En consecuencia, ese hijo quizás se dedique toda la vida a demostrarle a su padre que está equivocado. Tal vez alcance muchos logros, pero puede ser que no logre sentirse valioso.

Comprender de dónde vienen esas motivaciones beneficiará enormemente el esfuerzo de alguien que está casado con un adicto al trabajo. Elogiar a esa persona por sus logros es mucho más productivo que condenarla por dedicarle demasiado tiempo al trabajo. El apoyo es constructivo. La condenación es destructiva.

Padre, por favor dame compasión y comprensión hacia mi cónyuge, que trabaja tanto en su esfuerzo de sentirse valioso. Ayúdame a apoyarlo. Ayúdanos también a recordar que nuestro valor supremo no es algo que tengamos que conseguir, porque ya nos lo diste.

LA NECESIDAD DEL DESCANSO

Cuando llegó el séptimo día, Dios ya había terminado su obra de creación, y descansó de toda su labor. GÉNESIS 2:2

FÍSICA, MENTAL Y emocionalmente, los seres humanos fuimos diseñados con la necesidad de alternar entre trabajo y juego. El antiguo adagio "el campo fértil no descansado tórnase estéril" simboliza una necesidad humana fundamental de distracción y esparcimiento. Esta necesidad aparece reflejada en el segundo capítulo de la Biblia, donde vemos que, después de completar la creación, el Señor descansó de su trabajo. Como personas creadas a la imagen de Dios, ¿debería sorprendernos que nosotros también tengamos esta necesidad?

Observe su conducta y la de su cónyuge y verá que algunos de sus actos están motivados por este deseo de recreación y esparcimiento. Las maneras de satisfacer esta necesidad se eligen según nuestra personalidad y nuestras preferencias.

¿Por qué Enrique llega a la casa después del trabajo, enciende el televisor y disfruta de su bebida favorita antes de iniciar una conversación con su esposa? Porque quiere relajarse antes de hacer el esfuerzo de relacionarse con ella. ¿Por qué Ayelén va al gimnasio antes de volver a casa y relacionarse con su familia? Consciente o inconscientemente, está buscando satisfacer su necesidad de relajación. Si entendemos la necesidad de nuestro cónyuge, podremos recibir el amor que necesitamos y al mismo tiempo darle a nuestra pareja la libertad que necesita para satisfacer sus propias necesidades. Nosotros también debemos buscar nuestra propia manera de relajarnos, ya sea leyendo, haciendo gimnasia, mirando televisión o practicando un pasatiempo, porque de lo contrario perderemos la estabilidad emocional. El cónyuge sabio alentará la recreación y el esparcimiento.

Padre, gracias por nuestra necesidad de descanso y distracción. Con demasiada frecuencia lo considero una pérdida de tiempo, pero sé que es una necesidad importante que pusiste en nosotros. Ayúdame a no criticar a mi cónyuge por relajarse, sino más bien a considerarlo como algo positivo.

DECISIÓN DE AMAR

Elige hoy mismo a quien servirás. . . . Pero en cuanto a mí y a mi familia, nosotros serviremos al Señor. JOSUÉ 24:15

HACE POCO, UNA mujer me dijo: "¿Es posible hablar el lenguaje de amor del otro cuando estamos llenos de dolor, de ira y de resentimiento por las faltas del pasado?" La respuesta a esa pregunta reside en la naturaleza esencial de nuestra condición humana. Somos seres con capacidad de decisión. Eso significa que podemos tomar malas decisiones o decisiones sabias, a pesar de nuestras emociones.

Cuando los israelitas estaban instalándose en la Tierra Prometida, su líder, Josué, los instruyó para que eligieran cuidadosamente su camino. ¿Servirían a los dioses de la cultura que habían dejado atrás (Egipto) o a los dioses de la cultura a la que estaban llegando (Canaán)? ¿O elegirían servir al Señor Dios que los había llevado hasta ese lugar? El pueblo había tomado malas decisiones en el desierto, pero ahora tenían una nueva oportunidad. Siguieron el liderazgo de Josué y decidieron servir al Señor.

El haber tomado malas decisiones en el pasado no significa que tengamos que seguir haciéndolo en el futuro. Podemos decir: "Lo siento. Sé que te lastimé, pero quisiera que el futuro sea diferente. Quiero amarte y satisfacer tus necesidades." Confesar las faltas del pasado y expresar el deseo de mejorar en el futuro es una decisión. He visto matrimonios al borde del divorcio que fueron rescatados cuando la pareja tomó la decisión de amar y de aprender a hablar el lenguaje de amor del otro.

No se debe desconocer que hubo heridas, pero se las debe reemplazar por expresiones de amor. Cuando decidimos amar a pesar de nuestras emociones, descubrimos que los sentimientos negativos se disipan y reaparecen los sentimientos de intimidad. Los actos de amor generan sentimientos de amor.

Padre, gracias por darnos la capacidad de decidir amar. Ayúdame a tomar las decisiones correctas en mi relación de pareja, no las que están basadas solamente en las emociones o en los problemas del pasado. Permíteme reemplazar las heridas que hay en nuestra relación con expresiones de amor.

EL AMOR COMO ACCIÓN

El amor es paciente y bondadoso. El amor no es celoso ni fanfarrón ni orgulloso ni ofensivo. No exige que las cosas se hagan a su manera. No se irrita ni lleva un registro de las ofensas recibidas. No se alegra de la injusticia sino que se alegra cuando la verdad triunfa. El amor nunca se da por vencido, jamás pierde la fe, siempre tiene esperanzas y se mantiene firme en toda circunstancia.

1 CORINTIOS 13:4-7

UN HOMBRE LLAMADO Bruno me confesó: "Ya no la amo. Hace mucho que no la amo. No quiero herirla, pero ya no disfruto al estar con ella. No sé qué pasó. Quisiera que no fuera así, pero ya no siento nada por ella."

Bruno estaba pensando y sintiendo lo que miles de personas han pensado y sentido a lo largo de la historia. Es la actitud mental del "ya no la amo" o "ya no lo amo" que les da a hombres y mujeres la libertad (por lo menos así lo piensan) de buscar amor en otra persona.

Vale la pena volver a mirar la famosa "definición del amor" que dio el apóstol Pablo en 1 Corintios 13. En este texto, que se lee en muchas ceremonias de bodas, el enfoque está en la actitud y en la acción, no en los sentimientos. Por ejemplo: no darse por vencido en ninguna circunstancia ni exigir que las cosas se hagan a nuestra manera son conductas que requieren que no nos obstinemos en nuestros sentimientos. En cambio, cuando actuamos de manera amorosa, es probable que se den sentimientos similares como resultado de ello.

Lamentablemente, Bruno nunca había distinguido entre las dos etapas del amor romántico. En la primera etapa, los sentimientos vienen sin esfuerzo y son eufóricos. En la segunda etapa, la clave es la acción y los sentimientos solo vienen cuando hablamos el lenguaje de amor del otro. ¿Puede salvarse el matrimonio de Bruno? Sí, si él y su esposa confiesan las faltas del pasado y acuerdan expresar amor en el lenguaje que la otra persona entiende. En la etapa dos, las acciones de amor preceden a los sentimientos de amor.

Señor Jesús, gracias por recordarnos que el amor auténtico y puro se relaciona más con mi manera de actuar que con lo que siento. A veces es difícil comportarme de una manera amorosa cuando no siento deseos de hacerlo. Por favor dame la voluntad y la valentía de expresarle mi amor a mi pareja.

25 DE MARZO

CUANDO NO SURGE NATURALMENTE

Este es mi mandamiento: ámense unos a otros de la misma manera en que yo los he amado. No hay un amor más grande que el dar la vida por los amigos.

JUAN 15:12-13

CON FRECUENCIA ME preguntan: "¿Qué ocurre si no me resulta natural el lenguaje de amor de mi cónyuge?" Quizás el lenguaje de amor de su marido sea el *contacto físico* y usted no es de las personas que acarician. O los *regalos*, pero para usted los regalos no son importantes. Tal vez para su esposa el lenguaje es el *tiempo de calidad*, pero para usted es una pesadilla sentarse en el sillón a conversar durante veinte minutos. Él quiere *palabras de aprobación*, pero a usted no le salen fácilmente las palabras. O ella prefiere los *actos de servicio*, pero usted no encuentra placer en mantener la casa organizada. ¿Qué hacer, entonces?

Tendrá que aprender el lenguaje de su pareja. Si no le resulta natural, entonces aprender a hablarlo es una expresión aún mayor de amor porque demuestra su voluntad y su esfuerzo por aprender. Es un mensaje a viva voz para su cónyuge. Recuerde también que quizás a su ser amado tampoco le resulte natural hablar el lenguaje de amor que usted prefiere. Ambos tienen que esforzarse para hablar el lenguaje del otro. De eso se trata el amor.

Jesús dijo claramente que debemos amarnos unos a otros tal como él nos amó: es decir, en el máximo nivel de sacrificio. Pocos de nosotros estamos llamados a dar la vida por otros literalmente, pero sí estamos llamados a dar la vida de muchas maneras pequeñas cada día. Amar es dar. Decidir que hablará el lenguaje de amor significativo para su cónyuge es una excelente inversión de su tiempo y de su energía.

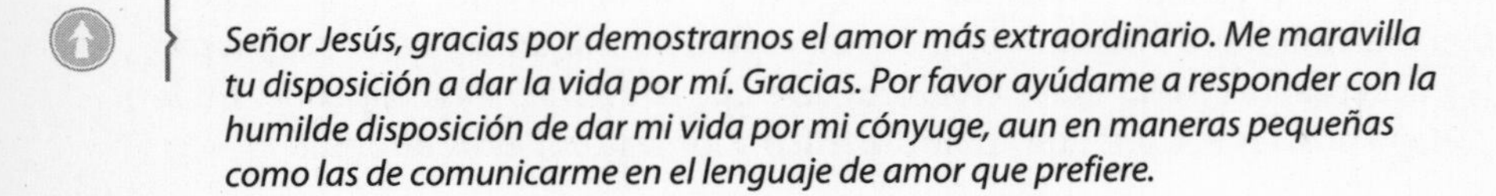

Señor Jesús, gracias por demostrarnos el amor más extraordinario. Me maravilla tu disposición a dar la vida por mí. Gracias. Por favor ayúdame a responder con la humilde disposición de dar mi vida por mi cónyuge, aun en maneras pequeñas como las de comunicarme en el lenguaje de amor que prefiere.

26 DE MARZO

PONER A SU CÓNYUGE EN PRIMER LUGAR

"Esto explica por qué el hombre deja a su padre y a su madre, y se une a su esposa, y los dos se convierten en uno solo". Como ya no son dos sino uno, que nadie separe lo que Dios ha unido. MATEO 19:5-6

NINGUNA PAREJA ALCANZARÁ su máximo potencial en el matrimonio sin "dejar a su padre y a su madre." Esto tiene consecuencias prácticas en el terreno de las decisiones, porque es posible que sus padres tengan sugerencias sobre muchas cuestiones de su vida. Cada sugerencia debe ser evaluada seriamente, pero al final del día, su cónyuge y usted deben decidir por sí mismos.

Una vez casado, ya no debería tomar decisiones sobre la base de lo que le gustaría a sus padres, sino sobre la base de lo que es mejor para su cónyuge. Significa que podría llegar el momento en que un hombre casado le diga a su madre: "Mamá, sabes que te amo, pero también sabes que ya estoy casado. No siempre puedo hacer lo que tú quieres. Quiero mantener la buena relación que hemos tenido a lo largo de los años, pero mi primer compromiso debe ser con mi esposa. Espero que lo entiendas."

Un esposo no debe permitir que su madre le controle la vida después que se ha casado. Este no es el modelo bíblico. Por el contrario, Jesús enseñó que marido y mujer llegan a ser uno cuando se casan, y que nadie debería meterse en el medio para separarlos. El matrimonio es su primera prioridad. Usted debe tratar a sus padres con respeto a la vez que se mantiene comprometido en primer lugar y por encima de todo con su cónyuge.

Padre celestial, amo a mis padres y quiero complacerlos, pero sé que a veces esto puede llevarme a poner su opinión por encima de la de mi cónyuge. Por favor ayúdame a recordar que mis decisiones deben tomar en cuenta principalmente lo que sea mejor para mi cónyuge, no para mis padres.

27 DE MARZO

HONRAR A PESAR DE LA FALTA DE RESPETO

Líbrense de toda amargura, furia, enojo, palabras ásperas, calumnias y toda clase de mala conducta. Por el contrario, sean amables unos con otros, sean de buen corazón, y perdónense unos a otros, tal como Dios los ha perdonado a ustedes por medio de Cristo. EFESIOS 4:31-32

HONRAR A NUESTROS padres cuando ya nos hemos casado implica que les hablaremos amablemente. Cuando el apóstol Pablo le escribió a Timoteo, en aquel momento un pastor muy joven, le aconsejó: "Nunca le hables con aspereza a un hombre mayor, sino llámale la atención con respeto como lo harías con tu propio padre" (1 Timoteo 5:1). Debemos ser comprensivos y amables. Sin duda debemos decir la verdad, pero siempre debe ser dicha con amor (ver Efesios 4:15). A menudo, la forma en que decimos algo es tan importante como aquello que decimos.

Como vemos arriba, el mandamiento en Efesios 4:31-32 debe ser tomado seriamente en el marco de la relación con nuestros padres y con nuestros suegros. Debemos evitar las palabras ásperas y el enojo descontrolado, y en cambio tratarnos unos a otros con amabilidad y actitud perdonadora.

No hay ninguna razón para gritarles a nuestros padres o a nuestros suegros. Debe prevalecer la ley de la bondad, aun si ellos no la están siguiendo. Si ellos pierden el control, lo mejor es que mantengamos la calma y escuchemos. No tenemos que aceptar que nos pisoteen, pero la Biblia deja en claro que somos responsables de la manera en que hablamos a otros. Eso incluye a nuestro cónyuge y también a nuestros padres.

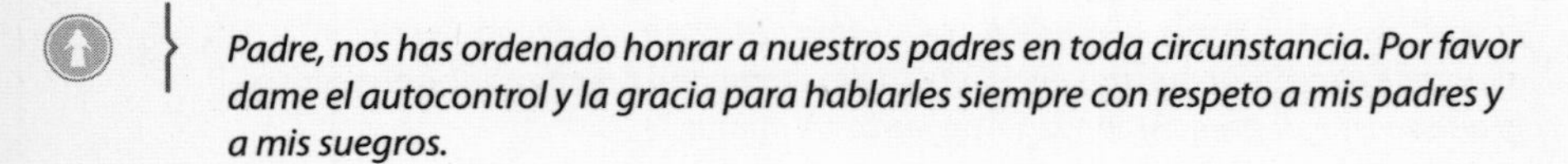

Padre, nos has ordenado honrar a nuestros padres en toda circunstancia. Por favor dame el autocontrol y la gracia para hablarles siempre con respeto a mis padres y a mis suegros.

LOS DEMÁS EN PRIMER LUGAR

No se preocupen por su propio bien, sino por el bien de los demás.

1 CORINTIOS 10:24

MUCHOS CONSEJEROS COINCIDEN en que uno de los principales problemas del matrimonio es la toma de decisiones. En la mente de muchos recién casados se pintan visiones de democracia, pero cuando hay solo dos votantes, la democracia muchas veces llega a un punto muerto. ¿Cómo avanza entonces la pareja? La respuesta está en una sola palabra: *amor*.

El amor siempre pregunta: ¿Qué te beneficia? Como escribió Pablo en 1 Corintios, los creyentes deben preocuparse más por lo que beneficia a otros que por lo que puede serles útil o placentero a ellos mismos. El amor no exige que las cosas se hagan a su manera. El amor busca complacer al ser amado. Por ese motivo los cristianos deberían tener menos dificultades para tomar decisiones que los no cristianos. A todos se nos llama a amar. Si amo a mi esposa, no trataré de imponerle mi voluntad por motivos egoístas. Más bien tomaré en cuenta lo que más la beneficia a ella.

Poner a mi cónyuge, la persona que amo, por encima de mí mismo es un concepto simple, Señor, y sin embargo muy difícil. Necesito tu ayuda. Haz que al tomar decisiones como pareja seamos de los que conceden en lugar de los que exigen. Ayúdame a ser amoroso en mi manera de tomar decisiones.

29 DE MARZO

LIDERAZGO SIN AYUDA

El Señor Dios dijo: "No es bueno que el hombre esté solo. Haré una ayuda ideal para él". GÉNESIS 2:18

LA IDEA BÍBLICA de que el marido es cabeza de la mujer ha sido uno de los conceptos más tergiversados de la Biblia. Los maridos cristianos, con terquedad, han hecho toda clase de exigencias necias a sus esposas alegando la autoridad de que "la Biblia lo dice." Ser cabeza no le da al marido el derecho de tomar todas las decisiones e informarle a la esposa lo que se va a hacer.

Según Génesis 2:18, la esposa está llamada a ser de "ayuda." Sin ella, el hombre estaría solo, algo que Dios dice claramente que no es bueno. Está claro que la ayuda de la mujer es necesaria y valiosa. Sin embargo, ¿cómo podría ser de ayuda si no se le da la oportunidad de compartir lo que piensa? El sabio rey Salomón escribió: "Es mejor ser dos que uno" (Eclesiastés 4:9). Esto sin duda se aplica a la hora de tomar decisiones. ¿Por qué querría un marido tomar una decisión solo, limitado por su propia sabiduría, cuando Dios le ha dado a alguien para que lo ayude?

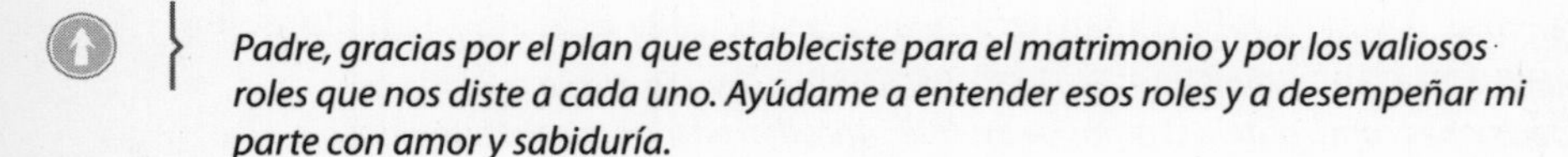

Padre, gracias por el plan que estableciste para el matrimonio y por los valiosos roles que nos diste a cada uno. Ayúdame a entender esos roles y a desempeñar mi parte con amor y sabiduría.

SUMISIÓN Y RESPETO

Sométanse unos a otros por reverencia a Cristo. Para las esposas, eso significa: sométase cada una a su marido como al Señor. . . . Para los maridos, eso significa: ame cada uno a su esposa tal como Cristo amó a la iglesia. Él entregó su vida por ella. EFESIOS 5:21-22, 25

MUCHAS ESPOSAS TIEMBLAN cuando escuchan que el pastor dice: "Abran sus Biblias en Efesios 5:22." Saben que ese es el versículo que dice: "Esposas, sométanse a sus propios esposos como al Señor" (NVI). *Pero usted no conoce a mi esposo*, piensan. A veces imagino que Dios responde: *Pero tú no entiendes lo que es la sumisión*. Someterse no es un mandamiento que se aplica solo a las mujeres. De hecho, Efesios 5:21 nos ordena someternos unos a otros por amor a Cristo.

Tanto el mandato de amar, dado a los maridos, como el de sumisión, dado a las esposas, exigen una actitud de servicio. La sumisión no significa que la esposa deba ser siempre la que da. Al esposo se le dice que debe dar la vida por su esposa. Tampoco significa que ella no pueda expresar lo que piensa. La meta de las instrucciones de Pablo es la unidad, lo cual requiere que ambos tengan una actitud de servicio.

Padre, entiendo que nos has dado a mi cónyuge y a mí tareas igualmente desafiantes. Necesitamos tu ayuda para llevarlas a cabo. Por favor ayúdanos a darnos amor y a servirnos el uno al otro, como a ti te gustaría que lo hiciéramos.

LAS ESTACIONES DEL MATRIMONIO

Tanto el día como la noche te pertenecen [Señor]; tú creaste el sol y la luz de las estrellas. Estableciste los límites de la tierra e hiciste el verano, así como el invierno. SALMOS 74:16-17

LA BIBLIA NOS dice que Dios estableció los límites de la tierra, incluyendo el que gire alrededor del sol, lo cual produce los cambios estacionales. Las estaciones vienen y van: invierno, primavera, verano y otoño. Lo mismo ocurre con las estaciones del matrimonio. Las relaciones se mantienen constantemente en transición, moviéndose de una estación a otra, pero las estaciones del matrimonio no siempre siguen el orden de la naturaleza. Es posible estar hoy en la primavera del matrimonio y al mes siguiente encontrarnos en el invierno. ¿Cómo lucen las estaciones del matrimonio?

A veces nos encontramos en invierno: desanimados, distanciados e insatisfechos. Otras veces experimentamos la primavera, con su apertura, esperanza y expectativa. Puede haber ocasiones en que nos tumbamos al calor del verano: cómodos, relajados, disfrutando de la vida; y también está el otoño, con su incertidumbre, negligencia y preocupación. El ciclo se repite muchas veces a lo largo de la vida del matrimonio, así como se repiten las estaciones en la naturaleza.

En los próximos días consideraremos estas estaciones recurrentes y le ayudaré a identificar en cuál de ellas se encuentra su matrimonio. También le daré sugerencias para favorecer los cambios estacionales. Uno no se queda "estancado" en una estación; es posible hacer cambios favorables.

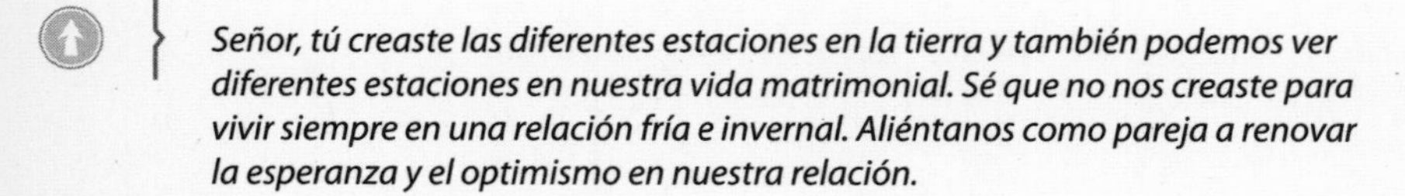
Señor, tú creaste las diferentes estaciones en la tierra y también podemos ver diferentes estaciones en nuestra vida matrimonial. Sé que no nos creaste para vivir siempre en una relación fría e invernal. Aliéntanos como pareja a renovar la esperanza y el optimismo en nuestra relación.

LUCHANDO CONTRA EL INVIERNO

El dulce consejo de un amigo es mejor que la confianza propia.

PROVERBIOS 27:9

DÍGAME CUÁLES SON sus emociones, sus actitudes y su comportamiento hacia su cónyuge, y le diré en qué estación está su matrimonio. Hoy nos ocuparemos del matrimonio invernal.

¿Cuáles son las emociones del invierno? Dolor, ira, desilusión, soledad y rechazo. ¿Cuáles son las actitudes de un matrimonio invernal? En una sola palabra, negativismo. Uno puede escuchar cosas como: "Estoy muy desanimado con mi matrimonio." "Es una enorme frustración." "No sé si podremos salir adelante."

¿Cuáles son las acciones típicas de un matrimonio invernal? Hablar con aspereza o no hablar en absoluto, comportamientos destructivos y quizás violentos. En la estación invernal, la pareja no está dispuesta a negociar sus diferencias. Las conversaciones se convierten en discusiones. No hay sentimiento de unidad. El matrimonio da la impresión de dos personas viviendo en diferentes iglúes.

La buena noticia es que cuando el matrimonio llega al invierno, a menudo la pareja se desespera lo suficiente como para salir a buscar la ayuda de un consejero o de un pastor. El libro de Proverbios habla del consejo sincero de alguien que se interesa por nosotros como algo muy dulce. El buen consejo es sumamente valioso y, con frecuencia, la perspectiva de un tercero que ve las cosas desde afuera es de ayuda para las personas que quieren cambiar. Los que buscan ayuda la encontrarán.

Padre, ayúdanos a encontrar a un consejero sabio cuando nuestra relación esté en problemas, cargada de rechazo y de desánimo. Danos la gracia y la energía para buscar la renovación del amor entre nosotros.

2 DE ABRIL

SEMILLAS PARA LA PRIMAVERA

Recuerden lo siguiente: un agricultor que siembra solo unas cuantas semillas obtendrá una cosecha pequeña. Pero el que siembra abundantemente obtendrá una cosecha abundante. 2 CORINTIOS 9:6

UN MATRIMONIO PRIMAVERAL está lleno de esperanza, expectativas, optimismo, gratitud, amor y confianza. ¿Le suena atractivo? ¡Lo es! Quizás algunos estén diciendo: "Recuerdo los primeros tiempos de nuestro matrimonio, cuando estábamos en primavera." Quiero decirle que la primavera puede volver una y otra vez. Un matrimonio saludable tendrá muchas primaveras a lo largo de los años.

¿Cómo logran las parejas esta clase de clima? Haciendo planes y comunicándose con franqueza. Quienes quieren vivir una relación primaveral están dispuestos a buscar la ayuda de un consejero o a leer un libro pertinente. La primavera es una temporada de nuevos comienzos, cuando fluyen las corrientes de la comunicación. La pareja se siente entusiasmada de compartir la vida. Tienen grandes esperanzas para el futuro y están sembrando semillas de las que esperan una cosecha de felicidad. El versículo de 2 Corintios citado arriba nos da esa promesa: si sembramos en abundancia tendremos un buen resultado de nuestro trabajo. Aquellos que plantan semillas verán las flores de la primavera.

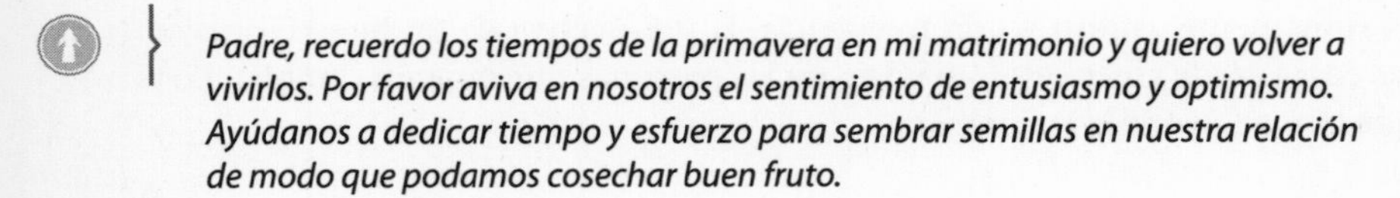

Padre, recuerdo los tiempos de la primavera en mi matrimonio y quiero volver a vivirlos. Por favor aviva en nosotros el sentimiento de entusiasmo y optimismo. Ayúdanos a dedicar tiempo y esfuerzo para sembrar semillas en nuestra relación de modo que podamos cosechar buen fruto.

EL RELAX DEL VERANO

"No pequen al dejar que el enojo los controle". No permitan que el sol se ponga mientras siguen enojados, porque el enojo da lugar al diablo.

EFESIOS 4:26-27

UN MATRIMONIO EN la estación del verano experimenta sentimientos de felicidad, satisfacción, logro y unidad. Tienen un nivel profundo de confianza y de compromiso para crecer. La vida resulta más tranquila y la comunicación es constructiva. Una pareja en esta etapa probablemente esté asistiendo en forma periódica a encuentros matrimoniales, leyendo libros y creciendo espiritualmente.

El clima que vive el matrimonio en verano es cómodo; hay apoyo y comprensión. La pareja resuelve sus conflictos de manera constructiva. Han aceptado sus diferencias y procuran convertirlas en ventajas, utilizando esas diferencias para ayudarse mutuamente. En verano, el esposo y la esposa establecen un nivel de intimidad cada vez mayor.

El verano tiene una desventaja: las abejas. Representan aquellos asuntos no resueltos que la pareja ha ocultado bajo la superficie con la intención de mantener la paz. Recuerde la sabia instrucción en Efesios de ocuparse de inmediato del enojo. Dejar que las cosas fermenten, aun si es en nombre de la paz, solo las empeora. Finalmente tendrá que ocuparse de las abejas, porque de lo contrario su matrimonio se encaminará al otoño.

Padre, gracias por la relación cómoda y saludable que tengo con mi cónyuge. Aunque siento gratitud por la paz que hay entre nosotros, no permitas que procure esa paz a expensas de una solución auténtica de nuestros problemas. Ayúdame a ocuparme de ellos con actitud amorosa.

4 DE ABRIL

EL AVISO DEL OTOÑO

Nosotros ponemos nuestra esperanza en el Señor*; él es nuestra ayuda y nuestro escudo. En él se alegra nuestro corazón, porque confiamos en su santo nombre. Que tu amor inagotable nos rodee,* Señor*, porque solo en ti está nuestra esperanza.* SALMOS 33:20-22

EN CAROLINA DEL Norte, donde vivo, las hojas de los árboles comienzan a cambiar de color y finalmente caen. Eso es lo que ocurre en un matrimonio otoñal. Puede parecer bueno por fuera, pero en realidad se está deteriorando. En la estación de otoño, la pareja siente que algo está ocurriendo, pero no está segura de qué se trata. Uno o ambos empiezan a sentirse desatendidos. Están desconectándose emocionalmente.

En un matrimonio otoñal, la pareja comienza a sentir tristeza, preocupación, desánimo, temor y, eventualmente, resentimiento. Han descuidado la relación y se han alejado. La preocupación y la incertidumbre crecen y existe la tendencia a culparse mutuamente.

En el matrimonio, la estación del otoño es un aviso para buscar ayuda: hable con un consejero o un pastor, lea un libro o asista a una conferencia. A diferencia de las estaciones en la naturaleza, los matrimonios pueden pasar del otoño a la primavera sin transitar por el invierno, pero para que eso ocurra hay que hacer algo. Si usted no se pone en acción, pronto estará viviendo el frío del invierno.

La Biblia nos asegura que siempre hay esperanza. Confíe en la ayuda del Señor, y deje que su amor los envuelva y los aliente a confiar en los buenos tiempos que tienen por delante.

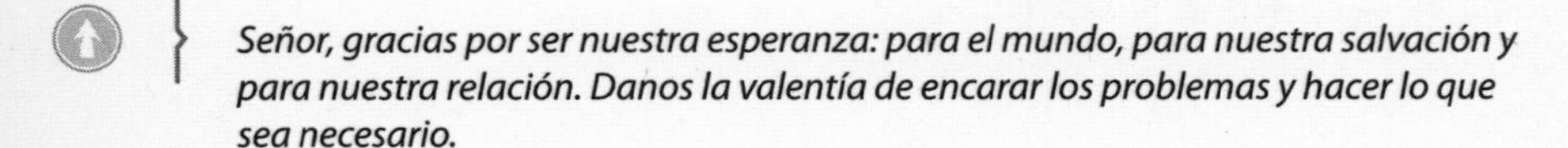

Señor, gracias por ser nuestra esperanza: para el mundo, para nuestra salvación y para nuestra relación. Danos la valentía de encarar los problemas y hacer lo que sea necesario.

MATRIMONIO DE PACTO

A donde tú vayas, yo iré; dondequiera que tú vivas, yo viviré. Tu pueblo será mi pueblo, y tu Dios será mi Dios. Donde tú mueras, allí moriré y allí me enterrarán. RUT 1:16-17

¿ES EL MATRIMONIO un contrato, o un pacto? Es ambos, pero el énfasis está en el pacto. ¿Por qué? Porque la mayoría de los contratos tienen una vigencia limitada de tiempo; por ejemplo, un contrato de arrendamiento por tres años. Lamentablemente, mucha gente entra en el matrimonio con una mentalidad de contrato, pensando: *Si no funciona, nos divorciamos*. En consecuencia, algunas investigaciones indican que la mitad de los matrimonios termina al cabo de dos años.

Por otro lado, los pactos se proponen como permanentes, como puede verse en muchos lugares de la Biblia. Dios hizo un pacto con Noé que extendió a "todas las generaciones futuras" (ver Génesis 9). Lo mismo hizo con Abraham (ver Génesis 17). Los pactos entre dos seres humanos también se consideraban permanentes. Por ejemplo, Rut le dijo a su suegra viuda, Noemí, que iría con ella adondequiera que fuera, adoptando su cultura y su religión hasta la muerte. Esa hermosa declaración de compromiso es la expresión de un matrimonio de pacto. De hecho, es similar a lo que se dice en la mayoría de las ceremonias de bodas: "En las buenas y en las malas, en la riqueza y en la pobreza, en la salud y en la enfermedad, hasta que la muerte nos separe."

El matrimonio cristiano se concibe como un pacto para toda la vida. Es este compromiso con el matrimonio lo que nos ayuda a atravesar los momentos difíciles de la vida. Si tenemos una mentalidad de contrato, nos escaparemos cuando las cosas se pongan difíciles. Quizás sea hora de que se recuerde a sí mismo que está comprometido con un matrimonio de pacto.

Señor Dios, estoy maravillado de que hayas entrado en pactos permanentes con seres humanos pecadores. Tú dejaste en claro que el matrimonio también debe ser un pacto permanente. Cuando mi cónyuge y yo estamos frustrados con nuestra relación, por favor recuérdanos nuestro compromiso. Que sea un estímulo y una alegría para nosotros.

6 DE ABRIL

AMOR DE PACTO

Mis ovejas escuchan mi voz; yo las conozco, y ellas me siguen. Les doy vida eterna, y nunca perecerán. Nadie puede quitármelas. JUAN 10:27-28

EN EL DEVOCIONAL de ayer comentamos que los contratos son temporales, mientras que los pactos son permanentes. ¿Qué otra diferencia hay entre un matrimonio de pacto y uno de contrato? Los contratos son condicionales: *Yo haré esto si tú haces aquello*. Por ejemplo, el banco le permite manejar su vehículo mientras usted cumpla con los pagos. Deje de hacerlo y el auto vuelve al financista. Algunas parejas conciben el matrimonio de esa manera. *Si tú cumples tu parte del trato, entonces yo cumpliré la mía.* Esta es una perspectiva limitada del matrimonio.

El matrimonio de pacto está basado en el amor incondicional. Estoy comprometido con el bienestar de mi cónyuge, sin importar lo que ocurra. ¿No es esa la clase de amor que Dios tiene por nosotros? Cuando aceptamos a Cristo nos convertimos en sus hijos. Quizás seamos desobedientes, pero todavía le pertenecemos. Él no nos desconocerá. Nos pedirá cuentas, pero no se deshará de nosotros. En Juan 10, Jesús se compara a sí mismo como un pastor que se sacrifica por sus ovejas. A sus ovejas (los creyentes) les da vida eterna y nadie se la puede quitar, por mucho que lo intenten. Esa es una figura de pacto.

Este es el modelo para los matrimonios cristianos. Debemos estar comprometidos a procurar el bienestar de nuestro cónyuge, no importa lo que él o ella haga. Sin duda pediremos cuentas al otro sobre la conducta pecaminosa, pero no abandonaremos el matrimonio, ya que cada uno es la mejor fuente de ayuda para el otro. Un pacto expresa: "Siempre buscaré lo mejor para ti."

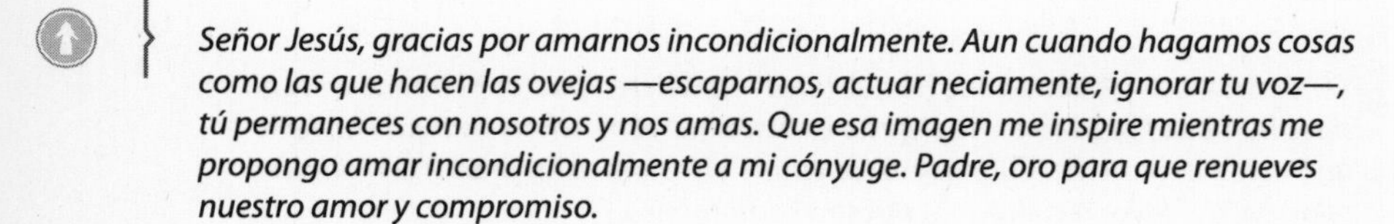

Señor Jesús, gracias por amarnos incondicionalmente. Aun cuando hagamos cosas como las que hacen las ovejas —escaparnos, actuar neciamente, ignorar tu voz—, tú permaneces con nosotros y nos amas. Que esa imagen me inspire mientras me propongo amar incondicionalmente a mi cónyuge. Padre, oro para que renueves nuestro amor y compromiso.

PACTO Y RECONCILIACIÓN

En ese tiempo yo sembraré una cosecha de israelitas y los haré crecer para mí. Demostraré amor a los que antes llamé "no amados". Y a los que llamé "no son mi pueblo", yo diré: "Ahora son mi pueblo". Y ellos responderán: "¡Tú eres nuestro Dios!". OSEAS 2:23

UN MATRIMONIO DE pacto implica confrontación y perdón. Hacemos promesas importantes cuando nos casamos, pero a veces fallamos. Las faltas no destruirán el matrimonio, pero no ocuparnos de las faltas sí lo hará. La reacción apropiada ante una falta es admitirla y pedir perdón.

Esta es la manera en que nos trata Dios. Él expresa: "Si rompes mi pacto, sufrirás, pero no te retiraré mi amor. No traicionaré mi fidelidad." Dios no sonreirá ante nuestras faltas. Dejará que suframos las consecuencias, pero seguirá amándonos y buscará la reconciliación. Las palabras citadas arriba están entre las más dulces y hermosas del libro de Oseas. El Señor estaba frustrado y airado con los israelitas, quienes una y otra vez se alejaban de él para adorar a los ídolos. Varios pasajes del libro describen las consecuencias que sufriría el pueblo por negarse a escuchar. No obstante, a esos pasajes los siguen promesas maravillosas como la que vimos aquí. El Señor siempre busca la reconciliación. Siempre está dispuesto a recibirnos con los brazos abiertos.

Lo mismo debería ocurrir en el matrimonio. No podemos pasar por alto la conducta pecaminosa del cónyuge, pero podemos confrontarlo con amor y con la intención de perdonar y ofrecer reconciliación. Cuando su cónyuge dice: "Lo siento. Reconozco que estuve mal. ¿Me perdonas?," la respuesta en el pacto siempre es: "Sí, quiero renovar nuestra relación de pacto." El amor siempre busca la reconciliación.

Padre, gracias por el poderoso ejemplo que nos muestras en el libro de Oseas. Si tú puedes perdonarnos repetidamente y recibirnos otra vez, ¿cuánto más debería yo perdonar y reconciliarme con mi cónyuge? Por favor ayúdame a recordar este importante aspecto de un matrimonio de pacto.

8 DE ABRIL

ALENTANDO A HABLAR AL SILENCIOSO

Las palabras sabias producen muchos beneficios, y el arduo trabajo trae recompensas. . . . Los sabios prestan atención a otros. PROVERBIOS 12:14-15

EN CUANTO A hablar, hay dos tipos de personalidades. La primera es la que llamo la personalidad Mar Muerto. De la misma manera que el mar Muerto en Israel recibe agua del río Jordán pero no la canaliza, mucha gente recibe todo tipo de experiencias a lo largo del día. Las almacenan en su mente, pero tienen poca inclinación a compartirlas.

La otra personalidad es la que llamo Arroyo Burbujeante. Cualquier información que llega a los ojos o a los oídos de esta persona sale rápidamente por su boca. Es frecuente que estos dos tipos de personas se casen entre sí. ¿Pueden tener un matrimonio feliz? Sí, si entienden sus diferencias y buscan crecer.

Es probable que Arroyo Burbujeante se queje: "Mi pareja no habla. Nunca sé en qué está pensando. Tengo la sensación de que nos estamos convirtiendo en desconocidos." ¿Cómo se consigue que hable una persona callada?

Dos sugerencias: la primera, hágale preguntas concretas. Lo peor que se le puede decir a Mar Muerto es: "Quisiera que hablaras más." Esa declaración es abrumadora y se recibe como un juicio. Es mucho mejor hacer una pregunta concreta, porque por lo general hasta la persona más callada responderá.

Otra sugerencia es frenar el flujo de sus propias palabras. Si usted quiere que la otra persona hable más, usted tiene que hablar menos. Deje algunos lapsos de silencio. Recuerde que el rey Salomón escribió que "los sabios prestan atención a otros." Si descubre que usted habla demasiado y su cónyuge habla poco, siga el consejo del apóstol Santiago, de ser rápido para escuchar, lento para hablar (Santiago 1:19). Su matrimonio se beneficiará.

Padre celestial, gracias por hacernos a mi cónyuge y a mí tan diferentes. Tú sabes que a uno de nosotros le encanta hablar, mientras que el otro no habla a menos que se le aliente. Por favor ayúdame a ser rápido para escuchar y lento para hablar cuando sea conveniente. Quiero conocer mejor a mi cónyuge y comunicarme más eficazmente.

LIBERARSE DEL TEMOR

Y ahora, que toda la gloria sea para Dios, quien puede lograr mucho más de lo que pudiéramos pedir o incluso imaginar mediante su gran poder, que actúa en nosotros. EFESIOS 3:20

AYER ANALIZAMOS QUE la personalidad suele pesar en el hecho de que uno de los cónyuges hable poco. Hoy quiero ocuparme de otra causa muy común: el temor. Quizás en la infancia, quizás en un matrimonio anterior o quizás al casarse con usted, su cónyuge descubrió que si comparte abiertamente sus pensamientos y sus sentimientos, es probable que provoque una explosión. En consecuencia, como no le gustan las explosiones, su cónyuge permanece en silencio.

¿Cómo se supera esta cautela? Le sugiero que comience con una confrontación amorosa. Plantee la cuestión amablemente. Por ejemplo, podría decir: "Deseo que nuestro matrimonio crezca y pienso que tu quieres lo mismo. Me parece que en el pasado, cuando compartiste tus opiniones, experimentaste mi ira, o tal vez la de tus padres, o la de alguna otra persona. No sé lo que piensan otros, pero esto no es lo que yo quiero. Estoy pidiéndole a Dios que me ayude a escucharte. ¿Podríamos comenzar por compartir cada día tan solo una cosa que haya ocurrido en nuestra vida? Creo que esto nos pondrá en una senda constructiva." Es probable que su cónyuge se sienta aliviado de que usted haya planteado el tema y esté dispuesto a probar otra vez. Recuerde que la Biblia nos asegura que el cambio es posible. El Señor puede hacer aún más de lo que imaginamos, de modo que seguramente puede transformar nuestros patrones de comunicación.

Padre, por favor perdóname por las ocasiones en que he silenciado a mi cónyuge con mi respuesta airada. Te ruego que me ayudes a reconocer los momentos en que lo hago. Por favor toca el corazón de mi cónyuge para que esté dispuesto a intentarlo otra vez.

COMUNICACIÓN RESPETUOSA

Respeten a todos y amen a sus hermanos en Cristo. 1 PEDRO 2:17

ESCUCHO DECIR A muchas personas: "Mi pareja no quiere hablar conmigo." Si esta expresión describe a su matrimonio, la pregunta es ¿por qué? Una razón por la que algunos cónyuges se tornan silenciosos son los malos patrones de comunicación. Aquí hay algunas preguntas que le ayudarán a pensar sobre sus propias pautas de comunicación. Considere si usted se muestra negativo o quejoso con frecuencia.

- ¿Presto atención a mi cónyuge cuando habla, o lo interrumpo y le doy mi propio punto de vista?
- ¿Le brindo espacio a mi cónyuge cuando lo necesita o fuerzo la comunicación aun en los momentos en que la otra persona necesita estar sola?
- ¿Mantengo la confidencialidad, o difundo a viva voz nuestras conversaciones privadas?
- ¿Comparto mis necesidades y anhelos en la forma de pedidos en lugar de expresarlos como exigencias?
- ¿Le doy a mi cónyuge la libertad de tener opiniones diferentes de las mías, o "lo pongo en vereda" rápidamente?

Si responde con un sí a la segunda parte de cualquiera de estas preguntas, quizás sea hora de que usted cambie sus patrones de comunicación. El asunto es tratar a su cónyuge (y a todos los creyentes) con amor y respeto, como lo recomienda 1 Pedro 2:17. Si lo hace, tal vez le afloje la lengua a su cónyuge silencioso.

Padre, perdóname por las ocasiones en que le he faltado el respeto a mi cónyuge con mi manera de hablar. No le he prestado atención, he sido exigente y controlador, y he dejado filtrar las confidencias. Sé que esa clase de conducta no es amorosa. Te pido que me ayudes a comprometerme a desarrollar nuevas y mejores formas de comunicarme.

COMUNICANDO AMOR

Vivan una vida llena de amor, siguiendo el ejemplo de Cristo. Él nos amó y se ofreció a sí mismo como sacrificio por nosotros, como aroma agradable a Dios. EFESIOS 5:2

¿QUÉ LE GUSTARÍA que su cónyuge hiciera por usted? La respuesta que dé a esta pregunta probablemente revele su lenguaje de amor preferido. Si su respuesta es que limpie el garaje, pinte el dormitorio, pase la aspiradora, lave la vajilla o saque a pasear al perro, entonces su lenguaje de amor preferido es el de los actos de servicio. Si anhela que su cónyuge le tome la mano cuando salen a caminar, es probable que su principal lenguaje de amor sea el contacto físico. Cuando usted sabe cuál de los cinco lenguajes de amor es el que mejor los conecta a usted y a su cónyuge, entonces sabe qué tiene que ocurrir para que ambos se sientan amados.

Antes de comenzar a darle un discurso a su cónyuge para que hable en el lenguaje de amor que usted prefiere, deténgase y pregúntese: "¿Siente mi cónyuge que lo amo?" Hasta puede preguntarle a su cónyuge: "En una escala de 0 a 10, ¿con cuánto cuentas en tu provisión de amor? Es decir, ¿en qué medida te sientes amado por mí?" Si la respuesta es menos de 10, pregunte: "¿Qué puedo hacer para completarla?" Cualquier cosa que su cónyuge sugiera, hágala lo mejor posible. Después de todo, Pablo nos desafía en Efesios 5 a vivir "una vida llena de amor." Cuando seguimos el ejemplo de Cristo y nos ofrecemos amor el uno al otro, ocurren cosas buenas. Mientras aprende a hablar el lenguaje de amor de su cónyuge, es muy probable que su cónyuge aprenda a hablar el que usted prefiere.

Señor, quiero agradarte mediante los actos de amor y de servicio para con mi cónyuge. Ayúdame a enfocar mis energías en mi pareja y no en mí. Enriquece nuestro matrimonio mediante expresiones de amor.

ALEGRÍA EN EL SERVICIO

Los mandamientos del Señor son rectos, traen alegría al corazón. Los mandatos del Señor son claros, dan buena percepción para vivir. SALMOS 19:8

¿Y SI EL lenguaje de amor de su pareja son los actos de servicio? ¿Qué ocurre si descubre que lo que realmente hace que su cónyuge se sienta amado es que usted saque la basura, lave la vajilla o se ocupe de la ropa? Un esposo respondió: "Diría que es probable que mi esposa no se sienta amada." Bueno, ese puede ser un enfoque, pero otro enfoque, más bíblico, es el de aprender a ser servicial con su cónyuge.

Quizás no le resulte fácil aprender a expresar su amor con actos de servicio. Recuerdo a una mujer que comentó: "Debo admitir que hubo momentos desafiantes y llenos de humor durante aquellas primeras semanas cuando mi esposo comenzó a ayudar en casa. La primera vez que se ocupó del lavado, usó cloro concentrado en lugar de detergente. Nuestras toallas azules salieron llenas de lunares blancos, pero él estaba mostrando que me amaba y mi provisión de amor se estaba cargando. Ahora sabe cómo hacer todo lo que se necesita en la casa y siempre está ayudándome. Podemos pasar juntos más tiempo, porque no tengo que estar atareada todo el tiempo. Créame, yo también he aprendido a hablar su lenguaje de amor. Somos una pareja feliz."

Al Señor le encanta cuando somos serviciales unos con otros por amor y ponemos las necesidades del otro por encima de las nuestras. Cuando obedecemos sus mandamientos, con frecuencia nos sentimos gozosos, como se menciona en el salmo citado arriba y como puede verse en el ejemplo de esta pareja. Aprenda a hablar el lenguaje de amor de su cónyuge y usted también puede tener una relación estupenda.

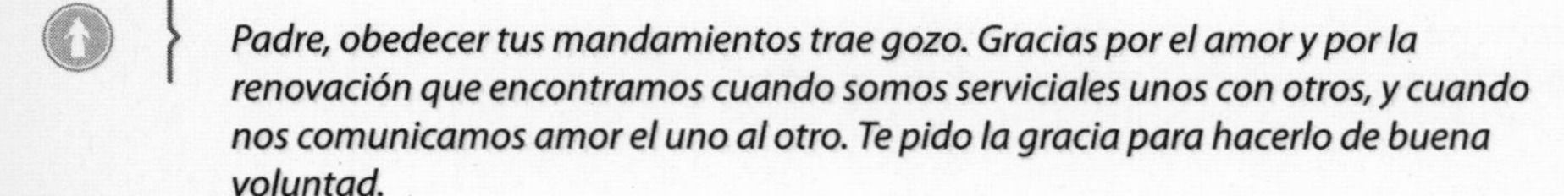

Padre, obedecer tus mandamientos trae gozo. Gracias por el amor y por la renovación que encontramos cuando somos serviciales unos con otros, y cuando nos comunicamos amor el uno al otro. Te pido la gracia para hacerlo de buena voluntad.

¡NO SE RINDA!

El amor nunca se da por vencido, jamás pierde la fe, siempre tiene esperanzas y se mantiene firme en toda circunstancia. 1 CORINTIOS 13:7

ME HA TOCADO aconsejar a personas cuyos conflictos matrimoniales se han prolongado por más de treinta años. A menudo viene solamente uno de ellos, porque el otro no quiere hacerlo. Es frecuente que vengan desesperanzados. Están viviendo en matrimonios muy difíciles.

No tengo ninguna ilusión de poder ofrecer alguna fórmula mágica que dé sanación a esos matrimonios. Sin embargo, sí creo que, en cualquier relación conflictiva, una de las partes puede dar pasos positivos que tienen el potencial de modificar el clima emocional entre ellos. El primer paso es la decisión de no rendirse. Lea un libro, hable con un consejero o un pastor, o comparta con un amigo confiable, pero no se rinda. Según el versículo citado arriba (tomado del famoso "capítulo del amor" del apóstol Pablo), si usted no se da por vencido, si no pierde la fe, si mantiene la esperanza y si persevera, está practicando el amor tal como Dios lo define. Eso es muy estimulante. Después de todo, nada es imposible para Dios.

Padre, tengo la certeza de que nada es imposible para ti. Cuando mi matrimonio parece tan difícil y hasta imposible de recuperar, vengo a ti, el Sanador. Por favor renueva mi esperanza e inspira nueva vida a nuestro matrimonio.

EL AMOR PRODUCE CAMBIOS

Sobre todo, vístanse de amor, lo cual nos une a todos en perfecta armonía.

COLOSENSES 3:14

EL CONTROL ES un tema crítico en algunas relaciones. Una mujer que estaba sufriendo por la actitud controladora de su esposo me dijo: "Me siento como un pájaro enjaulado. En realidad, me siento como un hámster encarcelado: ya ni siquiera tengo alas. No quiero divorciarme, pero no sé cuánto más soportaré vivir bajo semejante presión." Esta esposa había perdido su libertad y se sentía encarcelada.

¿Hay esperanza? Sí, y comienza por creer que las cosas pueden cambiar. ¿Puede cambiar su esposo? ¡Sí! ¿Puede ella estimular el cambio? ¡Sí! Su influencia más poderosa es el amor. El apóstol Pablo escribe en Colosenses 3 que debemos buscar el amor sobre todas las cosas. ¿Por qué? Porque el amor tiene el poder de unir a las personas, de acercarlas todavía más. Esa es una influencia poderosa en el matrimonio.

En la situación de esta mujer se requieren dos tipos de amor. Primero, el amor suave o tierno. Ella debe aprender a hablar el lenguaje de amor del esposo y proponerse satisfacer sus necesidades de amor emocional. En segundo lugar, el amor riguroso. Ella puede decir: "Te amo demasiado como para quedarme sentada sin hacer nada mientras tu destruyes nuestro matrimonio." Entonces debe exponer algunas reglas básicas y sus consecuencias; en efecto, debe decirle a su esposo lo que ella hará mientras él no modifique su comportamiento.

Cuando un cónyuge recibe primero amor tierno, entonces será capaz de recibir amor riguroso.

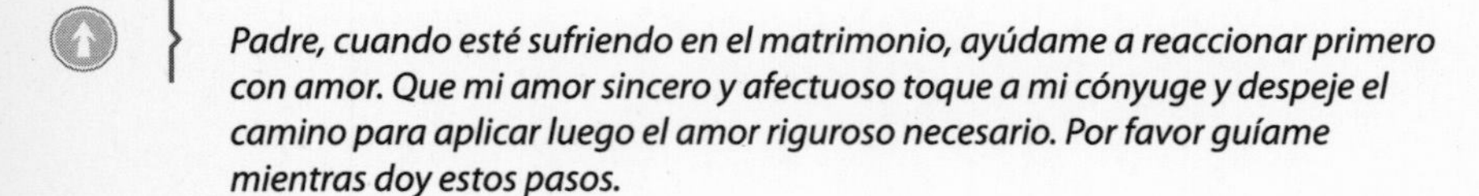

Padre, cuando esté sufriendo en el matrimonio, ayúdame a reaccionar primero con amor. Que mi amor sincero y afectuoso toque a mi cónyuge y despeje el camino para aplicar luego el amor riguroso necesario. Por favor guíame mientras doy estos pasos.

15 DE ABRIL

BUSCAR COMPAÑÍA, EVITAR LA SOLEDAD

Vive feliz junto a la mujer que amas, todos los . . . días de vida que Dios te haya dado bajo el sol. La esposa que Dios te da es la recompensa por todo tu esfuerzo terrenal. ECLESIASTÉS 9:9

UNO DE LOS beneficios de estar casado es el compañerismo. Un cónyuge amoroso y comprensivo no solo es bueno para la salud emocional, sino también para la salud física. Hace un tiempo, un proyecto de investigación que abarcó a diez mil hombres casados, de cuarenta años de edad o más, descubrió que aquellos que tenían esposas tiernas y comprensivas presentaban notablemente menos problemas cardíacos. Una relación íntima en el matrimonio favorece la salud física.

Por el contrario, la soledad en la relación matrimonial perjudica la salud. El matrimonio fue diseñado por Dios para brindar compañía. Dios dijo de Adán: "No es bueno que el hombre esté solo. Haré una ayuda ideal para él" (Génesis 2:18). Fundamentalmente, los compañeros comparten la vida. Por lo tanto, cuando una pareja se comunica a diario, desarrolla el sentido del compañerismo. Se comprometen el uno con el otro. Enfrentan juntos las incertidumbres de la vida. El compañerismo tiene algo que hace más llevadera la vida. Ese fue el plan de Dios. El rey Salomón escribió en Eclesiastés que la esposa, y por extensión el esposo, es un regalo de Dios que nos refresca del afán de la vida cotidiana.

Por lo tanto, como pareja, conversen, escúchense el uno al otro y construyan su relación. No permitan que la soledad les robe la salud.

Señor Jesús, gracias por el regalo del matrimonio y el compañerismo que puede ofrecer. Quiero brindarle amistad y compañía a mi cónyuge, no soledad. Por favor ayúdanos a fortalecer más y más nuestra relación.

16 DE ABRIL

CUANDO SU CÓNYUGE ESTÁ ENOJADO

La respuesta apacible desvía el enojo, pero las palabras ásperas encienden los ánimos. PROVERBIOS 15:1

¿CÓMO DEBERÍA REACCIONAR ante el enojo de su cónyuge? Lo natural es reaccionar de la misma forma, con palabras airadas. Sin embargo, como nos recuerda Proverbios 15:1, eso solo provocará más discusión. Si quiere desviar la ira y llegar a la raíz de la situación, el primer paso es escuchar. ¿Por qué está enojado su cónyuge? ¿Qué hizo usted para provocar el dolor? Quizás sea un simple malentendido, pero no lo sabrá a menos que escuche. De modo que si su cónyuge está enojado, lo mejor que puede hacer es dejar de lado todo y preguntar: "Cariño, ¿por qué estas enojado conmigo?" Escuche la respuesta.

El segundo paso es volver a escuchar. Haga preguntas para asegurarse de que entiende lo que le están comunicando. Por ejemplo: "¿Es esto lo que dices? Dices que te enojaste porque dejaste tus camisas en la silla para que yo las llevara a la lavandería y cuando regresaste por la noche las encontraste todavía sobre la silla." "Eso es," dice su cónyuge, "y prometiste llevarlas a la lavandería. No lo entiendo."

El tercer paso es escuchar. Correcto: escuchar una vez más. "Cariño, ¿dices que te decepcioné porque no llevé las camisas a la lavandería?" "Sí, y no tengo camisas para mañana. No sé cómo me arreglaré." Ahora sí, usted está lista para el paso cuatro, que compartiremos en el devocional de mañana.

Padre, cuando mi cónyuge está enojado y me ataca, quiero contraatacar. Me exige mucho autodominio responder con amabilidad, pero sé que eso es lo mejor para nuestra relación. Por favor enséñame a escuchar primero, antes de reaccionar, y a asegurarme de que entiendo por qué está enojado mi cónyuge. Necesito tu ayuda, Señor.

RESPONDIENDO AL ENOJO

Presten mucha atención a lo que voy a decir; escúchenme hasta el final.

JOB 13:17

¿RECUERDA LOS TRES primeros pasos en la respuesta a un cónyuge enojado? Escuchar. Escuchar. Escuchar. Recién cuando haya escuchado tres veces a su cónyuge, tendrá una figura más clara del motivo de su enojo. Cuando usted hace preguntas y escucha atentamente, su cónyuge sabe que lo está tomando en serio. La historia de Job en la Biblia muestra que él estaba experimentando enormes sufrimientos físicos e intensas emociones. Cuanto más hablaba sin percibir que alguien estuviera escuchándolo, tanto más enojado y frustrado se sentía. Un amigo o un cónyuge que sabe escuchar puede tener un impacto importante.

El cuarto paso es tratar de comprender la grave situación de su cónyuge. Es decir, póngase en sus zapatos y trate de ver el mundo a través de sus ojos. Es verdad que lo que ocurrió quizás no la habría alterado a usted, pero conociendo la personalidad de su cónyuge, ¿puede entender por qué lo disgustó a él?

Ahora que tiene una mayor comprensión, el quinto paso es expresar lo que ha entendido. Por ejemplo: "Cariño, cuando miro esta situación a través de tus ojos, puedo entender por qué estas enojado. Si yo estuviera en tu lugar, probablemente también me enojaría. Ahora entiendo lo que pasó." ¡Vaya! Usted acaba de dejar de ser el enemigo. Ahora es un amigo y los amigos ayudan a sus amigos a resolver problemas.

Señor Dios, cuando mi cónyuge esté enojado, no quiero convertirme en su adversario. En lugar de eso, ayúdame a escuchar, a entender y a comunicar lo que entendí, a fin de que pueda brindar amistad a mi cónyuge. Por favor dame la paciencia y la humildad para trabajar con mi cónyuge hasta encontrar la solución del problema que estamos enfrentando.

18 DE ABRIL

ENCONTRAR UNA SOLUCIÓN

Sean comprensivos con las faltas de los demás y perdonen a todo el que los ofenda. Recuerden que el Señor los perdonó a ustedes, así que ustedes deben perdonar a otros. COLOSENSES 3:13

EN LOS DÍAS pasados comentamos que al reaccionar ante el enojo de su cónyuge, usted necesita escuchar y simpatizar con él a fin de comprender el motivo de su enojo. Una vez que lo ha hecho está preparado para el sexto paso: compartir su punto de vista. Es casi seguro que usted percibe la situación de manera diferente y es bueno que lo comunique. Por ejemplo: "Cariño, déjame decirte en qué había pensado cuando dije eso," o bien: "Déjame decirte en qué estaba pensando cuando hice eso." Es probable que su cónyuge esté dispuesto a escuchar su explicación porque usted ya creó una atmosfera amigable al cumplir los cinco primeros pasos.

Por último, el paso siete es buscar la solución. Ahora la pregunta es: "¿Cómo podemos resolver este problema?" Dos adultos que se han escuchado mutuamente primero ahora pueden buscar una solución. Si se cometió una falta, entonces puede haber confesión y perdón, además de conversar sobre cómo evitar que vuelva a ocurrir. Colosenses 3:13 recuerda a los creyentes que perdonarse no es opcional. Deben tratarse el uno al otro con gracia. Si la raíz del enojo fue un malentendido, deben analizar cómo manejar mejor la situación en el futuro.

Cada episodio de enojo en el matrimonio debería ser una experiencia de aprendizaje y ahora usted cuenta con un plan para lograrlo.

Señor Jesús, gracias porque entiendo que el enojo no tiene que destruir nuestra relación. Mientras mi cónyuge y yo nos esforzamos por reaccionar con calma ante el enojo del otro, ayúdanos a trabajar juntos para encontrar una solución. Que al tener un conflicto podamos aprender del mismo y descubrir una mejor manera de manejarlo la próxima vez.

UN EQUIPO DE PADRES

Como el hierro se afila con hierro, así un amigo se afila con su amigo.

PROVERBIOS 27:17

¿ES POSIBLE QUE un papá y una mamá con enfoques muy diferentes sobre la crianza de los hijos lleguen a un acuerdo? La respuesta es un rotundo sí. A mí me pasó. En mi matrimonio, descubrimos que yo tendía a ser el padre tranquilo y calmado, tipo "conversemos el asunto." Karolyn, mi esposa, era el tipo "hay que hacer algo ahora." Nos llevó un tiempo darnos cuenta de lo que estaba pasando, analizar nuestros estilos de comportamiento y reconocer la inclinación básica de cada uno.

Sin embargo, con el tiempo comenzamos a concentrarnos en la pregunta: ¿Qué es lo mejor para nuestros hijos? Descubrimos que podíamos trabajar juntos como un equipo y que en realidad debíamos hacerlo. Nuestras tendencias básicas no cambiaron, pero aprendimos a moderarlas. Yo aprendí cómo actuar con responsabilidad y a combinar palabras con acciones. Karolyn aprendió a pensar antes de actuar.

El conocido proverbio citado arriba se aplica con frecuencia a grupos o a amigos, pero también se aplica muy bien, tal vez mejor, al matrimonio. Cuando reconocemos que nuestro cónyuge tiene enfoques y talentos diferentes de los nuestros y que pueden complementarnos, el beneficio es que nos "afila." Para los matrimonios que tienen hijos, aceptar nuestras diferencias y aprender a complementarnos beneficia al matrimonio y a la crianza de los hijos.

Señor Jesús, gracias por la bendición que son nuestros hijos. Te suplico que nos ayudes a encarar la crianza como una pareja. Tenemos diferentes enfoques y fortalezas, y está bien que así sea. Por favor danos la sabiduría para integrar esos enfoques de la mejor manera y trabajar juntos como un equipo.

COMBINAR PALABRAS Y ACCIONES

Padres, no hagan enojar a sus hijos con la forma en que los tratan. Más bien, críenlos con la disciplina e instrucción que proviene del Señor. EFESIOS 6:4

SI USTED TIENE hijos, sabe que los dos pilares sobre los que descansa el tema de la crianza son la *enseñanza* y el *entrenamiento*. La enseñanza generalmente recurre a las palabras para comunicarse con el niño y el entrenamiento, a las acciones. Es frecuente que uno de los padres enfatice las palabras y el otro las acciones. Uno querrá convencer al niño para que obedezca, mientras que el otro le exigirá la obediencia. Los dos enfoques tienen aspectos favorables, pero ambos tienen problemas si se llevan al extremo. Uno puede llevar al abuso verbal y el otro al abuso físico.

La Biblia dice claramente que los padres no deben hacer enojar a sus hijos, o como dice otra versión: provocarlos a ira (RV60). Si bien este versículo de Efesios está dirigido a los papás, sin duda se aplica a padres y madres, ya que sin duda cualquiera de los dos puede provocar a ira a un niño mediante su trato injusto, irrespetuoso o innecesariamente severo. El mejor enfoque es combinar las palabras con las acciones. Dígale al niño exactamente qué se espera de él y cuáles serán las consecuencias de la desobediencia. Entonces, si el niño no obedece, aplique las consecuencias de manera amable pero firme. Si usted mantiene coherencia, su hijo aprenderá a obedecer.

En lugar de ser rivales en la crianza, ¿por qué no formar un equipo y combinar sus destrezas para establecer reglas útiles y definir las consecuencias? El resultado positivo es que ambos sabrán qué hacer si el niño desobedece y entonces ambos serán coherentes. Por supuesto, todo esto funciona mejor cuando el niño se siente amado por ambos. Criar a los hijos es un deporte de equipo.

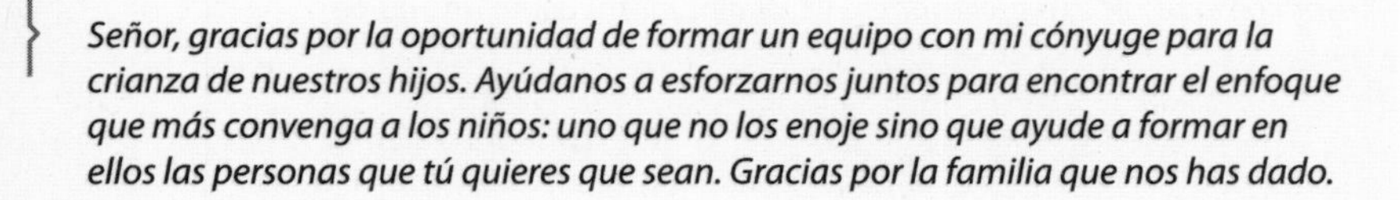

Señor, gracias por la oportunidad de formar un equipo con mi cónyuge para la crianza de nuestros hijos. Ayúdanos a esforzarnos juntos para encontrar el enfoque que más convenga a los niños: uno que no los enoje sino que ayude a formar en ellos las personas que tú quieres que sean. Gracias por la familia que nos has dado.

DERRIBAR LA PARED

Confiésense los pecados unos a otros y oren los unos por los otros, para que sean sanados. La oración ferviente de una persona justa tiene mucho poder y da resultados maravillosos. SANTIAGO 5:16

MUCHAS PAREJAS LLEGAN a un punto muerto porque han permitido que se levante una pared entre ellos. Las paredes se construyen ladrillo a ladrillo. Cada bloque representa la falta de uno de los cónyuges en algún asunto concreto. Puede ser tan pequeño como no sacar la basura o tan grande como no satisfacer las necesidades sexuales del compañero. El que comete la falta por lo general la ignora, en lugar de ocuparse de ella. Se ofrecen excusas tales como: "Después de todo, ¿qué espera? Estoy haciendo mi parte" o: "¿Por qué no piensa en mis necesidades?"

Con frecuencia se ignora una falta tras otra, hasta que se ha levantado una pared alta y ancha entre dos personas que comenzaron enamoradas. La comunicación disminuye hasta detenerse y solo queda el resentimiento.

¿Le gustaría demoler la pared levantada en su relación? Puedo decirle cómo se hace. Demoliendo esos ladrillos de las faltas, uno por uno. Reconozca sus fallas tan concretamente como sea posible y pídale a su cónyuge que lo perdone. Si usted comienza a derribar la pared de su lado, le hará más fácil a su cónyuge comenzar a demoler del otro lado.

Santiago 5:16 deja en claro que los creyentes deben confesarse sus pecados unos a otros. Cuánto más en el contexto del matrimonio, donde esos pecados han afectado en forma directa a la otra persona. Muéstrese dispuesto a reconocer sus faltas. Si ambos están dispuestos a demoler el muro de separación, podrán limpiar los escombros y construir una relación hermosa.

Señor, gracias por los nuevos comienzos. Por favor ayúdanos a estar dispuestos a derribar las viejas heridas, a confesar nuestras faltas y a comenzar de nuevo con perdón. Gracias por tu perdón constante.

22 DE ABRIL

UNA CONCIENCIA LIMPIA

Aférrate a tu fe en Cristo y mantén limpia tu conciencia. 1 TIMOTEO 1:19

EN HECHOS 24:16, el apóstol Pablo compartió un principio que guiaba su vida: "Siempre trato de mantener una conciencia limpia delante de Dios y de toda la gente." En su caso, eso se debía en buena medida a que no quería que nada pudiera obstaculizar su testimonio mientras difundía la Buena Noticia sobre Cristo. Ese es un buen motivo para nosotros también, pero mantener una conciencia limpia es bueno, además, para nuestra salud mental y para nuestras relaciones. Lamentablemente, todos somos imperfectos. A veces no guardamos los mandamientos de Dios. No hace falta ser perfectos para tener un buen matrimonio, pero sí es necesario ocuparse de las faltas.

¿Cómo se mantiene la conciencia limpia delante de Dios? Confesándole nuestras faltas. ¿Cómo se mantiene una conciencia limpia con los demás? Confesando a la persona los pecados cometidos contra ella. En el matrimonio, es su cónyuge.

A menudo me preguntan: "¿Qué pasa si mi cónyuge no está dispuesto a perdonarme?" Ese no es su problema. Su responsabilidad es admitir el error y pedir perdón. Todavía no ha dado el primer paso hasta que haya confesado sus propias faltas. Entonces su cónyuge tiene que elegir: perdonar o no. En cualquier caso, usted tiene la conciencia limpia y ahora puede pedirle a Dios que lo ayude a ser parte de la solución en lugar de ser parte del problema.

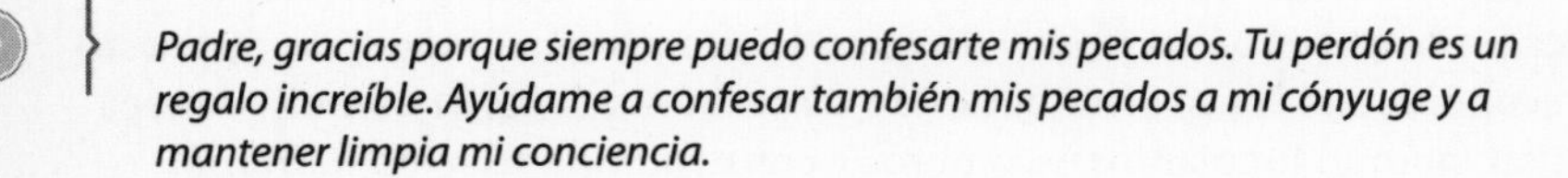

Padre, gracias porque siempre puedo confesarte mis pecados. Tu perdón es un regalo increíble. Ayúdame a confesar también mis pecados a mi cónyuge y a mantener limpia mi conciencia.

ACEPTAR LA RESPONSABILIDAD

Cada uno es responsable de su propia conducta. GÁLATAS 6:5

¿POR QUÉ SOMOS tan rápidos para culpar a nuestros seres amados cuando las cosas no funcionan bien en la relación? Lamentablemente, esa es la naturaleza humana, ya desde Adán y Eva. (Lea Génesis 3 y verá algunos ejemplos indiscutibles de echarse la culpa el uno al otro.) Sin embargo, Gálatas 6:5 nos recuerda que cada uno es responsable de sus propias decisiones y comportamiento, y eso incluye nuestra participación en nuestra relación.

¿Puedo sugerirle algo mejor? Pruebe los siguientes pasos:

1. Reconozco que mi matrimonio no es lo que debería ser.
2. Dejo de culpar a mi cónyuge y le pido a Dios que me muestre dónde está mi falta.
3. Confieso mi pecado y acepto el perdón de Dios, conforme a 1 Juan 1:9.
4. Pido a Dios que me llene con su espíritu y me dé poder para hacer cambios constructivos en mi vida.
5. Me acerco a mi cónyuge, confieso mis faltas y pido perdón.
6. En el poder de Dios, me dispongo a cambiar mi conducta, mis palabras y mis actitudes, siguiendo las pautas que descubro en las Escrituras.

Este es el plan de Dios y funciona. Culpar a su cónyuge alienta el resentimiento y el antagonismo. Admitir sus propias faltas y dejar que Dios transforme su comportamiento genera un clima nuevo y saludable en su matrimonio. Este es el camino para crecer en el matrimonio.

Padre, sabes con cuánta facilidad tiendo a culpar a mi cónyuge por las cosas que funcionan mal en nuestra relación. Por favor perdóname. Ayúdame a asumir plena responsabilidad por mis faltas. Muéstrame con claridad en qué he fallado y ayúdame a cambiar. Sé que solamente puedo hacerlo con tu poder.

24 DE ABRIL

OCÚPESE PRIMERO DE USTED MISMO

¿Por qué te preocupas por la astilla en el ojo de tu amigo, cuando tú tienes un tronco en el tuyo? ¿Cómo puedes pensar en decirle a tu amigo: "Déjame ayudarte a sacar la astilla de tu ojo", cuando tú no puedes ver más allá del tronco que está en tu propio ojo? ¡Hipócrita! Primero quita el tronco de tu ojo; después verás lo suficientemente bien para ocuparte de la astilla en el ojo de tu amigo. MATEO 7:3-5

EN LOS DEVOCIONALES anteriores hemos analizado la importancia de hacernos responsables de nuestras propias faltas, en lugar de culpar a nuestro cónyuge. No quiero decir que jamás debamos hablar sobre las faltas de nuestro compañero. Como pareja, estamos tratando de aprender a trabajar en equipo. Esto significa que si pienso que mi cónyuge está tratándome de un modo injusto, debería compartir de manera amable mis sentimientos. No obstante, eso solo es apropiado después de haberme ocupado de mis propias faltas.

Eso es lo que enseñó Jesús en los versículos de Mateo 7 que citamos arriba. Cuando culpamos a nuestro compañero sin antes examinarnos a nosotros mismos, es probable que no estemos viendo nuestras propias faltas y, en consecuencia, nos resulte imposible percibir claramente el problema. Siempre que una relación se deteriora, las dos personas tienen parte en el derrumbe. Quizás una tenga más responsabilidad que la otra, pero cualquiera de las dos puede moverse para restaurar la relación. Cada uno de nosotros debe ocuparse de la falta de la que somos personalmente responsables.

Muéstrese dispuesto a ser el primero en dar el primer paso. No se quede por ahí culpando a su cónyuge ni pierda tiempo esperando que él o ella se confiese. Si usted confiesa honestamente la parte que le toca, ese podría ser el estímulo que movilice la confesión de parte de su cónyuge. Este primer paso es el más importante de todos.

Padre, te pido la humildad y el coraje necesarios para dar el primer paso. Ayúdame a reconocer la falta con la que he contribuido a la situación y a confesarla, sin esperar que mi cónyuge actúe primero. Por favor bendice nuestros esfuerzos.

UN AMOR QUE CONFRONTA

[El Señor] me contestó: "Los pecados del pueblo de Israel y Judá son muy, pero muy grandes. La tierra está llena de homicidios; la ciudad está colmada de injusticia". EZEQUIEL 9:9

HAY COSAS QUE no pueden permitirse en un matrimonio. El abuso físico, la infidelidad sexual, el abuso de los niños, el alcoholismo o la adicción a las drogas requieren la confrontación en amor. De hecho, no estaríamos amando a la otra persona si aceptamos ese comportamiento como un modo de vida. ¿Por qué? Porque el amor siempre se interesa por el bienestar de la otra persona y esos comportamientos destruyen tanto al individuo como al matrimonio. El amor debe confrontar. Eso es amor riguroso y ese es el verdadero amor.

En la Biblia, la confrontación se considera a menudo como un acto de redención. No cabe duda de que los profetas del Antiguo Testamento con frecuencia eran enviados por Dios para confrontar a Israel con sus pecados, como vemos en el versículo de Ezequiel citado arriba. El tono del profeta puede parecernos áspero, pero el propósito es mostrarle a la gente lo lejos que ha caído y alentarla a restaurar una relación correcta con Dios.

En el nivel de las relaciones entre personas, Jesús dijo: "Si un creyente peca contra ti, háblale en privado y hazle ver su falta" (Mateo 18:15). El propósito de la confrontación es que la relación pueda ser restaurada. Si hay arrepentimiento genuino y cambio, entonces puede haber perdón y el matrimonio puede restaurarse. En cambio, sin la confrontación y el arrepentimiento, la conducta indebida continuará. El amor riguroso es el que se interesa lo suficiente por el otro como para confrontarlo.

Padre, la confrontación me resulta difícil. Sin embargo, puedo aprender de tu Palabra que hay cosas que no pueden ser toleradas porque causan demasiado dolor y daño. Por favor dame la sabiduría para saber cuándo debo confrontar a mi cónyuge y cómo debería reaccionar cuando él o ella me confronte por mi comportamiento.

26 DE ABRIL

CUÁNDO ES NECESARIO EL AMOR RIGUROSO

Escribí aquella carta con gran angustia, un corazón afligido y muchas lágrimas. No quise causarles tristeza, más bien quería que supieran cuánto amor tengo por ustedes. 2 CORINTIOS 2:4

NUNCA LLEGA EL momento de dejar de amar a su cónyuge, pero sí hay un momento para cambiar la manera de expresarle ese amor. Si su cónyuge ha adquirido alguna forma de comportamiento destructivo crónico y se ha negado a cambiar aunque usted ha procurado satisfacer sus necesidades, puede ser hora de recurrir al amor riguroso. El apóstol tuvo que hacerlo con la iglesia en Corinto. Debido a que habían tolerado una situación de pecado en la iglesia, los reprendió, no porque no se interesara por ellos, y así lo aclara en el versículo citado. En realidad, los amaba tanto que quería ponerle freno a lo que estaba mal y animarlos a que tomaran mejores decisiones.

El amor riguroso le dice a un cónyuge abusivo: "Te amo demasiado como para aceptar que hagas algo malo. No me voy a mantener indiferente mientras te destruyes a ti mismo y me destruyes a mí maldiciéndome todas las noches. No puedo imponerte el cambio de conducta, pero no estaré aquí esta noche para recibir el daño. Si quieres que nuestro matrimonio mejore, estoy dispuesta a trabajar. Sin embargo, no voy a colaborar para que me destruyas."

Esa actitud no es de abandono sino de amor. El amor hacia el cónyuge incluye interesarse tanto por el bienestar de la otra persona como para negarse a entrar en el juego del comportamiento enfermizo. Muchas personas alcanzan la sanación cuando alguien los ama lo suficiente como para confrontar sus conductas destructivas.

Señor Dios, te pido sabiduría para discernir cuándo se necesite el amor riguroso en nuestra relación. Por favor ayúdanos a amarnos el uno al otro lo suficiente como para confrontar el comportamiento destructivo.

PALABRAS AMABLES

La respuesta apacible desvía el enojo, pero las palabras ásperas encienden los ánimos. PROVERBIOS 15:1

LAS PALABRAS POSITIVAS son herramientas poderosas para construir un matrimonio fuerte. Cuando mi esposa me hace un elogio sobre alguna cuestión, me da ánimo para esforzarme más. Cuando me critica, me empuja a defenderme a mí mismo y a contraatacar. Si usted quiere ver florecer a su cónyuge, pruebe haciéndole un elogio cada día durante un mes y vea qué ocurre.

¿Ha notado alguna vez que cuando usted habla suavemente su cónyuge parece calmarse, y en cambio, cuando usted habla con aspereza la otra persona tiende a levantar la voz? Influenciamos al otro no solo por lo que decimos sino por la manera en que lo hacemos. Gritar es un comportamiento aprendido y se puede desaprender. No necesitamos tratarnos a gritos. El versículo de Proverbios citado arriba nos dice algo que instintivamente ya sabemos: que las palabras ásperas provocan más ira, mientras que las palabras apacibles pueden diluir el enojo. Todo depende de la manera en que decimos las cosas.

Si usted tiene un problema que necesita analizar con su cónyuge, escriba lo que quiere decirle. Póngase ante un espejo y ensaye en un tono amable. Luego pídale a Dios que lo ayude a usar el mismo tono de voz cuando hable con su cónyuge. Quizás no le salga perfecto la primera vez, pero aprenderá a decir la verdad con amor y amabilidad.

Señor, quiero darle apoyo a mi cónyuge por medio de lo que le digo así como por la manera en que lo digo. Por favor ayúdame a recordar que la amabilidad siempre logra más que la crítica. Ayúdame a evitar gritarle a mi cónyuge; por favor muéstrame la manera de hablar con bondad y amabilidad.

PALABRAS DE ALIENTO

Las palabras sabias satisfacen igual que una buena comida; las palabras acertadas traen satisfacción. La lengua puede traer vida o muerte.

PROVERBIOS 18:20-21

ESTE PROVERBIO ES cierto: "La lengua puede traer vida o muerte." Usted puede matar el espíritu de su cónyuge con palabras negativas, o puede darle vida mediante sus palabras positivas. Las palabras de aliento deberían ser la norma en el matrimonio. No se puede tomar el estímulo como una especie de matafuegos, al que recurre solamente cuando lo necesita con urgencia y luego lo vuelve a guardar. El estímulo tiene que ser una forma de vida.

Las palabras de estímulo nacen de una actitud de amabilidad. Cuando decido ser amable con mi cónyuge, buscar sus cualidades positivas y hacer que la vida le resulte más fácil, entonces las palabras constructivas empiezan a aparecer en mi vocabulario. Las quejas y las observaciones cortantes surgen de la actitud negativa. Si me concentro en lo malo de mi esposa y pienso en lo que ella debería estar haciendo por mí, entonces mi actitud se vuelve negativa. Comienzo a destruir a mi esposa con mis palabras negativas.

Lo animo a que le dé vida a su cónyuge eligiendo usar palabras positivas que lo apoyen. La Biblia nos dice que las palabras sabias y amables dan satisfacción. Proverbios 20:15 compara el valor de las palabras sabias con el oro y multitud de rubíes. El estimulo puede hacer maravillas en una relación. Busque algo bueno en su cónyuge y exprésele su admiración. Hágalo hoy. Hágalo todos los días.

Padre celestial, gracias por el don del estímulo. Quiero ser una persona que dé ánimo en mi matrimonio; quiero alentar la satisfacción y la esperanza por medio de lo que digo, en lugar del desaliento o la frustración. Por favor ayúdame mientras me esfuerzo por desarrollar el hábito de las palabras constructivas.

APRENDIENDO A ALENTAR

Que todo lo que digan sea bueno y útil, a fin de que sus palabras resulten de estímulo para quienes las oigan. EFESIOS 4:29

NO TODAS LAS personas son alentadoras por naturaleza, de modo que quiero darle algunas ideas prácticas sobre cómo implementar el poder de sus palabras. Primero, *manténgalo simple.* Algunas personas sienten que para alentar necesitan usar palabras floridas. Es mucho mejor usar palabras simples y directas que reflejen su personalidad. Su cónyuge apreciará su esfuerzo sincero de expresar estímulo.

Segundo, *sea sincero en lo que dice.* Apoyar no implica mentir ni exagerar para que su cónyuge se sienta mejor consigo mismo. Si no es sincero, usted lo sabe y su cónyuge lo sabrá, entonces ¿de qué sirve? Es mejor un elogio modesto y sincero que un largo discurso hueco.

Tercero, *mantenga el enfoque en su cónyuge, no en sí mismo.* Si su cónyuge tiende a devolverle un cumplido diciendo: "Ah, pero tú eres mucho mejor que yo en eso," reitérele amablemente el cumplido inicial. El proceso de respaldo no tiene que ver con usted sino con la otra persona.

La Biblia dice con claridad que los creyentes deben darse estímulos unos a otros. Efesios 4:29 presenta un desafío importante: que todo lo que digamos sea bueno y útil para que resulte de estímulo para los demás. Hacerlo con su cónyuge aportará optimismo y bendición a su matrimonio.

Señor Dios, mientras procuro ser cada vez más una persona alentadora para mi cónyuge, por favor ayúdame a recordar estas tres ideas. Quiero tener el hábito de usar palabras de aliento, porque sé que eso te agrada y que ayudará a que nuestro matrimonio crezca.

APRENDIENDO A DAR APOYO

Amados hermanos, termino mi carta con estas últimas palabras: estén alegres. Crezcan hasta alcanzar la madurez. Anímense unos a otros. Vivan en paz y armonía. Entonces el Dios de amor y paz estará con ustedes.

2 CORINTIOS 13:11

HOY QUIERO DARLE dos pautas más para aprender a hablar de manera alentadora. Primero, *no dé estímulo ambiguo*. Es decir, no cubra sus comentarios con sarcasmo. Por ejemplo: "Demoraste casi dos días en terminar ese paquete de bizcochos de chocolate. Admiro tu fuerza de voluntad." Demás está decir que esos comentarios no son de apoyo. Deje de lado la ironía si quiere respaldar a su cónyuge.

Segundo, *no se fastidie si la reacción de su cónyuge no corresponde a sus expectativas*. Recuerde que cada persona reacciona de diferente manera frente a los elogios. Por supuesto que sería grandioso si su cónyuge respondiera a su apoyo con una sonrisa y un abrazo, pero también podría ser que en lugar de eso lo mire con cara de "¿de qué estás hablando?" Esto es especialmente cierto si usted y su cónyuge son nuevos en la tarea de brindarse apoyo. La buena noticia es que cuantos más elogios dé, mejores respuestas recibirá.

Al final de 2 Corintios, Pablo da a sus oyentes una lista de directivas breves. Justo en el medio se encuentra la de alentarse unos a otros. Es un mandato bíblico; es algo que agrada a Dios y que afianzará su matrimonio. Dé hoy el primer paso.

Padre, te agradezco por el estímulo que recibo de tu Palabra. Por favor ayúdame mientras procuro modificar mis palabras de negativas a positivas. Muéstrame la mejor manera de apoyar a mi cónyuge, para que se sienta alentado y seguro de mi amor.

ATENCIÓN CONCENTRADA

Ámense unos a otros con un afecto genuino y deléitense al honrarse mutuamente. ROMANOS 12:10

HE OBSERVADO QUE muchos esposos simplemente no entienden las necesidades de sus esposas. Algunos creen que si mantienen un trabajo estable y traen a casa un salario decente ya han cumplido su papel como esposo. Poco conocen las necesidades emocionales y sociales de una esposa. En consecuencia, no se esfuerzan en lo absoluto por satisfacer esas necesidades. (Puedo escuchar a algunas esposas decir: "¡Es verdad!" mientras leen estas líneas.)

No obstante, también he observado que muchas esposas no entienden las necesidades de sus esposos. Algunas piensan que si se ocupan de los niños y colaboran con su esposo en el trabajo para que haya comida en la mesa y la casa mantiene cierto orden, están siendo buenas esposas. Poco piensan en la necesidad de afecto y admiración de su esposo.

Con frecuencia solo se trata de una cuestión de enfoque. ¿Por qué cuando estamos de novios concentramos tanto tiempo y atención el uno en el otro, pero pocos años después de casados nos concentramos en todo lo demás? Lo cierto es que nos necesitamos enormemente el uno al otro. ¡La Biblia nos llama no solamente a amarnos sino a deleitarnos en ello! Quiero invitarlo a concentrar nuevamente su atención en su cónyuge.

Padre, tú sabes cuánto nos necesitamos mi pareja y yo. Tú nos creaste de esta manera. Por favor ayúdanos a estar conscientes de las necesidades del otro y a deleitarnos en satisfacerlas.

COMPROMISO TOTAL

[Josué dijo:] "Teme al Señor y sírvelo con todo el corazón. Echa fuera para siempre los ídolos que tus antepasados adoraron cuando vivían del otro lado del río Éufrates y en Egipto. Sirve solo al Señor". JOSUÉ 24:14

LA MAYORÍA DE las mujeres tiene la necesidad emocional de seguridad. Primero es una necesidad física —estar a salvo del peligro dentro y fuera del hogar—, pero su mayor necesidad es la de estar segura de que su esposo está comprometido con ella.

El esposo que amenaza a su esposa con el divorcio o que hace comentarios bruscos tales como: "Estarías mejor con otra persona" o: "Creo que buscaré otra compañera" está ejercitando un patrón disfuncional.

Cuando Josué estaba guiando a los israelitas a la Tierra Prometida, los desafió a comprometerse totalmente al Señor. Ya no podrían servir al Dios de Israel y al mismo tiempo adorar a sus viejos ídolos. Tenían que hacer una elección. Cuando nos casamos enfrentamos una disyuntiva similar. ¿Estamos decididos a dejar a un lado cualquier pensamiento o comentario sobre el divorcio y a comprometernos completamente con nuestro cónyuge?

El esposo sabio hará todos los esfuerzos necesarios para comunicarle a su esposa que pase lo que pase, él estará con ella. Si tienen desacuerdos, dispondrá tiempo para escuchar, para entender y para buscar una solución. Si ella tiene algún sufrimiento físico o emocional, él estará a su lado. Toda esposa debería poder decir: "Sé que mi esposo está conmigo, no importa lo que ocurra. Él está comprometido con nuestro matrimonio." Todo esposo necesita el mismo compromiso de parte de su esposa.

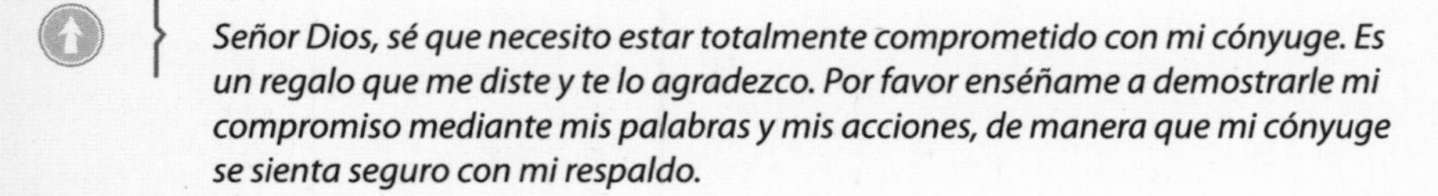

Señor Dios, sé que necesito estar totalmente comprometido con mi cónyuge. Es un regalo que me diste y te lo agradezco. Por favor enséñame a demostrarle mi compromiso mediante mis palabras y mis acciones, de manera que mi cónyuge se sienta seguro con mi respaldo.

CINCO NIVELES DE COMUNICACIÓN

Que sus conversaciones sean cordiales y agradables, a fin de que ustedes tengan la respuesta adecuada para cada persona. COLOSENSES 4:6

HE IDENTIFICADO CINCO niveles de comunicación que se presentan en una relación. Podemos imaginar estos cinco niveles como cinco peldaños ascendentes, cada uno de los cuales nos lleva a un nivel más elevado de comunicación. Hoy comenzaremos con el peldaño inferior. Le llamo Conversación de Vestíbulo porque es el tipo de conversación que se comparte al caminar por el vestíbulo. Por ejemplo: "Hola, ¿cómo estás?" "Bien, ¿y tú?" "Bien, gracias." A estas alturas se separan y la conversación se termina.

Este nivel de comunicación es común en el matrimonio, pero rara vez satisface. Varios años atrás, una esposa cuyo marido era piloto de avión me dijo: "Mi esposo está afuera tres días y luego pasa tres días en casa. Ese es su cronograma de trabajo. Llega a casa después de estar ausente tres días y le pregunto: '¿Cómo anduvieron las cosas?' Él responde: 'Bien.' Tres días separados y lo único que consigo es un 'Bien.'"

¿Entiende su frustración? Algunas parejas pasan días hablando solamente en este nivel y no deberían sorprenderse de la falta de intimidad en su relación. En Colosenses 4, Pablo se refiere a la manera en que deberíamos hablar. La Reina-Valera de 1960 dice que debe ser "siempre con gracia, sazonada con sal." En otras palabras, nuestra comunicación como pareja no debe ser sosa ni banal sino significativa. Con menos no nos sentiremos satisfechos. En los próximos días consideraremos los demás pasos en la escalera de la comunicación.

Padre, perdóname por las ocasiones en las que estuve tan perdido en mi propio mundo que solo compartí con mi cónyuge conversaciones superficiales. Ayúdanos a entrar en una comunicación más profunda y significativa.

SOLO LOS HECHOS

A todo el mundo le gusta una respuesta apropiada; ¡es hermoso decir lo correcto en el momento oportuno! PROVERBIOS 15:23

AYER CONSIDERAMOS EL primero y menos significativo de los niveles de comunicación: la Conversación de Vestíbulo. Hoy subiremos un peldaño en la escalera de la comunicación hacia la Conversación Informativa. Esta comunicación solamente abarca los hechos: quién, qué, cuándo, dónde y cómo.

Por ejemplo, imagine que Eva le dice a su esposo, Ricardo: "Hablé con Graciela esta mañana y me dijo que Miguel ha estado enfermo desde hace seis días. El médico recomienda que el viernes vaya al hospital para hacerse unos análisis." Su esposo le responde: "Hmmm." Entonces él pregunta: "¿Encontró Santi el perro?" "Sí," responde Eva. "Uno de los vecinos lo había encerrado en su patio. Santi lo oyó ladrar esta tarde y lo rescató." El esposo asiente, sale y comienza a cortar el césped.

En este nivel de comunicación, solo compartimos información. No se expresan sentimientos ni opiniones. Algunas parejas limitan casi toda su comunicación a este nivel y piensan que tienen un buen nivel de comunicación. Es verdad que quizás intercambien muchas palabras, pero en realidad, se promueve poca intimidad en la Conversación Informativa, porque no estamos compartiendo nada sobre nosotros mismos. ¡Cuánto contraste con la "respuesta apropiada" que Salomón menciona en Proverbios 15:23! Nuestra meta debería ser la de comprometernos profundamente el uno con el otro.

Señor, necesitamos conocer los detalles de la vida del otro en el matrimonio, pero con demasiada frecuencia quedamos atascados en los hechos y no profundizamos en nada. Por favor ayúdame a estar dispuesto a acercarme a los pensamientos y sentimientos de mi cónyuge.

INTERCAMBIO DE OPINIONES

El corazón prudente adquiere conocimiento; los oídos de los sabios procuran hallarlo. PROVERBIOS 18:15 (NVI)

EL PRIMER PELDAÑO en la escalera de la comunicación fue la Conversación de Vestíbulo y el segundo la Conversación Informativa. Hoy subiremos al tercer peldaño: la Conversación Intelectual. Esta clase de comunicación dice: "¿Sabes lo que pienso?"

Le doy un ejemplo. Imagine que Olivia le dice a Juan, su esposo: "Hoy escuché que Jorge tiene cataratas." Su esposo responde: "Creo que debería ver al doctor Gillespie. Escuché decir que es el mejor en la ciudad." "No sé," responde la esposa. "Me dijeron que el doctor Black es bueno. Es más joven y conoce las últimas técnicas." "Yo me inclino por la experiencia de Gillespie," contesta el esposo y luego pasan a otro tema de conversación.

Después de compartir la información básica (Jorge tiene cataratas), ambos compartieron sus opiniones sobre el asunto. Es típico que cuando las personas conversan en este nivel, presten atención a la respuesta de la otra persona. Si una de ellas se pone a la defensiva, la otra posiblemente ponga fin a la conversación o retroceda hacia un tema más seguro.

Esta clase de comunicación nos permite expresar nuestro punto de vista, pero no va mucho más allá, porque en realidad no estamos interactuando con nuestras respectivas opiniones. Como dice el proverbio citado arriba, el sabio y el prudente buscan el conocimiento; no están satisfechos con lo que ya saben. Necesitamos conocer más de nuestro cónyuge.

Señor Jesús, por favor enséñame a escuchar y a aprender. Es mi ruego que como pareja seamos capaces de compartir nuestras ideas y analizarlas en un nivel más profundo. Que nuestra comunicación fortalezca nuestro matrimonio.

COMPARTIR LAS EMOCIONES

Mis amados hermanos, quiero que entiendan lo siguiente: todos ustedes deben ser rápidos para escuchar, lentos para hablar y lentos para enojarse.

SANTIAGO 1:19

COMO HEMOS DICHO, la comunicación tiene cinco niveles. El cuarto nivel es la Conversación Emocional, que expresa: "Déjame decirte cómo me siento." Estamos entrando ahora en un alto nivel de comunicación. Algunos encontrarán mucho más difícil compartir sus sentimientos que sus ideas, porque los sentimientos son mucho más personales. En general, las parejas no se comunican mucho en este nivel porque temen que sus emociones sean rechazadas.

Observe este ejemplo. Pedro dice: "Estoy comenzando a sentir que ya no te gusto." Raquel, su esposa, quizás se ponga a la defensiva. Su reacción podría ser la de llorar o retraerse, o quizás expresar verbalmente su enojo ante Pedro y decirle lo tonto que es al sentirse de esa manera. Nunca es apropiado ni útil decirle a otro cómo debería sentirse.

Como alternativa, una reacción saludable podría ser: "Lamento escuchar eso. No tenía idea de que te sentías así. Cuéntame más." Si alienta la Conversación Emocional por parte de Pedro, entonces podrán ocuparse del problema. Si no lo hace, su conversación retrocede a un nivel inferior y el crecimiento se detiene.

La Conversación Emocional es un ingrediente normal de un matrimonio sano. Si a usted le resulta amenazante, procure modificar su reacción inicial. Como nos recuerda el apóstol Santiago, deberíamos ser rápidos para escuchar y lentos para hablar. Si usted siente que se pone a la defensiva ante las emociones de su cónyuge, haga preguntas. Escuche. Analice con calma lo que le ha dicho. Recuerde que estar abierto a compartir las emociones es una de las maneras en que su relación crece.

Padre celestial, perdóname por aquellas ocasiones en las que hago que mi cónyuge prefiera callarse a causa de mi reacción defensiva. Por favor ayúdame a escuchar y a alentar la exploración de nuestras emociones. Que eso sea fructífero para nuestra relación.

COMUNICACIÓN HONESTA

[El amor] no exige que las cosas se hagan a su manera. No se irrita ni lleva un registro de las ofensas recibidas. No se alegra de la injusticia sino que se alegra cuando la verdad triunfa. 1 CORINTIOS 13:5-6

HOY LLEGAMOS A la cúspide de la comunicación. La llamo Conversación Honesta, porque este nivel nos permite hablar la verdad en amor. Somos francos pero no condenamos, abiertos pero no exigimos que las cosas se hagan a nuestra manera. La Conversación Honesta nos da a ambos la libertad de pensar y sentir diferente. Procuramos entendernos el uno al otro y buscar formas de crecer juntos a pesar de nuestras diferencias. Esa clase de comunicación refleja parte de la definición del amor que Pablo hace en 1 Corintios 13. Cuando hablamos honestamente, estamos siendo bondadosos, nos alegramos por la verdad, no exigimos que la conversación se haga a nuestra manera. Nuestras metas más elevadas son desarrollar la intimidad y el amor profundos.

Si esto le parece fácil de hacer, permítame decirle que no lo es. Si le parece imposible, le aseguro que tampoco lo es. Si bien es cierto que muchas parejas tienen poca comunicación en este nivel, más y más parejas están descubriendo que, con la ayuda de Dios, esta clase de comunicación abierta y amorosa conduce a un profundo sentimiento de intimidad en su matrimonio.

A menudo, esta clase de comunicación se ve favorecida cuando la pareja participa en un grupo de enriquecimiento matrimonial que se encuentra periódicamente y en el que se ayudan unos a otros para desarrollar una mejor comunicación. Averigüe en su iglesia o en su comunidad dónde puede encontrar un grupo de esta naturaleza. Intégrense y sigan ascendiendo la escalera de la comunicación.

Padre, gracias por esta imagen de la comunicación amorosa. Por favor ayúdame a poner hoy en práctica la comunicación honesta. Quiero ser veraz, paciente y amoroso cuando hablo con mi cónyuge.

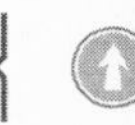

8 DE MAYO

MANEJANDO JUNTOS LAS FINANZAS

Amados hermanos, les ruego por la autoridad de nuestro Señor Jesucristo que vivan en armonía los unos con los otros. Que no haya divisiones en la iglesia. Por el contrario, sean todos de un mismo parecer, unidos en pensamiento y propósito. 1 CORINTIOS 1:10

¿CÓMO ESTÁ MANEJANDO su dinero? Antes de casarse, probablemente compraba lo que quería. Sin embargo, una vez que dos personas unen sus finanzas, ese esquema ya no puede continuar. Ya casados, hay dos personas gastando el dinero y si ambas compran lo que quieren, es probable que muy pronto se encuentren en problemas. No necesitan consultarse el uno al otro cada vez que quieran gastar unas monedas, pero sí necesitan hacer planes para asegurarse de que no se excederán en los gastos.

Obviamente, se deben separar ciertas cantidades para el alquiler o la cuota de la casa, los servicios, el combustible, los alimentos y otros pagos. También espero que comiencen por estar de acuerdo en lo que darán a Dios cada mes. Una vez que esté separado el dinero para los pagos habituales y las ofrendas, entonces sabrán cuánto dinero queda disponible. Entonces pueden decidir cuánto ahorrar y cuánto gastar. Permítame compartir una idea: cada semana, cada uno de ustedes debería recibir cierto monto de dinero para usar como le plazca. (El monto dependerá de cuánto dinero opcional hay disponible.) Sobre el resto del dinero se pondrán de acuerdo para gastarlo juntos.

El apóstol Pablo nos recuerda que estemos "unidos en pensamiento y propósito." Como matrimonio debemos trabajar hacia esta meta en todas las áreas de nuestra relación, incluido el dinero. Esfuércense por alcanzar la armonía mientras analizan cómo gastar su dinero. Trabajar juntos en las finanzas puede ser divertido y enormemente beneficioso.

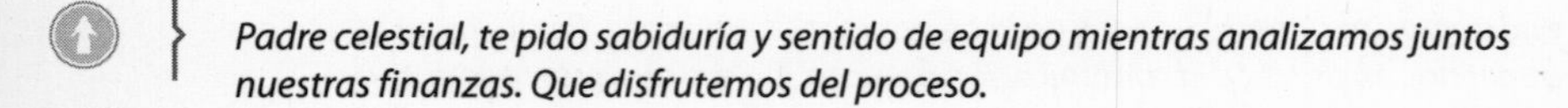

Padre celestial, te pido sabiduría y sentido de equipo mientras analizamos juntos nuestras finanzas. Que disfrutemos del proceso.

PLANIFICAR LAS FINANZAS

Los planes bien pensados: ¡pura ganancia! Los planes apresurados: ¡puro fracaso!
PROVERBIOS 21:5 (NVI)

LA PALABRA ***PRESUPUESTO*** asusta a algunas parejas que no quieren sentirse atadas. Lo cierto es que ya están en un presupuesto. Este consiste simplemente en un plan para manejar el dinero. El plan que tienen algunas personas es gastarlo todo el día que lo reciben. Los negocios se mantienen abiertos hasta tarde para ayudarlas a hacerlo. El plan de otras personas es gastarlo todo antes de recibirlo. Entonces, lo único que tienen que hacer es girar los pagos cada mes. Estos dos métodos pueden provocar tensión en el matrimonio. La pregunta no es: ¿Tiene usted un presupuesto? La pregunta es: ¿Podría tener un mejor presupuesto?

El rey Salomón hizo una observación sabia en el versículo de Proverbios citado arriba. No creo que estuviera declarando que la riqueza está al alcance de todo el que hace planes. Sí creo que estaba confirmando un hecho de la vida: si usted hace planes y toma decisiones intencionales, los resultados serán mejores que si simplemente sigue la corriente. Eso sin duda es cierto con respecto a nuestras finanzas. Planificar es parte de una buena administración y es ser sabios con nuestros recursos.

Si usted nunca puso por escrito su presupuesto, no le sugiero que lo haga hoy. En lugar de ello, mantenga un registro durante dos meses. Anote todo el dinero que gasta y en qué lo gasta. Todo el dinero que entrega y todo el que ahorra. Al cabo de dos meses, tendrá su presupuesto en papel, o al menos tendrá el registro de su presupuesto de los dos últimos meses. Entonces pueden examinarlo y preguntarse: "¿Estamos conformes con nuestro presupuesto? Si seguimos con este plan, ¿en qué situación estaremos de aquí a dos años?"

Si usted descubre que no le gusta la manera en que han estado asignando el dinero, entonces pueden trabajar juntos para modificarlo. Un presupuesto factible es una verdadera ventaja para un matrimonio que crece.

Señor Jesús, es asombroso ver cuánto dinero se nos escapa entre los dedos si no somos cuidadosos. Queremos ser mejores administradores de lo que nos has dado. Por favor danos la disciplina para hacer y mantener un presupuesto sabio.

10 DE MAYO

SER GENEROSOS

Busquen el reino de Dios por encima de todo lo demás y lleven una vida justa, y él les dará todo lo que necesiten. MATEO 6:33

HAY SOLO TRES cosas que podemos hacer con el dinero: gastarlo, ahorrarlo o regalarlo. Quiero sugerir que el punto de partida es regalarlo. En Mateo 6:33, Jesús le dice a sus oyentes que busquen el reino de Dios "por encima de todo lo demás" y que Dios suplirá sus necesidades. En el contexto de sus palabras, "todo lo demás" se aplicaba al alimento, vestido y refugio. El Señor sabe que necesitamos todas estas cosas y responderá a nuestras necesidades si lo ponemos a él en primer lugar.

El rey Salomón nunca estuvo tan acertado como cuando dijo: "Honra al SEÑOR con tus riquezas y con lo mejor de todo lo que produces. Entonces él llenará tus graneros, y tus tinajas se desbordarán de buen vino" (Proverbios 3:9-10). ¿Se ha preguntado alguna vez por qué tiene el granero vacío, por qué está luchando con sus finanzas? Quizás sea porque no hemos honrado a Dios con las primicias, es decir lo mejor de lo que tenemos. Por favor no le ofrende a Dios lo que le quedó de sobra el sábado por la noche. En lugar de eso, tomen un compromiso como pareja de darle a Dios en primer lugar, como símbolo de que todo lo que tienen le pertenece a él. Pónganse de acuerdo en cuanto al monto o al porcentaje de sus ingresos que ofrendarán a la iglesia local o a otros ministerios y ofréndenlo con alegría. Esta actitud generosa les dará un sentimiento de unidad y bendecirá su matrimonio.

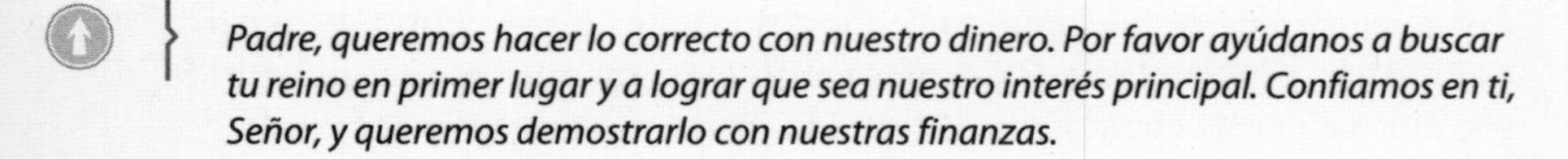

Padre, queremos hacer lo correcto con nuestro dinero. Por favor ayúdanos a buscar tu reino en primer lugar y a lograr que sea nuestro interés principal. Confiamos en ti, Señor, y queremos demostrarlo con nuestras finanzas.

TOMAR PRECAUCIONES SABIAS

El prudente se anticipa al peligro y toma precauciones. El simplón avanza a ciegas y sufre las consecuencias. PROVERBIOS 22:3

¿SABÍA USTED QUE los aparatos no son eternos? Los refrigeradores mueren, y generalmente cuando usted está de vacaciones. ¿Sabía que cuando muere el refrigerador le costará varios cientos de dólares reemplazarlo? ¿Está usted ahorrando para cuando muera el refrigerador?

Como dice Proverbios 22:3, ser sabios implica anticiparse y tomar precauciones. Tener un plan sistemático de ahorro es practicar una administración sabia. Por favor observe que dije "sistemático." Ahorrar diez dólares por semana es mejor que ahorrar lo que le sobre al final de la semana. Si hace planes, actuará por adelantado. Para un plan de ahorro indoloro que no dependa de su memoria podría investigar la alternativa de una deducción automática de su cuenta bancaria a una cuenta de ahorro o inversiones.

Dé primero a Dios, segundo páguese a sí mismo (ahorre) y entonces viva con el resto. Quizás tenga que reducir su estándar de vida para seguir este plan, pero no es mala idea hacerlo. La Biblia dice: "Los sabios tienen riquezas y lujos, pero los necios gastan todo lo que consiguen" (Proverbios 21:20). En la vida ocurren problemas. Los vehículos se deterioran, las viviendas necesitan reparación, los niños se enferman. Si estos acontecimientos producen estrés financiero, traerán todavía más tensión a su matrimonio. Sea sabio y comience un plan sistemático de ahorro. Prepararse para lo imprevisto es un paso hacia el crecimiento del matrimonio.

Padre, sé que los gastos inesperados pueden ser una fuente de tensión en mi matrimonio. Por favor ayúdanos a ser disciplinados y a ahorrar para el futuro, con la certeza de que el ahorro es parte de la buena administración y que nos preparará para lo que encontremos adelante. Gracias porque el futuro está en tus manos.

ESTABLECER METAS PARA EL MATRIMONIO

Olvido el pasado y fijo la mirada en lo que tengo por delante, y así avanzo hasta llegar al final de la carrera para recibir el premio celestial al cual Dios nos llama por medio de Cristo Jesús. FILIPENSES 3:13-14

UNA DE LAS barreras para el crecimiento del matrimonio es la falta de tiempo. Una mujer dijo: "Me gustaría tener un buen matrimonio, pero no creo tener el tiempo." Muchas personas pueden identificarse con esas palabras. Después de todo, hay que cocinar, criar a los hijos, cortar el césped, satisfacer a los empleadores. ¿Cómo encontramos el tiempo para hacer todo esto y que todavía nos quede tiempo para dedicarnos el uno al otro? Me gustaría compartir algunas ideas para superar la barrera del tiempo.

En primer lugar, debemos establecer metas. Si lo hacemos en el trabajo, ¿por qué no hacerlo en el matrimonio? ¿Qué tan seguido les gustaría a ambos salir a cenar? ¿Con cuánta frecuencia les gustaría salir de paseo un fin de semana o salir a caminar en el parque? ¿Con qué frecuencia les gustaría tener relaciones sexuales? ¿Qué clase de actividades ayudarían a mantener vital el matrimonio? ¿Les gustaría tener un "tiempo diario para charlar" en el que ambos compartieran lo que vivieron ese día? Si así fuera, ¿cuánto tiempo querrían invertir en esto? ¿Cómo pueden orar el uno por el otro o ser un estímulo espiritual mutuo? Este es el tipo de pregunta que nos guía a establecer metas valiosas.

En Filipenses 3, Pablo escribió sobre su meta suprema: llegar al final de la carrera —en otras palabras, al final de su vida de servicio a Dios—, y ganar el premio de la aprobación de Dios. Dejó a un lado todo lo demás para lograr su principal objetivo. Esa concentración en un solo propósito también beneficiaría a nuestro matrimonio. Recuerde que establecer metas es el primer paso para vencer la barrera del tiempo, porque las metas nos recuerdan constantemente qué es lo más importante.

Padre celestial, me resulta fácil perder el tiempo en cosas que en realidad no tienen importancia. Sin embargo, después reconozco lo lejos que estoy de las cosas más importantes. Por favor ayúdanos como pareja a definir las metas correctas. Quiero comprometerme a hacer lo que sea mejor para nuestra relación.

CONCENTRARSE EN LA META

Mira hacia adelante y fija los ojos en lo que está frente a ti. Traza un sendero recto para tus pies; permanece en el camino seguro. No te desvíes, evita que tus pies sigan el mal. PROVERBIOS 4:25-27

¿NO ES IRÓNICO que con todos los recursos "ahorradores de tiempo" de la tecnología moderna, parece que tuviéramos cada vez menos tiempo para compartir con el otro? Se suponía que los microondas, los controles remotos, los lavavajilla y las computadoras nos permitirían ahorrar un tiempo valioso. No obstante, ¿qué ocurrió con todo ese tiempo adicional? Al parecer, se lo tragaron otras actividades. ¿Podemos reclamar parte de ese tiempo para nuestro matrimonio? La respuesta es sí, *si* establecemos metas y definimos tiempo para alcanzarlas.

El pasaje citado de Proverbios 4 presenta el consejo del rey Salomón para alcanzar las metas. En esencia, se resume en saber adónde va, establecer un camino directo para llegar y no salirse de él. Ese es el enfoque que necesitamos si queremos alcanzar nuestras metas en el matrimonio.

¿Cómo encontramos tiempo? Eliminando algunas de las cosas buenas que estamos haciendo para que nos dejen tiempo para lo mejor. El sentido de la vida no se encuentra en el dinero, los deportes, las compras, los éxitos académicos, el progreso en la carrera, con todo lo buenas que puedan ser algunas de estas cosas. El sentido de la vida se encuentra en las relaciones: primero con Dios, luego con la gente. Si usted está casado, nada es más importante que su relación matrimonial. Este es el marco en el que Dios quiere que invierta su vida y que experimente el amor de Dios. Al esposo se le ordena "amar" a su esposa y a ella se le ordena "honrarlo" a él. ¿Qué mejor forma de amar y honrar existe que hacer tiempo para compartir entre ustedes?

Padre, gracias por las metas que hemos podido establecer para nuestra relación. Te pido la sabiduría y el autodominio necesarios para mantener la mirada directamente en la meta. Ayúdanos a no dejar que nos distraigan otras cosas que podrían impedir que alcancemos nuestras metas, aun si son cosas buenas. Por favor muéstranos cómo poner en orden nuestras prioridades.

14 DE MAYO

RECURSOS PRÁCTICOS PARA ENCONTRAR TIEMPO

Tengan cuidado de cómo viven. No vivan como necios sino como sabios. Saquen el mayor provecho de cada oportunidad. EFESIOS 5:15-16

NO CONOZCO NADA que rinda más dividendos que invertir tiempo en su matrimonio. Beneficiará su salud física, mental y espiritual; la salud de su cónyuge; y la de sus hijos. También le dará gloria a Dios, quien instituyó el matrimonio. En los días anteriores hemos estado hablando sobre establecer metas y dedicar tiempo el uno para el otro. Quiero hacer dos sugerencias más que le ayudarán a alcanzar esas metas: delegar responsabilidades y programar tiempo con su cónyuge.

Cuando piense en delegar responsabilidades comience por sus hijos. ¿Qué le parece hacerlos responsables de lavar la vajilla y la ropa, y bañar a los perros? O, si está en sus posibilidades, podría contratar a un adolescente del vecindario para cortar el césped o para limpiar la alfombra. Cualquier cosa que pueda delegar a otros le dará a usted más tiempo para invertir en su matrimonio. Cuando su cónyuge diga: "¿Sabes? Me gusta la manera en que estamos comenzando a ser amigos otra vez," sabrá que su inversión está rindiendo fruto.

La segunda sugerencia es que reflexione en las prioridades que tiene en su agenda. Si su meta es salir a cenar una vez a la semana, ¿tiene ya el día marcado para esta semana? ¿Qué hay de la semana siguiente? Si usted no programa las cosas, es probable que no ocurran. Lo animo a sentarse con su cónyuge y a marcar en el almanaque las ocasiones que se proponen compartir, sean grandes o pequeñas. Cuando usted anota a su cónyuge en su agenda, está comunicándole que es importante para usted. Está aprovechando al máximo cada oportunidad, como sugieren las Escrituras, y está en camino para vencer la barrera del tiempo.

Padre, gracias por estas ideas que nos ayudarán a alcanzar las metas que hemos establecido para nuestra relación. Ayúdame a hacer mi parte para mantener estas metas a la vanguardia de mis pensamientos. Mi cónyuge es mi prioridad más importante después de mi relación contigo; por favor ayúdame a recordarlo y a actuar en consecuencia.

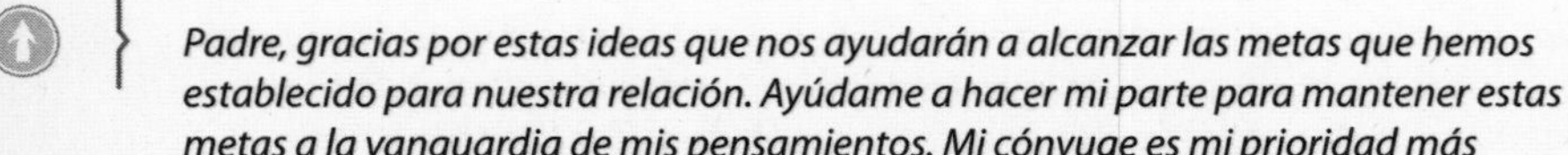

EXPRESAR EL AMOR MEDIANTE REGALOS

"Que [Rebeca] sea la esposa del hijo de tu amo, tal como el Señor lo ha dispuesto". Cuando el siervo de Abraham oyó la respuesta, se postró hasta el suelo y adoró al Señor. Después sacó joyas de plata y de oro, y vestidos, y se los dio a Rebeca. También entregó valiosos regalos a su hermano y a su madre.

GÉNESIS 24:51-53

MI TRASFONDO ACADÉMICO es la antropología. En todas las culturas alrededor del mundo que los antropólogos han estudiado, no han descubierto ninguna donde la entrega de regalos no forme parte del amor y del proceso matrimonial. El relato bíblico del compromiso de Rebeca con Isaac ilustra claramente esta costumbre. Una vez que ella y su familia estuvieron de acuerdo en que sería la esposa de Isaac, el siervo de Abraham les entregó costosos regalos a fin de demostrar la sinceridad y el respeto de su amo. Dar regalos es una expresión universal de amor. Un regalo es una prueba visible que comunica: "Estaba pensando en ti."

Para algunas personas, recibir regalos es el principal lenguaje de amor. Nada habla tan vivamente de la devoción del cónyuge. Lamentablemente, estas personas a menudo están casadas con otras que no hablan muy bien este lenguaje de amor.

Quizás un hombre dio obsequios antes de casarse porque pensaba que eso era parte del cortejo, pero después del casamiento se acabó la entrega de regalos. Quizás expresa su amor de otras maneras, pero ya no da regalos. Recuerdo a una mujer que dijo: "Mi esposo me dice que me ama, pero para mí las palabras son baratas. 'Te amo. Te amo.' Estoy harta de las palabras. ¿Dónde están los regalos?" Quizás las palabras de su esposo eran sinceras, pero estaban hablando el lenguaje de amor equivocado. Para su esposa, un regalo vale mil palabras.

Si ocurre lo mismo con su cónyuge, asegúrese de buscar la manera apropiada de expresar su amor.

Señor Dios, a veces olvido cuánto puede significar un pequeño gesto para mi cónyuge, aun si su lenguaje de amor principal no es el de los regalos. Ayúdame a reflexionar y a demostrarle cuánto lo amo.

16 DE MAYO

EVIDENCIAS DE AMOR

Cuando [los sabios] vieron la estrella, ¡se llenaron de alegría! Entraron en la casa y vieron al niño con su madre, María, y se inclinaron y lo adoraron. Luego abrieron sus cofres de tesoro y le dieron regalos de oro, incienso y mirra. MATEO 2:10-11

¿CUÁNDO FUE LA última vez que le dio un regalo a su cónyuge? ¿Qué le dio? Si no puede responder a esas preguntas, hace tiempo que debe un regalo. Dar regalos es uno de los cinco lenguajes de amor más importantes. Un regalo para su cónyuge es una evidencia visible de sus pensamientos amorosos.

Sin duda los regalos más famosos en la Biblia son los que los hombres sabios llevaron al bebé Jesús. Aquellos hombres llevaron costosos regalos de oro y especias preciosas y de esa manera honraron a Jesús y demostraron que creían que llegaría a ser rey. Estoy seguro de que María y José se sintieron maravillados por esas cosas hermosas y por el amor que representaban hacia su hijo.

No es necesario que el regalo sea costoso. Muchachos, se pueden conseguir flores gratuitas. Solo salga a su jardín y elija una. Eso es lo que hacen sus hijos. ¿No hay flores en su jardín? Pruebe en el jardín de su vecino. Pídales y sin duda le darán una flor.

No obstante, si está en condiciones de comprar obsequios, no regale flores gratuitas. ¿Por qué no invertir parte de su dinero en el matrimonio? Regálele a su cónyuge algo que sepa que será apreciado. Si no está seguro, ¡pregunte! Explique que quiere hacer algo lindo y pídale una lista de algunas cosas que le gustaría tener. Esa es una información valiosa. Úsela para construir su relación.

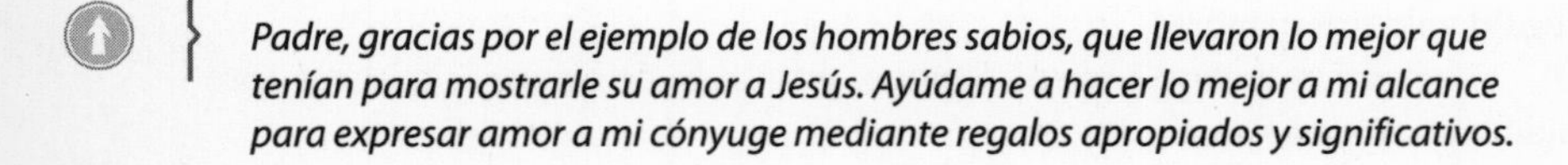

Padre, gracias por el ejemplo de los hombres sabios, que llevaron lo mejor que tenían para mostrarle su amor a Jesús. Ayúdame a hacer lo mejor a mi alcance para expresar amor a mi cónyuge mediante regalos apropiados y significativos.

TOMAR JUNTOS LAS DECISIONES

Confía en el SEÑOR *con todo tu corazón, no dependas de tu propio entendimiento. Busca su voluntad en todo lo que hagas, y él te mostrará cuál camino tomar.* PROVERBIOS 3:5-6

¿SE PUEDE DESARROLLAR un método para tomar decisiones que no incluya la discusión? Considero que la respuesta es sí, pero esto no implica una actitud dictatorial. El esposo que gobierna "con vara de hierro" o la esposa que insiste en tener la última palabra quizás consigan conformidad, pero no alcanzarán la unidad. La unidad exige que nos tratemos el uno al otro con respeto. Sabemos que no siempre estaremos de acuerdo, pero cuando haya desacuerdo, cada uno respetará las ideas del otro aun si no las entendemos plenamente.

"Es mejor ser dos que uno," dice la Biblia (Eclesiastés 4:9), pero ¿cómo ocurre eso si una persona actúa sola? La mayoría de las malas decisiones en el matrimonio fue tomada en desunión. Si tomo una decisión sin consultar a mi esposa, estoy limitado a mi propia sabiduría. Eso es trágico. Dios instituyó el matrimonio como una sociedad donde dos personas trabajan en equipo. Cuando sumamos nuestra sabiduría, es mucho más probable que tomemos una decisión sabia.

Como vemos en Proverbios 3, la Biblia nos enseña claramente a no depender ni apoyarnos en nuestro limitado entendimiento. Especialmente como pareja, necesitamos pedirle sabiduría a Dios cuando tomamos decisiones. Al hacerlo, son necesarias y valiosas las percepciones de ambos miembros de la pareja.

La vida es difícil. ¿Por qué encararla solo? Trate a su cónyuge como un compañero valioso. Reconozca que Dios le ha dado abundancia de sabiduría al darle a su cónyuge.

Padre, gracias por el regalo de mi cónyuge y por la sabiduría que representa. Cuando estemos tomando decisiones, por favor ayúdame a no hacerme cargo de todo ni a abdicar mis responsabilidades. Ayúdanos a conversar, a razonar bien y a tomar decisiones sabias.

18 DE MAYO

PONERSE DE ACUERDO

Que Dios, quien da esa paciencia y ese ánimo, los ayude a vivir en plena armonía unos con otros, como corresponde a los seguidores de Cristo Jesús.

ROMANOS 15:5

¿QUÉ DEBEMOS HACER cuando no nos ponemos de acuerdo en una decisión? Considero que hay que esperar. Si la decisión puede esperar, ¿por qué avanzar con algo en lo cual no están de acuerdo? La mayoría de las decisiones puede esperar hasta mañana, hasta la próxima semana, o quizás inclusive hasta el próximo mes. Mientras esperan, ambos deberían estar orando para que Dios los guíe. Tal vez puedan pedirle consejo a un amigo. Quizás mañana sí puedan llegar a un acuerdo, pero si no lo hacen, sigan esperando. Considero que se debe esperar tanto como se pueda. Estar de acuerdo es más importante que la decisión en sí.

El apóstol Pablo le pedía a Dios que ayudara a los creyentes a vivir en unidad y armonía. Eso es importante para una iglesia y aún más importante para un matrimonio. Cuando un cónyuge toma una decisión en la que el otro no está de acuerdo, la falta de armonía estropea la relación.

Le doy un ejemplo: conozco a algunos hombres que se compraron una moto sin que su esposa estuviera de acuerdo. ¿Saben lo que descubrieron pasadas unas cinco semanas? Que es difícil dormir con una moto. Estar de acuerdo es más importante que la decisión. ¿No sería mejor esperar y orar para estar unidos? Una vez que se hayan puesto de acuerdo pueden andar juntos en la moto. O pueden coincidir en que vivir juntos en armonía es más importante que correr a toda velocidad en una moto. El acuerdo merece la espera.

Señor Jesús, oro por armonía en nuestro matrimonio. Cuando necesitemos tomar decisiones, quiero comprometerme a esperar para alcanzar un acuerdo en lugar de avanzar según mi propio criterio. Por favor danos sabiduría y unidad.

ENFRENTAR LA IRRESPONSABILIDAD

Presta mucha atención a tu propio trabajo, porque entonces obtendrás la satisfacción de haber hecho bien tu labor y no tendrás que compararte con nadie. Pues cada uno es responsable de su propia conducta. GÁLATAS 6:4-5

¿POR QUÉ ALGUNOS maridos y algunas esposas son irresponsables? Cuando nos casamos, tenemos la expectativa de que nuestro cónyuge asumirá su parte de la carga. No obstante, si su cónyuge no trabaja, no se interesa por la crianza de los hijos e ignora a su pareja, entonces usted tiene un problema. Como vemos en el pasaje citado arriba, la Biblia deja en claro que cada uno de nosotros es responsable por su conducta y por su parte del trabajo. Los miembros del matrimonio están en el mismo equipo, pero si una mitad del equipo no colabora, el equipo no funciona. Si esa es su situación y usted quiere ayudar a su cónyuge, antes debe entender la causa de ese comportamiento. Permítame sugerir algunas posibilidades:

1. Un cónyuge irresponsable quizás está imitando el modelo de uno de sus padres.
2. Un cónyuge irresponsable quizás se esté rebelando contra el modelo de uno de sus padres. Quizás observó a su madre controlar cada movimiento de su padre y entonces jura que eso no le ocurrirá a él.
3. Un cónyuge irresponsable quizás haya desarrollado una actitud egocéntrica. El mundo gira a su alrededor.
4. La conducta de un cónyuge irresponsable podría ser una expresión de resentimiento hacia su cónyuge. Las palabras o las acciones del marido provocaron dolor e ira en su esposa. Ella no lo puede verbalizar, pero lo demuestra con su comportamiento.

¿Cómo puede descubrir la causa del comportamiento de su cónyuge? Hágale preguntas. No preguntas directas, como: "¿Por qué eres tan irresponsable?," sino preguntas exploratorias tales como: "¿Qué tipo de relación tenías con tu padre?" o "¿De qué forma te he herido más con mis palabras o con mis actos?" Cuando comience ese dialogo y reciba respuestas honestas, irá en camino a entender a su cónyuge. Ese es el primer paso para encarar la irresponsabilidad.

Padre Dios, conoces la frustración que siento cuando veo irresponsabilidad en mi cónyuge, y no siempre reacciono bien. Por favor ayúdame a dar un paso atrás y a hacer todo lo posible para entender la raíz de su comportamiento. Muéstrame qué preguntas hacer y dame oídos para escuchar las respuestas.

TRABAJANDO POR EL CAMBIO

Todo el que pertenece a Cristo se ha convertido en una persona nueva. La vida antigua ha pasado, ¡una nueva vida ha comenzado! 2 CORINTIOS 5:17

VIVIR CON UN cónyuge irresponsable no es divertido. En cambio, sí puede ser placentero observar cómo cambia y cuánto crece. En el devocional de ayer sugerí que el primer paso de ayuda es averiguar por qué su cónyuge es irresponsable. Hoy quiero sugerir que el siguiente paso es reconocer sus propios errores pasados.

Si quiere ver cambios en su cónyuge, siempre es mejor comenzar cambiando usted mismo. Usted sabe, y su cónyuge sabe, que no ha sido siempre perfecto. Cuando confiesa sus propias faltas a sí mismo, a Dios y después a su cónyuge, está pavimentando el camino para que ambos crezcan. El apóstol Pablo declara en 2 Corintios 5:17 que aquellos que le pertenecen a Cristo comienzan una nueva vida. Nunca olvide que Dios tiene el poder de transformar su corazón y también el de su cónyuge. Cuando comience con aquello que usted puede controlar, es decir con usted mismo, y le pida a Dios que lo cambie, los cambios en su cónyuge no demorarán en aparecer.

Imagine decirle esto a su cónyuge: "Sé que fui crítico contigo. Me he dado cuenta de que hubo muchas maneras en que no fui el cónyuge cristiano que debía haber sido. No siempre te di el apoyo que necesitabas. Espero que me perdones. Quiero que nuestro futuro sea distinto." Con ese tipo de comunicación, ha logrado que cambie de inmediato el ambiente entre ustedes. Usted ha abierto la puerta hacia el crecimiento.

Señor, te agradezco por estar en la tarea de cambiar nuestras vidas. Aunque es tentador pensar que solo mi cónyuge necesita cambiar, sé que eso no es verdad. Por favor ayúdame a estar también dispuesto a cambiar. Muéstrame cómo ser mejor esposo o esposa y concédeme la humildad de confesarle mis faltas a mi cónyuge sin antes exigir que él o ella cambie.

EXPRESAR AMOR MOTIVA EL CAMBIO

Entonces [el hijo pródigo] regresó a la casa de su padre, y cuando todavía estaba lejos, su padre lo vio llegar. Lleno de amor y de compasión, corrió hacia su hijo, lo abrazó y lo besó. LUCAS 15:20

¿CÓMO SE ESTIMULA el crecimiento cuando uno está casado con un cónyuge irresponsable? Podrá tener una influencia positiva solo si toma el enfoque adecuado.

Hemos hablado acerca de ubicar la raíz del comportamiento de su cónyuge. Haga preguntas para tratar de identificar por qué el otro es irresponsable. Luego le sugerí abrir la puerta hacia el cambio admitiendo sus propias faltas y pidiendo perdón. Hoy quiero alentarlo a esforzarse por satisfacer la necesidad de amor emocional en su cónyuge. Quizás usted esté pensando: *Espere un momento. Yo soy el que no se siente amado.* Lo entiendo, pero usted también es él más responsable. Usted es el que quiere ver el cambio.

Si habla el lenguaje de amor fundamental para su cónyuge, está dando un paso positivo para estimular el cambio. ¿Por qué? Porque una persona que se siente amada y segura está mucho más abierta al cambio. ¿No nos amó Jesús aun cuando no éramos dignos de ser amados? Murió por nosotros mientras estábamos hundidos en nuestros pecados (ver Romanos 5:8). ¿No dice la Biblia que nosotros lo amamos porque él nos amó primero (ver 1 Juan 4:19)? Un hermoso ejemplo de esto es la historia del hijo pródigo que encontramos en Lucas 15. Cuando el hijo regresó a su casa después de haber desperdiciado todo su dinero, el padre corrió hacia él y lo abrazó aun antes de saber en qué condición estaba el corazón de su hijo. De la misma manera, amar a su cónyuge *antes* de ver algún cambio es uno de los pasos más poderosos que usted puede dar para alentar la transformación.

Señor, gracias por el ejemplo del padre del hijo pródigo. Literal y figurativamente lo abrazó aun antes de saber si su hijo iba a cambiar o no. Por favor ayúdame a reaccionar de esa manera hacia mi cónyuge. Que pueda expresarle amor sin ponerle condiciones previas.

TENER LA ACTITUD DE CRISTO

Tengan la misma actitud que tuvo Cristo Jesús. Aunque era Dios, no consideró que el ser igual a Dios fuera algo a lo cual aferrarse. En cambio, renunció a sus privilegios divinos; adoptó la humilde posición de un esclavo y nació como un ser humano. Cuando apareció en forma de hombre, se humilló a sí mismo en obediencia a Dios y murió en una cruz como morían los criminales.

FILIPENSES 2:5-8

¿CÓMO AFECTA A mi matrimonio mi relación con Dios? ¡Profundamente! Por naturaleza, soy egocéntrico. Traslado esa actitud a mi matrimonio. De modo que cuando las cosas no se hacen a mi manera, discuto o me pongo de mal humor. Eso no facilita el crecimiento en el matrimonio. Mi actitud debe cambiar y es allí donde entra Dios en la escena. Él está en la tarea del cambio de actitudes.

El apóstol Pablo dice: "Tengan la misma actitud que tuvo Cristo Jesús." ¿Cuál era su actitud? Estuvo dispuesto a bajar del cielo a la tierra para identificarse con nosotros; otras traducciones lo describen como "despojarse." Una vez que se hizo hombre, estuvo dispuesto a descender aún más y a morir por nosotros. La actitud de Jesús es en primer lugar y sobre todo una actitud de amor sacrificado y de servicio. Si yo tengo esa misma actitud, mi matrimonio crecerá.

Mi investigación ha demostrado que no hay en la historia de esta nación ningún caso de una esposa que haya asesinado a su esposo mientras él lavaba los platos. ¡Ni uno solo! Lo digo medio en broma, pero debería comunicarnos algo.

Quizás parezca imposible desarrollar esta actitud de servicio, pero no lo es. Nunca desestime el poder de Dios para transformar a un individuo que está dispuesto.

Señor Jesús, estoy maravillado de tu actitud de humilde servidumbre. No alcanzo a entender lo que pudo haber significado para ti dejar tanto a un lado para convertirte en un ser humano limitado y morir por nosotros. Gracias, Señor. Necesito que me transformes para tener esta misma actitud. Por favor dame un corazón dispuesto.

EL PODER TRANSFORMADOR DE DIOS

Dijo Jesús: "Vengan a mí todos los que están cansados y llevan cargas pesadas, y yo les daré descanso. Pónganse mi yugo. Déjenme enseñarles, porque yo soy humilde y tierno de corazón, y encontrarán descanso para el alma. Pues mi yugo es fácil de llevar y la carga que les doy es liviana". MATEO 11:28-30

¿HACE DIOS ALGUNA diferencia en el matrimonio? Miles de parejas estarían dispuestas a testificar que él hizo una diferencia en su matrimonio. ¿Cómo se produce esta transformación? En primer lugar, debemos establecer una relación con Dios. Esto significa que debemos presentarnos ante él y reconocer que hemos andado nuestro propio camino y no hemos obedecido sus leyes. Le decimos que necesitamos ser perdonados y que queremos abandonar nuestros pecados.

Él nos muestra sus brazos abiertos y nos dice: "Vengan a mí todos los que están cansados y llevan cargas pesadas, y yo les daré descanso." Esa es una invitación hermosa y asombrosa. Si estamos dispuestos a acercarnos a él, no solo nos perdonará sino que enviará a su Espíritu a vivir en nosotros.

El Espíritu Santo es quien transforma nuestras actitudes. Cuando él controla nuestra vida, empezamos a mirar las cosas de otra manera. Nos muestra que las personas son más importantes que las cosas y que servir a los demás es más importante que ser servidos. Él obra en nosotros produciendo maravillosas cualidades de carácter tales como: amor, paciencia, gentileza y bondad (ver Gálatas 5:22-23). Solo él puede producir un cambio tan sustancial en nuestra manera de pensar y de actuar.

¿Se da cuenta de qué manera transformarían su relación estas nuevas actitudes? Nada tiene tanto potencial para cambiar su matrimonio como pedirle a Dios que entre a su vida, perdone sus pecados y le permita ver el mundo de la manera que él lo ve.

Padre Dios, gracias por invitarnos a volver a ti. Estoy muy agradecido por tu perdón, tu enseñanza y tu Espíritu Santo, quien vive en mí y me guía. Necesito tu transformación. Por favor ayúdame a permitir que me transformes.

24 DE MAYO

LA VERDAD CONDUCE A LA LIBERTAD

Ustedes son verdaderamente mis discípulos si se mantienen fieles a mis enseñanzas; y conocerán la verdad, y la verdad los hará libres. JUAN 8:31-32

LA MANERA EN que usted se percibe a sí mismo afecta enormemente a su matrimonio. Algunas personas crecen con la idea de que son unos fracasados. El mensaje que escucharon de sus padres era: "No eres bueno para nada." Esta percepción los mantiene atados. Su actitud es: *¿Para qué probar? De todos modos voy a fracasar.* Cuando estas personas se enamoran y se casan, llevan al matrimonio esta imagen distorsionada de sí mismas.

Le aseguro que el cónyuge de esa persona se sentirá enormemente frustrado. Con frecuencia, alguien que se considera como un fracasado tendrá la expectativa de que su cónyuge lo ayudará a fortalecerse, pero no le llevará mucho tiempo al cónyuge descubrir que esos esfuerzos son inútiles.

Si usted se da cuenta de que tiene una percepción distorsionada de sí mismo, por favor considere que su cónyuge no puede modificar su percepción. Solo usted puede hacerlo.

¿Dónde comenzar? En Juan 8, Jesús dice que la verdad nos hará libres: libres del pecado y libres de los patrones equivocados de pensar. ¿Cuál es la verdad respecto a usted, según la Palabra de Dios? Usted fue creado a la imagen de Dios (ver Génesis 1:27), es muy valorado por él (ver Mateo 10:31, entre muchas referencias) y ha recibido dones especiales para servir en su reino (ver 1 Corintios 12; Hebreos 13:20-21).

Crea en la verdad respecto a su persona. Descubra sus capacidades y entrégueselas a Dios. Él hará que usted tenga éxito. Cuando usted dé este paso, liberará a su cónyuge de tener que batallar con la manera en que usted se percibe a sí mismo y usted estará libre del pensamiento negativo.

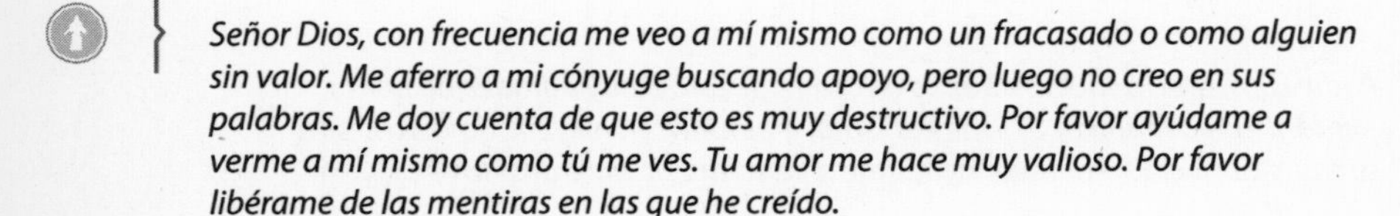

Señor Dios, con frecuencia me veo a mí mismo como un fracasado o como alguien sin valor. Me aferro a mi cónyuge buscando apoyo, pero luego no creo en sus palabras. Me doy cuenta de que esto es muy destructivo. Por favor ayúdame a verme a mí mismo como tú me ves. Tu amor me hace muy valioso. Por favor libérame de las mentiras en las que he creído.

ADMITIR LOS ERRORES

Sin liderazgo sabio, la nación se hunde; la seguridad está en tener muchos consejeros. PROVERBIOS 11:14

¿HA ESCUCHADO ALGUNA vez lo siguiente: "Eres tú el que tiene problemas. Yo no necesito consejo"? La persona que piensa que siempre tiene razón está equivocada. Nadie es perfecto. Todos necesitamos ayuda. El libro de Proverbios dice que "la seguridad está en tener muchos consejeros." ¿Por qué? Porque las otras personas con frecuencia pueden aportar una perspectiva más clara de nuestros problemas. La persona que se niega a buscar consejo y trata de manejar las cosas por su cuenta es a menudo una persona insegura. Piensa que admitir que se equivocó demuestra su ineptitud, y ese es su temor más grande. Quizás su padre le dijo que nunca llegaría a nada y se está esforzando muchísimo para demostrarle a su padre que estaba equivocado.

Si está casado con esa persona, ¿cómo puede ayudarla? Ofrézcale amor incondicional. Comuníquese con frecuencia en el lenguaje de amor principal de su cónyuge. Haga alarde de ella ante sus amigos, tanto cuando está presente como cuando no lo está. Concéntrese en los logros de su pareja. Cuando ella sepa que puede estar segura de su amor, quizás se sienta capaz de admitir que no es perfecta. Cuando lo haga, hágale saber cuánto la admira por admitir sus errores. Cuando su cónyuge se dé cuenta de que el éxito no depende de ser perfecto, podrá relajarse y llegar a ser la persona que Dios quiere que sea.

Padre, a veces me resulta difícil admitir mis errores. Por favor ayúdame a reconocer que aparentar que soy perfecto no hace desaparecer mis problemas sino que los empeora. Cuando sea mi cónyuge el que tenga este problema, muéstrame cómo responder amorosamente de una manera que lo fortalezca. Ayúdame a amar incondicionalmente, no por lo que hace mi cónyuge.

26 DE MAYO

CAMBIAR LA AUTOIMAGEN

No imiten las conductas ni las costumbres de este mundo, más bien dejen que Dios los transforme en personas nuevas al cambiarles la manera de pensar.

ROMANOS 12:2

¿CÓMO SE DESCRIBIRÍA a usted mismo? ¿Cómo describiría a su cónyuge? ¿Es usted optimista o pesimista; es negativo o positivo; critica o da elogios? ¿Cómo es su cónyuge: extrovertido o introvertido; charlatán o silencioso; paciente o impaciente? La imagen que tiene de sí mismo y la imagen que tiene de su cónyuge marcarán la diferencia en su comportamiento y, en consecuencia, en su matrimonio.

Habitualmente hablamos de estas características como rasgos de la personalidad. Lamentablemente, nos han llevado a creer que quedan moldeadas en cemento alrededor de los cinco o seis años de edad y que es imposible cambiarlas. La buena noticia es que no tenemos por qué quedar dominados por estas percepciones. El mensaje de la Biblia es que *sí* podemos cambiar, con la ayuda de Dios. Romanos 12:2 declara que si estamos dispuestos, Dios nos transformará. Él puede cambiar nuestro corazón transformando nuestra manera de pensar.

Le sugiero una manera de comenzar: si usted se percibe a sí mismo como una persona juzgadora y negativa, entonces practique el arte de ofrecer elogios. Puede comenzar dándose un elogio *a sí mismo*. Busque algo que haya hecho bien y entonces haga una buena pausa para decir: "Vaya, hice un buen trabajo ahí." Si se da a sí mismo un cumplido cada día, en poco tiempo habrá cambiado la imagen que tiene de sí mismo. Haga lo mismo por su cónyuge y observará que él o ella también comienzan a responder a la altura de sus elogios.

Usted puede mejorar su autoimagen y su manera de interactuar con su cónyuge.

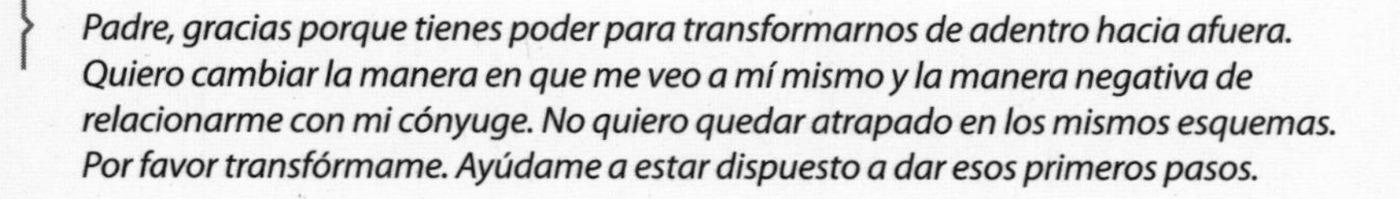

Padre, gracias porque tienes poder para transformarnos de adentro hacia afuera. Quiero cambiar la manera en que me veo a mí mismo y la manera negativa de relacionarme con mi cónyuge. No quiero quedar atrapado en los mismos esquemas. Por favor transfórmame. Ayúdame a estar dispuesto a dar esos primeros pasos.

SEGUIR EL EJEMPLO DE DIOS Y TRABAJAR EN EQUIPO

Dios decidió de antemano adoptarnos como miembros de su familia al acercarnos a sí mismo por medio de Jesucristo. Eso es precisamente lo que él quería hacer, y le dio gran gusto hacerlo. . . . Además, cuando creyeron en Cristo, Dios los identificó como suyos al darles el Espíritu Santo, el cual había prometido tiempo atrás. EFESIOS 1:5, 13

ME PARECE QUE si entendiéramos mejor a Dios, entenderíamos mejor el matrimonio. ¿Ha observado cómo Dios Padre, Dios Hijo y Dios Espíritu Santo trabajan juntos en equipo? Lea el primer capítulo de Efesios y observe cómo el Padre planificó nuestra salvación, el Hijo derramó su sangre para llevarla a cabo y el Espíritu Santo la selló. Dios es uno en el misterio de la Trinidad y su unidad se expresa en la diversidad de roles necesarios para cumplir una meta: nuestra salvación.

Las Escrituras dicen que en el matrimonio, el esposo y la esposa llegan a ser una sola carne. Sin embargo, esta unidad no significa que somos clones el uno del otro. No, somos dos criaturas distintas que trabajamos juntas como equipo para alcanzar una meta: la voluntad de Dios para nuestra vida. Nos complementamos el uno al otro en cosas terrenales tales como lavar la ropa y limpiar los pisos, o en cosas estimulantes tales como servir de voluntario en un comedor o dirigir un estudio bíblico. El esposo que se ocupa de los niños mientras la esposa conduce un estudio bíblico está compartiendo su ministerio. Es indudable que dos se hacen uno cuando trabajan juntos como equipo.

Padre, te agradezco por tu ejemplo del trabajo en equipo. No puedo entender plenamente la Trinidad, pero sé que las tres personas trabajan en perfecta unidad. Te pido esa clase de unidad en mi relación con mi cónyuge. Ayúdanos a funcionar sin problemas como un equipo, a ser generosos el uno con el otro y a mantener presente nuestra meta. Que nuestro matrimonio te glorifique mientras hacemos tu voluntad.

28 DE MAYO

LAS BASES DEL TRABAJO EN EQUIPO

Yo planté la semilla en sus corazones, y Apolos la regó, pero fue Dios quien la hizo crecer. No importa quién planta o quién riega, lo importante es que Dios hace crecer la semilla. El que planta y el que riega trabajan en conjunto con el mismo propósito. Y cada uno será recompensado por su propio arduo trabajo. Pues ambos somos trabajadores de Dios. 1 CORINTIOS 3:6-9

EL TRABAJO EN equipo es un ingrediente indispensable para un matrimonio exitoso. Piense en el primer mandamiento que Dios les dio a Adán y Eva: Sean fructíferos y multiplíquense. Este mandato requería trabajar en equipo; por supuesto, ningún hombre o mujer puede engendrar solo a un niño. De la misma manera que se necesita el trabajo en equipo en esta meta biológica básica, también se necesita en el resto del matrimonio.

En 1 Corintios 3 el apóstol Pablo escribió sobre el concepto de trabajo en equipo. Estaba respondiendo a algunos nuevos creyentes que tenían una actitud de división proclamando su lealtad ya fuera a Pablo o a Apolos. El apóstol les recordó a los corintios que no importa quién haga qué tarea siempre y cuando ambas personas tengan la misma meta. Él y Apolos hacían cada uno su parte en el anuncio del evangelio, y dejaban el resultado en las manos de Dios. Eso es trabajar en equipo.

El concepto de trabajo en equipo es especialmente útil cuando se trata de la vida cotidiana. Cocinar, lavar, pagar facturas, barrer, limpiar el piso, cortar el césped y conducir el automóvil son cosas que deben hacerse a lo largo de la vida. ¿Quién hará qué y con qué frecuencia? Estas son preguntas que conducen al trabajo en equipo. Si estos temas se definen inicialmente, se ahorrarán muchos conflictos más adelante. Sería lamentable despertarse después de meses o años de matrimonio y darse cuenta de que perdieron mucho tiempo peleando cuando podrían haberlo dedicado a alguna actividad productiva.

Las tareas del hogar no están distribuidas por género. Algunos maridos son mejores cocineros que sus esposas. Algunas mujeres son mejores que sus maridos con las cuentas y deberían manejar las finanzas. Ustedes son compañeros de equipo y no rivales. ¿Por qué no diseñar un plan conjunto que aproveche los mejores dones de cada uno? Recuerde: no son enemigos. Están en el mismo equipo.

Padre celestial, tiendo a ser competitivo con mi cónyuge. Me preocupa quién está haciendo más y me enfoco demasiado en definir qué sería lo justo. En lugar de eso, muéstrame cómo ser un buen compañero de equipo. Ayúdanos a trabajar juntos hacia la meta compartida de lograr que nuestra familia funcione sin problemas.

LA VERDADERA GRANDEZA

Jesús se sentó y llamó a los doce discípulos y dijo: "Quien quiera ser el primero, debe tomar el último lugar y ser el sirviente de todos los demás".

MARCOS 9:35

LA ESCLAVITUD ENDURECE el corazón y provoca ira, amargura y resentimiento. A eso se debe que las esposas forzadas a servir a sus esposos rara vez los amen sinceramente. Es difícil amar a alguien que nos trata como a un esclavo. Cuando las personas sirven a otras porque las obligan a hacerlo, pierden la libertad para servir con sinceridad.

Las Escrituras nos llaman al servicio que se da con libertad, no por temor sino por elección. Surge del descubrimiento íntimo de que "hay más bendición en dar que en recibir" (Hechos 20:35). Esta clase de servicio es la marca de la verdadera grandeza. Jesús dijo que, en su reino, el mayor de los líderes debía ser el primero de los sirvientes.

Mostrarse servicial con su cónyuge es una manera de practicar las enseñanzas de Jesús. Si el servicio no comienza en el matrimonio, ¿dónde comenzará? Jesús dijo que cada vez que servimos a una de sus criaturas, estamos sirviéndole a él (ver Mateo 25:40). Esto eleva nuestro servicio a un nivel todavía más noble. Cada vez que paso la aspiradora para beneficio de mi esposa, estoy sirviendo a Jesús. Así que, ¡traigan la aspiradora!

Señor Jesús, gracias por recordarnos que cuando nos servimos unos a otros, en realidad estamos sirviéndote a ti. Por favor ayúdanos a cultivar una humilde actitud de servicio el uno hacia el otro.

30 DE MAYO

SERVIR, NO EXIGIR

[Jesús] comenzó a lavarles los pies a sus discípulos y a secárselos con la toalla que tenía en la cintura. . . . [Él dijo:] "Dado que yo, su Señor y Maestro, les he lavado los pies, ustedes deben lavarse los pies unos a otros. Les di mi ejemplo para que lo sigan. Hagan lo mismo que yo he hecho con ustedes".

JUAN 13:5, 14-15

EN CADA PROFESIÓN, los que sobresalen son los que tienen un genuino deseo de servir a los demás. Los médicos más destacados son los que perciben su vocación como un llamado para servir a los enfermos y discapacitados. Los políticos verdaderamente extraordinarios se perciben a sí mismos como "servidores públicos." Los más grandes educadores procuran ayudar a sus alumnos a desarrollar todo su potencial.

En la familia no es diferente. Los esposos extraordinarios son hombres que consideran que su función es ayudar a sus esposas a alcanzar sus objetivos, mientras que las esposas extraordinarias son las que se entregan a sí mismas para ayudar a sus esposos a tener éxito. Al dar su vida el uno por el otro, ambos terminan ganando.

Aferrarse a sus derechos y exigir que su cónyuge lo sirva es exactamente lo opuesto de lo que enseña la Biblia. Las Escrituras dicen: "Den, y recibirán" (Lucas 6:38). No dice: "Exijan y la gente hará lo que ustedes reclaman." Lo cierto es que casi nadie responde bien a las exigencias, mientras que pocas personas se negarían a servir por amor. El servicio sigue el ejemplo de Jesús y es la marca de la grandeza.

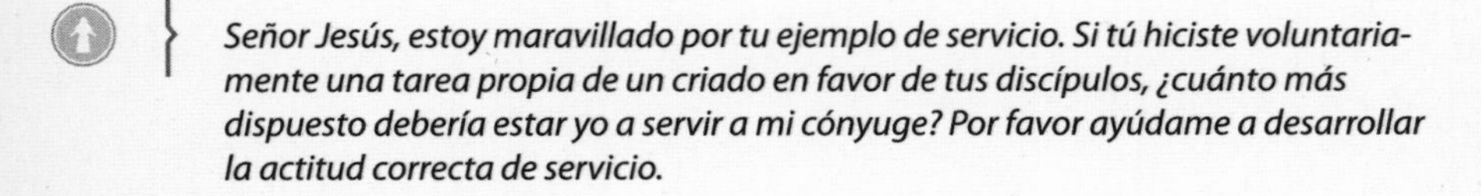

Señor Jesús, estoy maravillado por tu ejemplo de servicio. Si tú hiciste voluntariamente una tarea propia de un criado en favor de tus discípulos, ¿cuánto más dispuesto debería estar yo a servir a mi cónyuge? Por favor ayúdame a desarrollar la actitud correcta de servicio.

COMBATIR EL TRATAMIENTO DE SILENCIO

Entonces Acab regresó a su casa enojado y de mal humor por la respuesta de Nabot, y se acostó de cara a la pared y no quiso comer. 1 REYES 21:4

ESTELA LE DIJO a su esposo, Miguel, que quería pasar una semana en la playa con las mujeres con las que trabajaba en su oficina. Miguel le respondió con silencio. Nada de estallidos, nada de palabras fuertes, ni discusión, ni nada: solo silencio. Habían transcurrido cuatro días de silencio cuando Estela vino a mi oficina a buscar ayuda.

Supuse tres cosas:

1. No era la primera vez que Miguel le aplicaba "el tratamiento de silencio" a su esposa.
2. Miguel estaba muy descontento con la idea de que Estela fuera a la playa con sus amigas.
3. Estela no estaba satisfaciendo la necesidad de amor emocional de Miguel.

Más adelante confirmé que mis tres suposiciones eran acertadas.

Permítame asegurarle que si quiere tener un matrimonio sano, no debe conformarse con el silencio. Si es usted quien ha dejado de hablar, debe reconocer que está "cavando su propia fosa" y saboteando su matrimonio. Estar callado quizás sea mejor que explotar con ira, pero rara vez resulta útil para solucionar algo a largo plazo. Un ejemplo bíblico bastante vívido es el tratamiento de silencio que aplicó el rey Acab, un rey de Israel notoriamente perverso. Cuando un hombre llamado Nabot no quiso venderle su viñedo al rey, Acab volvió a su casa y se acostó en la cama mirando hacia la pared: una reacción nada productiva.

Si es usted la persona que está recibiendo el tratamiento de silencio, la primera lección será entender que cuando su cónyuge deja de hablar, siempre hay una razón, y a menudo, más de una. Si usted quiere que su cónyuge hable, debe *pensar* más y *hablar* menos. Criticar a su ser amado por no hablar probablemente prolongue el silencio.

Padre, perdóname por las ocasiones en las que por enojo dejé de hablarle a mi cónyuge. Por favor muéstrame una mejor manera de reaccionar. Cuando mi cónyuge me responda con silencio, por favor muéstrame cómo escuchar mejor y descubrir el motivo de su conducta.

1 DE JUNIO

LAS RAZONES DETRÁS DEL SILENCIO

Aunque mi padre y mi madre me abandonen, el SEÑOR me mantendrá cerca. Enséñame cómo vivir, oh SEÑOR. Guíame por el camino correcto.

SALMOS 27:10-11

CUANDO SU CÓNYUGE le aplica el "tratamiento de silencio," siempre existe alguna razón. Por lo general hay una razón actual, una razón emocional y una razón histórica. La *razón actual* es cualquier cosa que haya ocurrido recién que a su cónyuge le parezca desagradable. En el caso de Miguel, del que hablamos ayer, fue el anuncio de la esposa de que ella iba a ir a pasar el fin de semana con sus amigas en la playa.

La *razón emocional* abarca sentimientos más profundos, movilizados por ese acontecimiento. En nuestro ejemplo, Miguel no se sentía seguro del amor de Estela. Su razonamiento era: *Si me amara, querría estar conmigo en vez de irse el fin de semana.*

La *razón histórica* a menudo involucra los patrones de comunicación. Miguel había aprendido el "tratamiento de silencio" en su infancia. Sus padres no le permitían discutir con ellos, de manera que cuando se sentía herido o enojado, aprendió a quedarse en silencio. Si usted aprendió de sus padres patrones negativos, lo animo a recordar que no está atrapado en ellos. El Señor puede renovar su mente y enseñarle nuevas maneras, como nos lo recuerda el texto citado arriba.

Si su cónyuge le ha aplicado el "tratamiento de silencio," estas son las tres preguntas que debe responder para ocuparse de tres posibles razones de la situación:

- ¿Qué acabo de hacer o en qué acabo de fallar, que mi cónyuge pudiera haber encontrado desagradable?
- ¿Se siente mi cónyuge seguro de mi amor? ¿He estado comunicándome últimamente en el lenguaje de amor apropiado, y conectándome con sus emociones?
- ¿Qué conozco sobre la infancia y la historia de mi cónyuge que pudiera ayudarme a comprender su silencio?

Mañana hablaremos acerca de una estrategia para romper el silencio.

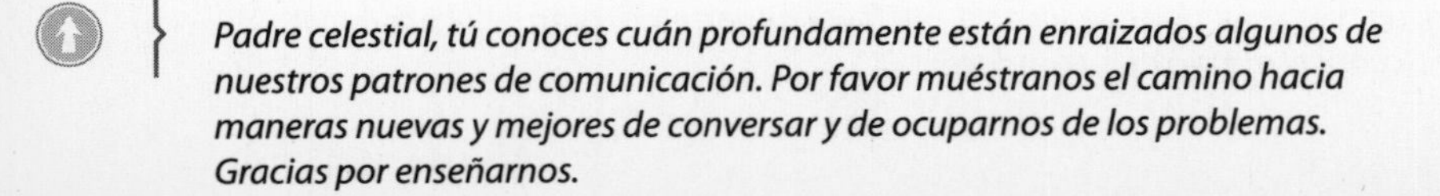

Padre celestial, tú conoces cuán profundamente están enraizados algunos de nuestros patrones de comunicación. Por favor muéstranos el camino hacia maneras nuevas y mejores de conversar y de ocuparnos de los problemas. Gracias por enseñarnos.

ROMPIENDO EL SILENCIO

Sé un ejemplo para todos los creyentes en lo que dices, en la forma en que vives, en tu amor, tu fe y tu pureza. 1 TIMOTEO 4:12

CUANDO SU CÓNYUGE le aplica el "tratamiento de silencio," quizás usted se siente impotente, pero no lo está. Usted puede ayudar a que se rompa el silencio. Sin embargo, esto no se logra criticando a su cónyuge por no hablar. Es más probable que lo logre si se esfuerza por entender qué está ocurriendo en el interior de su ser amado y si se ocupa de atender esas cuestiones.

Supongo que alguno de ustedes estará diciendo: "¿Cómo voy a saber qué le pasa si no habla?" La respuesta es *pensando*. Piense en las necesidades emocionales de su cónyuge. Cuando nuestras necesidades emocionales no se satisfacen, nos portamos mal, y el silencio es una de las formas que puede adoptar el mal comportamiento.

Estela se ocupó del asunto cuando le dijo a su esposo: "Miguel, reconozco que últimamente no he estado hablando tu lenguaje de amor. Lo lamento sinceramente. Estuve tan ocupada que olvidé lo principal: que te amo. Creo que tal vez tu silencio se relaciona con el hecho de que te sientes descuidado por mí. Si es así, ¿podemos acordar que la próxima vez que esto ocurra, me dirás simplemente: 'Mi provisión de amor está vacía; necesito saber que me amas'? Prometo que responderé, porque te amo."

Adivinó. En respuesta a ese pedido honesto y amoroso, Miguel comenzó a hablar. Como expresa el versículo citado arriba, nuestras palabras deben ser irreprochables y nuestro amor debería ser evidente. Cuando logremos eso, tendremos un impacto positivo sobre los demás.

Señor, por favor concédeme la madurez, el autodominio y la sabiduría de responderle amorosamente a mi cónyuge cuando ha dejado de hablarme. Muéstrame cómo ocuparme de la cuestión esencial de sus necesidades emocionales. Sana nuestra relación.

3 DE JUNIO

EL PODER VINCULANTE DEL SEXO

Honroso sea en todos el matrimonio, y el lecho sin mancilla.

HEBREOS 13:4 (RV60)

EL LIBRO DE Génesis dice que cuando un hombre y su esposa tienen relaciones sexuales, llegan a ser "una sola carne" (Génesis 2:24, RV60). En otras palabras, sus vidas se entrelazan. El sexo es el acto que consuma el matrimonio. Practicamos una ceremonia pública de boda y una consumación privada del compromiso público. La relación sexual es la expresión física de la unión interna de dos vidas.

En las antiguas Escrituras hebreas y en el Nuevo Testamento, la relación sexual se asume siempre como algo reservado para el matrimonio. No se trata de un juicio arbitrario sobre el sexo fuera del matrimonio sino simplemente de un esfuerzo por ser leal a la naturaleza del acto sexual. Ese vínculo profundo es inapropiado fuera de un compromiso amoroso para toda la vida entre un marido y su esposa. El autor del libro de Hebreos habló de mantener puro el lecho matrimonial; en otras palabras, de reservar el acto sexual como algo especial para ser practicado solamente entre un marido y su esposa.

El sexo no es solo un asunto de unir dos cuerpos que fueron hechos de manera única el uno para el otro. Afecta también el vínculo intelectual, emocional, social y espiritual. El sexo fue idea de Dios y el matrimonio es el contexto donde encuentra su significado más pleno.

Padre celestial, gracias por el regalo del sexo en mi matrimonio. Te agradezco por el vínculo físico, emocional y espiritual que resulta de nuestra relación sexual. Te pido la gracia necesaria para conservar fuerte y puro este lazo.

CONOCER A SU CÓNYUGE

El esposo debe satisfacer las necesidades sexuales de su esposa, y la esposa debe satisfacer las necesidades sexuales de su marido. 1 CORINTIOS 7:3

SI QUEREMOS DESCUBRIR el ideal de Dios para la intimidad sexual, debemos entender las diferencias entre varón y mujer. El esposo generalmente da prioridad a los aspectos físicos: ver, tocar, sentir. La esposa, por su parte, generalmente enfatiza el aspecto emocional. A ella, el sentirse amada, cuidada y tratada con ternura le facilitará el camino a la intimidad sexual.

Las palabras del apóstol Pablo dejan en claro que, como pareja, nuestra meta debe ser la de satisfacer mutuamente nuestras necesidades sexuales. Esto exige cierto trabajo intencional. El esposo debe aprender a enfocarse en la necesidad de amor emocional de su esposa. La esposa debe entender el aspecto físico y visual de los deseos sexuales de su esposo. Como en todas las áreas del matrimonio, esto requiere aprendizaje. Si la pareja se concentra en hacer de la experiencia sexual un acto de amor, en el que cada uno busca dar placer al otro, encontrarán la intimidad sexual satisfactoria. Sin embargo, si hacen simplemente "lo que resulta natural," se encontrarán con la frustración sexual.

Debería ser obvio que no podemos separar la intimidad sexual de la intimidad emocional, intelectual, social y espiritual. Podemos estudiarlas por separado, pero en el contexto de las relaciones humanas nunca se las puede considerar por separado.

El sentimiento de intimidad, de ser uno, de encontrar satisfacción mutua, está reservado para la pareja que está dispuesta a encarar el duro trabajo de aprender el uno acerca del otro. Se puede aprender a amar, y la intimidad sexual es uno de sus frutos.

Señor Jesús, es fácil caer en el egoísmo cuando se trata del sexo. Por favor ayúdanos como pareja a enfocarnos el uno en el otro. Que aumente nuestro deseo de darnos placer el uno al otro y que eso fortalezca nuestra relación.

ACEPTAR LAS DIFERENCIAS

Tu amor me deleita, tesoro mío, esposa mía. Tu amor es mejor que el vino, tu perfume, más fragante que las especias. . . . Tú eres mi jardín privado, tesoro mío, esposa mía, un manantial apartado, una fuente escondida.

CANTAR DE LOS CANTARES 4:10, 12

LOS VARONES Y las mujeres son similares, pero enormemente diferentes. Ese fue el diseño de Dios en muchos aspectos, incluyendo el sexual. Los hombres se sienten estimulados por lo que ven. El solo hecho de observar a su esposa que se desviste en la penumbra del dormitorio puede preparar a un hombre para tener sexo. (Lo siento, señores. Nuestras esposas pueden mirarnos desvestir y no sentirse motivadas por eso. Quiero decir, ni siquiera les pasa por la mente.)

Las mujeres tienden a ser mejor estimuladas por las caricias tiernas, las palabras de aprobación, los gestos considerados. Por eso muchas mujeres han dicho: "El sexo no comienza en el dormitorio. Comienza en la cocina. No se inicia en la noche; se inicia por la mañana." La manera en que se le trata y se le habla a lo largo del día puede tener un profundo efecto sobre su deseo de intimidad sexual cuando llega la noche.

El pasaje de Cantar de los Cantares citado arriba demuestra con mucha belleza el placer que puede dar reconocer que nuestro cónyuge está lleno de secretos por descubrir. Las diferencias no tienen por qué ser frustrantes; también pueden extasiarnos. Estoy convencido de que si los esposos siguieran la recomendación bíblica: "Cada uno viva con su esposa y trátela con entendimiento" (1 Pedro 3:7), descubrirían la intimidad sexual que Dios se propuso que brindara el matrimonio.

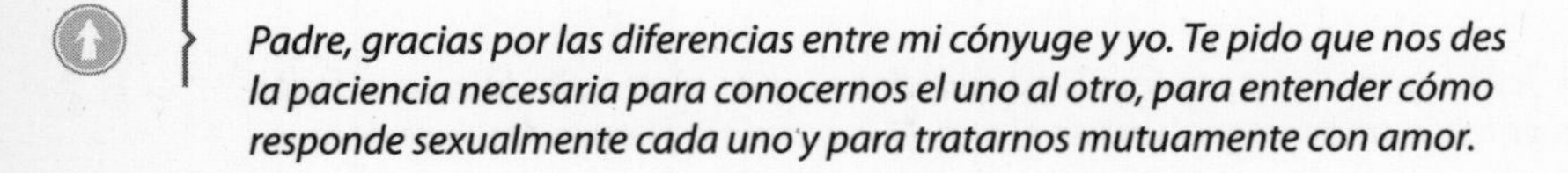
Padre, gracias por las diferencias entre mi cónyuge y yo. Te pido que nos des la paciencia necesaria para conocernos el uno al otro, para entender cómo responde sexualmente cada uno y para tratarnos mutuamente con amor.

VER COMO EL SEÑOR VE

Dejen que el Espíritu les renueve los pensamientos y las actitudes. Pónganse la nueva naturaleza, creada para ser a la semejanza de Dios, quien es verdaderamente justo y santo. EFESIOS 4:23-24

MI ACTITUD TIENE relación con la manera en que elijo pensar acerca de las cosas. Es el resultado de mi enfoque. Dos hombres miraban a través de las rejas de la cárcel; uno de ellos veía lodo, el otro veía estrellas. Dos personas tenían un matrimonio problemático; una de ellas maldecía, pero la otra oraba. La diferencia está en la actitud.

El pensamiento negativo tiende a producir más pensamiento negativo. Concéntrese en lo horrible de la situación y comenzará a parecerle aún peor. Enfóquese en una cosa positiva y aparecerá la siguiente. En la noche más oscura de un matrimonio difícil, siempre hay una luz que centellea. Enfóquese en esa luz y con el tiempo inundará la habitación.

Puede parecer imposible mantener una actitud positiva cuando uno está en un matrimonio con problemas, pero como cristianos tenemos ayuda externa. El pasaje de Efesios 4 que citamos arriba habla de permitir que el Espíritu Santo renueve nuestros pensamientos y nuestras actitudes. Cuando hemos sido redimidos, contamos con una nueva naturaleza y ya no somos esclavos de la vieja manera de pensar. Si se lo pedimos al Señor, él desarrollará en nosotros una nueva actitud. Considere la posibilidad de orar de esta manera: "Señor, ayúdame a ver mi matrimonio de la manera que tú lo ves. Ayúdame a ver a mi cónyuge de la manera en que tú lo ves. Ayúdame a pensar los pensamientos que tú tienes hacia él." Cuando comiences a ver a tu cónyuge como una persona amada por Dios, una persona valiosa por la que Cristo murió, entonces comenzarás a desarrollar una actitud positiva.

Padre, lucho a menudo con mi actitud. No quiero esclavizarme al pensamiento negativo, enfocándome solo en lo peor. Por favor transforma mi pensamiento. Muéstrame cómo concentrarme en las cosas buenas. Dame la sabiduría para ver a mi cónyuge y a mi matrimonio de la manera en que tú los ves. Por favor desarrolla en mí más amor y más optimismo, para el bien de mi matrimonio.

7 DE JUNIO

MANTENER UNA ACTITUD POSITIVA

No se preocupen por nada; en cambio, oren por todo. Díganle a Dios lo que necesitan y denle gracias por todo lo que él ha hecho. Así experimentarán la paz de Dios, que supera todo lo que podemos entender. . . . Concéntrense en todo lo que es verdadero, todo lo honorable, todo lo justo, todo lo puro, todo lo bello y todo lo admirable. Piensen en cosas excelentes y dignas de alabanza.

FILIPENSES 4:6-8

TRATAR DE MANTENER una actitud positiva no es una idea nueva. La encontramos expresada claramente ya en el primer siglo, en los escritos del apóstol Pablo. Él alentó a la iglesia en Filipos a orar por sus problemas en lugar de preocuparse por ellos. ¿Por qué? Porque la preocupación lleva a la ansiedad y a la actitud negativa, mientras que la oración produce paz y una actitud más positiva. Entonces Pablo reveló la clave para tener una actitud positiva: pensar en cosas positivas, "en cosas excelentes y dignas de alabanza."

Somos responsables de nuestra manera de pensar. Aun en la peor situación matrimonial, nosotros elegimos nuestra actitud. Mantener una actitud positiva requiere que oremos. Como dijo Pablo, podemos presentarle nuestras peticiones a Dios. Podemos decirle lo que necesitamos y agradecerle por lo que ya hizo. ¿Hará siempre Dios lo que le pedimos? No. Lo que ocurre es que, a medida que le entregamos nuestra preocupación y le expresamos gratitud, la paz de Dios desciende a nuestra mente y a nuestro corazón. Dios cambia nuestras emociones y orienta nuestros pensamientos.

Cuando nos encontremos luchando con algún aspecto de nuestro matrimonio, procuremos cultivar una perspectiva más optimista. Con una actitud más positiva seremos parte de la solución en lugar de ser parte del problema.

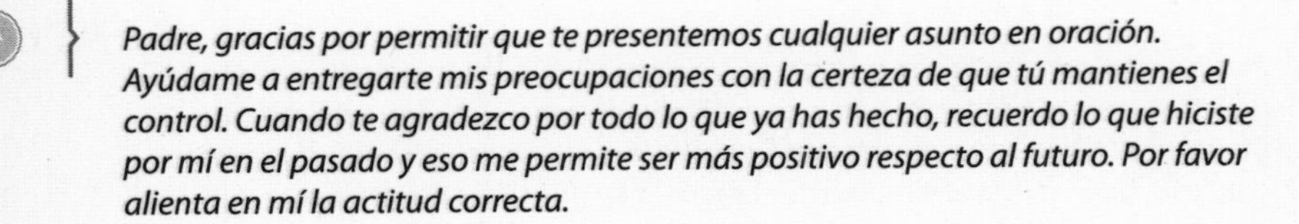

Padre, gracias por permitir que te presentemos cualquier asunto en oración. Ayúdame a entregarte mis preocupaciones con la certeza de que tú mantienes el control. Cuando te agradezco por todo lo que ya has hecho, recuerdo lo que hiciste por mí en el pasado y eso me permite ser más positivo respecto al futuro. Por favor alienta en mí la actitud correcta.

LA ACTITUD INFLUYE EN EL COMPORTAMIENTO

Estén siempre alegres. Nunca dejen de orar. Sean agradecidos en toda circunstancia, pues esta es la voluntad de Dios para ustedes, los que pertenecen a Cristo Jesús. 1 TESALONICENSES 5:16-18

UNA DE LAS razones por las que mi actitud es tan importante se debe a que afecta mis acciones, es decir, mi comportamiento y mis palabras. Si tengo una actitud pesimista, derrotista y negativa, se expresará en conductas y palabras negativas. La realidad es que quizás no pueda controlar mi ambiente. Quizás haya experimentado dificultades como enfermedad, un cónyuge alcohólico, un hijo adolescente adicto, el abandono de mi madre, el abuso de mi padre, un cónyuge irresponsable, el envejecimiento de mis padres, etcétera. Cualquiera de esas situaciones puede ser abrumadora, pero es crucial reconocer que *yo* soy responsable por lo que *hago* en mi ambiente. De allí que mi actitud afectará enormemente mi conducta.

Primera de Tesalonicenses 5 nos da algunas pautas para desarrollar una actitud positiva: estén siempre alegres, nunca dejen de orar y sean agradecidos en toda circunstancia. Como dijimos en la lectura de ayer, ser agradecidos puede renovar nuestra perspectiva al recordarnos lo que Dios ya hizo por nosotros y alentarnos en cuanto a que nos ayudará en el futuro.

Si quiere saber cuál es su actitud, observe sus palabras y su comportamiento. Si sus palabras son negativas y críticas, entonces tiene una actitud negativa. Si su comportamiento se propone herir o vengarse de su cónyuge, entonces tiene una actitud negativa. Pablo da un consejo muy directo en Filipenses 2:14: "Hagan todo sin quejarse y sin discutir." Seguir este consejo y cuidar su actitud son las cosas más poderosas que puede hacer para cambiar su conducta. Su conducta influye enormemente en su matrimonio.

Padre celestial, cuando tengo una mala actitud, se manifiesta en la manera en que le hablo a mi cónyuge. Por favor perdóname por las palabras ásperas y la actitud negativa. Quiero establecer la meta de no quejarme ni discutir. Ayúdame, en cambio, a alegrarme, a orar y a ser agradecido. Sé que la actitud positiva bendecirá a mi cónyuge y fortalecerá nuestro matrimonio.

9 DE JUNIO

ORACIÓN INTERCESORA

No he dejado de dar gracias a Dios por ustedes. Los recuerdo constantemente en mis oraciones y le pido a Dios, el glorioso Padre de nuestro Señor Jesucristo, que les dé sabiduría espiritual y percepción, para que crezcan en el conocimiento de Dios. EFESIOS 1:16-17

MARTÍN LUTERO DIJO: "Así como el trabajo de los sastres es hacer ropa y el de los zapateros arreglar zapatos, el trabajo de los cristianos es orar." La intercesión es un ministerio que no exige ningún don espiritual especial. Todos los cristianos están capacitados para orar.

La oración intercesora no solo es un ministerio sino también una responsabilidad. El profeta Samuel dijo a los israelitas: "Ciertamente no pecaré contra el SEÑOR al dejar de orar por ustedes" (1 Samuel 12:23). El apóstol Pablo comienza muchas de sus epístolas diciéndoles a sus lectores con cuánta frecuencia oraba por ellos. La oración es uno de los medios que Dios eligió para permitirnos que colaboremos con él en que se haga su obra. Es un ministerio que el esposo y la esposa pueden hacer juntos. Pueden orar el uno por el otro, además de orar por sus hijos, sus padres, su pastor y la iglesia, otros ministerios, y las misiones en el mundo.

Si usted no tiene un momento diario de oración con su cónyuge, ¿por qué no comenzar hoy? Pídale compartir cinco minutos orando juntos. Si no quieren hacerlo en voz alta, entonces oren en silencio. Dé el primer paso para aprender el ministerio de la oración intercesora.

Padre celestial, tu Palabra habla claramente de la importancia de la oración. Quiero levantar en oración a mi cónyuge, a mi familia y a otros, y quiero hacerlo con verdadero sentido y con frecuencia. Por favor ayúdanos como pareja a cultivar buenos hábitos de oración. Que, mientras oramos juntos, el compartir experiencias y el anhelo de que se haga tu voluntad nos acerquen más.

¿POR QUÉ ORAR?

Si mi pueblo, que lleva mi nombre, se humilla y ora, busca mi rostro y se aparta de su conducta perversa, yo oiré desde el cielo, perdonaré sus pecados y restauraré su tierra. 2 CRÓNICAS 7:14

EL ESCRITOR Y profesor de la Biblia Harold Lindsell dijo en una ocasión: "¿Por qué deberíamos esperar que Dios haga algo *sin* que oremos, si ha prometido hacerlo *si* oramos?" La Biblia contiene muchos llamados a la oración, incluyendo las palabras de Dios a Salomón que se registran en 2 Crónicas 7. *Si* el pueblo se humillaba y oraba después de haber pecado, entonces Dios los escucharía, los perdonaría y los restauraría. La invitación que nos hace es clara: "Pídeme y te daré a conocer secretos sorprendentes que no conoces acerca de lo que está por venir" (Jeremías 33:3). El autor de Hebreos nos dice que nos acerquemos con "toda confianza" al trono de Dios, donde recibiremos misericordia y gracia.

Nos acercamos a Dios como nuestro Padre, con la certeza de que él quiere hacer cosas buenas a favor de sus hijos, pero debemos estar dispuestos a recibirlas. Por eso nos dice: "Sigue pidiendo y recibirás lo que pides" (Mateo 7:7). Ahora bien, por supuesto, Dios no hace todo lo que le pedimos. Nos ama demasiado y es muy sabio como para hacer eso. Si lo que pedimos no es conveniente para nuestro bien, entonces él hará algo mejor. Su voluntad es siempre justa.

Las parejas que aprenden a orar juntas están simplemente respondiendo a la invitación de Dios. Él quiere participar en su matrimonio. Orar juntos es una de las maneras de reconocer que quieren contar con su presencia y su poder. Por medio de la oración, él puede modificar sus actitudes y su comportamiento. Recuerde que Dios es amor y que él puede enseñarles cómo amarse el uno al otro. "Sigan pidiendo."

Señor, me maravilla con cuánta frecuencia nos invitas a orar, ¡a comunicarnos contigo, el Señor del universo! Te agradezco el amor y la guía que ofreces. Por favor ayúdanos a mi cónyuge y a mí a darnos el tiempo para orar juntos. Que podamos acercarnos a ti con "toda confianza" y que por medio de nuestras oraciones nos acerquemos más el uno al otro, y a ti.

EVITAR EL DIVORCIO

Guarda tu corazón y permanece fiel a la esposa de tu juventud.

MALAQUÍAS 2:15

A TRAVÉS DE los años, me ha tocado aconsejar a suficientes personas divorciadas como para saber que si bien el divorcio alivia algunas presiones, crea una multitud de otras. Si usted está pensando en divorciarse, reflexione en los siguientes datos: solo un pequeño porcentaje de personas divorciadas declaran haber encontrado más felicidad en un segundo o un tercer matrimonio. De hecho, en Estados Unidos, mientras que el índice de divorcio del primer matrimonio alcanza 40 por ciento, el índice de divorcio de un segundo matrimonio es de 60 por ciento y el del tercer matrimonio, 75 por ciento. La esperanza de encontrar felicidad en nuevos horizontes es un mito.

No soy tan ingenuo como para sugerir que se pueda erradicar el divorcio de la faz de la tierra. Solo estoy diciendo que demasiadas parejas han optado por el divorcio demasiado pronto y a un precio muy alto. El divorcio debería ser la última de las alternativas. Debería estar precedido por todos los esfuerzos posibles para reconciliar las diferencias, para ocuparse de los temas difíciles y para resolver los problemas. Creo que muchas parejas divorciadas podrían haberse reconciliado si hubieran buscado y encontrado la ayuda apropiada.

No se conforme con el mito de que no hay esperanza para su matrimonio. Si cuenta con la información adecuada y el respaldo oportuno, usted puede ser un valioso agente de cambio en su relación. Siga el consejo que Dios da en Malaquías 2 y proteja su corazón. Manténgase fiel a su cónyuge y busque ayuda.

Padre celestial, hay momentos en que el divorcio resulta tentador. Sé que nunca es una solución fácil; es un camino lleno de dolor y de dificultades. Por favor dame un compromiso sólido con mi cónyuge, sin importar qué suceda. Muéstrame cómo expresarle amor a mi cónyuge y cómo hacer un cambio en nuestra relación.

ELEGIR AMAR

Ahora les doy un nuevo mandamiento: ámense unos a otros. Tal como yo los he amado, ustedes deben amarse unos a otros. JUAN 13:34

LOS CINCO LENGUAJES del amor, un libro que escribí varios años atrás, ha ayudado a miles de parejas a redescubrir sentimientos afectuosos el uno por el otro. Ahora bien, esto no ocurrió porque alguien haya decidido: "Voy a tener nuevamente sentimientos afectuosos hacia mi cónyuge." Comenzó cuando una persona decidió: "Voy a expresarle amor a mi cónyuge *a pesar* de que no tengo sentimientos afectuosos hacia él o ella." Esa persona aprendió el lenguaje de amor que habla más profundamente a su cónyuge y lo habló de manera habitual.

¿Qué ocurrió? La persona que recibía esa calidad de amor comenzó a tener sentimientos afectuosos hacia el cónyuge que estaba dándole amor. Con el tiempo, el receptor actuó de igual manera y aprendió a hablar el lenguaje de amor de su cónyuge. Ahora ambos tienen sentimientos afectuosos el uno por el otro.

El amor emocional puede ser renovado. La clave está en aprender el lenguaje de amor de su cónyuge y decidirse a hablarlo con regularidad. Los sentimientos afectuosos son el resultado de las acciones afectuosas. Jesús ordenó a sus discípulos, y por extensión a todos los creyentes, que se amaran como él los había amado. Su amor no se mide en sentimientos afectuosos, aunque no tengo dudas de que están presentes. Más bien, sabemos que Jesús nos ama por lo que hizo por nosotros. El amor es una decisión y cuando la tomamos, estamos imitando a nuestro Salvador.

Señor Jesús, gracias por amarme tanto que moriste en la cruz para salvarme. Tú eres el máximo ejemplo de amor. Por favor ayúdame a tomar la decisión de amar a mi cónyuge. Sé que al actuar de manera amorosa, llegarán los sentimientos amorosos.

AMAR A PESAR DEL DOLOR

Han oído la ley que dice: "Ama a tu prójimo" y odia a tu enemigo. Pero yo digo: ¡ama a tus enemigos! ¡Ora por los que te persiguen! De esa manera, estarás actuando como verdadero hijo de tu Padre que está en el cielo.

MATEO 5:43-45

¿CÓMO PODEMOS EXPRESAR amor a nuestro cónyuge cuando estamos llenos de dolor, ira y resentimiento por los fracasos anteriores? La respuesta a esa pregunta reside en la naturaleza esencial del ser humano. Somos criaturas de decisión. En el pasado, es probable que usted y su pareja hayan tomado algunas malas decisiones. Puedo escuchar que alguno de ustedes dice: "Es verdad, pero mi cónyuge se ha equivocado más veces que yo." Quizás tiene razón, pero recuerde las palabras de Jesús: "¡Ama a tus enemigos! ¡Ora por los que te persiguen!" (Mateo 5:44).

¿Por qué dijo esto Jesús? Porque el amor es la herramienta más poderosa para transformar el corazón de otra persona. La Biblia dice: "Nos amamos unos a otros, porque él nos amó primero" (1 Juan 4:19). Es necesario que alguien tome la decisión de amar, a pesar de los fracasos anteriores. Cuando usted lo hace, está actuando de la manera que Dios actúa; o, como dice Jesús: "actuando como verdadero hijo de [su] Padre que está en el cielo." ¡Qué pensamiento tan maravilloso!

Cuando expresamos amor usando el lenguaje de amor principal de la otra persona, ella se siente "tocada" emocionalmente. Este contacto emocional le hace más fácil admitir sus faltas anteriores y modificar su conducta. El amor no borra el pasado, pero hace que el futuro sea diferente.

Padre, te doy gracias por amarnos aun cuando no te amábamos. Por favor ayúdame a tomar tu actitud como modelo. Dame la valentía de mostrar amor primero, sin tomar en cuenta los fracasos que hemos tenido en el pasado. Transforma nuestra relación y nuestro futuro.

SATISFACER LAS NECESIDADES EMOCIONALES

El marido debe amar a su esposa como ama a su propio cuerpo. Pues un hombre que ama a su esposa en realidad demuestra que se ama a sí mismo.

EFESIOS 5:28

SATISFACER POR AMOR las necesidades emocionales de mi esposa es una decisión que tomo todos los días. Si conozco su lenguaje de amor principal y decido hablarlo, sus necesidades emocionales más profundas quedarán satisfechas y ella se sentirá segura de mi amor. Si ella hace lo mismo por mí, mis necesidades emocionales quedarán satisfechas y ambos tendremos nuestra provisión de amor llena.

En este estado de satisfacción emocional, ambos podemos dedicar nuestra energía creativa a muchos proyectos saludables fuera del matrimonio, a la vez que mantenemos nuestra relación atractiva y en pleno crecimiento.

¿Cómo se logra esta clase de matrimonio? Todo comienza con la decisión de amar. Reconozco que como marido, Dios me ha dado la responsabilidad de satisfacer las necesidades de amor que tiene mi esposa. Las palabras de Pablo en Efesios 5 lo dicen claramente. No solo debo amar a mi esposa, sino que debo amarla como a mi propio cuerpo. Es un mandato exigente, pero con la ayuda del Espíritu Santo, decido aceptar esa responsabilidad. Luego aprendo a hablar su lenguaje de amor principal y decido hablarlo de manera habitual. ¿Qué ocurre? La actitud y los sentimientos de mi esposa hacia mí se vuelven positivos. Entonces ella responde a mi conducta y mi propia necesidad de amor es también satisfecha. El amor es una decisión.

Padre celestial, nos has dado un estándar elevado de amor mutuo. Necesitamos tu ayuda para tomar las decisiones correctas de amar. Por favor renuévanos con tu Espíritu Santo y rejuvenece nuestra relación.

15 DE JUNIO

HABLAR EL LENGUAJE DE AMOR DEL OTRO

¡Que el amor sea su meta más alta! 1 CORINTIOS 14:1

¿Y SI NO le resulta natural hablar el lenguaje de amor de su cónyuge? La respuesta es simple: usted *aprende* a hablarlo.

El lenguaje de amor de mi esposa son los actos de servicio. Una de las cosas que hago habitualmente como un gesto de amor es pasar la aspiradora. ¿Cree que pasar la aspiradora es algo que me atrae? Cuando era niño, mi mamá me obligaba a pasarla. Los sábados, no tenía permiso de jugar a la pelota hasta que hubiera terminado de pasar la aspiradora por toda la casa. En aquel tiempo, solía decirme a mí mismo: *Si alguna vez salgo de aquí, hay algo que nunca más haré: ¡pasar la aspiradora!*

No hay cantidad de dinero que me animaría a pasar la aspiradora. Hay una sola razón para que yo lo haga: *el amor*. Como podrá ver, cuando un acto de servicio no le resulta natural, hacerlo es una expresión de amor aún mayor. Mi esposa sabe que cada vez que paso la aspiradora, estoy expresándole amor 100 por ciento puro, no adulterado, y eso me da crédito. La Biblia nos recuerda que el amor debe ser nuestra meta más elevada. Podemos hacer que la meta sea alcanzable si hablamos el lenguaje de amor de nuestro cónyuge, aun cuando no sea el nuestro.

¿Cómo me beneficio yo? En que tengo el placer de vivir con una esposa que tiene su provisión de amor llena. ¡Qué hermosa vida!

Dios Padre, sé que a veces no me resulta natural utilizar el lenguaje de amor de mi cónyuge. Por favor ayúdame a usarlo de todas maneras y a hacerlo totalmente por amor.

EDUCAR A NUESTROS HIJOS PARA SER INDEPENDIENTES

El padre de hijos justos tiene motivos para alegrarse. ¡Qué satisfacción es tener hijos sabios! PROVERBIOS 23:24

ABUNDAN LAS BROMAS sobre las suegras, pero lo cierto es que, si usted tiene hijos y vive lo suficiente, probablemente llegue a ser suegra o suegro. Yo ya he alcanzado esa etapa de la vida y créanme que no es mala. ¿Cómo podemos ser buenos suegros?

Es una ayuda recordar cuál es nuestro objetivo en la crianza de nuestros hijos. Desde el momento de su nacimiento hasta que se casan, hemos estado criándolos para ser independientes. Queremos que sean capaces de pararse sobre sus dos pies y de funcionar como personas maduras con la ayuda de Dios. Si hemos hecho bien nuestro trabajo, seguramente les hemos enseñado a cocinar, a lavar la vajilla, a tender las camas, a cortar el césped, a comprar ropa, a ahorrar dinero y a tomar decisiones responsables. Les hemos enseñado a respetar a la autoridad y a valorar a las personas. En síntesis, hemos procurado que alcancen la madurez.

Tenemos la esperanza de que para cuando se casen los hayamos ayudado a pasar del estado de dependencia total en nosotros a una completa independencia como adultos. Una vez que hayan llegado a la etapa adulta, y especialmente una vez que se hayan casado, nuestra relación con ellos debe cambiar. Es una alegría ver a nuestros hijos como adultos maduros y consagrados; es un gozo que el rey Salomón habrá compartido, como puede verse en el versículo citado arriba. Oramos para que ellos lleguen a este punto, pero una vez que lo hagan, se requiere de cierta flexibilidad y liberación por nuestra parte. En los próximos días exploraremos cómo hacer esta transición.

Padre, gracias por mis hijos. Sé que tengo que criarlos para que algún día sean independientes, sea que ese día esté cerca o todavía lejos. Cuando el momento llegue, por favor ayúdame a soltarlos y a ser el padre respetuoso de un adulto.

17 DE JUNIO

CONVERTIRSE EN SUEGRO

No hay nada que me cause más alegría que oír que mis hijos siguen la verdad.

3 JUAN 1:4

SI SU HIJO o hija se ha casado, de la noche a la mañana usted se ha convertido en suegro o suegra. ¿Qué debe hacer ahora? Comencemos por lo básico: como padres de hijos casados, ahora debemos considerarlos adultos. Nunca más debemos imponerles nuestra voluntad; debemos respetarlos como a iguales. Ah, eso es difícil para algunos de nosotros. Hemos sido padres durante mucho tiempo y pensamos que sabemos qué es lo mejor para ellos. Estamos ansiosos por decirles qué hacer.

Resista el impulso. Si usted mantiene el modo de funcionamiento padre-hijo, se convertirá para ellos en "un aguijón en la carne." Quizás descubra que su hijo o hija comienza a alejarse de usted, o que su yerno o nuera se vuelve hostil.

La regla número uno de los suegros es tratar a la joven pareja como adultos. Usted los educó para ser independientes; ahora permítales experimentar su independencia. ¿Cometerán algunos errores? Probablemente, pero en el proceso crecerán en madurez. Es mucho más importante que adquieran madurez, en lugar de que usted trate de evitar que cometan algunos errores. Celebre esa independencia.

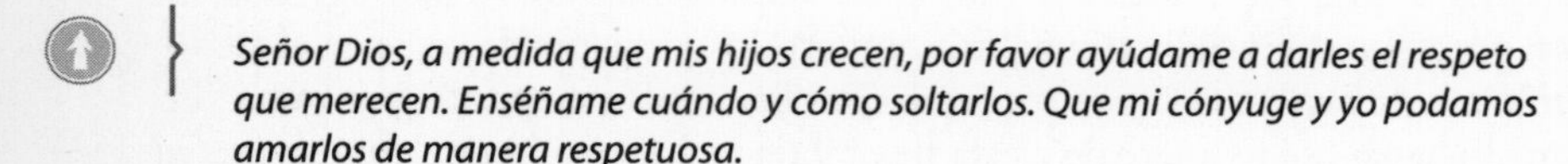

Señor Dios, a medida que mis hijos crecen, por favor ayúdame a darles el respeto que merecen. Enséñame cuándo y cómo soltarlos. Que mi cónyuge y yo podamos amarlos de manera respetuosa.

MANTENER SÓLIDAS RELACIONES

Líbrense de toda amargura, furia, enojo, palabras ásperas, calumnias y toda clase de mala conducta. Por el contrario, sean amables unos con otros, sean de buen corazón, y perdónense unos a otros, tal como Dios los ha perdonado a ustedes por medio de Cristo. EFESIOS 4:31-32

UNA PAREJA RECIÉN casada necesita la calidez emocional que brinda una relación sana con los suegros de ambos lados y, a su vez, los padres necesitamos la calidez emocional que brinda la pareja. Después de todo, como padres, hemos hecho una gran inversión en nuestros hijos. Sin embargo, no somos perfectos. A veces decimos cosas que hieren. Quizás nuestras palabras no tenían la intención que nuestros hijos interpretaron, pero la relación se quiebra.

La vida es demasiado corta para vivirla con relaciones rotas. Confesar nuestras faltas y pedir perdón son principios bíblicos fundamentales que se deben aplicar tanto en la relación del matrimonio como en la relación con los suegros. No hace falta que coincidamos en todo para que la relación sea sana, pero como vemos en el texto de Efesios 4 que citamos, la amargura y el resentimiento siempre son malos. Como creyentes, cuando se trata de la relación con nuestros hijos adultos, debemos elegir el camino más elevado. Nuestros ideales deberían ser la amabilidad, la ternura y el perdón.

Ofrecer mutua libertad y respeto deberían ser los principios que guíen a los padres y a sus hijos casados.

Padre, hay tantas cosas que amenazan la relación con nuestros padres y con nuestros hijos. Por favor ayúdanos a no ofendernos fácilmente. Cuando se cometa una falta, por favor recuérdanos ser amables y perdonadores en lugar de estar amargados y enojados. Sé que eso beneficiará nuestras relaciones familiares.

19 DE JUNIO

DOMINAR LA IRA DISTORSIONADA

Naamán se enojó mucho y se fue muy ofendido. "¡Yo creí que el profeta iba a salir a recibirme! —dijo—. Esperaba que él moviera su mano sobre la lepra e invocara el nombre del Señor su Dios ¡y me sanara!" 2 REYES 5:11

A MENUDO NOS enojamos por las razones equivocadas. Por ejemplo, considere esta historia bíblica: Naamán, comandante militar de Aram, había enfermado de lepra. Después de viajar a Israel para pedirle sanación a Eliseo, se enojó porque el profeta de Dios no salió a recibirlo y a hablarle personalmente. En lugar de eso, Eliseo le mandó a decir que para sanarse, Naamán debía sumergirse siete veces en el río Jordán. Naamán se sintió menospreciado porque pensó que Eliseo no había reconocido que él era una persona importante. En su enojo ya estaba decidido a volverse a su casa, hasta que un humilde sirviente sugirió que su ira estaba distorsionada, fuera de proporción y equivocada. Naamán se arrepintió, hizo lo que el profeta había sugerido y se sanó.

Naamán sintió su orgullo herido, y nosotros nos parecemos mucho a él. A menudo nos enojamos porque algo que dice o hace nuestro cónyuge nos incomoda, o algo que no hace nos irrita. Cuando una mujer no llega a casa a la hora acostumbrada, el esposo quizás comience a pensar: *No puedo depender de ella para nada. No me ama. Si me amara, no dejaría que esto sucediera. Solo piensa en sí misma.* Podría estar a mitad del camino al divorcio antes de enterarse de que su esposa está en el hospital. Su ira está distorsionada.

Cuando esté enojado, piense antes de actuar. Asegúrese de conocer todos los hechos. Ore pidiendo sabiduría. Quizás descubra que su ira está distorsionada.

Señor Jesús, perdóname por las veces en que me precipito con mi enojo. Por favor protégeme de la ira distorsionada y enséñame a no actuar antes de conocer toda la verdad.

20 DE JUNIO

INFORMACIÓN, NO CONDENACIÓN

Cada uno de nosotros tendrá que responder por sí mismo ante Dios. Así que dejemos de juzgarnos unos a otros. Por el contrario, propónganse vivir de tal manera que no causen tropiezo ni caída a otro creyente. ROMANOS 14:12-13

LA IRA DISTORSIONADA es esa emoción que usted experimenta cuando su cónyuge no responde a sus expectativas. Lo que haga con ella puede construir o destruir su relación.

Tomemos un caso: cuando Betty y Patricio distribuyeron las tareas de la casa, acordaron que Betty se haría cargo del lavado de la ropa. Hoy, Patricio está enojado porque Betty se olvidó de llevar sus camisas a la lavandería. ¿Qué hará?

Podría dispararle una ráfaga de palabras ásperas: "No puedo contar contigo para nada. Nunca vi nadie tan irresponsable." Si toma este enfoque, las cosas empeorarán. Si en cambio dice: "Mi amor, estoy frustrado. Vi mis camisas sucias todavía en la silla. No tengo camisa limpia para mañana," quizás la escuche responder: "Ah, Patricio, cuánto lo lamento. Estaba muy ocupada y las olvidé. No te aflijas, cariño. Me aseguraré de que tengas una camisa limpia."

¿Cuál es la diferencia? En la primera declaración Patricio expresó condenación. En la otra compartió información: "Me siento frustrado porque no tengo camisa limpia para mañana." Compartir información es siempre mejor que expresar condenación, no solo porque provoca una mejor reacción, sino también porque sigue el consejo bíblico. Romanos 14 recomienda a los creyentes que dejen de juzgarse unos a otros, porque el juicio severo puede hacer que el otro creyente tropiece. Cuando responde con dureza, quizás provoque en su cónyuge ira o desánimo. Compartir información rara vez tiene esos efectos negativos. Intente este enfoque la próxima vez que sienta que su cónyuge le falló.

Padre, es fácil condenar a mi cónyuge automáticamente, pero sé por experiencia propia lo dañino que puede ser. Ayúdame a practicar este enfoque de compartir información en lugar de juzgar. Por favor suaviza nuestra interacción para que no se caracterice por la ira distorsionada.

21 DE JUNIO

PALABRAS PROVECHOSAS

Los labios del justo hablan palabras provechosas. PROVERBIOS 10:32

LA IRA DISTORSIONADA es la clase de ira que usted siente cuando la persona amada lo decepciona. Una manera de manejar el asunto es algo que llamo "negociación comprensiva." Si usted se siente enojado o herido, tiene que procesarlo con su cónyuge de manera positiva.

Veamos este ejemplo. Usted puede comenzar diciendo: "Quiero decirte algo sin la menor intención de humillarte. Te amo y quiero que nuestra relación sea abierta y auténtica, de modo que siento que debo compartir contigo algunos de los conflictos que tengo. A lo largo de los últimos meses a veces me he sentido herido, desilusionado y abandonado. Buena parte del problema gira en torno a que vas al gimnasio tres noches por semana. Por favor entiende que no estoy en contra de tus esfuerzos por mantenerte en forma. No estoy pidiendo que dejes de hacerlo. Solo quiero que sepas cómo me siento. Espero que podamos encontrar juntos una respuesta."

Esas son palabras provechosas y muestran que su meta principal no es tener la razón sino encontrar una solución. Según Proverbios 10:32, los justos hablan palabras provechosas como estas. De modo que cuando tome este enfoque estará actuando de la manera que Dios aprueba. Este enfoque franco y positivo genera un clima en el que pueden negociar comprensivamente y crecer como pareja.

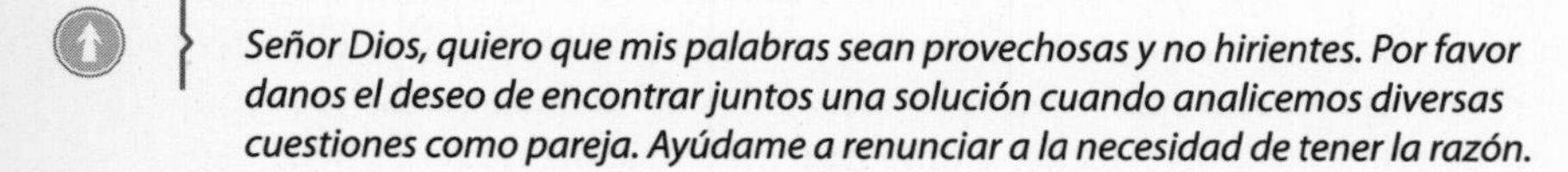

Señor Dios, quiero que mis palabras sean provechosas y no hirientes. Por favor danos el deseo de encontrar juntos una solución cuando analicemos diversas cuestiones como pareja. Ayúdame a renunciar a la necesidad de tener la razón.

22 DE JUNIO

MANIFESTAR ARREPENTIMIENTO

Confieso mis pecados; estoy profundamente arrepentido por lo que hice.

SALMOS 38:18

HAY VARIOS LENGUAJES de disculpa, y uno de ellos es el *arrepentimiento*. La disculpa nace de la matriz del arrepentimiento. Lamentamos el sufrimiento que hemos causado, la decepción, la incomodidad, la traición de la confianza. La persona ofendida quiere ver alguna evidencia de que nos damos cuenta de cuán profundamente la hemos herido. Para algunas personas, esto es lo *único* que aceptarán como disculpa. Sin la expresión de arrepentimiento, no se considera que la disculpa sea adecuada.

Las simples palabras "lo siento" pueden contribuir enormemente a restaurar la buena voluntad, pero esa clase de disculpa tiene más impacto cuando es concreta. ¿Qué es lo que siente? "Siento haber llegado tarde. Sé que te esforzaste por llegar a tiempo y yo no estaba allí. Sé lo frustrante que eso puede ser. Lamento muchísimo haberte fallado. Mi problema fue que no salí con tiempo suficiente. Espero que puedas perdonarme y que todavía podamos disfrutar de una buena velada."

El incluir detalles revela cuánto comprende usted la situación y la incomodidad que le produjo a su cónyuge. Cuando confesamos los pecados a Dios, como leemos en el salmo citado, por lo general somos específicos respecto a las faltas cometidas y sinceros al expresar nuestro pesar. Deberíamos brindar también esa clase de disculpas a nuestro cónyuge.

Padre, sé que cuando mi cónyuge expresa arrepentimiento sincero, hace una enorme diferencia en la manera en que percibo su disculpa. Ayúdame a ofrecerle también esa clase de disculpa a fin de que podamos ocuparnos de las faltas entre nosotros.

23 DE JUNIO

ECHAR LA CULPA A OTROS

"¿Quién te dijo que estabas desnudo? —le preguntó el Señor Dios—. ¿Acaso has comido del fruto del árbol que te ordené que no comieras?" El hombre contestó: "La mujer que tú me diste fue quien me dio del fruto, y yo lo comí". Entonces el Señor Dios le preguntó a la mujer: "¿Qué has hecho?" "La serpiente me engañó —contestó ella—. Por eso comí". GÉNESIS 3:11-13

EL ARREPENTIMIENTO DICE: "Lo lamento. Me siento muy mal por haberte herido." El arrepentimiento sincero no debe agregar excusas. Nunca debe agregarse un "pero . . ."

Un hombre me dijo: "Mi esposa se disculpa, pero luego justifica sus acciones con algo que yo hice para provocarla. Culparme a mí no contribuye a que la disculpa sea sincera." Una mujer dijo: "Mi esposo se disculpó, pero luego agregó que yo me estaba comportando como una nenita y que él tenía derecho a hacer lo que hizo. ¿Qué clase de disculpa es esa?" En mi opinión, esa no es una disculpa; es echarle la culpa al otro.

Es fácil echar la culpa y se remonta a los primeros seres humanos, Adán y Eva. En el pasaje que citamos en Génesis 3, vemos claramente que ambos tratan de librarse de la culpa. Esa no es una respuesta madura y piadosa, y en aquel entonces Dios los expuso y los hizo responsables a ambos.

Cuando le echamos la culpa a otra persona, estamos pasando de la disculpa al ataque. Culpar y atacar nunca conducen al perdón ni a la reconciliación. Si usted se está disculpando, limítese a "lo siento"; no agregue excusas, como: "*Pero* si no me hubieras gritado, yo no lo habría hecho." Saque los *peros* de su disculpa y asuma la responsabilidad de sus actos.

Padre, con demasiada frecuencia pretendo justificar mi conducta culpando a mi cónyuge por algo que hizo primero. Por favor perdóname. Sé que eso es inmaduro. Debo hacerme responsable de mis propios actos. Por favor ayúdame a hacerlo cuando me disculpe por algo con mi cónyuge.

REDESCUBRIR EL AMOR

El amor es paciente y bondadoso. El amor no es celoso ni fanfarrón ni orgulloso ni ofensivo. No exige que las cosas se hagan a su manera. No se irrita ni lleva un registro de las ofensas recibidas. No se alegra de la injusticia sino que se alegra cuando la verdad triunfa. El amor nunca se da por vencido, jamás pierde la fe, siempre tiene esperanzas y se mantiene firme en toda circunstancia.

1 CORINTIOS 13:4-7

CON FRECUENCIA LAS parejas vienen a consultarme cuando están en medio de un conflicto matrimonial, incluso al borde de la separación. Cuando les pregunto por qué están considerando dar ese paso, exponen sus temas de controversia y concluyen con la afirmación: "Ya no nos amamos." Suponen que con eso se resuelve el problema. Dicen que simplemente "perdieron" el amor y que ya no hay nada que hacer. No pienso igual. Puedo coincidir en que quizás perdieron los tiernos sentimientos románticos, pero el verdadero amor es otra cosa.

La Biblia hace algunas declaraciones fuertes sobre el amor en el matrimonio. En Efesios 5:25 a los esposos se les *ordena* que amen a sus esposas. En Tito 2:4, a las esposas se les dice que deben *aprender a amar* a sus esposos. Todo lo que pueda ser logrado, todo lo que pueda ser enseñado y aprendido, no está fuera de nuestro control.

Primera de Corintios 13 describe el amor en términos de ser paciente y bondadoso, no fanfarrón ni ofensivo. Dice que el que ama no lleva un registro de las ofensas recibidas. Estas palabras no describen un sentimiento. Más bien se refieren a la manera en que pensamos y nos comportamos. Podemos amarnos mutuamente sin sentir esos "cosquilleos." De hecho, el camino más rápido para recuperar las emociones es empezar a amarnos el uno al otro comportándonos de acuerdo con el pasaje citado en 1 Corintios 13.

Padre celestial, gracias por la hermosa definición de amor que nos diste por medio del apóstol Pablo. Es desafiante y a veces me pregunto si seré capaz de cumplirla. Por favor, ayúdame. Mientras me comprometo a actuar así, por favor enséñame la manera correcta de amar a mi cónyuge.

AMAR CON PALABRAS

Las palabras sabias satisfacen igual que una buena comida; las palabras acertadas traen satisfacción. La lengua puede traer vida o muerte.

PROVERBIOS 18:20-21

HAY DOS FORMAS básicas de expresar amor en el matrimonio: palabras y acciones. Hoy nos ocuparemos de las palabras. En 1 Corintios 8:1 dice: el amor "fortalece" (NTV) o "edifica" (NVI). De modo que si quiero amar, usaré palabras que edifiquen a mi cónyuge. "Te queda muy linda esa ropa." "Gracias por sacar la basura." "Me encantó la comida; gracias por todo el trabajo que hiciste." "Me gustó que sacaras a pasear al perro el martes por la noche; fue una gran ayuda." Todas estas son expresiones de amor.

Proverbios 18:21 dice: "La muerte y la vida están en poder de la lengua" (RV60). Las palabras tienen poder. Usted puede aplastar el espíritu de su cónyuge con palabras negativas: palabras que menosprecian, ofenden o avergüenzan. Usted puede dar vida con palabras positivas: palabras que alientan, afirman o fortalecen. Hace un tiempo conocí a una mujer que se quejaba de no encontrar nada bueno que decir sobre su esposo. "¿Se ducha alguna vez?" le pregunté. "Sí," respondió. "Entonces yo empezaría por eso," le dije. "Hay hombres que no se duchan."

No conozco a ninguna persona de la que no pueda encontrarse algo bueno que decir. Además, cuando uno se lo dice, algo en el interior de esa persona desea ser aún mejor. Dígale algo amable y generador de vida a su cónyuge hoy y vea qué ocurre.

Señor Jesús, ayúdame a recordar que mis palabras tienen poder. Quiero usarlas para edificar y dar vida, no para aplastar y desalentar. Por favor ayúdame hoy a usar mis palabras para expresarle amor a mi cónyuge.

26 DE JUNIO

AMAR POR MEDIO DE ACCIONES

Queridos hijos, que nuestro amor no quede solo en palabras; mostremos la verdad por medio de nuestras acciones. 1 JUAN 3:18

EN LA LECTURA de ayer dije que hay dos formas básicas de expresarle amor a su cónyuge: con palabras y con acciones. Hoy nos ocuparemos de las acciones. Como vemos en el versículo citado, el apóstol Juan escribió que debemos mostrar el amor unos por otros por medio de nuestras acciones, no solo con palabras. Puede ser fácil hablar, pero nuestra sinceridad se muestra en lo que hacemos. *Haga* algo para demostrar su amor.

El amor es bondadoso, dice la Biblia (ver 1 Corintios 13:4). Entonces, para expresar su amor, busque algo bondadoso para hacer y hágalo. Podría consistir en darle un regalo inesperado o en lavar el vehículo. Podría ser el ofrecimiento de quedarse en casa con los niños mientras el otro sale de compras o se va a caminar un rato. O quizás consista en comprar algo para la cena cuando va de regreso a casa, porque sabe que su esposa ha tenido un día ajetreado. ¿Cuánto hace que le escribió a su cónyuge una carta de amor?

El amor es paciente (ver 1 Corintios 13:4). Deje de pasearse de un lado al otro mientras su cónyuge se prepara para salir. Siéntese, relájese, lea su Biblia y ore. El amor también es cortés. Se asocia con hacer la corte, cortejar. Entonces haga algunas de las cosas que hacían cuando eran novios. Estírese y acaricie su rodilla o tómele la mano. Abra la puerta para que ella pase. Diga por favor y gracias. Sea bien educado. Exprese su amor mediante sus acciones.

Señor, sé que tanto las palabras como las obras son importantes. Por favor ayúdame a expresar mi amor tanto por medio de lo que digo como por lo que hago. Quiero mostrarle a mi cónyuge lo sincero que es mi amor.

ACEPTANDO LAS DIFERENCIAS

El cuerpo humano tiene muchas partes, pero las muchas partes forman un cuerpo entero. Lo mismo sucede con el cuerpo de Cristo. 1 CORINTIOS 12:12

¿CUÁLES SON ALGUNAS de las diferencias entre usted y su cónyuge? Si usted es una persona optimista, quizás su cónyuge sea pesimista. A menudo uno de los cónyuges es silencioso y el otro es locuaz. Uno tiende a ser organizado y a tener todo en su lugar; el otro se pasa la mitad de la vida buscando la llave del automóvil.

Después de pasar años discutiendo por sus diferencias, las parejas a menudo llegan a la conclusión de que son incompatibles. De hecho, esa incompatibilidad (o "diferencias irreconciliables") a menudo se presenta como fundamento para lograr el divorcio. Sin embargo, después de treinta años de consejería matrimonial, estoy convencido de que no hay diferencias irreconciliables, sino que existen personas que se niegan a reconciliarse.

En el plan de Dios, nuestras diferencias tienen el propósito de ser complementarias, no de provocar conflictos. Este principio queda demostrado en la iglesia, según la descripción que hace Pablo en 1 Corintios 12. Cada miembro cumple una función diferente, pero todas ellas se consideran una parte importante del cuerpo. Los creyentes podemos lograr mucho más cuando funcionamos como un equipo. ¿Por qué no logramos funcionar así en el matrimonio? Todo comienza por aceptar nuestras diferencias como una ventaja en lugar de verlas como una desventaja. ¿Por qué no comenzar agradeciéndole a Dios de que usted y su cónyuge no son exactamente iguales?

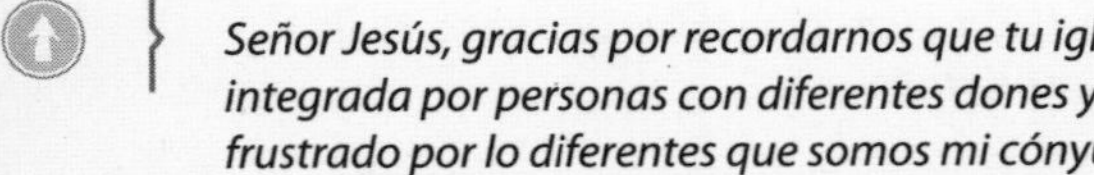

Señor Jesús, gracias por recordarnos que tu iglesia es más fuerte porque está integrada por personas con diferentes dones y habilidades. Cuando me sienta frustrado por lo diferentes que somos mi cónyuge y yo, ayúdame a recordar que esas diferencias pueden contribuir para que seamos un mejor equipo. Por favor muéstranos cómo celebrar la individualidad de cada uno.

APRENDER DE LAS DIFERENCIAS

Nuestro cuerpo tiene muchas partes, y Dios ha puesto cada parte justo donde él quiere. ¡Qué extraño sería el cuerpo si tuviera solo una parte! Efectivamente, hay muchas partes, pero un solo cuerpo. El ojo nunca puede decirle a la mano: "No te necesito". La cabeza tampoco puede decirle al pie: "No te necesito".

1 CORINTIOS 12:18-21

¿LE AGRADECIÓ ALGUNA vez a Dios porque usted y su cónyuge son muy diferentes? Casi siempre consideramos nuestras diferencias como algo irritante. Natán es por naturaleza fanático del sofá. Su esposa, Ana, siempre está haciendo algo. Antes consideraba a Natán como un perezoso y él la consideraba a ella como una persona incapaz de relajarse. A menudo discutían a causa de estas diferencias, pero la mayor parte del tiempo vivían con un leve nivel de resentimiento mutuo.

Una vez que descubrieron que las diferencias tenían el propósito de ser una bendición y no una maldición, cada uno de ellos empezó a agradecerle a Dios por el otro. El paso siguiente fue preguntar: "¿Qué podemos aprender el uno del otro?" Ana aprendió a relajarse y a mirar un programa de televisión sin pararse a cada rato para hacer otra cosa al mismo tiempo. Natán aprendió a ayudar más en las tareas de la casa para que Ana tuviera tiempo de relajarse sin sentirse culpable. Ambos enriquecieron la vida del otro.

De eso se trata el matrimonio. Estamos tratando de aprender a beneficiarnos de nuestras diferencias. Repitamos, la Biblia dice claramente que el cuerpo de Cristo se beneficia del hecho de que hay muchas personas diferentes trabajando juntas. Tanto en la iglesia como en el matrimonio nos necesitamos unos a otros. No podemos funcionar sin la diversidad y esa convicción debería motivarnos a darle gracias a Dios por las diferencias. Una vez que lo haya hecho, pídale que les muestre a ambos lo que pueden aprender el uno del otro. La respuesta de Dios podría sorprenderlos.

Padre, por favor dame la humildad de reconocer que puedo aprender de mi cónyuge. Ayúdame a considerar nuestras diferencias como oportunidades de crecimiento, no de frustración. Gracias por hacernos tan diferentes y a la vez prepararnos para armonizar a la perfección.

ACEPTAR EL CONSEJO VALIOSO

"¡No está bien lo que haces! —exclamó el suegro de Moisés—. . . . Esta tarea es una carga demasiado pesada para una sola persona. . . . Elige, de entre todo el pueblo, a algunos hombres con capacidad y honestidad, temerosos de Dios y que odien el soborno. Nómbralos jefes". . . . Moisés escuchó el consejo de su suegro y siguió sus recomendaciones. ÉXODO 18:17-18, 21, 24

CUANDO NOS CASAMOS, tomamos el compromiso de dejar a nuestros padres y unirnos a nuestros cónyuges. Sin embargo, dejar a los padres no significa que no tomaremos en cuenta las sugerencias que nos hagan. Después de todo, nuestros padres son mayores que nosotros y quizás más sabios. Sus padres o sus suegros podrían tener buenos consejos para ofrecerles.

En el libro de Éxodo, vemos que Moisés era un administrador sobrecargado de trabajo hasta que siguió el consejo de su suegro. Jetro observó que Moisés pasaba horas arbitrando en todos los desacuerdos de los israelitas y le comentó que por ese camino acabaría extenuado. Cuando le habló del principio de la *delegación*, Moisés se dijo a sí mismo: *¿Por qué no lo pensé antes?* Esa noche conversó con su esposa sobre la sugerencia, y al día siguiente colgó un cartel en la puerta de su oficina: *Se busca ayuda.* Bueno, no fue exactamente así. Lo que sí hizo fue designar a varios administradores en quienes delegó buena parte de su trabajo. Esta fue una de las mejores decisiones que tomó Moisés y lo hizo en base a la sugerencia de su suegro.

Al seguir el consejo de Jetro, Moisés demostró su propia madurez. No sintió el impulso de rebelarse contra una buena idea simplemente porque viniera de su suegro. Tampoco sintió la necesidad de demostrar su propia inteligencia. En realidad, estaba suficientemente seguro de su valor como persona como para poder aceptar una buena idea, independientemente de su origen. Espero que usted sea tan sabio como Moisés.

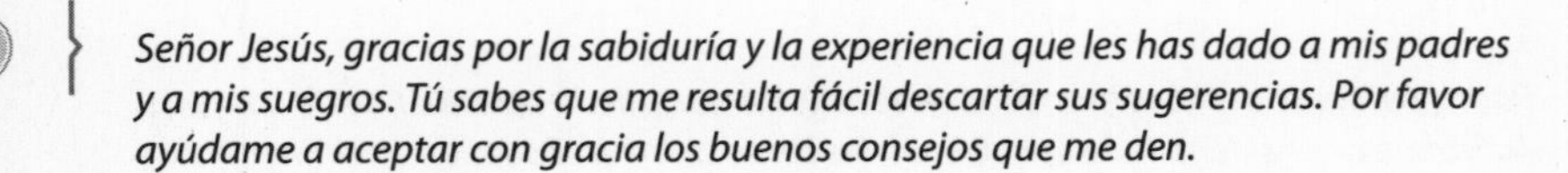

Señor Jesús, gracias por la sabiduría y la experiencia que les has dado a mis padres y a mis suegros. Tú sabes que me resulta fácil descartar sus sugerencias. Por favor ayúdame a aceptar con gracia los buenos consejos que me den.

OCUPARNOS DE LOS CONFLICTOS EN EL MATRIMONIO

Si un creyente peca contra ti, háblale en privado y hazle ver su falta.

MATEO 18:15

EL PRINCIPIO DE "dejar" a los padres tiene consecuencias cuando aparecen conflictos en el matrimonio. Una joven esposa acostumbrada a apoyarse mucho en su madre tendrá la tendencia a "recurrir a mami" cuando surjan problemas en la pareja. En cualquier ocasión que surja un conflicto, su mamá será la confidente. Cuando esto se convierte en un patrón de comportamiento, no pasará mucho tiempo hasta que su madre tenga una actitud amarga hacia su yerno y esto hará estragos en la relación de la joven pareja. En un caso extremo, quizás hasta llegue a alentar a su hija a que abandone a su esposo.

Recuerde que "unirse" a su pareja se aplica tanto en tiempos de paz como de conflicto. Si usted tiene conflictos en su matrimonio (y la mayoría de nosotros los tiene), procure resolverlos mediante la confrontación con su pareja. Jesús instruyó a sus discípulos que si otro creyente los ofendía, debían hablar directamente con esa persona. El mismo principio es válido para el matrimonio. Su instinto primario debe ser tratar directa y solamente con su cónyuge. El conflicto debería ser un peldaño hacia el crecimiento.

Si descubre que necesita ayuda externa, entonces hable con su pastor o con un consejero matrimonial cristiano. Ellos están entrenados y equipados por Dios para dar ayuda práctica. Pueden ser objetivos y le ayudarán a tomar decisiones sabias. En contraste, los padres tienden a ponerse del lado de sus hijos y les resulta casi imposible ser objetivos.

Padre, cuando tengo conflictos con mi cónyuge, con frecuencia quiero compartir mi historia con alguna persona que sea comprensiva conmigo. Sin embargo, ayúdame a recordar que los conflictos del matrimonio deben quedar entre nosotros. Te pido que me des gracia para ocuparme de las cuestiones difíciles que se presenten.

1 DE JULIO

ALENTAR LA UNIDAD

Quiero que [los creyentes] cobren ánimo y estén bien unidos con fuertes lazos de amor. COLOSENSES 2:2

LAS ESCRITURAS DETERMINAN que el esposo y la esposa deben llegar a ser "uno" (ver Génesis 2:24). Deben compartir la vida a tal punto que alcancen una sensación de unidad, de proximidad. En el versículo citado, el apóstol Pablo define su visión para los creyentes: que estén "unidos con fuertes lazos de amor." Es algo decisivo para todos los creyentes en conjunto y aún más para los que están en el matrimonio. ¿Describiría usted su matrimonio de esta manera?

- "Somos un equipo."
- "Nos conocemos el uno al otro."
- "Nos entendemos mutuamente."
- "Elegimos caminar lado a lado."
- "Nuestras vidas están unidas irreversiblemente."
- "Somos uno."

Estas son declaraciones de parejas felizmente casadas. Ese grado de unidad no se alcanza sin abundante comunicación. La comunicación es una calle de doble vía. Yo hablo y usted escucha; usted habla y yo escucho. Este es el sencillo proceso que fomenta la comprensión y la unidad.

¿Cuánto tiempo pasa usted conversando con su cónyuge cada día? ¿Tienen un horario diario definido para compartir? ¿Son perseverantes para mantener ese compromiso? En las próximas reflexiones exploraremos maneras de favorecer la comunicación e incrementar la unidad.

Señor Jesús, sé que quieres que estemos unidos como pareja. Te pido que podamos crecer en intimidad, en espíritu de equipo, en comprensión y en nuestro sentimiento de compenetración. Por favor muéstranos cómo hacerlo.

SER UNO

Como el ciervo anhela las corrientes de las aguas, así te anhelo a ti, oh Dios. Tengo sed de Dios, del Dios viviente. ¿Cuándo podré ir para estar delante de él?

SALMOS 42:1-2

DESPUÉS DE CREAR a Adán y a Eva, Dios dijo que los dos deberían llegar a ser uno. Ser "uno" no significa que perdemos nuestra identidad personal. Cada uno retiene su personalidad y tiene metas y ambiciones personales. Cada uno tiene actividades propias; el marido y la esposa típicos pasan muchas horas de cada día físicamente separados. Ser "uno" en el matrimonio no es ser iguales. Más bien se trata de ese sentimiento profundo que nos asegura que estamos "juntos" aun cuando estemos separados.

Esa unidad no es automática. Llegar a ser "uno" es el resultado de compartir muchos pensamientos, sentimientos, actividades, sueños, frustraciones, alegrías y pesares. En síntesis, es el resultado de compartir la vida.

Muchas parejas han descubierto que el secreto de crecer en unidad es establecer un momento diario para compartir. Muchas personas cultivan un momento diario de comunión con Dios con el propósito de acercarse a él. Como lo expresa tan bellamente el escritor del Salmo 42, cuando nuestra relación con Dios es fuerte, lo anhelamos y deseamos estar cerca de él. Es una experiencia circular en cierta forma. Cuando conocemos a Dios, deseamos pasar tiempo con él. Si pasamos tiempo con él, empezamos a anhelarlo más. Esto mismo puede ocurrir con su cónyuge. Cuanto más tiempo reservamos para pasarlo juntos, tanto más valioso se vuelve para nosotros.

Lo animo a considerar la meta de definir un momento de cada día para compartir tiempo con su cónyuge, con el propósito de mantener la unidad entre ustedes. Reserve un tiempo cada día para conversar y compartir sus pensamientos, sus emociones y sus preocupaciones. La conversación contribuye a la comprensión y a la unidad.

Padre, quiero anhelarte como el ciervo que ansía el agua, y de la misma manera, anhelo un vínculo más profundo con mi cónyuge. Por favor ayúdame a recordar que la relación y la unidad solo se alcanzan con tiempo y esfuerzo. Por favor bendice nuestros esfuerzos de reservar tiempo el uno para el otro.

3 DE JULIO

LLEGAR A CONOCERTE

Oh Señor, has examinado mi corazón y sabes todo acerca de mí. Sabes cuándo me siento y cuándo me levanto; conoces mis pensamientos aun cuando me encuentro lejos. SALMOS 139:1-2

EL SALMO 139 declara que Dios conoce cada uno de nuestros pensamientos e inclusive nuestras palabras antes de que las pronunciemos. Sin esforzarse, el Señor nos conoce mejor de lo que nosotros nos conocemos a nosotros mismos. No obstante, requiere mucho esfuerzo que un hombre y una mujer puedan llegar a conocerse mutuamente. ¿Se da cuenta de por qué es imprescindible la comunicación si queremos llegar a entender a nuestro cónyuge?

No podemos conocer los pensamientos, los sentimientos ni los deseos de nuestra pareja a menos que decida comunicarlos y que nosotros estemos dispuestos a escucharla. Por eso es tan importante el momento diario de comunión en el matrimonio. No podemos desarrollar un sentimiento de unidad a menos que conversemos habitualmente con nuestro cónyuge.

El momento diario de comunión es el tiempo reservado cada día con el propósito de hablar y escuchar. Si no sabe muy bien de qué hablar, pruebe lo siguiente: "Cuéntame tres cosas que te ocurrieron hoy y cómo te sientes al respecto." Pueden comenzar con diez minutos y luego extenderlo a treinta o más. La clave no está en la cantidad de tiempo sino en la continuidad. No conozco ningún matrimonio exitoso que lo haya logrado sin *hacer* tiempo para la comunicación.

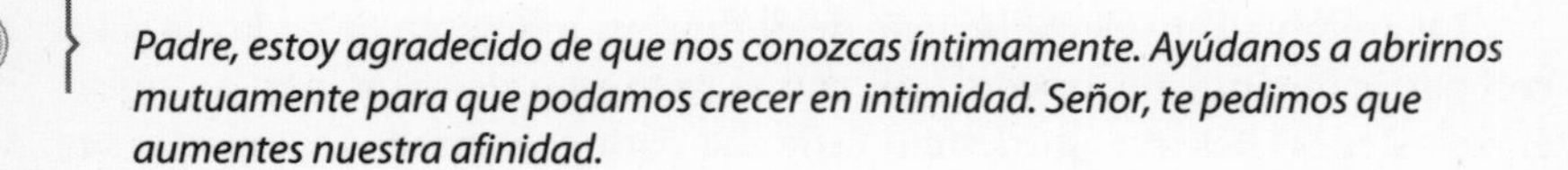

Padre, estoy agradecido de que nos conozcas íntimamente. Ayúdanos a abrirnos mutuamente para que podamos crecer en intimidad. Señor, te pedimos que aumentes nuestra afinidad.

CULTIVAR COMPAÑERISMO

Es mejor ser dos que uno, porque ambos pueden ayudarse mutuamente a lograr el éxito. Si uno cae, el otro puede darle la mano y ayudarle; pero el que cae y está solo, ese sí que está en problemas. ECLESIASTÉS 4:9-10

EL MATRIMONIO FUE diseñado por Dios para satisfacer la necesidad humana de compañerismo. Dios dijo sobre Adán: "No es bueno que el hombre esté solo. Haré una ayuda ideal para él" (Génesis 2:18). Sin embargo, algunas parejas no han encontrado compañía en el matrimonio. Siguen solos, distantes y aislados.

Semejante soledad puede ser dolorosa, pero no tiene que durar para siempre. Podemos superar la soledad poniendo en práctica una acción positiva. Sugiero dar pequeños pasos. No tome la perspectiva del todo ni se ponga a pensar en lo mal que está su matrimonio. Más bien, concéntrese en un paso que pueda dar para mejorarlo.

Rompa el silencio con un gesto de amabilidad. Obséquiele una flor a su esposa y dígale: "Hoy estuve pensando en ti." Identifique algo que su esposo hace bien y dígale que lo admira; béselo con pasión y diga: "Solo quería recordarte cómo era cuando recién nos casamos. Estoy dispuesta a recomenzar, si tú lo estás." Recuerde los beneficios que la Biblia enuncia sobre el compañerismo, tal como leemos en el libro de Eclesiastés. Fuimos hechos el uno para el otro y podemos apoyarnos mutuamente de muchísimas maneras. Continúen dando pasos para acercarse y la soledad se evaporará.

Padre, tú sabes cuán solo me siento a veces. Gracias por darme a mi cónyuge y gracias por crearnos para que fuéramos compañeros que pueden ayudarse mutuamente a mitigar la soledad. Por favor danos la valentía para dar esos primeros pasos hacia un compañerismo más íntimo.

SOLEDAD EN EL MATRIMONIO

Si dos personas se recuestan juntas, pueden brindarse calor mutuamente; pero ¿cómo hace uno solo para entrar en calor? Alguien que está solo puede ser atacado y vencido, pero si son dos, se ponen de espalda con espalda y vencen. ECLESIASTÉS 4:11-12

HAY DOS TIPOS de soledad: la emocional y la social. Es posible experimentar ambas en el matrimonio.

La *soledad emocional* consiste en no sentirse cercano al cónyuge. Siente que usted y su pareja no se conocen realmente el uno al otro. La *soledad social* proviene de que usted y su cónyuge no comparten ninguna actividad. No hacen nada juntos.

La cura de la soledad emocional no se consigue con maldecir las tinieblas sino con iniciar la comunicación. Comience con preguntas simples: "¿Comiste algo sabroso hoy?" "¿Cuál fue el mejor momento de tu día?" Luego continúe con preguntas más importantes: "Cuando piensas en el futuro, ¿qué podría hacer yo para enriquecer tu vida?"

La cura de la soledad social es empezar a realizar actividades compartidas. En lugar de quejarse de que nunca hacen nada juntos, planifique algo que usted piensa que su cónyuge disfrutaría e invítelo a sumarse. La acción positiva es siempre mejor que las quejas negativas. Un viaje de mil kilómetros comienza con un paso y es un viaje que vale la pena. Como nos recuerda el libro de Eclesiastés, hay muchas razones por las que dos son mejor que uno. Adopte ese concepto y busque un compañerismo más profundo con su cónyuge.

Señor Dios, me siento alentado por estas sugerencias de cosas que puedo hacer para combatir el sentimiento de soledad. Ayúdame a iniciar conversaciones y actividades que nos acerquen más a mi cónyuge y a mí. Quiero dar el primer paso. Gracias por habernos creado para ser compañeros.

6 DE JULIO

¿ESTÁ USTED TRABAJANDO DEMASIADO?

¿Qué beneficio obtienes si ganas el mundo entero pero pierdes tu propia alma? ¿Hay algo que valga más que tu alma? MATEO 16:26

EL TRABAJO ES una empresa noble. De hecho, la Biblia dice que el que no trabaja tampoco debería comer (ver 2 Tesalonicenses 3:10).

¿Es posible que trabajemos demasiado? ¿Acaso no instituyó Dios un día de descanso cada siete días? Los Diez Mandamientos ordenan que el séptimo día de cada semana sea un día separado del trabajo habitual y consagrado al Señor. ¿Por qué? En imitación a Dios, quien descansó el séptimo día después de crear el universo. Jesús también desafió a sus discípulos en el pasaje citado arriba, pidiéndoles que compararan el valor del éxito terrenal con el del éxito espiritual: "¿Qué beneficio obtienes si ganas el mundo entero pero pierdes tu propia alma?"

¿Vale la pena perder el matrimonio por alcanzar el éxito profesional? Las Escrituras enseñan que el significado de la vida no se encuentra en las cosas sino en las relaciones: primero con Dios, y segundo con la familia y los demás. Allí es donde la vida encuentra verdadero significado: en conocer a Dios y en amar a la familia.

¿Es posible que usted necesite corregir su estilo de vida? ¿Están usted y su cónyuge alejándose el uno del otro? ¿Sería posible vivir con menos y ser más felices si pudieran dedicarse más tiempo el uno al otro? ¿Lo recordarán sus hijos como el padre que trabajaba o como el padre que les daba amor?

Señor Dios, por favor ayúdame a evaluar honestamente el equilibrio de mi vida. ¿Estoy trabajando tan duro para alcanzar el éxito económico o profesional que descuido mi relación contigo y con mi familia? Ayúdame a determinar las prioridades correctas y a tener la valentía para actuar en consecuencia.

7 DE JULIO

EQUILIBRAR EL TRABAJO Y LA FAMILIA

Vive feliz junto a la mujer que amas, todos los . . . días de vida que Dios te haya dado bajo el sol. La esposa que Dios te da es la recompensa por todo tu esfuerzo terrenal. ECLESIASTÉS 9:9

CUANDO HABLAMOS ACERCA de cómo equilibrar el trabajo y la familia, la respuesta no siempre será reducir el trabajo. A veces consiste en integrar a la familia en su trabajo. Por ejemplo, ¿le permite el trabajo almorzar de vez en cuando con su cónyuge? Esos encuentros pueden ser un oasis en medio de un día árido.

Si su trabajo lo obliga a viajar, ¿podría llevar a su cónyuge o a uno de sus hijos con usted? Esto les permitirá unas minivacaciones que de otra manera quizás no podrían afrontar. También pone a su familia en contacto con su actividad profesional y eso les hará comprender mejor lo que usted hace.

El camino al equilibrio no necesariamente consiste en trabajar menos y pasar más tiempo en casa. Un mejor uso del tiempo en casa puede hacer toda la diferencia. Esta noche haga algo diferente con un miembro de la familia. Salga de la rutina. Tome la iniciativa.

Esas acciones expresan: "Me interesa esta relación. Quiero mantenerla viva. Quiero disfrutar contigo. Hagamos algo que te gustaría hacer." Minimice el tiempo de televisión; maximice la actividad y la conversación. Según Eclesiastés 9:9, la Biblia dice que su cónyuge es un regalo. Trabajar duro es una parte necesaria de la vida, pero la pareja es una recompensa y una bendición. Cuando usted lo recuerde y le dé la prioridad que corresponde, mantendrá su matrimonio vivo y en crecimiento.

Señor Jesús, te agradezco por el regalo que es mi cónyuge. Por favor ayúdame a darle prioridad. Muéstrame formas creativas para aumentar el tiempo que pasamos juntos y maneras de que ese tiempo sea valioso.

CÓMO *NO* REACCIONAR ANTE UN CÓNYUGE CONTROLADOR

Respeten a todos y amen a sus hermanos en Cristo. 1 PEDRO 2:17

UN CÓNYUGE EXCESIVAMENTE controlador es la causa de un matrimonio conflictivo. Vivir con un cónyuge controlador mata el espíritu. Cuando un miembro de la pareja trata al otro como si fuera una criatura, esa persona ha violado la idea básica del matrimonio. El matrimonio es una sociedad que debe construirse sobre el respeto mutuo. Ese es un fundamento esencial de cualquier relación. Dos son mejor que uno, dice la Biblia, pero cuando solo uno de ellos toma todas las decisiones, se desperdicia el valor de contar con dos intelectos.

Hay dos formas típicas de reaccionar ante un cónyuge controlador: discutir o someterse. Ninguna de las dos conduce a una integridad genuina. Discutir con una persona controladora es inútil porque no se le puede ganar. La discusión puede continuar por dos horas, pero usted no ganará. El controlador no se rendirá. Como alternativa, algunos han elegido el camino de la sumisión. Piensan: *Haré lo que quiere, solo para mantener la paz.* Sin embargo, esto convierte a la persona en una esclava de las exigencias del controlador y en algún momento los esclavos terminan rebelándose. Conseguir paz externa a expensas de la agitación interna no refleja el concepto bíblico del matrimonio.

La idea bíblica es la de dos personas que voluntariamente procuran satisfacer mutuamente sus necesidades. Las características de un matrimonio cristiano son el amor, el respeto y la consideración mutua. Mañana nos ocuparemos de una manera más efectiva de reaccionar ante un cónyuge controlador.

Dios Padre, quiero que nuestra relación te honre. Por favor muéstrame la mejor manera de responderle a mi cónyuge cuando trata de ejercer demasiado control y protégeme de tratar de controlarlo. Ayúdanos a ser siempre respetuosos y considerados entre nosotros.

9 DE JULIO

CONTRARRESTANDO EL CONTROL

Si tienes el don de mostrar bondad a otros, hazlo con gusto. No finjan amar a los demás; ámenlos de verdad. Aborrezcan lo malo. Aférrense a lo bueno. Ámense unos a otros con un afecto genuino y deléitense al honrarse mutuamente.

ROMANOS 12:8-10

¿SE PUEDE INFLUENCIAR a un cónyuge controlador para que cambie? La respuesta es sí. Quizás le sorprenda el enfoque. No se influye sobre una persona controladora discutiendo ni sometiéndose en silencio. Más bien, la influencia se logra dándole crédito por sus intenciones, pero negándose a ser controlado por sus decisiones.

Digamos que sin pedirle su parecer, su esposo ha comprado una nueva refrigeradora. Su reacción es la de sentir que su opinión no cuenta y que él la está tratando como a una criatura. ¿Qué hará usted? Sugiero que le diga a su cónyuge: "Aprecio tus esfuerzos por ayudarme con la compra de una nueva refrigeradora. Estoy segura de que investigaste lo suficiente y que probablemente hiciste una buena compra. Sin embargo, me hubiera gustado que solicitaras mi opinión, ya que soy yo la que la usa con más frecuencia. Estaría más que dispuesta a ir contigo para elegirla. ¿Podrías llamar a la empresa y pedirle que no la entreguen todavía, o quieres que llame yo?" Si su marido estalla en enojo y dice que no llamará, no discuta con él. Al día siguiente, llame usted a la compañía y seleccione otra opción.

¿Cambiará él de inmediato sus patrones de control? Probablemente no, pero con el tiempo la combinación de amabilidad y firmeza motivarán el cambio. Siga el consejo del apóstol Pablo y concéntrese en la bondad, en el afecto genuino y en honrar a su pareja. Concéntrese en lo que sea bueno. Es probable que esta clase de tratamiento fomente el cambio en su cónyuge.

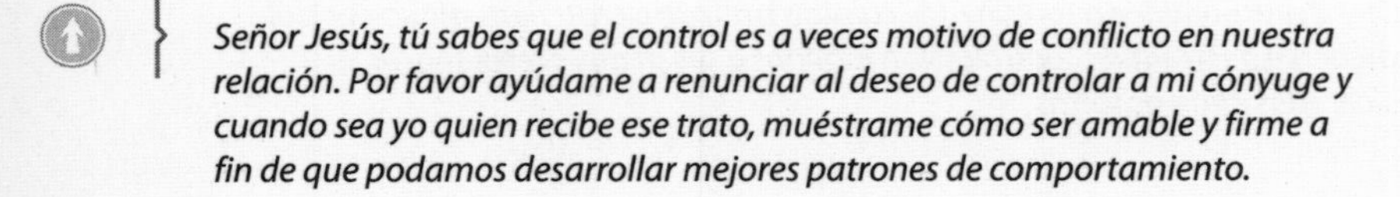

Señor Jesús, tú sabes que el control es a veces motivo de conflicto en nuestra relación. Por favor ayúdame a renunciar al deseo de controlar a mi cónyuge y cuando sea yo quien recibe ese trato, muéstrame cómo ser amable y firme a fin de que podamos desarrollar mejores patrones de comportamiento.

10 DE JULIO

LOGRAR QUE LOS NIÑOS SE SIENTAN AMADOS

Sean siempre humildes y amables. Sean pacientes unos con otros y tolérense las faltas por amor. EFESIOS 4:2

¿SE SIENTEN AMADOS sus hijos? No pregunté: "¿Ama usted a sus hijos?" Ya conozco la respuesta a esta pregunta, pero si usted quiere asegurarse de que sus hijos *se sientan* amados, no es suficiente ser sincero. También necesita hablar el lenguaje de amor de su hijo.

Para algunos niños, el lenguaje de amor principal es el tiempo de calidad. Si no les da ese tiempo, no se sentirán amados aunque esté dándoles caricias, palabras de aprobación, regalos y actos de servicio. Si su hijo le ruega que haga cosas con él o con ella, probablemente su lenguaje de amor sea el tiempo de calidad. Es fácil frustrarse con los pedidos interminables, pero debemos responder con amabilidad y paciencia, como nos lo recuerda Efesios 4. Sea paciente con las fallas de sus hijos y busque la necesidad que hay detrás de su comportamiento. Bríndeles un poco de atención concentrada y observe el cambio de comportamiento.

Señor, tú sabes cuánto amo a mis hijos. Quiero que se sientan amados. Por favor dame la sabiduría para comunicarlo de la mejor manera posible. Ayúdame a tener paciencia cuando están pidiéndome algo y a considerarlo como una señal de lo que realmente necesitan.

EMOCIONES VS. ACCIONES

¡Libra a tu siervo de pecar intencionalmente! No permitas que estos pecados me controlen. Entonces estaré libre de culpa y seré inocente de grandes pecados. Que las palabras de mi boca y la meditación de mi corazón sean de tu agrado, oh SEÑOR*, mi roca y mi redentor.* SALMOS 19:13-14

¿CÓMO IMPACTAN LAS emociones en un matrimonio? Las emociones son un regalo de Dios que enriquece la vida. Tanto las emociones positivas como las negativas deberían orientarnos hacia Dios. Algunos cristianos desconfían de las emociones porque han visto personas que siguen sus emociones y lastiman a quienes los rodean. No obstante, hay una enorme diferencia entre una emoción y una decisión de hacer algo malo. Las emociones en sí mismas no son pecaminosas, pero el comportamiento desplegado en base a las emociones con frecuencia sí lo es. En el Salmo 19, el rey David le pide a Dios que lo libre de pecar intencionalmente o "a sabiendas" (NVI) con el fin de ser considerado inocente. Las emociones no son intencionales; se presentan solas. Lo que hacemos con ellas es lo que puede ser bueno o malo.

Tomemos un ejemplo: aun estando felizmente casado, quizás usted sienta un "cosquilleo" excitante hacia una persona del sexo opuesto que no es su cónyuge. La atracción no es pecaminosa en sí misma, pero sus actos podrían serlo. Preséntele a Dios sus "cosquilleos." Agradézcale por darle la capacidad de sentir esta emoción, y pídale sabiduría para renovar la pasión en su matrimonio para que pueda experimentar la excitación en el lugar adecuado. La atracción por una persona ajena es un indicador de que su matrimonio necesita atención.

Deje que sus emociones lo acerquen a Dios. Busque su guía. Cuando sigue sus instrucciones, la emoción habrá servido un propósito superior. Las emociones tienen la intención de llevarnos a Dios.

Padre, gracias por el regalo de las emociones. Por favor, ayúdame a no tener miedo ni a avergonzarme de mis sentimientos. Ayúdame a considerarlos como un medio para acercarme a ti, y de esa manera, acercarme más a mi cónyuge. Por favor controla mis acciones y ayúdame a reaccionar a mis sentimientos de manera apropiada.

RECONOCER LAS EMOCIONES NEGATIVAS

La risa puede ocultar un corazón afligido, pero cuando la risa termina, el dolor permanece. PROVERBIOS 14:13

ALGUNOS CRISTIANOS NO quieren aceptar el hecho de que tienen emociones negativas. Los sentimientos de ira, temor, desilusión, soledad, frustración, depresión y tristeza no caben en su estereotipo de la vida cristiana exitosa. Con frecuencia reprimimos las emociones negativas y las ignoramos. Sin embargo, tal como observó el rey Salomón, esto no funciona muy bien. Podemos ignorar nuestras emociones negativas, pero eso no hace que desaparezcan. Lo cierto es que el ignorarlas en realidad puede intensificarlas.

Creo que es mucho más productivo identificar y aceptar nuestras emociones, y entonces buscar la guía de Dios respecto a lo que sentimos. Los sentimientos son como termómetros. Nos informan si tenemos frío o calor, si todo está bien o no tanto. Si todo está bien, podemos celebrarlo alabando a Dios. (Encontramos muchos ejemplos; ver por ejemplo el Salmo 103.) Si las emociones indican algún problema, podemos recurrir a Dios y pedir ayuda. (Otra vez, vea los Salmos y encontrará vívidos ejemplos del rey David y de otros que presentaron emociones fuertes ante Dios. El Salmo 13 es un ejemplo.) Dios nos dará sabiduría si tenemos que hacer algo. Él puede darnos consuelo si la situación no puede ser modificada. Siempre debemos compartir nuestras emociones con Dios y buscar su guía.

"Señor, así es como me siento. ¿Qué quieres que haga al respecto?" Este enfoque le permitirá una mejor percepción sobre usted mismo, mayor empatía con su cónyuge y más sabiduría en sus decisiones. Todo esto contribuye a un matrimonio saludable.

Señor, estoy agradecido por los Salmos, que me muestran claramente que aceptas de buena gana que te expresemos nuestras emociones, sean positivas o negativas. Por favor ayúdame a hacerlo con libertad, en lugar de reprimir mi tristeza o mi enojo. El consuelo y la orientación que me brindes me permitirán actuar con más sabiduría y beneficiarán la relación con mi cónyuge.

ESTABLECER UN MOMENTO PARA LOS CONFLICTOS

Mejor comer pan duro donde reina la paz, que vivir en una casa llena de banquetes donde hay peleas. PROVERBIOS 17:1

¿SE HA SENTIDO alguna vez como si estuviera casado con un extraterrestre? Al comienzo de su relación les parecía que eran totalmente compatibles. De hecho, coincidían en todo. Quizás ahora se preguntan cómo llegaron a estar juntos, porque se ven tan diferentes. Bienvenidos al mundo real. Lo cierto es que está casado con un ser humano. Los seres humanos no piensan ni sienten todos de la misma manera. En pocas palabras, todas las relaciones humanas incluyen conflictos. La clave está en aprender maneras constructivas de encontrar una solución cuando se presente un conflicto.

¿Quiere resolver sus conflictos? Le doy una idea. Nunca discutan sobre un desacuerdo en ese mismo momento. Más bien establezcan un momento específico para resolver el conflicto. Mi sugerencia es que una vez por semana tengan una "sesión de resolución de conflictos." El resto de la semana, procure enfocarse en las cosas que le gustan de su cónyuge. Haga comentarios positivos sobre su cónyuge. Esto genera un clima agradable en el cual analizar sus conflictos.

Cuando establece un momento definido para ocuparse del conflicto, evita que su casa esté constantemente inundada de palabras airadas o de frustración, algo que al rey Salomón le parecía insoportable, según hemos leído en el versículo citado arriba. Cuando trabaje a favor de la paz, entonces podrá ocuparse de los conflictos uno por uno sin destruir la relación. Cada conflicto resuelto acerca más a los seres que se aman.

Padre celestial, sé que el conflicto es inevitable entre las personas. Por favor ayúdanos a ocuparnos de nuestras diferencias de alguna manera que resulte útil, respetuosa e intencional. Queremos que nuestro hogar sea un espacio de paz, no un lugar de conflicto constante.

ESCUCHAR CON SABIDURÍA

Si escuchas la crítica constructiva, te sentirás en casa entre los sabios. Si rechazas la disciplina, sólo te harás daño a ti mismo, pero si escuchas la corrección, crecerás en entendimiento. PROVERBIOS 15:31-32

DURANTE TREINTA AÑOS he estado aconsejando a parejas y conduciendo seminarios de enriquecimiento matrimonial. Hasta ahora no he conocido a una pareja que no tuviera conflictos. He conocido a algunas que sabían cómo resolver sus conflictos y a muchas otras más que permitieron que los conflictos destruyeran su matrimonio.

En el devocional de ayer compartí la sugerencia de establecer un momento de cada semana para una "sesión de resolución de conflictos." Cuando se sienten a analizar un conflicto túrnense para hablar. Comiencen hablando cinco minutos. Pueden tener tantas rondas como necesiten, pero no se interrumpan mutuamente. Esperen su turno. Según el rey Salomón, escuchar a los demás (especialmente si tienen críticas constructivas para hacernos) nos hace sabios. Cuando escuchamos a nuestro cónyuge, especialmente en medio de un conflicto, crecemos en la comprensión de nosotros mismos y del otro.

Puede hacer preguntas que le ayuden a entender lo que su cónyuge está diciendo. Por ejemplo: "¿Dices que te sientes desanimada cuando juego golf los sábados en lugar de pasar tiempo contigo y con los niños? ¿Dices que preferirías que no juegue golf?"

Después de escuchar, entonces tendrá su turno de hablar. En este ejemplo, podría explicar lo importante que es el golf para su salud mental. Entonces pueden buscar una solución que ambos encuentren funcional. Escuchar y tratar de entenderse mutuamente es decisivo para resolver los conflictos.

Padre, quiero ser sabio. Por favor ayúdame a responder de manera correcta cuando mi cónyuge me diga algo que no quiera escuchar. Ayúdame a entender qué es lo mejor para nuestra relación, no solo para mis necesidades.

ENCONTRAR UNA SOLUCIÓN

¡Gracias por hacerme tan maravillosamente complejo! Tu fino trabajo es maravilloso, lo sé muy bien. SALMOS 139:14

TODA PAREJA TIENE conflictos porque está conformada por seres humanos. Cada ser humano es único. Todos vemos el mundo de una manera diferente. El error común es tratar de exigir que mi cónyuge perciba el mundo como lo percibo yo. "Creo que si tan solo pensara en el asunto, mi pareja coincidiría conmigo. Mi punto de vista tiene sentido." El problema es que lo que tiene sentido para una persona no siempre lo tiene para otra. La precisión funciona en las matemáticas y en la ciencia, pero no existe en las relaciones humanas. Como lo deja en claro el Salmo 139, el Señor nos ha diseñado a cada uno de manera singular. Él nos formó y nos conoce desde antes de nacer. Deberíamos celebrar esas diferencias, en lugar de permitir que nos frustren. Tenemos que dejar margen para la variedad en las percepciones y en los deseos humanos.

La resolución de conflictos requiere que tratemos las ideas y los sentimientos de nuestro cónyuge con respeto, no con juicio. Nuestro propósito no es demostrar que nuestro cónyuge está equivocado sino encontrar un "punto de encuentro," un lugar donde podamos trabajar juntos como equipo. No necesitamos estar de acuerdo a fin de resolver un conflicto. Simplemente tenemos que encontrar una solución adecuada a nuestras diferencias.

Una buena manera de comenzar podría ser la pregunta: "¿Qué te resultaría mejor?" Ahora se están enfocando en la solución en lugar de hacerlo en las diferencias. Dos personas adultas que buscan una solución probablemente la encontrarán.

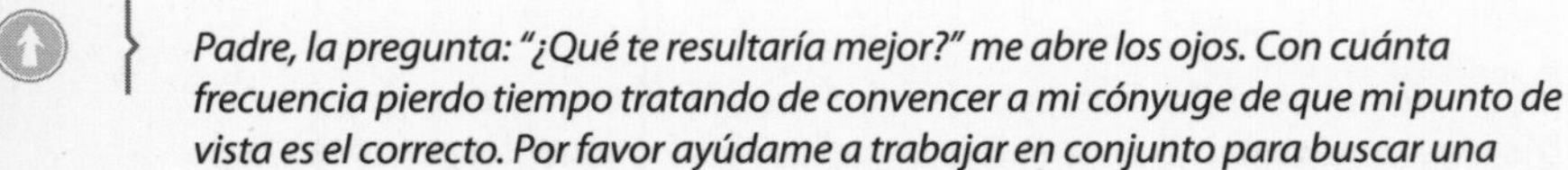

Padre, la pregunta: "¿Qué te resultaría mejor?" me abre los ojos. Con cuánta frecuencia pierdo tiempo tratando de convencer a mi cónyuge de que mi punto de vista es el correcto. Por favor ayúdame a trabajar en conjunto para buscar una solución que resulte buena para ambos. Gracias por habernos creado únicos a cada uno.

CULTIVANDO INTIMIDAD ESPIRITUAL

Ayúdense a llevar los unos las cargas de los otros, y obedezcan de esa manera la ley de Cristo. GÁLATAS 6:2

LA MAYORÍA DE las parejas con las que me encuentro desearía poder compartir con más libertad su peregrinaje espiritual. Con frecuencia hablamos sobre intimidad emocional o intimidad sexual, pero rara vez hablamos sobre intimidad espiritual. Sin embargo, esta área afecta todos los demás aspectos de la relación.

Así como la intimidad emocional viene de compartir nuestras emociones, la intimidad espiritual viene de compartir nuestro andar con Dios. No tenemos que ser gigantes espirituales para poder tener intimidad espiritual como pareja, pero debemos estar dispuestos a compartir cuál es nuestra situación espiritual.

El esposo que dice: "Hoy no me siento muy cerca de Dios" quizás no aliente mucha alegría en el corazón de su esposa, pero sí abre la posibilidad de que ella participe en su experiencia espiritual. Si ella responde: "Dime más," está alentando la intimidad espiritual. En cambio, si dice: "Bueno, si no te sientes cerca de Dios, adivina quién se alejó," está frenando el flujo y su esposo se marchará sintiéndose condenado. El apóstol Pablo nos desafía a compartir las cargas, y estas incluyen con frecuencia los sentimientos de aridez espiritual y las dificultades. La intimidad espiritual dentro del matrimonio requiere de la disposición a escuchar sin sermonear.

Padre, quiero ser capaz de conversar con mi cónyuge sobre mi andar contigo y también quiero escuchar cuáles son sus experiencias. Por favor ayúdanos a ser amables mientras nos escuchamos mutuamente y compartimos nuestras cargas. Te pido que aumentes la intimidad espiritual entre nosotros.

17 DE JULIO

SER EJEMPLO DEL ANHELO ESPIRITUAL

Cuando nos encontremos, quiero alentarlos en la fe pero también me gustaría recibir aliento de la fe de ustedes. ROMANOS 1:12

¿CÓMO SE DESARROLLA la intimidad espiritual en su matrimonio? Una mujer me dijo: "Me gustaría que mi esposo y yo compartiéramos más las cosas espirituales. Él parece dispuesto a hablar de cualquier cosa, pero cuando menciono la iglesia, Dios o la Biblia, se queda mudo y se marcha. No sé qué hacer, pero es muy frustrante." ¿Qué consejo le daría usted a esta mujer?

Esto es lo que yo le dije: "No deje de hablar sobre cosas espirituales. Su relación con Dios es lo más importante en su vida. Si no comparte este aspecto de su persona, su esposo nunca sabrá quién es usted. Sin embargo, no espere que le responda de la misma manera y no lo sermonee a menos que se lo pida. Simplemente participe lo que Dios está haciendo en su vida. Comparta un pasaje de la Biblia que la haya ayudado a tomar una decisión o que la haya alentado cuando se sintió desanimada.

"Cuando comparte sobre su vida espiritual, estimula sus ansias. Cuando su esposo sienta hambre espiritual, probablemente querrá compartirlo con usted. En ese momento comenzará la intimidad espiritual."

Alentarse mutuamente en la fe es una meta valiosa. Hasta el apóstol Pablo deseaba sentirse alentado por la fe de los creyentes en Roma. Cuando logramos compartir nuestros éxitos y nuestras luchas espirituales, nuestro matrimonio será bendecido.

Padre, por favor ayúdame a ser paciente con mi cónyuge cuando no se muestre dispuesto a conversar sobre asuntos espirituales conmigo. Te pido que obres en nuestro corazón y nos acerques más en esta área. Profundiza nuestra relación contigo así como nuestra intimidad espiritual.

PRACTICAR EL ARTE DE ESCUCHAR ATENTAMENTE

Presten mucha atención a lo que voy a decir; escúchenme hasta el final.

JOB 13:17

¿SE HA QUEJADO su cónyuge alguna vez diciendo: "Tengo la sensación de que no me escuchas cuando hablo"? La conversación de calidad requiere escuchar atentamente. Como vemos en el libro de Job, su frustración aumenta ante la ineficiencia de sus consoladores. Cada vez que le responden, él se da cuenta de que en realidad no entienden lo que ha dicho. Finalmente explota: "¡Escúchenme hasta el final!" Ese no es el tipo de frustración que usted desea para su cónyuge.

Permítame ofrecerle algunas sugerencias sobre cómo escuchar de manera efectiva:

- Mantenga contacto visual mientras su cónyuge le está hablando. Esto evita que su mente divague y le comunica a su cónyuge que está prestándole toda su atención.
- Deje cualquier otra actividad mientras su cónyuge le habla. Sé que posiblemente usted puede mirar televisión y escuchar a su cónyuge al mismo tiempo, pero el mensaje que usted le comunica es que lo que él dice no es tan importante.
- Preste atención a las emociones y refleje lo que recibe. "Me parece que te sientes desilusionada porque esta mañana no saqué la basura." Ahora su cónyuge sabe que usted lo está escuchando y podrá aclarar sus sentimientos y sus deseos.
- Observe el lenguaje corporal. Los puños cerrados, las manos temblorosas y las lágrimas pueden darle una idea de la profundidad de los sentimientos de su cónyuge sobre lo que le está diciendo. Cuanto más fuerte sea la emoción, tanto más importante será que usted le dé a su cónyuge atención exclusiva.

Señor Jesús, sé que debo escuchar más atentamente a mi cónyuge. Quiero expresarle que realmente entiendo y que lo que escucho es importante para mí. Por favor ayúdame a escuchar hoy con interés y con amor.

CULTIVAR LA INTIMIDAD MEDIANTE EL ARTE DE ESCUCHAR ATENTAMENTE

"Si me buscan de todo corazón, podrán encontrarme. Sí, me encontrarán", dice el Señor. JEREMÍAS 29:13-14

¿QUÉ RECOMPENSA TIENE escuchar a su cónyuge? Escuchar es la puerta de entrada a la mente y al corazón de su cónyuge. Dios le dijo a Israel: "Yo sé los planes que tengo para ustedes. . . . Son planes para lo bueno y no para lo malo, para darles un futuro y una esperanza" (Jeremías 29:11). ¿Cómo iba a saber Israel lo que había en la mente y en el corazón de Dios? Los versículos 13 y 14 dejan en claro que lo descubrirían al buscar al Señor de todo corazón. Dios quería que Israel conociera sus pensamientos, pero Israel tenía que escuchar.

¿Qué está haciendo usted a fin de conocer los pensamientos y los sentimientos de su cónyuge? La clave de la buena comunicación es escuchar. No juzgue a su pareja por no conversar más. En lugar de eso haga preguntas y preste atención a las respuestas. Quizás al principio sean breves, especialmente si su cónyuge no es de hablar mucho, pero una vez que se dé cuenta de que usted está verdaderamente interesada, eventualmente compartirá sus pensamientos. Reciba los pensamientos de su cónyuge como un aporte interesante, desafiante o fascinante y entonces él le hablará más.

Escuchar a Dios nos acerca a su corazón. Si usted escucha a su cónyuge encontrará esa misma clase de intimidad.

Padre celestial, estoy muy agradecido por tu promesa de que te encontraremos cuando te busquemos de todo corazón. Ayúdame a dedicar esa misma clase de esfuerzo a "buscar" y a conocer a mi cónyuge. Enséñame a escuchar con cuidado y a valorar sus pensamientos. Que esto fortalezca nuestra relación.

ESCUCHAR CON ATENCIÓN

[Jesús dijo:] "A los que escuchan mis enseñanzas se les dará más comprensión, y tendrán conocimiento en abundancia". MATEO 13:12

ES IMPOSIBLE SOBREESTIMAR la importancia de escuchar a su cónyuge. Escuchar expresa: "Te valoro y valoro nuestra relación. Quiero conocerte." Nunca podrá tener intimidad en su matrimonio a menos que conozca a su cónyuge.

En la comunicación es fundamental respetar las opiniones de la otra persona, aunque sean diferentes de las suyas. Pocas personas seguirán compartiendo lo que piensan si siempre reciben juicio. También es un obstáculo responder demasiado rápido. Escuche el doble de lo que habla y conocerá mucho mejor a su cónyuge. En Mateo 13:12 leemos que Jesús dijo a sus discípulos que escuchar produce conocimiento. Cuanto más escuchamos y cuanto mejor escuchamos, más entendemos. Eso es indudablemente cierto respecto a las enseñanzas de Jesús, pero también se aplica a la conversación con su cónyuge.

Si su cónyuge comienza a hablar, considérelo como un "momento santo." La persona a la que usted ama está por revelarle algo. Cuando su cónyuge le manifieste algo de sí mismo, no lo interrumpa. Deje todo lo que está haciendo y concéntrese en escuchar. Haga gestos que indiquen comprensión. Sonría si le está diciendo algo gracioso. Exprese preocupación con su mirada si su pareja está compartiendo su dolor. Haga preguntas para asegurarse de que está entendiendo bien. Escuchar atenta y eficazmente alienta la comunicación.

Señor, quiero escuchar atentamente a mi cónyuge y comprender cada vez mejor a esta persona que amo. Sé que eso comienza por valorar los momentos en que quiere compartir sus pensamientos o sus sentimientos. Por favor dame la autodisciplina necesaria para escuchar atentamente y estar alerta a fin de que nuestra comunicación mejore cada vez más.

21 DE JULIO

SABIDURÍA PARA LAS ESPOSAS

¿Quién podrá encontrar una esposa virtuosa y capaz? Es más preciosa que los rubíes. Su marido puede confiar en ella, y ella le enriquecerá en gran manera la vida. Esa mujer le hace bien y no mal, todos los días de su vida. . . . Cuando habla, sus palabras son sabias, y da órdenes con bondad.

PROVERBIOS 31:10-12, 26

¿QUÉ DEBE HACER una mujer cuando su esposo se niega a cambiar? Usted le ha pedido una y otra vez que cambie. Le ha dicho exactamente lo que quiere, pero él no cede. ¿Entonces qué debe hacer usted?

Permítame sugerirle que cambie de enfoque. Ya que él no cambia, comience cambiando usted. Analice cuidadosamente su propio comportamiento y pregúntese: *¿Qué estoy haciendo yo que no debería hacer? ¿Qué estoy diciendo yo que no debería decir?* Sus respuestas quizás incluyan el intento de controlarlo, hablar desconsideradamente o guardar rencor. Una vez que haya identificado en qué está fallando, confiésele esas cosas a Dios y luego a su esposo. Aunque su esposo sea responsable de 95 por ciento del problema, el punto de partida es que usted comience por su 5 por ciento. Después de todo, usted *sí* podrá modificar eso, y cuando lo haga, su matrimonio será 5 por ciento mejor.

Observe este enfoque en una mujer que tiende a tratar a su esposo como a un ayudante contratado: "Fue injusto pedirte que sacaras ese tocón de árbol apenas terminaste de cortar el césped. Sé que he tenido la costumbre de abrumarte con tareas y te pido perdón. Quiero que sepas que aprecio el trabajo que hiciste esta mañana." Cualquiera sea la reacción inicial del esposo, ella acaba de cambiar el clima del matrimonio.

Procure ser una esposa que, como la famosa "mujer de Proverbios 31," hable con sabiduría y amabilidad, y le haga bien a su esposo.

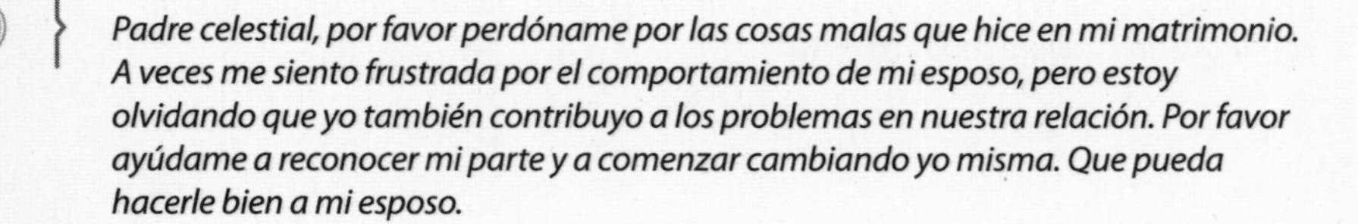

Padre celestial, por favor perdóname por las cosas malas que hice en mi matrimonio. A veces me siento frustrada por el comportamiento de mi esposo, pero estoy olvidando que yo también contribuyo a los problemas en nuestra relación. Por favor ayúdame a reconocer mi parte y a comenzar cambiando yo misma. Que pueda hacerle bien a mi esposo.

SABIDURÍA PARA LOS MARIDOS

El marido debe amar a su esposa como ama a su propio cuerpo. Pues un hombre que ama a su esposa en realidad demuestra que se ama a sí mismo.

EFESIOS 5:28

¿QUIERE TENER UNA esposa más amorosa? Antes de criticarla por todas sus faltas, recuerde que la crítica rara vez contribuye a lograr un cambio positivo. Aquí encontrará algunas ideas de cómo lograrlo.

En primer lugar, encuentre algo que le guste acerca de ella y exprésele admiración. Haga lo mismo dos días más tarde y luego otra vez. Cuando usted adquiera el patrón de hacer elogios, es posible que se vea gratamente sorprendido por los resultados.

En segundo lugar, hable con amabilidad. No permita que sus emociones determinen el tono de su voz. Si tiene algo para decir, aun si involucra sentimientos negativos, dígalo con la mayor amabilidad posible. Recuerde que la Biblia dice: "La respuesta apacible desvía el enojo, pero las palabras ásperas encienden los ánimos" (Proverbios 15:1). No alimente la ira innecesariamente.

En tercer lugar, no dé órdenes. Las exigencias fomentan el resentimiento. En lugar de decir: "Quiero que esto quede hecho hoy," pruebe con la pregunta: "¿Habrá alguna posibilidad de que incluyas esta tarea en tu agenda hoy? Me gustaría mucho que pudieras hacerlo." La manera en que le habla a su esposa hace toda la diferencia.

Sobre todo, recuerde que su responsabilidad es amar a su esposa como ama a su propio cuerpo. Eso significa interesarse por ella y tratarla con respeto, sin importar cómo actúe ella ni cómo le responda. Deje que el amor sea su meta y todo lo demás irá acomodándose.

Padre, amar a mi esposa como a mi propio cuerpo es un desafío tan grande que a veces me parece insuperable. Quiero aprender más acerca de cómo lograrlo. Por favor ayúdame a madurar en mi manera de tratar a mi esposa, para que nuestro matrimonio sea más fuerte y tengamos más intimidad.

23 DE JULIO

DAR AMOR

Ámense unos a otros con un afecto genuino y deléitense al honrarse mutuamente. ROMANOS 12:10

EL DESEO DE amor romántico está profundamente enraizado en nuestra constitución psicológica. Casi todas las revistas populares tienen por lo menos un artículo sobre cómo mantener vivo el amor. ¿Entonces por qué son tan pocas las parejas que parecen haber encontrado el secreto de un amor duradero *después* de la boda? Estoy convencido que se debe a que nos concentramos en "exigir amor" en lugar de "dar amor."

Mientras usted siga concentrándose en lo que su cónyuge debería hacer por usted, su pareja lo recibirá como condenación y crítica. ¿Qué le parece un enfoque diferente? Uno que diga: "¿Qué puedo hacer para ayudarte a *ti*? ¿Cómo puedo hacerte a *ti* más fácil la vida? ¿Cómo puedo ser *yo* una mejor pareja?" En Romanos 12, Pablo dice que al amarnos unos a otros debemos deleitarnos en honrarnos mutuamente. Dar amor a nuestro ser querido no debería ser una tarea pesada; si el afecto es sincero, dar y servir puede ser un deleite. *Dar* amor mantendrá viva su relación.

Padre, ayúdame hoy a concentrarme en dar amor. Que me preocupe menos por lo que mi cónyuge puede darme y más en lo que puedo darle yo. Gracias por ser el ejemplo supremo de amor desinteresado y entregado.

BUSCAR LA RECONCILIACIÓN

Busquen al Señor mientras puedan encontrarlo; llámenlo ahora, mientras está cerca. Que los malvados cambien sus caminos y alejen de sí hasta el más mínimo pensamiento de hacer el mal. Que se vuelvan al Señor, para que les tenga misericordia. Sí, vuélvanse a nuestro Dios, porque él perdonará con generosidad. ISAÍAS 55:6-7

¿ACABA EL MATRIMONIO si su cónyuge se marcha? La respuesta es un enfático *no*. La separación matrimonial significa que la pareja necesita ayuda. El ideal bíblico requiere la reconciliación. Quizás usted no sienta el deseo de reconciliarse o no vea la posibilidad de reunirse. Tal vez el proceso lo asuste, pero ¿me permite desafiarlo a seguir el ejemplo de Dios?

A lo largo de la Biblia se nos describe a Dios en una relación de amor con su pueblo: Israel en el Antiguo Testamento y la iglesia en el Nuevo Testamento. En muchas ocasiones, Dios se encontró separado de su pueblo a causa del pecado y de la obstinación de la gente. En un sentido, la Biblia entera es el registro de los intentos de Dios de reconciliarse con su pueblo. Observe que Dios siempre está a favor de la reconciliación sobre la base de que se corrija el comportamiento pecaminoso. Dios nunca estuvo dispuesto a reconciliarse mientras Israel continuara en el pecado. En el pasaje mencionado arriba, el profeta Isaías llamaba apasionadamente al pueblo para que abandonara sus pecados y se volviera al Señor. Dios estaba cerca y su perdón estaba disponible.

No puede haber reconciliación sin arrepentimiento. En el matrimonio, eso significa el arrepentimiento de ambos, porque la falta ha involucrado a las dos partes. Ocuparse de sus propias faltas debe ser su primer paso cuando busque la reconciliación.

Padre, te doy gracias por tu ejemplo de invitarnos a la reconciliación amorosa. Confieso mis propios pecados en el matrimonio. Ayúdame a ocuparme primero de ellos, antes de buscar la reconciliación con mi cónyuge.

CREER EN LA RESTAURACIÓN

Y ahora, que toda la gloria sea para Dios, quien puede lograr mucho más de lo que pudiéramos pedir o incluso imaginar mediante su gran poder, que actúa en nosotros. EFESIOS 3:20

LA SEPARACIÓN INDICA que el matrimonio tiene problemas. Se han roto los sueños de hacerse mutuamente felices. Es probable que la falta de satisfacción que experimentaban antes de separarse viniera de alguna de estas tres fuentes: (1) no tener una relación íntima con Dios, (2) no tener una relación íntima con su pareja o (3) no tener profunda comprensión y aceptación de sí mismos. La primera y la tercera de estas cuestiones pueden corregirse sin la ayuda de su cónyuge. La segunda, por supuesto, requiere de la colaboración del marido y de la esposa.

El cambio radical en las tres áreas es totalmente posible. Si usted comienza ocupándose de su relación con Dios y procurando conocerse mejor a sí mismo, estará trabajando a favor de la reconciliación de su matrimonio, aunque su cónyuge no esté participando activamente todavía.

Permita que un pastor, un consejero o un amigo cristiano le ayuden a renovar su manera de ver a Dios y de verse a sí mismo. Acérquese a Dios y pídale ayuda para entender su papel en la restauración del vínculo con su cónyuge. Cambie usted y entonces abrirá la puerta a la posibilidad de la reconciliación. El apóstol Pablo nos dice en Efesios 3 que Dios puede hacer más de lo que pedimos y aun más de lo que imaginamos. Él puede restaurar su matrimonio.

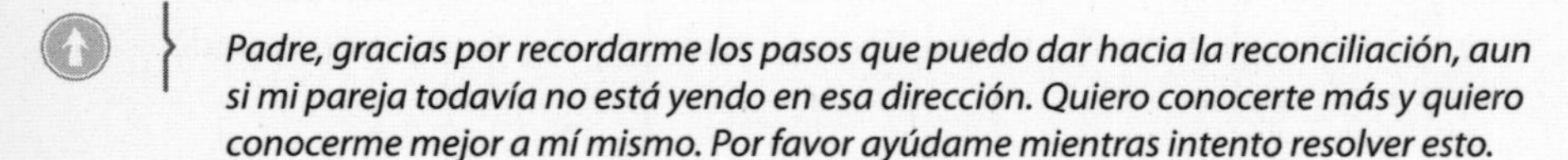

Padre, gracias por recordarme los pasos que puedo dar hacia la reconciliación, aun si mi pareja todavía no está yendo en esa dirección. Quiero conocerte más y quiero conocerme mejor a mí mismo. Por favor ayúdame mientras intento resolver esto.

(Si usted no está separado, ore por un amigo que lo esté.)

MOSTRAR AMOR MEDIANTE EL SERVICIO

Siempre que tengamos la oportunidad, hagamos el bien a todos, en especial a los de la familia de la fe. GÁLATAS 6:10

PARA ALGUNAS PERSONAS, las acciones comunican más que las palabras. Probablemente el lenguaje principal de amor de esas personas sea el de los actos de servicio. Esto es lo que hace que se sientan amadas. Las palabras "te amo" pueden parecerles superficiales cuando no se acompañan con actos de servicio.

Cortar el césped, cocinar, lavar la vajilla, limpiar el piso, sacar el cabello de la rejilla, limpiar las manchas blancas del espejo, sacar los insectos del parabrisas, sacar la basura, cambiar los pañales al bebe, pintar el dormitorio, pasar el plumero a la biblioteca, lavar el auto, podar el seto, rastrillar las hojas, pasar el plumero a las persianas, pasear al perro: este tipo de cosas comunica amor a la persona cuyo lenguaje de amor principal son los actos de servicio. En Gálatas, Pablo nos alienta a aprovechar las oportunidades para hacer cosas buenas y amables a favor de otros creyentes. ¿Cuánto más deberíamos hacer por la persona a la que más amamos?

Haga estas cosas y su pareja se sentirá amada. Si no las hace, podrá decir "te amo" todo el día sin conseguir que se sienta amada. Si usted quiere que su cónyuge se sienta amado, debe descubrir y usar su lenguaje de amor principal.

Padre, sé que hay muchas maneras de mostrar mi amor por medio de actos de servicio. Por favor ayúdame a darme cuenta de las oportunidades a lo largo del día.

27 DE JULIO

JESÚS FUE EJEMPLO DE SERVICIO

[Jesús dijo:] "El que quiera ser líder entre ustedes deberá ser sirviente, y el que quiera ser el primero entre ustedes deberá convertirse en esclavo. Pues ni aun el Hijo del Hombre vino para que le sirvan, sino para servir a otros y para dar su vida en rescate por muchos". MATEO 20:26-28

JESÚS MOSTRÓ EL lenguaje de amor de los actos de servicio cuando lavó los pies de sus discípulos. Esta era una tarea que por lo general se relegaba a un sirviente, de modo que resultaba chocante que lo hiciera un maestro respetable, tan chocante que en un primer momento Pedro no quiso que Jesús le hiciera esta clase de servicio. Sin embargo, para Jesús no se trataba de un acto casual; era una manera de vivir. La oración que mejor describe su vida es la siguiente: "Jesús anduvo haciendo el bien" (Hechos 10:38). Él mismo dijo que no vino "para que le sirvan, sino para servir a otros." El servicio fue el tema central de su vida. Su acto culminante de servicio fue dar la vida por nosotros para que pudiéramos recibir el perdón de Dios.

Si el lenguaje de amor de su cónyuge es el de los actos de servicio, entonces deje que Jesús sea su modelo. Lea nuevamente los Evangelios y busque maneras en las que él servía a los demás. Pídale a Dios que le dé la actitud de Cristo hacia su cónyuge para que pueda brindarle servicio en amor.

Señor Jesús, tu actitud de servicio es el modelo máximo para mí. Ayúdame mientras me esfuerzo por imitar las formas generosas en las que mostrabas amor por los demás. Por favor muéstrame cómo practicar el servicio con libertad.

COMUNICÁNDONOS SOBRE EL SEXO

Que todo lo que digan sea bueno y útil, a fin de que sus palabras resulten de estímulo para quienes las oigan. EFESIOS 4:29

SI SE PUEDE mencionar una habilidad más importante que cualquier otra para alcanzar unidad en el terreno sexual, es la *comunicación*. ¿Por qué estamos tan dispuestos a conversar sobre cualquier otra cosa, pero somos tan reticentes a conversar abiertamente sobre este aspecto? Al hablar sobre la sexualidad, debemos tratar de seguir el consejo del apóstol Pablo y de compartir entre nosotros palabras útiles y alentadoras. La comunicación puede hacer una diferencia enorme en el nivel de satisfacción sexual mutua del matrimonio.

Su esposa nunca sabrá cuáles son sus sentimientos, necesidades y deseos a menos que usted las exprese. Su esposo nunca sabrá qué es lo que le da placer si usted no se lo comunica. No conozco a ninguna pareja que haya logrado satisfacción sexual mutua sin una comunicación franca sobre los asuntos sexuales. No se puede trabajar sobre un problema del que no se tiene conocimiento.

Permítame compartir una idea práctica para ayudarle a comenzar. En la parte superior de una hoja en blanco escriba lo siguiente: "Estas son las cosas que deseo que mi pareja haga o no haga, para que el aspecto sexual de nuestro matrimonio resulte mejor para mí." Ahora escriban algunas ideas y luego compartan sus listas. La información es el primer paso en el camino del crecimiento. Recuerde que la meta es lograr que el sexo sea un placer mutuo.

Señor Dios, sabes que hablar sobre el sexo a veces me resulta difícil. Ayúdame a recordar que tú quieres que la relación con mi cónyuge sea fuerte en todas las áreas, incluyendo la sexual. Por favor danos gracia para hablar de manera provechosa al conversar sobre qué nos gusta y qué no en nuestra relación sexual.

LA IMPORTANCIA DEL SEXO

Déjame ver tu cara; déjame oír tu voz. Pues tu voz es agradable, y tu cara es hermosa. CANTAR DE LOS CANTARES 2:14

¿POR QUÉ ES tan importante el sexo en el matrimonio? Somos criaturas sexuales porque así fuimos diseñados por Dios. El propósito más obvio de la sexualidad es la reproducción, pero no es el único.

Un segundo propósito es el del compañerismo. Dios dijo sobre Adán: "No es bueno que el hombre esté solo" (Génesis 2:18). La respuesta de Dios fue crear a Eva e instituir el matrimonio, sobre el cual las Escrituras dicen: "Los dos se convierten en uno solo" (Génesis 2:24). Eso es verdad tanto en sentido literal como metafórico. En el acto sexual las dos personas se unen. Es lo opuesto de estar solo. Hay intenso compañerismo y profunda intimidad.

Un tercer propósito del sexo es el placer. El libro del Cantar de los Cantares está lleno de ilustraciones sobre el placer de la pareja al relacionarse sexualmente en el matrimonio. Las frases descriptivas pueden ser desconocidas en nuestra cultura (un hombre de Occidente por lo general no compararía los dientes de su esposa con ovejas, por ejemplo), pero la intención es clara: la masculinidad y la feminidad son para el disfrute de la pareja casada.

El sexo no fue diseñado para ser colocado en un estante después de unos pocos años de matrimonio. El deseo de Dios es que encontremos y disfrutemos el amor sexual mutuo a lo largo de toda la vida matrimonial.

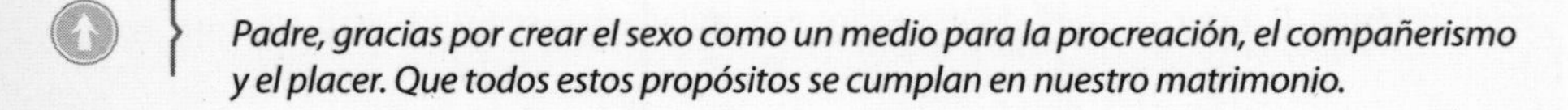

Padre, gracias por crear el sexo como un medio para la procreación, el compañerismo y el placer. Que todos estos propósitos se cumplan en nuestro matrimonio.

ACTITUD POSITIVA

¿Por qué estoy desanimado? ¿Por qué está tan triste mi corazón? ¡Pondré mi esperanza en Dios! Nuevamente lo alabaré, ¡mi salvador y mi Dios!

SALMOS 42:5-6

EN LOS PRÓXIMOS días quiero compartir con usted cinco factores que pueden transformar su matrimonio. El primero es este: *Yo soy responsable de mi propia actitud.* El conflicto es inevitable, pero la amargura es opcional. La actitud se relaciona con la manera en que elegimos pensar sobre las cosas.

Pensemos en dos mujeres cuyos maridos han perdido el empleo. Valeria dice: "Hace tres años que mi esposo no consigue empleo a tiempo completo. La parte buena es que no podemos contratar la tele por cable. Hemos conversado mucho más los lunes por la noche. Hemos aprendido mucho. Nuestra filosofía es: 'No necesitamos lo que toda la gente cree que necesita tener.' Es sorprendente con cuántas cosas menos se puede vivir." Por su parte, Liliana dice: "Hace diez meses que mi esposo está sin trabajo. Hemos tenido que quedarnos con un solo auto, sin teléfono y estamos recibiendo comida del banco de alimentos. La vida está terrible en casa."

La diferencia entre estas dos esposas, y en la atmósfera de sus hogares, consiste fundamentalmente en la actitud. Podemos optar por pensar negativamente y maldecir, o podemos buscar el sol detrás de las nubes.

El escritor del Salmo 42 sin duda conocía el poder de una buena decisión. Cuando enfrentó el desánimo, eligió dirigir su atención hacia la esperanza que viene de Dios. Cuando recordamos las cosas buenas de nuestra vida, incluyendo la salvación y el amor que Dios nos da, estamos decidiendo modificar nuestra actitud.

Señor, sé que tiendo a culpar a las circunstancias por mi frustración, pero la verdad es que debo hacerme responsable de mi propia actitud. Ayúdame a elegir la esperanza y el optimismo, y que eso transforme la manera en que percibo mi relación matrimonial.

31 DE JULIO

MODIFICAR LA ACTITUD PARA MODIFICAR LAS ACCIONES

[Elías] se sentó bajo un solitario árbol de retama y pidió morirse: "Basta ya, Señor; quítame la vida, porque no soy mejor que mis antepasados que ya murieron". 1 REYES 19:4

AYER CONSIDERAMOS EL primer factor que puede transformar nuestro matrimonio: *Soy responsable de mi propia actitud.* Hoy comentaremos el segundo factor: *La actitud afecta a las acciones.* La actitud es importante porque afecta mi comportamiento y mis palabras. Quizás no puedo controlar mi ambiente ni las circunstancias que enfrento (una enfermedad, un cónyuge alcohólico, un adolescente adicto, la pérdida del trabajo, el envejecimiento de los padres, etcétera), pero soy responsable por lo que *hago* con mi ambiente. Mi actitud afectará enormemente mi comportamiento.

El profeta Elías nos da un vívido ejemplo. Se sentía renovado después de derrotar a los falsos profetas de Baal en la confrontación del monte Carmelo y de mostrar que el Señor es Dios, pero cayó en la desesperación cuando la reina Jezabel amenazó su vida. Su actitud de derrota lo empujó a esconderse y a pedirle a Dios que le quitara la vida. Dios renovó a Elías, quien entonces volvió a su trabajo como profeta, pero sin duda en ese momento de su vida su actitud afectó enormemente sus acciones.

Con nosotros ocurre lo mismo. Si me concentro en lo negativo, es más probable que le dirija a mi cónyuge palabras críticas y de juicio. Mi comportamiento caerá en una de dos categorías: haré cosas que lastimen a mi cónyuge, o me alejaré y pensaré en la posibilidad de separarme.

Por el contrario, si busco lo positivo de mi matrimonio, es más probable que le hable a mi cónyuge de manera constructiva, le diga palabras de aprobación y haga algo que pueda enriquecer la vida para ambos.

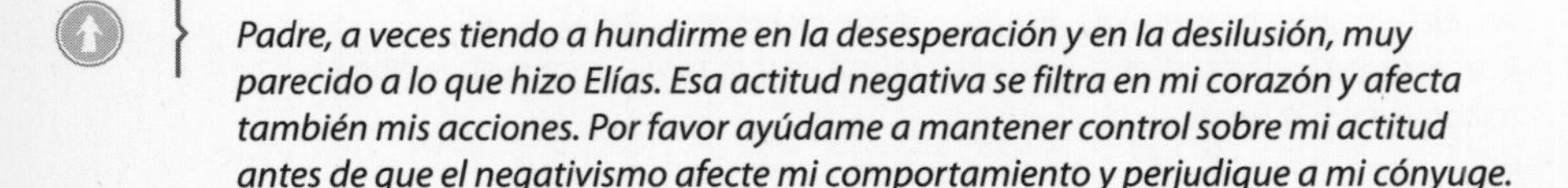

Padre, a veces tiendo a hundirme en la desesperación y en la desilusión, muy parecido a lo que hizo Elías. Esa actitud negativa se filtra en mi corazón y afecta también mis acciones. Por favor ayúdame a mantener control sobre mi actitud antes de que el negativismo afecte mi comportamiento y perjudique a mi cónyuge.

INFLUENCIA POSITIVA

Imiten a Dios en todo lo que hagan porque ustedes son sus hijos queridos. Vivan una vida llena de amor, siguiendo el ejemplo de Cristo. EFESIOS 5:1-2

¿HA ESCUCHADO ALGUNA vez: "Nadie puede cambiar a otra persona"? Es verdad que *usted no puede modificar a la persona que ama, pero sí puede influenciar en ella cada día, y en efecto lo hace.* Esa es la tercera realidad del matrimonio. Si usted todavía está tratando de modificar a su cónyuge, quizás sea un manipulador. Su razonamiento es: *Si hago tal cosa, entonces mi pareja hará tal otra* o *Si logro que se sienta feliz o miserable, entonces conseguiré lo que quiero*. Lamento desanimarlo, pero está en un callejón sin salida. Aun si consigue que su cónyuge cambie, su manipulación fomentará resentimientos.

Es mejor el enfoque de ejercer influencia positiva en su cónyuge. Esa influencia se logra por medio de sus palabras y de sus actos. Si usted identifica algo de lo que hace su cónyuge que a usted le gusta y entonces lo elogia, estará ejerciendo una influencia positiva. Si usted hace algo que sabe que a su pareja le gustará, sus actos tendrán una influencia saludable. Si usted trata a su cónyuge con respeto y amabilidad, su ejemplo será contagioso.

En Efesios 5 Pablo nos instruye a seguir el ejemplo de Cristo y a vivir con amor. Así como un niño imita a su padre, nosotros debemos imitar a nuestro Padre celestial. Cuando seguimos ese modelo perfecto, no podemos dejar de ser una influencia positiva en los que amamos. La realidad del poder de la influencia positiva tiene un tremendo potencial para los matrimonios en conflicto.

Señor, sé que eres el modelo perfecto de amor y quiero imitarte. Al hacerlo, te pido que me permitas ser una influencia positiva en mi cónyuge.

2 DE AGOSTO

NO DEJARSE LLEVAR POR LAS EMOCIONES

Una persona sin control propio es como una ciudad con las murallas destruidas.

PROVERBIOS 25:28

EN LOS ÚLTIMOS días hemos estado compartiendo sobre los factores que pueden transformar su relación. Hoy hablaremos del factor número cuatro: *Mis actos no tienen que estar controlados por mis emociones.*

Durante los últimos treinta años o más, nuestra cultura ha puesto un énfasis indebido sobre las emociones. Cuando se aplica a una relación conflictiva, esta filosofía aconseja: "Si no tiene sentimientos de amor, admítalo y váyase." O: "Si se siente enojado o herido, sería hipócrita decir o hacer algo amable por su pareja." Esa filosofía puede parecer buena, pero no considera el hecho de que las personas son algo más que sus emociones.

Es cierto que tenemos sentimientos, pero también tenemos actitudes, valores y comportamientos. Si pasamos directamente de las emociones a las acciones, ignorando las actitudes y los valores, destruiremos nuestro matrimonio. Es probable que resulten más productivas las acciones guiadas por valores y por una actitud positiva.

El proverbio citado arriba compara a la persona sin control propio con una ciudad que tiene las murallas derrumbadas. En tiempos antiguos, los muros de la ciudad eran su primera y principal defensa contra los enemigos. Sin murallas fuertes, la ciudad quedaba vulnerable a los ataques. De manera similar, cuando permitimos que nuestras emociones nos controlen, perdemos la perspectiva y quedamos vulnerables a todo tipo de tentaciones y conductas hirientes.

No permita que sus emociones lo controlen. En lugar de ello, deténgase, piense, busque lo que sea positivo, reconózcalo y luego haga algo que tenga potencial positivo.

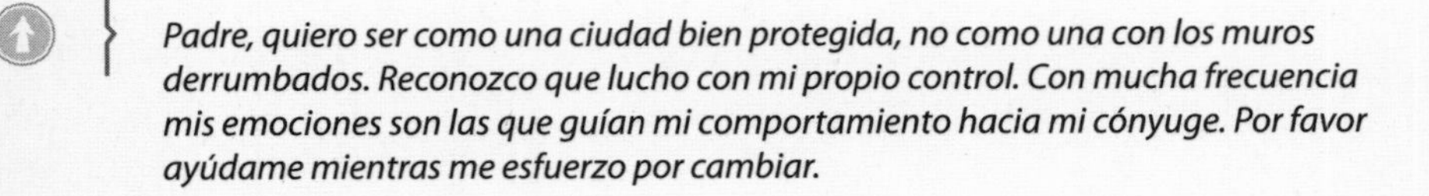

RECONOCER LAS FALTAS

Si afirmamos que no tenemos pecado, lo único que hacemos es engañarnos a nosotros mismos y no vivimos en la verdad; pero si confesamos nuestros pecados a Dios, él es fiel y justo para perdonarnos nuestros pecados y limpiarnos de toda maldad. 1 JUAN 1:8-9

UN QUINTO FACTOR que puede modificar su matrimonio es el siguiente: *Reconocer mis propias faltas no significa que soy un fracasado.*

En la mayoría de los matrimonios en conflicto hay un muro que se ha ido levantando entre la esposa y el esposo a lo largo de los años. Cada ladrillo representa un hecho del pasado en el que uno de ellos le falló al otro. Estas son las cosas de la que la gente habla cuando viene a mi oficina de consejería. El esposo se queja: "Ella critica siempre todo lo que hago. Nunca he podido complacerla." La esposa se queja: "Mi marido está casado con su trabajo. No tiene tiempo para mí ni para nuestros hijos. Me siento como una viuda." Esta pared de dolor y decepción se levanta como una barrera contra la unidad matrimonial.

Es imprescindible demoler esta pared emocional para poder reconstruir el matrimonio. Reconocer la parte que usted aportó a este muro no lo convierte en un fracasado. Significa que es un ser humano y que está dispuesto a reconocer sus fallas. De hecho, el apóstol Juan escribió que alguien que declare que nunca cometió una falta se engaña a sí mismo. Confesar el pecado es el primer paso hacia la reconciliación con Dios. Confesar las faltas del pasado a su cónyuge es el primer paso hacia un matrimonio saludable.

Padre, con frecuencia niego que hice algo malo porque no quiero sentirme un fracasado, pero sé que esa actitud solo agrava el problema. Ayúdame a reconocer mis faltas ante mi cónyuge a fin de que podamos derribar el muro de dolor entre nosotros.

4 DE AGOSTO

DESCUBRIR LOS LENGUAJES DE AMOR EN LAS HERIDAS

Examíname, oh Dios, y conoce mi corazón; pruébame y conoce los pensamientos que me inquietan. Señálame cualquier cosa en mí que te ofenda y guíame por el camino de la vida eterna. SALMOS 139:23-24

¿QUÉ HACE O dice su cónyuge que lo lastima más? Esa es probablemente una clave para reconocer su lenguaje de amor principal. Quizás el dolor no provenga de lo que su pareja hace o dice sino de lo que omite hacer o decir. Una esposa dijo: "Nunca mueve una mano para ayudarme en la casa. Mira televisión mientras yo hago todo el trabajo. No entiendo cómo puede hacer eso si realmente me ama." El lenguaje de amor de esta mujer son los *actos de servicio*. En su mente, si usted ama a alguien, hace cosas para ayudarlo. Para esa esposa, las acciones hablan más fuerte que las palabras.

Para otros, las palabras hablan más fuerte que las acciones. Un hombre me dijo: "Lo único que hace mi esposa es criticarme. No sé por qué se casó conmigo. Es obvio que no me ama." Para ese hombre, si usted ama a alguien, le habla con cariño. Su lenguaje de amor son las *palabras de aprobación*, y por ese motivo las críticas de ella lo hieren profundamente.

Si usted quiere descubrir el lenguaje de amor de su cónyuge, podría preguntar: "¿Qué te lastima más profundamente de lo que hago o digo, o dejo de hacer o decir?" Puede ser una pregunta atemorizante, pero es probable que la respuesta revele el lenguaje de amor de su pareja. Además, el Salmo 139 nos dice que si le preguntamos a Dios, él nos revelará aquellas cosas de nuestra vida que hacen sufrir a otros. Pídale a Dios que le dé discernimiento mientras aborda el tema con su cónyuge.

Padre, tú conoces todo sobre mí, incluyendo aquellas cosas que hago y que más lastiman a mi pareja. Por favor muéstramelas. Mientras hablo con mi cónyuge, ayúdame a tener un corazón dispuesto a escuchar, a aprender y a mejorar a fin de poder amar a mi pareja más eficazmente.

CREAR UN CLIMA DE RESPETO

De la misma manera, ustedes maridos, tienen que honrar a sus esposas. Cada uno viva con su esposa y trátela con entendimiento. 1 PEDRO 3:7

CUANDO SE MENCIONA la palabra *intimidad*, muchos maridos piensan de inmediato en el sexo, pero el sexo no se puede separar de la intimidad intelectual y emocional. No reconocer esta realidad conduce a la frustración conyugal.

Si una mujer no se siente libre para expresar lo que piensa, o si siente que su esposo no respeta sus ideas y que si las comparte le dirá que son necias, entonces mostrará poco interés en tener intimidad sexual. Sentirse condenada y rechazada le hará difícil reaccionar sexualmente.

Si una mujer no se siente amada por su esposo, ese distanciamiento emocional se levantará como una barrera a la intimidad sexual. Un esposo que no toma en cuenta estos factores se sentirá frustrado por la falta de interés de su esposa por el sexo. El problema no está en la falta de interés. Está más bien en la barrera emocional que hay entre ellos.

El apóstol Pedro recomendó a los hombres honrar a sus esposas y tratarlas de manera comprensiva y considerada. Los hombres deben hacer esto en primer lugar y sobre todo porque Dios lo ordena, pero la verdad es que también los beneficia a ellos. El esposo sabio procurará crear un clima en el que su esposa se sienta aceptada y amada como persona. Al hacerlo, abre puertas a la intimidad sexual.

Señor, sé que quieres que nos tratemos el uno al otro con honor, respeto y amor. Cuando lo hacemos, nuestra relación transcurre sin asperezas y te honra. Ayúdame a crecer en este sentido.

ESCUCHE PRIMERO Y RESPONDA DESPUÉS

¡Si tan solo alguien me escuchara! Miren, voy a respaldar mi defensa con mi firma. JOB 31:35

LA MAYORÍA DE nosotros expresa demasiado rápido lo que piensa. Hablamos antes de haber escuchado. Es más, una investigación comprobó que en promedio escuchamos tan solo diecisiete segundos antes de interrumpir.

El libro de Job ofrece muchos ejemplos sobre la forma incorrecta de escuchar. Aunque Job estaba sufriendo por su enfermedad física, su duelo y la pérdida de sus bienes materiales, declaró firmemente su fidelidad delante de Dios. Sus "amigos," en cambio, lo menospreciaban y declaraban con insistencia que seguramente había cometido algún pecado grave por el que Dios permitía que sufriera tanto. Finalmente, después de innumerables discursos, Job se hartó. Podemos entender su frustración en las siguientes palabras: "¡Si tan solo alguien me escuchara!"

La persona que sabe escuchar no expondrá sus ideas hasta estar segura de que entiende lo que la otra persona está diciendo. En el matrimonio, esto es sumamente importante. Haga preguntas, repita lo que cree que su cónyuge está diciendo y pregunte: "¿Te estoy entendiendo?" Cuando su cónyuge le diga: "Sí, creo que entiendes lo que digo y cómo me siento," entonces, y solo entonces, estará usted preparado para continuar. Puede decir: "Valoro de verdad que seas sincero conmigo. Ahora que te entiendo, ¿puedo decirte lo que estaba pensando cuando hice eso? Reconozco ahora que lo que dije fue hiriente, pero quiero que sepas que no tenía intención de lastimarte." En ese momento, su cónyuge prestará atención a lo que usted dice, porque usted dedicó tiempo antes para escuchar realmente lo que le estaba diciendo.

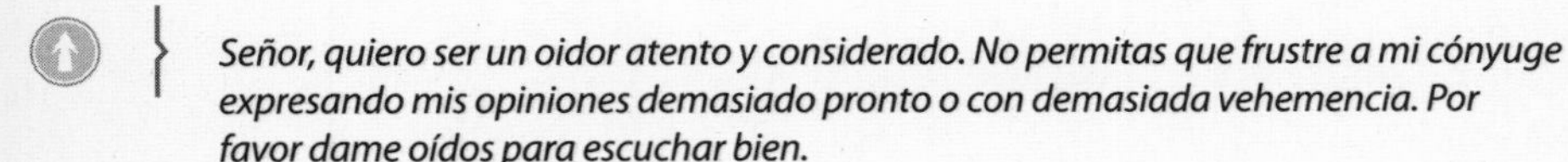

Señor, quiero ser un oidor atento y considerado. No permitas que frustre a mi cónyuge expresando mis opiniones demasiado pronto o con demasiada vehemencia. Por favor dame oídos para escuchar bien.

ENCONTRAR TIEMPO PARA LAS OBLIGACIONES

Enséñanos a entender la brevedad de la vida, para que crezcamos en sabiduría.

SALMOS 90:12

COMO CRISTIANOS, SABEMOS que el sentido esencial de la vida se encuentra en las relaciones: primero, en una relación con Dios, y segundo, en nuestra relación con otros. En el nivel humano, la relación más íntima diseñada por Dios es la del matrimonio, y la relación padre-hijo ocupa el segundo lugar. Sin embargo, algunos de nosotros nos ocupamos en actividades que tienen poco que ver con la construcción de relaciones. ¿Cómo detenemos el carrusel para bajarnos?

¿Ha escuchado a alguien decir: "Sé que debería hacerlo, pero simplemente no tengo tiempo"? ¿Es verdad que no tenemos tiempo para hacer lo que deberíamos hacer? La palabra *deber* significa estar comprometido por la ley moral, por la conciencia o por el sentido del deber. Si no cumplimos con nuestras obligaciones, entonces necesitamos examinar nuestro uso del tiempo. El tiempo es un recurso que nos ha dado el Señor y como cualquier otro recurso, necesitamos ser buenos administradores. El versículo que citamos arriba, y muchos otros en la Biblia, subrayan la razón fundamental para usar bien el tiempo: porque nuestro tiempo en la tierra es limitado. El tiempo es un bien precioso que no deberíamos desperdiciar.

En última instancia, podemos controlar el uso que hacemos del tiempo. Es posible alcanzar nuestras metas en cuanto a nuestras relaciones más cercanas. Reservar tiempo para lo que es importante requiere que digamos que no a las cosas de menor importancia. ¿Necesita usted sentarse y hacer un análisis cuidadoso de cómo está empleando su tiempo? Entonces hágalo hoy.

Señor, sabes cuán rápido pasan nuestros días sobre la tierra. Quiero usar mi tiempo de la mejor manera posible, y eso significa invertirlo en mi relación contigo y en mi relación con mi cónyuge. Ayúdame a tomar decisiones sabias mientras evalúo mis prioridades.

8 DE AGOSTO

HACERSE TIEMPO PARA LO IMPORTANTE

Tengan cuidado de cómo viven. No vivan como necios sino como sabios. Saquen el mayor provecho de cada oportunidad. EFESIOS 5:15-16

SI USTED ESTÁ de acuerdo en que su relación matrimonial es importante, ¿qué le gustaría hacer para mejorarla? ¿Sería provechoso un "momento diario para compartir"? ¿O una cita como enamorados cada semana? ¿Qué le parece asistir a un seminario de enriquecimiento matrimonial el fin de semana? Defina lo que considera más provechoso y haga tiempo para lo que es importante.

Digo "haga tiempo" porque si no lo incluye en su agenda, jamás ocurrirá. Decir que sí a lo importante quizás signifique decir que no a lo menos importante. Por ejemplo, establecer un momento diario para que los dos puedan conversar sin interrupciones podría requerir que renuncien a un programa de televisión de media hora. Una salida semanal podría significar un ajuste en el presupuesto para pagarle a la niñera. Si lo considera importante, buscará la manera de hacerlo.

El pasaje de Efesios 5 citado arriba nos alienta a ser sabios en cómo usar nuestro tiempo limitado, aprovechándolo de la mejor manera. Su tiempo y su dinero son bienes valiosos. Debe administrarlos bien a fin de lograr lo que es importante. Nadie más puede hacerlo por usted. Solo usted puede tomar el control de su vida y ocuparse de hacer lo que está convencido que debe hacer.

Señor Dios, me resulta fácil quedar atrapado en mi manera habitual de hacer cosas y olvidarme de las que son realmente importantes. Por favor, ayúdame a darle prioridad a pasar tiempo con mi cónyuge y ayúdanos a poner en marcha un plan para que esto realmente ocurra.

RECUPERAR EL AMOR EMOCIONAL

Queridos hijos, que nuestro amor no quede solo en palabras; mostremos la verdad por medio de nuestras acciones. 1 JUAN 3:18

ENAMORARSE ES UNA experiencia temporal. No es algo premeditado; simplemente ocurre en el ámbito normal de las relaciones entre varones y mujeres. Lo que mucha gente no sabe es que siempre es temporal. El lapso promedio de "enamoramiento" es de dos años.

Estar enamorado es una experiencia temporal que satisface nuestra necesidad de amor emocional. Nos da la sensación de que alguien se interesa por nosotros, nos admira y nos comprende. Nuestras emociones se elevan con el pensamiento de que otra persona nos considera valiosos. Por un breve lapso, nuestra necesidad emocional de amor está satisfecha. Sin embargo, cuando descendemos de esta cumbre emocional, es posible que nos sintamos vacíos. Esto a veces se acompaña por sentimientos de dolor, desilusión o enojo.

Para que el amor emocional se recupere, cada miembro de la pareja debe descubrir y expresar el lenguaje de amor principal del otro. Como hemos visto, hay solo cinco lenguajes básicos: palabras de aprobación, actos de servicio, regalos, tiempo compartido y contacto físico.

El apóstol Juan repitió una verdad importante cuando escribió en su primera epístola que el amor puede expresarse con palabras, pero demuestra que es verdadero por medio de nuestros actos. Aprenda el lenguaje de amor de su cónyuge, úselo con frecuencia y entonces el amor emocional volverá a su matrimonio.

Señor Dios, anhelo que volvamos a sentir un amor emocional intenso en nuestro matrimonio. Por favor ayúdanos a lograrlo mediante el compromiso de amarnos mutuamente no solo con palabras sino a través de nuestros actos. Ayúdanos a aprender y a utilizar correctamente el lenguaje de amor de nuestro cónyuge.

10 DE AGOSTO

APRENDER A AMAR COMO DIOS AMA

Que el Señor les guíe el corazón a un entendimiento total y a una expresión plena del amor de Dios, y a la perseverancia con paciencia que proviene de Cristo. 2 TESALONICENSES 3:5

UN HOMBRE LE dijo a su esposa: "Sabes que te amo. ¿Por qué tendría que repetírtelo todo el tiempo?" Otro dijo: "Ya te di un regalo para tu cumpleaños, hace apenas dos meses. ¿Qué quieres decir con que nunca te obsequio nada?"

Estos dos maridos no han comprendido que las expresiones de amor deben ser un estilo de vida, no gestos ocasionales.

El amor emocional necesita ser alimentado. Expresarse en el lenguaje de amor principal de su cónyuge es la mejor manera de mantener vivo el amor. En consecuencia, si para su pareja el lenguaje de amor es el de los *actos de servicio*, entonces cocine, limpie la casa, corte el césped y verá cómo se recarga su provisión de amor. Si lo que valora son las *palabras de aprobación*, entonces elógiela y su esposa se sentirá amada. Si se trata de compartir *tiempo de calidad*, siéntese en el sillón y ofrezca a su esposo atención exclusiva. Si el lenguaje de amor principal es el del *contacto físico*, ponga su mano alrededor de los hombros de su pareja. Si es el de los *regalos*, obséquiele un libro, una tarjeta o su golosina preferida.

Amar es una decisión que usted toma todos los días. Como dice el versículo citado arriba, cuando usted decide amar el Señor lo guiará hacia una comprensión y expresión más profunda de su amor. Él le enseñará a amar como él ama.

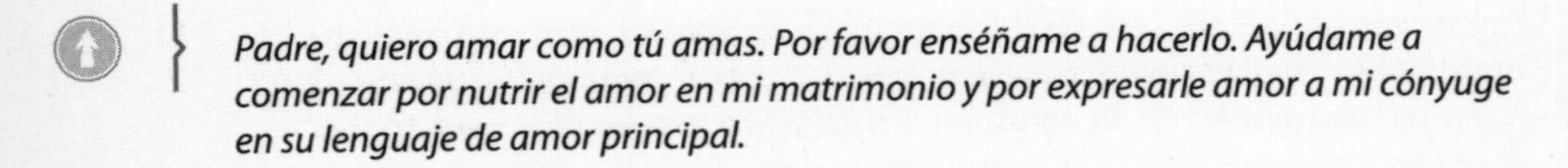

Padre, quiero amar como tú amas. Por favor enséñame a hacerlo. Ayúdame a comenzar por nutrir el amor en mi matrimonio y por expresarle amor a mi cónyuge en su lenguaje de amor principal.

BUSCAR EL CAMBIO

No imiten las conductas ni las costumbres de este mundo, más bien dejen que Dios los transforme en personas nuevas al cambiarles la manera de pensar. Entonces aprenderán a conocer la voluntad de Dios para ustedes, la cual es buena, agradable y perfecta. ROMANOS 12:2

LAMENTABLEMENTE, MUCHAS PERSONAS han llegado a un punto de desesperación en su matrimonio. Un hombre me dijo recientemente: "No sé qué más hacer. Descubro que los sentimientos de amor hacia mi esposa van muriendo y son reemplazados por la lástima y la ira. Quiero respetarla. Quiero amarla. Quiero ayudarla, pero no sé cómo hacerlo." Miles de personas pueden identificarse con la frustración constante que produce el vivir con un cónyuge difícil o irresponsable.

¿Hay esperanza en esta situación? Sí, y comienza por usted. En primer lugar, debe adoptar una actitud positiva. El marido que mencionamos está haciendo lo que la mayoría de nosotros hace por naturaleza: está concentrándose en el problema en lugar de enfocarse en la solución. Hay innumerables pasos que podría dar, pero requieren mantener una actitud positiva.

En primer lugar, debe aceptar que Dios todavía sigue en la tarea de transformar la vida de las personas. Romanos 12:2 nos recuerda que Dios puede transformarnos por completo. Si buscamos a Dios, él puede cambiar nuestra manera de pensar, lo cual a su vez transformará nuestros patrones de comportamiento. Hay esperanza. Este esposo debe orar: "Padre, sé que hay una respuesta para nuestros problemas. Por favor muéstrame el próximo paso que debo dar." Este enfoque en la búsqueda de soluciones lo guiará a encontrar las respuestas.

Señor, creo que tú puedes transformar nuestra vida. Confío en que deseas que se restaure mi relación con mi cónyuge. Por favor muéstrame qué es lo próximo que debo hacer.

12 DE AGOSTO

REDIMIR LOS CONFLICTOS

Sabemos que Dios hace que todas las cosas cooperen para el bien de los que lo aman y son llamados según el propósito que él tiene para ellos. ROMANOS 8:28

MI ANIVERSARIO DE boda con Karolyn es el 12 de agosto. Mientras repaso los años transcurridos, debo admitir que no todos los años fueron tiempos felices. Al principio tuvimos conflictos serios. Conozco el dolor de sentirme rechazado. Con frecuencia me invadía el pensamiento: *Me casé con la mujer equivocada.* En aquellos días, nadie nos ofreció un libro sobre el matrimonio ni nos recomendó a algún consejero matrimonial.

Pasamos por esa lucha, pero por la gracia de Dios encontramos las respuestas. Dios nos enseñó cómo perdonarnos y cómo volver a amar. Hace ya muchos años que disfrutamos del amor incondicional. No quisiera volver a vivir esos años de sufrimiento, pero sé que Dios los usó para darnos un ministerio orientado a otras parejas que tienen conflictos.

Piense en las dificultades de su propia relación, sean actuales o del pasado. ¿De qué manera puede Dios usarlas para ayudarlo a usted mismo o a otras personas? Romanos 8 nos dice que aun en las peores situaciones Dios puede hacer que las cosas obren para nuestro beneficio y para cumplir sus propósitos. El peor de los conflictos podría ser el que, años más adelante, resulte el momento decisivo en su relación. El Señor puede redimir cualquier circunstancia para su gloria. En eso me regocijo hoy en mi aniversario.

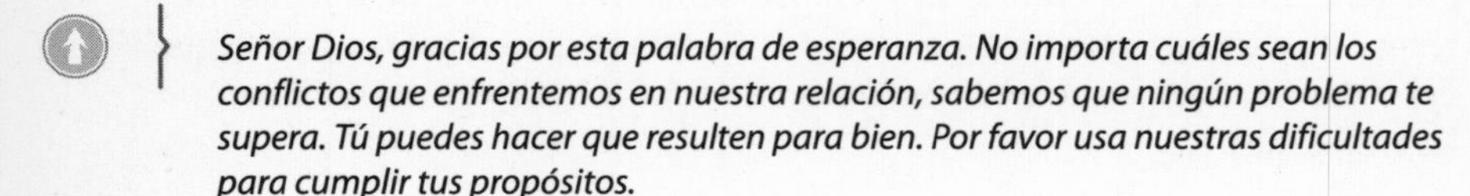

Señor Dios, gracias por esta palabra de esperanza. No importa cuáles sean los conflictos que enfrentemos en nuestra relación, sabemos que ningún problema te supera. Tú puedes hacer que resulten para bien. Por favor usa nuestras dificultades para cumplir tus propósitos.

ORAR PIDIENDO EL CAMBIO

La oración ferviente de una persona justa tiene mucho poder y da resultados maravillosos. SANTIAGO 5:16

¿VERDADERO O FALSO? Cuando uno está en un matrimonio problemático, tiene solamente dos opciones: resignarse a una vida miserable, o salirse del matrimonio.

Muchas parejas viven con profundo dolor. Han tratado de mejorar las cosas y han fallado. En consecuencia, aceptan una dicotomía ampliamente sostenida: Necesito terminar esta relación y comenzar de nuevo, o bien aceptar que tendré que soportar una existencia miserable por el resto de mi vida. Quiero sugerir que hay una tercera opción: permitir que Dios lo use como un agente de cambio positivo en su matrimonio. Es verdad que usted no puede hacer que su cónyuge cambie. Sin embargo, puede influenciar en su pareja de manera constructiva y estimular el cambio. La mayoría de nosotros subestima el poder de la influencia.

También subestimamos el poder de la oración. Las Escrituras incluyen muchos ejemplos de personas que suplican a Dios y cómo él les responde. Santiago 5:16 nos dice que la oración sincera puede producir resultados maravillosos. El apóstol Pablo alentaba a los creyentes a dedicarse a la oración (ver Colosenses 4:2) y a orar siempre (ver 1 Tesalonicenses 5:17). Ore por su relación. Pídale a Dios que le dé una representación clara de cómo llegó al punto en que se encuentra en su matrimonio. ¿Qué debería cambiar para tener una relación saludable? Pídale a Dios que le muestre de qué manera puede ser un instrumento en sus manos para influir sobre su cónyuge. Es una petición a la que él responderá y le dará el poder para hacer lo necesario.

Padre, me acerco a ti con una necesidad enorme de tu ayuda. Por favor muéstrame cómo llegamos a este punto como pareja y qué es lo que debe cambiar. Úsame como agente de cambio. Que pueda tener un efecto positivo sobre mi cónyuge.

CONFESIÓN Y PERDÓN

Contra ti y sólo contra ti he pecado; he hecho lo que es malo ante tus ojos. Quedará demostrado que tienes razón en lo que dices y que tu juicio contra mí es justo. . . . Purifícame de mis pecados, y quedaré limpio; lávame, y quedaré más blanco que la nieve. SALMOS 51:4, 7

ME GUSTARÍA SER un marido perfecto: siempre amable, sensible, comprensivo, considerado y afectuoso. Lamentablemente, no lo soy. Ninguno de nosotros lo es. A veces soy egoísta, desconsiderado e indiferente. En pocas palabras, no estoy a la altura del ideal bíblico del marido cristiano. ¿Significa esto que mi matrimonio está destinado al fracaso? No si estoy dispuesto a admitir mis faltas y si mi esposa está dispuesta a perdonar.

El perdón no significa simplemente pasar algo por alto o ignorar las faltas de la otra persona. Nuestro modelo de perdón debe ser el de Dios. Él nos perdona sobre la base de lo que Cristo hizo por nosotros en la cruz. Dios no pasa por alto el pecado, ni perdona a todo el mundo indiscriminadamente. Dios nos perdona *cuando* confesamos nuestros pecados y expresamos nuestra necesidad de ser perdonados. El Salmo 51, escrito por el rey David después de haber pecado con Betsabé, es un buen modelo del pesar sincero por la falta cometida. David admitió su culpa, reconoció la justicia de Dios y le pidió la purificación que da el perdón. Y Dios se lo dio.

La confesión sincera siempre precede al perdón genuino. De modo que para tener un matrimonio saludable, debo confesarle mis faltas a mi esposa y ella debe perdonarme.

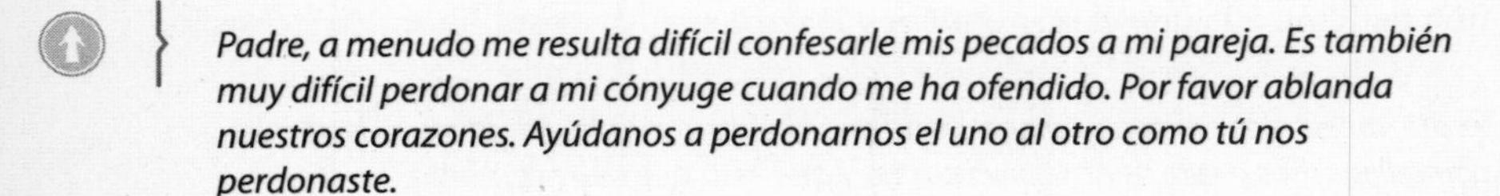

Padre, a menudo me resulta difícil confesarle mis pecados a mi pareja. Es también muy difícil perdonar a mi cónyuge cuando me ha ofendido. Por favor ablanda nuestros corazones. Ayúdanos a perdonarnos el uno al otro como tú nos perdonaste.

PERDONAR COMO DIOS PERDONA

Danos hoy el alimento que necesitamos, y perdona nuestros pecados, así como hemos perdonado a los que pecan contra nosotros. No permitas que cedamos ante la tentación, sino rescátanos del maligno. MATEO 6:11-13

HAY UNA DIFERENCIA entre aceptar y perdonar. Usted puede *aceptar* cosas que no le gustan mucho en su cónyuge, por ejemplo, un hábito que a usted le molesta. Por cierto, esa actitud de aceptación es necesaria para tener un matrimonio saludable. Sin embargo, el trato malo o injusto, lo que la Biblia llama pecado, no es algo que pueda ser aceptado. El pecado necesita ser *perdonado*.

Cuando uno de los cónyuges persiste en pecar, la relación se pondrá tensa. Lo ideal es que quien comete la ofensa confiese sus faltas y pida perdón. Ese es el modelo bíblico. Cuando decidimos perdonar a alguien, estamos expresando: "No volveré a acusarte de este pecado. Te trataré como si nunca hubiera ocurrido. Seguiré trabajando contigo a favor de nuestra relación. Te amo."

No obstante, ¿qué hacer cuando nuestro cónyuge no confiesa la falta, y en realidad persiste en su comportamiento pecaminoso? Debemos entregarle a Dios a esa persona, junto con nuestro enojo. Entonces estaremos libres para devolver bien por mal y de esa manera ejercer una influencia positiva en nuestro cónyuge.

El desafío de las Escrituras es que nos perdonemos mutuamente como Dios nos perdonó a nosotros. Jesús lo dijo con toda claridad cuando enseñó a sus discípulos lo que conocemos como el Padre Nuestro. El concepto se reitera en otros lugares, entre ellos Efesios 4, donde Pablo dice a sus oyentes: "Sean amables unos con otros, sean de buen corazón, y perdónense unos a otros, tal como Dios los ha perdonado a ustedes por medio de Cristo" (4:32). Nuestra meta está clara, pero quizás necesitemos aprender el camino para llegar a ella.

Padre, no tengo palabras para agradecer el glorioso perdón de me diste por medio de Cristo. Es un regalo asombroso. Sabiendo que tú hiciste esto, tan maravilloso, por mí, sé que también debo perdonar a aquellos que pecan contra mí. Por favor ayúdame en mi esfuerzo para responder mejor cuando deba perdonar a mi cónyuge. Gracias.

PERDÓN TOTAL

¡Oh, qué alegría para aquellos a quienes se les perdona la desobediencia, a quienes se les cubre su pecado! SALMOS 32:1

UN MATRIMONIO SALUDABLE requiere nuestra confesión cuando hacemos algo malo y que recibamos el perdón de la persona a la que ofendimos. La palabra *confesar* significa decir o dar a conocer, admitir una falta. Cuando confesamos, Dios nos perdona. La Biblia describe el perdón de Dios como total. El versículo citado arriba del Salmo 32 indica que se "cubre" nuestro pecado, mientras que el Salmo 103 usa una imagen maravillosa sobre la distancia: "Llevó nuestros pecados tan lejos de nosotros como está el oriente del occidente" (Salmos 103:12). En el libro de Hebreos, Dios promete olvidar nuestros pecados: "Nunca más me acordaré de sus pecados y sus transgresiones" (Hebreos 10:17).

Cuando su cónyuge peca contra usted, eso provoca dolor y quizás enojo. Usted siente deseos de retribuir el mal, pero la respuesta bíblica es la de la confrontación amorosa. Si la otra persona admite la falta, la respuesta correcta es perdonar con amor. Quizás usted se diga a sí mismo: *¿Cómo puedo perdonar cuando duele tanto?* Recuerde que el perdón no es un sentimiento. Más bien se trata de la promesa de retirar la sentencia. "Estoy profundamente herido y enojado, pero decido perdonarte," sería una declaración realista. Usted se muestra franco en cuanto a sus emociones, pero está eligiendo perdonar. No retendrá la falta en contra de su ser amado.

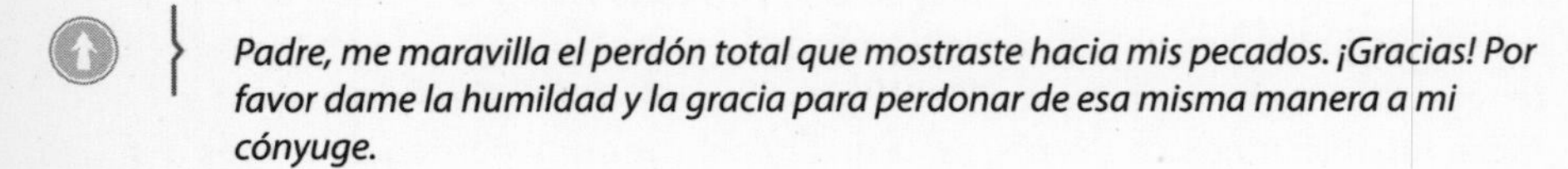

Padre, me maravilla el perdón total que mostraste hacia mis pecados. ¡Gracias! Por favor dame la humildad y la gracia para perdonar de esa misma manera a mi cónyuge.

¿PERDONAR ES IGUAL QUE OLVIDAR?

Pongan todas sus preocupaciones y ansiedades en las manos de Dios, porque él cuida de ustedes. 1 PEDRO 5:7

HAY UNA DIFERENCIA entre perdonar y olvidar. Una esposa dijo: "Lo perdoné, pero me siento mal cuando recuerdo lo que hizo." El perdón no destruye nuestra memoria. Nuestro cerebro registra cada acontecimiento que hemos experimentado, bueno o malo. La memoria puede hacernos recordar el hecho y los sentimientos de dolor y sufrimiento. No obstante, tenga presente que el perdón no es un sentimiento. Más bien, es la promesa de no mantener la acusación de pecado en contra de la otra persona.

¿Qué hacemos, entonces, cuando vuelve el recuerdo y sentimos el dolor? Se lo presentamos a Dios y decimos: "Padre, tú sabes lo que estoy recordando y conoces el dolor que siento, pero te agradezco porque ya está perdonado. Ayúdame ahora a hacer algo amoroso por mi cónyuge hoy." No permitimos que el recuerdo controle nuestro comportamiento. Con el tiempo, el dolor disminuirá a medida que construyamos nuevos recuerdos sanos como pareja. No deje que los recuerdos lo aflijan. Como nos recuerda 1 Pedro 5:7, podemos llevar todas nuestras preocupaciones a Dios. Él se interesa por nosotros y nos ayudará a perdonar.

Señor, sé que nos has ordenado perdonar a los demás cuando se arrepienten y piden perdón. No es opcional. Quiero seguir tus caminos, pero a veces mis sentimientos se interponen. Por favor ayúdame a ocuparme de ellos. Gracias por ayudarme a perdonar a mi cónyuge.

18 DE AGOSTO

IRA ACUMULADA

La risa puede ocultar un corazón afligido, pero cuando la risa termina, el dolor permanece. PROVERBIOS 14:13

SI SIENTE QUE ha perdido la chispa en su matrimonio, si ve que se desvanece su entusiasmo por la vida, si se descubre irritable y agrede con frecuencia a su cónyuge o a sus hijos, es posible que esté sufriendo de ira acumulada.

Cuando reaccionamos exageradamente ante molestias menores, es señal de que tenemos ira acumulada en nuestro interior. Esa ira eventualmente puede provocar estallidos enormes. Entonces la gente se pregunta: *¿Qué le pasó?*, porque la explosión no parece coherente con su carácter. Lo que la gente no ha visto es la acumulación de enojo que se ha ido produciendo dentro de esa persona, quizás durante años.

Cuando retenemos la ira en lugar de liberarnos de ella, la presión aumenta. En Proverbios 14:13, el rey Salomón observa con sabiduría que las emociones ocultas simplemente no desaparecen. Por eso la Biblia dice: "No permitan que el sol se ponga mientras siguen enojados" (Efesios 4:26). Libérese cuanto antes del enojo. Si no lo hace, podría transformarse en una persona crónicamente airada, lista para explotar en cualquier momento. Eso nunca es bueno para el matrimonio.

Padre, perdóname por permitir que las cosas se acumulen tanto tiempo en mi interior. No quiero herir a mi cónyuge con la ira explosiva e insensata. Por favor ayúdame a ocuparme de mis emociones fuertes en el momento en que se presentan.

19 DE AGOSTO

RECONOCER LAS HERIDAS DEL PASADO

Los necios se burlan de la culpa, pero los justos la reconocen y buscan la reconciliación. PROVERBIOS 14:9

LA IRA ACUMULADA puede ser perjudicial para su relación. ¿Por qué? Porque la ira interna en algún momento se volverá externa. No podrá retenerla para siempre. Quizás haya observado que ya parece una olla a presión, soltando vapor de vez en cuando. Sus estallidos hacen sufrir a su cónyuge; además, este podría pagarle con la misma moneda. Ahora usted tiene más enojo. ¿Le gustaría liberarse de todo eso y vivir en paz?

Pídale a Dios que traiga a su mente todas las heridas que sufrió en el pasado y a las personas que las produjeron. Sugiero que las anote. Luego ponga la lista delante de Dios y pregunte: "¿He ofendido yo también a estas personas? Sé que me han herido, pero ¿he sido yo poco amable con ellas?" Si la respuesta es sí, entonces pídale a Dios que le dé valentía para pedirles a esas personas que lo perdonen por haberlas maltratado. Como dice el versículo que citamos de Proverbios, las personas sabias y piadosas admiten sus faltas, porque es lo correcto, y también porque es el camino a la reconciliación. Su disculpa podría alentar la disculpa por parte de ellos. Si ambos eligen perdonar, es probable que su ira desaparezca.

Cuando se alcanza esta clase de reconciliación entre usted y su cónyuge, la relación mejorará.

Padre, es fácil concentrarnos en la manera en que otros me han ofendido, pero te pido ayuda para ser honesto y reconocer la forma en que yo he lastimado a otros. Necesito fortaleza de carácter para admitirlo y disculparme, a fin de que sea posible la reconciliación.

20 DE AGOSTO

EL AMOR COMO FUNDAMENTO

Nosotros sabemos cuánto nos ama Dios y hemos puesto nuestra confianza en su amor. Dios es amor, y todos los que viven en amor viven en Dios y Dios vive en ellos. 1 JUAN 4:16

ESTOY CONVENCIDO DE que "el amor hace que el mundo gire." ¿Por qué lo digo? Porque Dios es amor. Es su amor por nosotros lo que da sentido a la vida. Primera de Juan 4 nos recuerda que cuando reconocemos cuánto nos ama Dios, es tan magnífico que ponemos nuestra confianza en ese amor. Hasta los que no creen en Dios se benefician al recibir su amor. Les da la vida y la oportunidad de responder a su amor. Quiere perdonarlos y enriquecer sus vidas. Sus planes para ellos son buenos.

¿Qué tiene que ver todo esto con el matrimonio? Dios instituyó el matrimonio porque nos ama. Su intención no era hacernos miserables. Nos diseñó el uno para el otro. La pareja fue diseñada para trabajar en conjunto como un equipo de soporte mutuo, con el propósito de descubrir y cumplir los planes de Dios para su vida. Cuando funciona es hermoso.

¿Cuál es la clave para tener esa clase de matrimonio? En una sola palabra, *amor*. Es la decisión de estar atento al otro de la misma manera en que Dios está atento a nosotros. Es permitir que Dios exprese su amor por medio de nosotros. No requiere sentimientos cálidos, pero sí requiere de un corazón dispuesto.

Padre, gracias por el maravilloso amor que nos tienes. Cuando te conocemos, sabemos cuál es la verdadera definición del amor, porque tú eres amor. Quiero tener también esta clase de amor hacia mi cónyuge. Por favor transfórmame y muéstrame cómo demostrarle amor de esta manera a mi pareja.

SIN TEMOR

En esa clase de amor no hay temor, porque el amor perfecto expulsa todo temor.

1 JUAN 4:18

EL AMOR NO es nuestra única necesidad emocional, pero se interconecta con todas nuestras otras necesidades. También necesitamos sentirnos seguros, tener una autoestima sana y sentir que nuestra vida tiene valor. Cuando dos personas deciden amarse, también satisfacen esas necesidades. Por ejemplo, si sé que mi esposa me ama, cuando estoy con ella me siento seguro.

El apóstol Juan, conocido como "el discípulo a quien Jesús amaba," escribe mucho sobre el amor en sus cartas a los creyentes. "El amor perfecto expulsa todo temor" (1 Juan 4:18). En nuestra relación con Dios, esto significa que cuando sabemos que el Señor nos ama y nos ha salvado, ya no tenemos temor del juicio. En cierto sentido, podemos enfrentarnos a cualquier cosa. El amor auténtico en una relación humana tiene también algunos de esos efectos. ¿Por qué debería de temer si me aman?

Si me siento amado por mi esposa, también me siento bien respecto a mí mismo. Después de todo, si ella me ama, debo valer la pena. En última instancia, es el descubrimiento de que Dios me ama el que me da el máximo sentido de valor, y mi esposa es un agente del amor de Dios.

Si mi cónyuge me ama, es más probable que también pueda sentir que mi vida tiene sentido. Queremos que nuestra vida valga para algo; queremos hacer impacto en el mundo. Cuando damos y recibimos amor en nuestro matrimonio, *estamos* haciendo impacto. Estamos enriqueciendo su vida. Esto es lo que Dios nos llamó a hacer: a comunicar su amor en el mundo. ¿Por qué no comenzar en casa?

Padre, quiero tener impacto y sé que puedo comenzar en casa amando a mi cónyuge. Que mi amor sea tan intenso y auténtico que transforme la manera en que mi pareja se siente acerca de la vida. Que yo siempre recuerde que mi verdadero valor proviene de tu amor.

22 DE AGOSTO

ALENTAR LA EXCELENCIA

Pensemos en maneras de motivarnos unos a otros a realizar actos de amor y buenas acciones. HEBREOS 10:24

EL MATRIMONIO OFRECE a cada miembro la oportunidad de ministrar al otro. Se aceptan como son, pero también se animan mutuamente a buscar la excelencia. Dios tiene planes para cada persona. Los cónyuges pueden ayudarse a cumplir esos planes y muchas veces esta ayuda se comunica al expresar amor.

No todos se sienten valiosos. Algunas personas crecieron en hogares donde recibían constantemente mensajes negativos: *No eres inteligente. No eres atlético o talentoso. Nunca llegarás a nada.* Todos estos mensajes son falsos, pero si son lo único que escuchó, lo más probable es que los haya creído.

Si descubre el lenguaje de amor principal de su cónyuge y lo utiliza con frecuencia, está llenando su provisión de amor. También está produciendo un impacto en el concepto que su pareja tiene de sí misma. *Si me ama*, piensa ella, *debo ser valiosa*. Usted será el instrumento de Dios para ayudar a su cónyuge a sentirse amado. Pocas cosas son tan importantes como alentar a su pareja a cumplir los planes de Dios. Como escribió el autor de la carta a los Hebreos, los creyentes debemos buscar la manera de alentarnos unos a otros en el amor y en el servicio. Eso es todavía más cierto en el matrimonio.

El matrimonio tiene el propósito de ayudarnos a lograr más para Dios. En su Reino, dos son mejor que uno.

Padre, gracias por los planes que tienes para nuestra vida. Somos valiosos para ti y podemos tener impacto. Por favor ayúdame a alentar a mi cónyuge en su andar contigo.

DISCUSIONES POR EL DINERO

El cuerpo humano tiene muchas partes, pero las muchas partes forman un cuerpo entero. Lo mismo sucede con el cuerpo de Cristo. 1 CORINTIOS 12:12

¿DISCUTEN USTEDES SOBRE dinero? Una encuesta nacional comprobó que 64 por ciento de las parejas estadounidenses discute con frecuencia sobre las finanzas. "¿Dónde se fue el dinero?" "¿Compraste algo sin avisarme?" "No me digas que te volviste a olvidar de anotar ese cheque." ¿Le suena familiar? ¿Cómo se consigue la armonía financiera en el matrimonio?

Comienza por identificar *por qué* hacemos lo que hacemos. ¿Por qué alguien se olvida de anotar un cheque después de emitirlo? ¿Es algo intencional que hace para desanimar a su pareja? ¿Es un intento de ocultar el costo de algún artículo? Lo más probable es que se trate de una cuestión de personalidad. Generalmente, la persona que se olvida de anotar un cheque es la misma que pierde tiempo buscando las llaves del auto. Cuando repartieron los genes del orden no recibió ninguno y esos detalles no le parecen importantes. La solución es asegurarse de que sea la persona ordenada quien lleve la chequera. Si esa persona es usted, deje de discutir y haga su tarea.

Recuerde, 1 Corintios 12 destaca que Dios nos creó con dones diferentes. Esposos y esposas por lo general tienen distintas fortalezas. Al trabajar juntos, su cónyuge compensará lo que a usted le falta. De eso se trata el matrimonio: del trabajo en equipo.

Padre, gracias por recordarnos que para algunos problemas hay soluciones sencillas. A veces discutimos una y otra vez por lo mismo, cuando sería mucho más fácil reasignar nuestras responsabilidades de tal manera que el que esté mejor equipado para determinada área se ocupe de ella. Por favor muéstranos la mejor manera de resolver nuestras diferencias acerca del dinero.

ARMONÍA FINANCIERA

No se ocupen solo de sus propios intereses, sino también procuren interesarse en los demás. FILIPENSES 2:4

¿CÓMO ALCANZAMOS LA armonía financiera en el matrimonio? No hay una vía rápida hacia la unidad en las finanzas, pero cada pareja puede y debe encontrar la manera de alcanzarla. El proceso requiere conversar, escuchar, comprender y buscar un camino nuevo: no *mi* camino ni *tu* camino, sino *nuestro* camino. Debemos esforzarnos por entender las razones que hay detrás de las ideas y de las emociones de nuestro cónyuge.

Por ejemplo, digamos que una esposa quiere mantener una cierta cantidad de dinero en una cuenta de ahorros. ¿Por qué es tan importante para ella? Posiblemente porque le brinda seguridad emocional. Con ese dinero guardado y fácilmente disponible, ella sabe que sus hijos no pasarán hambre, aunque se presenten emergencias.

Ahora imagine que su esposo es un inversionista a quien le interesa que el dinero trabaje para él. Él piensa que es un desperdicio mantener dinero en una cuenta de ahorros. Quizás siente que no es un buen administrador a menos que haga inversiones inteligentes. Esa es una perspectiva encomiable.

Hasta que esta pareja entienda lo que cada uno piensa y siente sobre este asunto, se encontrarán discutiendo con frecuencia sobre qué hacer. No obstante, una vez que el esposo entienda el impacto emocional que vive su esposa cuando no tienen suficiente dinero en la cuenta de ahorros, dejará de discutir y reconocerá la necesidad de seguridad que tiene ella.

¿Cuál es la solución? Él podrá disponer e invertir cualquier suma que haya por encima de la cantidad en la que se pongan de acuerdo para mantener en la cuenta de ahorros. Ahora se acabó la discusión y ambos han satisfecho sus necesidades. La armonía financiera se alcanzará cuando aprendamos a trabajar como un equipo y a considerar las necesidades y los intereses del otro, tal como Pablo nos desafía a hacerlo en Filipenses 2.

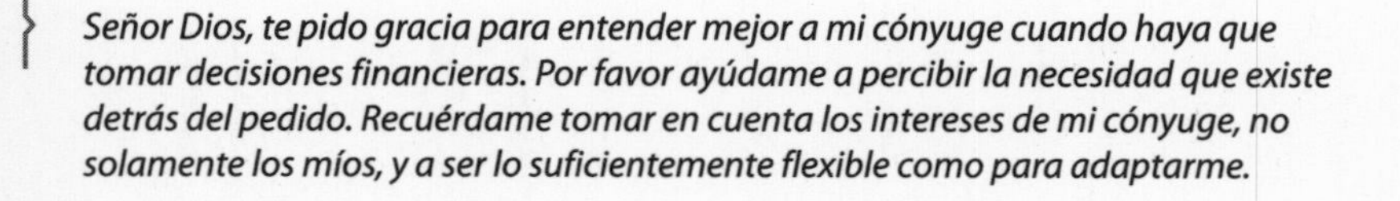
Señor Dios, te pido gracia para entender mejor a mi cónyuge cuando haya que tomar decisiones financieras. Por favor ayúdame a percibir la necesidad que existe detrás del pedido. Recuérdame tomar en cuenta los intereses de mi cónyuge, no solamente los míos, y a ser lo suficientemente flexible como para adaptarme.

MANTENER LA COMUNICACIÓN

¡Una reprensión franca es mejor que amar en secreto! Las heridas de un amigo sincero son mejores que muchos besos de un enemigo. PROVERBIOS 27:5-6

SI USTEDES SON como la mayoría de las parejas, llegará un momento en la relación (probablemente muchos momentos) cuando en lugar de compartir los sentimientos y tratar de resolver las diferencias, sentirán la tentación de preguntarse: *¿Para qué molestarme?* No cometa ese error. Una vez que se cierran los canales de comunicación entre su cónyuge y usted, puede ser difícil restaurarlos.

Mantener la comunicación con su cónyuge exigirá una tonelada de paciencia y perseverancia. Por momentos, quizás sienta que se está golpeando la cabeza contra la pared. Tómese una aspirina y persevere. En algún momento el esfuerzo rendirá fruto.

Nunca dé por sentado que el silencio o la indiferencia es mejor que el conflicto. No lo es. Como dice claramente el texto de Proverbios que citamos, la sinceridad siempre es mejor que los sentimientos embotellados. Las respuestas francas pueden ser dolorosas, pero también pueden aportar sanación y comunicación genuina. Siempre y cuando usted y su cónyuge sigan comunicándose y buscando activamente resolver sus diferencias, habrá esperanza. Cuando dejen de hablar, la esperanza morirá. Mantenga vital su relación. Si la descuida, envenenará su intimidad. Hablar y escuchar conforman la manera en que aprendemos a trabajar como un equipo y en eso consiste un matrimonio saludable.

Padre, gracias por recordarme que no debemos evitar los conflictos. Por favor ayúdame a recordar que siempre vale la pena comunicarse, aun cuando parezca frustrante. Ayúdame a tomar el camino difícil durante el conflicto y no la salida fácil, y en última instancia más peligrosa, que evita la confrontación.

26 DE AGOSTO

MOSTRAR AMOR A LOS HIJOS

Los hijos son un regalo del Señor; son una recompensa de su parte.

SALMOS 127:3

MARIDOS, SI QUIEREN ver contenta a su esposa, les diré cómo: si tienen hijos, ámenlos. Esto significa conversar con ellos. "¿Qué pasó hoy en la escuela?" es una manera de comenzar, pero no termine con el mero enunciado de los acontecimientos. Haga preguntas que generen más información, tal como: "¿Cómo te sentiste en la clase de arte?" La respuesta del niño puede revelar mucho respecto a sus pensamientos y sentimientos.

Los niños hablan más si se les hace preguntas abiertas a la interpretación. Por ejemplo: "¿Qué te gustó en el paseo al zoológico?" en lugar de: "¿Lo pasaste bien en el zoológico?" La segunda pregunta puede contestarse con un sí o un no y dice poco sobre lo que el niño está pensando. Después de hacer algunas preguntas, puede compartir sus recuerdos sobre algunas de sus visitas al zoológico.

La conversación informal se da cuando el niño hace preguntas y recibe respuestas. La conversación es una de las herramientas esenciales para una crianza exitosa. Cuando su esposa vea que usted habla con su hijo y lo escucha, el respeto que ella siente por usted aumentará. Pocas cosas la complacen tanto como saber que a usted le importa pasar tiempo conversando con sus hijos. Después de todo, la Biblia dice claramente que los niños son un regalo y una bendición del Señor. Asegúrese de tratarlos así.

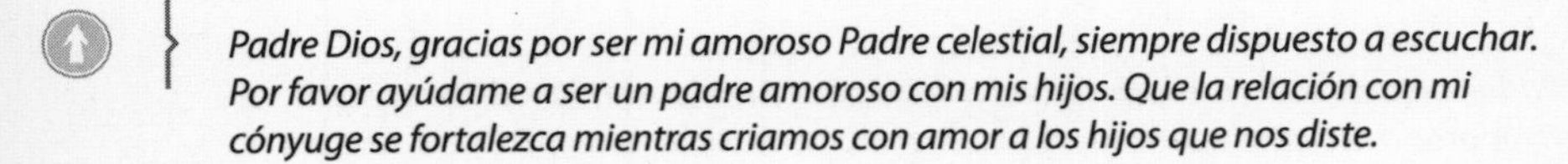

Padre Dios, gracias por ser mi amoroso Padre celestial, siempre dispuesto a escuchar. Por favor ayúdame a ser un padre amoroso con mis hijos. Que la relación con mi cónyuge se fortalezca mientras criamos con amor a los hijos que nos diste.

27 DE AGOSTO

PERCIBIR LOS MOTIVOS SUBYACENTES

Sean siempre humildes y amables. Sean pacientes unos con otros y tolérense las faltas por amor. EFESIOS 4:2

NO SIEMPRE CAPTAMOS lo que vemos; la vida es mucho más compleja. El comportamiento humano está casi siempre motivado por necesidades invisibles que nos impulsan a actuar. Eso significa que usted ve mi comportamiento, pero no conoce mis motivaciones subyacentes. Después de todo, hasta yo mismo podría no ser consciente de mis motivaciones. Todos somos impulsados por estas intensas fuerzas interiores. Si queremos comprendernos mutuamente, debemos explorar debajo de la superficie.

¿Cuáles son esas necesidades interiores que tanto afectan nuestra conducta? Se agrupan en dos categorías: físicas y emocionales. Las necesidades físicas son fáciles de entender: sed, hambre, sueño, etcétera. Buena parte de nuestro comportamiento está motivado por esta clase de necesidades.

Las necesidades emocionales son más difíciles de identificar, pero son igualmente poderosas. Por ejemplo, gran parte de nuestro comportamiento está motivado por la necesidad de sentirnos amados y valorados. Si alguien me ofrece palabras de aprobación, si siento que se interesa sinceramente en mí, entonces me siento motivado a pasar tiempo con esa persona. De allí la importancia de aprender a satisfacer la necesidad de amor en su pareja si quiere tener un matrimonio saludable.

Cuando no comprenda el comportamiento de su cónyuge, responda con paciencia y con humildad como recomienda el apóstol Pablo en Efesios 4. Tome un instante para reflexionar en las necesidades que pudiera haber detrás del comportamiento. Eso podría darle una nueva percepción en cuanto a lo que está ocurriendo y a cómo responder.

Padre, tú conoces las profundidades del corazón humano. Solo tú entiendes los diferentes factores que motivan nuestro comportamiento. Te pido sabiduría y discernimiento sobre las acciones de mi cónyuge. Por favor otórgame la gracia para responder con paciencia y amabilidad, considerando qué necesidades podría haber detrás de lo que veo.

28 DE AGOSTO

MOTIVACIONES OCULTAS

La luz del Señor penetra el espíritu humano y pone al descubierto cada intención oculta. PROVERBIOS 20:27

CUANDO INTENTAMOS ENTENDER el "ser oculto," nos damos cuenta de que las necesidades emocionales y espirituales motivan gran parte de nuestro comportamiento. Si usted puede entender las motivaciones que hay detrás de la conducta de su cónyuge, eso debería ayudarlo a relacionarse con él de una manera más efectiva. Aquí le sugiero algunas preguntas que pueden ser de ayuda en el proceso.

- ¿Qué es lo que motiva el comportamiento de mi cónyuge? ¿Qué necesidades conscientes o subconscientes está tratando de satisfacer?
- ¿Qué es lo que motiva mi propio comportamiento? ¿Qué necesidades estoy tratando de satisfacer?

El comportamiento humano no es un misterio, pero requiere análisis. Debemos observar más allá del comportamiento para descubrir qué lo motiva. Si entiendo que la motivación de mi cónyuge para sumarse a un club de caza es satisfacer la necesidad de relacionarse, entonces puedo respaldar su comportamiento aunque yo hubiera preferido que se sumara a un grupo de voluntariado.

Entender las motivaciones nos da una guía sobre cómo ayudarnos mutuamente. Solo Dios conoce las profundidades de nuestro corazón y sabe todo lo que nos motiva, como lo reconoce el escritor en el versículo citado arriba. Dios puede guiarnos cuando procuramos entender la conducta de nuestro cónyuge. Si no buscamos motivaciones, podríamos terminar acusándonos mutuamente y destruyendo la intimidad. Comprender la motivación nos permite ser compañeros en lugar de competidores.

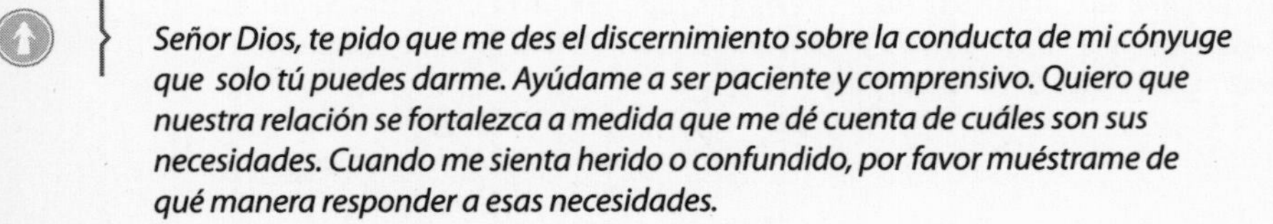

Señor Dios, te pido que me des el discernimiento sobre la conducta de mi cónyuge que solo tú puedes darme. Ayúdame a ser paciente y comprensivo. Quiero que nuestra relación se fortalezca a medida que me dé cuenta de cuáles son sus necesidades. Cuando me sienta herido o confundido, por favor muéstrame de qué manera responder a esas necesidades.

29 DE AGOSTO

EVITAR LA ACTITUD DEFENSIVA

No se preocupen de antemano por cómo contestarán los cargos en su contra. LUCAS 21:14

LA ACTITUD DEFENSIVA detiene el flujo de la comunicación en el matrimonio. Imagine que su esposa dice: "Ya sería hora de que saques la basura. Las moscas están por hacerlo en tu lugar." Ese comentario hiriente hace que algo en su interior se rebele y su reacción será evitar a su esposa. Durante el resto de la noche, sin importar lo que ella diga, usted solo se limitará a gruñir. Si ella sigue hablando, usted abandonará la habitación. O quizás su reacción sea decir algo igualmente agresivo para que ella también se sienta herida.

¿Qué está pasando? Lo que dijo su esposa hirió su autoestima. Quizás ese mensaje es igual al que solía escuchar de su mamá: "Eres irresponsable." Nadie quiere ser irresponsable. De modo que cuando su esposa da a entender que usted es irresponsable, usted se pone a la defensiva y contraataca. Sin embargo, recuerde que su esposa no es su enemiga. Su enemigo es el mensaje que ella comunicó.

Jesús les dijo a sus discípulos que enfrentarían muchos obstáculos y falsas acusaciones. Serían perseguidos, pero no tendrían que preocuparse sobre cómo defenderse. ¿Por qué? En primer lugar, porque las acusaciones no eran válidas y en segundo lugar, porque el Espíritu Santo les daría las palabras que deberían decir. Aquí no estamos hablando de ser perseguidos por nuestra fe, por supuesto, pero también en esto podemos confiar en que Dios nos ayudará a reaccionar de la manera apropiada.

La actitud defensiva indica que su autoestima ha sido atacada. Identifique al verdadero enemigo y podrá convertir sus sentimientos negativos en acciones positivas.

Señor Dios, cuando me sienta a la defensiva, por favor ayúdame a reflexionar objetivamente en el mensaje. Si es verdad, permite que esté dispuesto a dar los pasos necesarios para hacer un cambio positivo. Si no es verdad, ayúdame a no responder con enojo sino a confiar en que me darás las palabras correctas para decir. Gracias, Señor.

30 DE AGOSTO

IDENTIFICAR LOS DISPARADORES

Dado que Dios los eligió para que sean su pueblo santo y amado por él, ustedes tienen que vestirse de tierna compasión, bondad, humildad, gentileza y paciencia. Sean comprensivos con las faltas de los demás y perdonen a todo el que los ofenda. COLOSENSES 3:12-13

LA ACTITUD DEFENSIVA puede construir o destruir el matrimonio. Podemos aprender mucho sobre nosotros mismos o sobre nuestro cónyuge si analizamos las reacciones defensivas. Todos tenemos puntos emocionales sensibles. Cuando nuestro cónyuge dice o hace ciertas cosas que presionan esos botones sensibles, reaccionamos a la defensiva; generalmente porque nuestra autoestima se ha sentido amenazada. Al principio quizás no sepamos cuáles son esos puntos sensibles, pero si nos tomamos el tiempo para analizar cada acontecimiento, podemos llegar a conocerlos bastante bien.

Quizás descubra que cuando su cónyuge critica su manera de conducir el automóvil, usted saca la artillería. O cuando él dice algo con respecto a su apariencia, usted responde con brusquedad. Ha descubierto puntos sensibles. No los ignore, pero espere a calmarse. Más adelante esta semana, pregúntese: *¿Por qué me puse tan a la defensiva?* Casi siempre su reacción está vinculada con su niñez o con su autoestima. Identifique la fuente y luego compártala con su cónyuge.

Un cónyuge amoroso elegirá no aprovechar esos disparadores. Como escribió Pablo en Colosenses, debemos ser bondadosos y compasivos unos con otros y soportar las debilidades del otro. Eso implica no usar jamás lo que conoce de su cónyuge para hacerlo sentir miserable. En lugar de eso, pueden explorar juntos la manera de ocuparse de esas áreas en el futuro. ¿De qué manera puede comunicarse con usted su cónyuge a fin de que no lo sienta como un ataque a su autoestima? Esta clase de conversación sensible y compasiva es el camino a un matrimonio saludable.

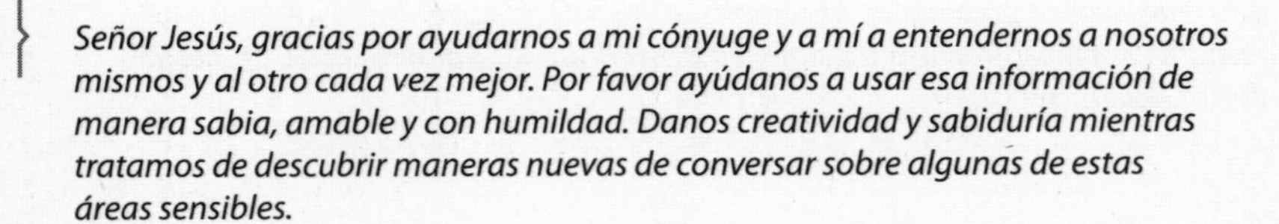

Señor Jesús, gracias por ayudarnos a mi cónyuge y a mí a entendernos a nosotros mismos y al otro cada vez mejor. Por favor ayúdanos a usar esa información de manera sabia, amable y con humildad. Danos creatividad y sabiduría mientras tratamos de descubrir maneras nuevas de conversar sobre algunas de estas áreas sensibles.

AYUDAR A SU SER AMADO A ALCANZAR EL ÉXITO

¡Qué alegría para los que . . . se deleitan en la ley del Señor meditando en ella día y noche. Son como árboles plantados a la orilla de un río, que siempre dan fruto en su tiempo. Sus hojas nunca se marchitan, y prosperan en todo lo que hacen. SALMOS 1:1-3

¿QUÉ ES EL éxito? Pregúnteselo a una docena de personas y es probable que reciba doce respuestas diferentes. Uno de mis amigos dijo: "Tener éxito es lograr el máximo con lo que eres y tienes." Me gusta esa definición. Cada persona tiene un potencial para hacer un impacto positivo en el mundo.

El Salmo 1 compara a la persona exitosa con un árbol plantado junto a la orilla de un río, estable y con raíces profundas, saludable, floreciente y fructífero. Cuando estamos profundamente enraizados en Dios, él puede usarnos y nosotros podemos causar una diferencia significativa en el mundo. Todo depende de lo que hacemos con lo que tenemos. El éxito no se mide por la cantidad de dinero que tenemos ni por la posición que alcanzamos, sino por la manera en que usamos nuestros recursos y nuestras oportunidades. La posición y el dinero pueden ser utilizados para ayudar a otros o pueden ser abusados o desperdiciados. Las personas realmente exitosas son aquellas que ayudan a otras a tener éxito.

Lo mismo vale en el matrimonio. Una esposa exitosa es aquella que dedica su tiempo y su energía a ayudar a su esposo a desarrollar su potencial para Dios y para hacer el bien en el mundo. De la misma manera, un esposo exitoso es el que ayuda a su esposa a lograr lo mismo. Si usted ayuda a su cónyuge a tener éxito, vivirá con un ganador: con alguien que se siente satisfecho y valioso. No es una mala vida.

Padre celestial, quiero estar bien enraizado en ti y ser capaz de tener un impacto saludable en quienes me rodean. Quiero lo mismo para mi cónyuge. Por favor, ayúdame a perseverar en la meta de ayudar a mi pareja a tener éxito y a desarrollar al máximo sus habilidades.

1 DE SEPTIEMBRE

LA RELACIÓN CON LOS PADRES Y LOS SUEGROS

Honra a tu padre y a tu madre. Entonces tendrás una vida larga y plena en la tierra que el Señor tu Dios te da. ÉXODO 20:12

UNA MUJER ME dijo hace poco: "Cuando recién nos casamos, mi suegra me irritaba. Me quejé a mi esposo y debo reconocer que me respaldó. A medida que mi suegra envejecía, comencé a pensar en lo que significa 'honrar' a los padres y a los suegros. Es un mandamiento, no una opción, de modo que lo hice . . . aunque a veces me enfadaba." Esta mujer tiene razón en que Dios nos manda honrar a los padres; es más, el versículo proviene directamente de los Diez Mandamientos. Sin embargo, no siempre resulta fácil.

Para bien o para mal, nuestros padres y nuestros suegros forman parte de nuestra vida. Aunque seamos recién casados o un "matrimonio veterano," ¿cómo debemos relacionarnos con los suegros? En realidad los necesitamos. Es decir, necesitamos el afecto y la sabiduría de los padres y de los suegros. Sin embargo, *no* necesitamos que nos controlen. La mutua libertad y el respeto debería ser la pauta que guíe a los padres y a sus hijos casados.

¿Qué pautas da la Biblia para la relación con los suegros? Hay dos principios que se deben mantener en equilibrio: *dejar a los padres* y *honrar a los padres*. Hablaremos más de esto en los próximos días.

Padre, ayúdame a recordar que mis padres y mis suegros son un regalo, y que pueden ofrecer sabiduría y experiencia. Muéstrame la manera correcta de tratarlos. Gracias por ser el padre perfecto.

2 DE SEPTIEMBRE

TOMAR SUS PROPIAS DECISIONES

Jesús respondió: "¿No han leído las Escrituras? Allí está escrito que, desde el principio, 'Dios los hizo hombre y mujer' —y agregó—: 'Esto explica por qué el hombre deja a su padre y a su madre, y se une a su esposa, y los dos se convierten en uno solo'. Como ya no son dos sino uno, que nadie separe lo que Dios ha unido". MATEO 19:4-6

EN GÉNESIS 2 leemos que el hombre dejará a sus padres y se unirá a su esposa. Jesús citó este texto y lo amplió al responder las preguntas de los fariseos sobre el matrimonio y el divorcio, como podemos leer en Mateo 19. El matrimonio implica un cambio de alianza. Antes del matrimonio, nuestra principal alianza familiar era con nuestros padres, pero después de casarnos será con nuestro cónyuge. Debemos cortar el proverbial cordón umbilical. Cuando exista un conflicto de intereses entre su esposa y su madre, el esposo deberá estar del lado de su esposa. Ninguna pareja alcanzará el pleno potencial en el matrimonio sin esa separación psicológica de los padres.

Este "dejar a los padres" tiene una importancia especial en lo que se refiere a la toma de decisiones. Cuando esté analizando una decisión importante, sus padres o sus suegros podrían tener buenas sugerencias. Deben considerar seriamente cada una de ellas, pero finalmente serán usted y su cónyuge quienes deberán tomar su propia decisión. Hay un momento para decir a los padres: "Los quiero muchísimo y aprecio sus ideas, pero en este caso hemos decidido hacerlo de otra manera. Espero que entiendan, porque quiero mantener la relación que hemos disfrutado a lo largo de los años." La clave está en ser firmes y amables.

Padre, por favor perdóname por las ocasiones en las que he confundido mis prioridades y he sido más leal con mis padres que con mi cónyuge. Ayúdame a entender que estamos unidos como pareja y que ese es tu plan para nuestro matrimonio.

HONRAR A LOS PADRES

Escucha a tu padre, que te dio la vida, y no desprecies a tu madre cuando sea anciana. PROVERBIOS 23:22

¿CÓMO SE HONRA a los padres una vez que nos hemos casado, sin permitir que nos controlen? El Señor nunca rescindió el mandamiento de honrar a los padres (ver Éxodo 20:12). Mientras vivan, lo correcto es respetarlos. A algunas personas les resulta fácil hacerlo porque sus padres son discretos y no pretenden controlarles la vida. Para otros, este mandamiento resulta difícil.

Una mujer dijo: "¿Cómo puedo honrar a mi madre si ella hizo un desastre con su vida y ahora pretende hacernos la vida miserable a mí y a mi familia?" La palabra *honrar* significa "mostrar respeto." A veces no respetamos el estilo de vida de nuestros padres o de nuestros suegros, pero debemos respetar el lugar que ocupan. En la providencia de Dios, ellos nos dieron la vida. Los respetamos por eso. Son nuestros padres y por eso los tratamos con amabilidad. Hacemos lo que está a nuestro alcance para ayudarlos, pero no permitimos que nos controlen la vida mediante la intimidación o el temor. Proverbios 23:22 sugiere dos aplicaciones más del *honrar* a los padres: primero, escuchándolos; y segundo, cuidándolos cuando son ancianos, sin menospreciarlos. Estas conductas son parte del respeto básico.

Honrar no significa que usted deba hacer todo lo que sus padres pidan. Honrar significa hacer lo mejor para ellos.

Padre, por favor ayúdame a honrar adecuadamente a mis padres. Guíame mientras procuro tratarlos de la manera en que tú quieres que lo haga: con amor, amabilidad y respeto. Sé que ese enfoque fortalecerá mi matrimonio.

4 DE SEPTIEMBRE

EVITAR EL EGOCENTRISMO EN LA COMUNICACIÓN

A los necios no les interesa tener entendimiento; solo quieren expresar sus propias opiniones. PROVERBIOS 18:2

UN OYENTE EMPÁTICO enfoca cada conversación con la siguiente actitud: *Quiero saber lo que hay en la mente y en el corazón de mi cónyuge.* Esta no es la actitud que tiene la mayoría de las personas. El psicólogo Paul Tournier lo expresó acertadamente cuando dijo: "Cada uno habla principalmente con el propósito de exponer sus propias ideas. . . . Muy pocos intercambios manifiestan un auténtico deseo de comprender a la otra persona."*

Por naturaleza, todos somos egocéntricos. En otras palabras, inconscientemente pensamos: *Soy el centro del universo. Lo más importante es mi manera de pensar y de sentir.* Damos un paso gigantesco hacia la madurez cuando decidimos cultivar una actitud de empatía y tratamos de entender sinceramente los pensamientos y los sentimientos de nuestros seres queridos. El versículo de Proverbios que citamos arriba dice sin rodeos que los que solo se preocupan de sus propias opiniones son necios. ¿Por qué? Porque nunca aprenderán nada del tema en discusión ni de las personas con las que están hablando.

El apóstol Pedro recomienda a los esposos que "sean comprensivos en su vida conyugal, tratando cada uno a su esposa con respeto" (1 Pedro 3:7, NVI). Este desafío también vale para las esposas. Cuando respetamos las ideas y los sentimientos de nuestro cónyuge, estamos escuchando con empatía.

Señor Jesús, el egoísmo domina con mucha frecuencia nuestra comunicación como pareja. Por favor dame el autodominio y la sabiduría necesarios para respetar las ideas de mi cónyuge y para tratar de entenderlo mientras conversamos.

* Paul Tournier, *To Understand Each Other* [Entendernos], traducido al inglés por John S. Gilmour (Atlanta: John Knox, 1967), 4.

5 DE SEPTIEMBRE

ESPERAR LOS HECHOS

Precipitarse a responder antes de escuchar los hechos es a la vez necio y vergonzoso. PROVERBIOS 18:13

SI ESCUCHO A mi esposa con la actitud de "ponerla en su lugar," nunca la entenderé y la mayoría de nuestras conversaciones terminarán en una discusión. La tendencia es emitir juicios que sabotean las conversaciones de miles de parejas. Imagine una mujer que dice: "Creo que voy a tener que dejar el trabajo." Supongamos que el esposo le responde: "No puedes dejar el trabajo. Sin tu salario no llegamos a fin de mes y recuerda que fuiste tú la que quiso esta casa con esta enorme hipoteca." Van camino a una discusión acalorada o bien a retraerse y a sufrir en silencio, culpándose mutuamente.

Una vez más, en el proverbio que citamos arriba, el rey Salomón es contundente en su evaluación de quienes responden antes de haber recibido toda la información. Dice que esta conducta es necia y vergonzosa. No solo conduce a la discusión sino que frena el intercambio de información y ya no se puede obtener más conocimiento.

Sería muy diferente si aquel esposo suspendiera el juicio y en cambio le respondiera a su esposa: "Me parece que tuviste un día difícil en el trabajo, querida. ¿Quieres conversarlo?" De esta manera ha abierto la posibilidad de comprender a su esposa. Cuando ella se sienta escuchada y entendida, podrán tomar juntos una decisión sabia respecto al trabajo. Retener el juicio y esperar la información de los hechos permite que la conversación continúe.

Padre, en situaciones similares, ayúdame a controlar mi lengua. Que no le responda a mi cónyuge con lo primero que se me viene a la mente y que generalmente está lleno de mis propias opiniones. Por favor dame sabiduría para hacer preguntas e invitar a una conversación más profunda.

SERVICIO MUTUO

Después de lavarles los pies, [Jesús] se puso otra vez el manto, se sentó y preguntó: "¿Entienden lo que acabo de hacer? . . . Dado que yo, su Señor y Maestro, les he lavado los pies, ustedes deben lavarse los pies unos a otros. Les di mi ejemplo para que lo sigan. Hagan lo mismo que yo he hecho con ustedes". JUAN 13:12, 14-15

QUIZÁS EL MÁS extraordinario acto de servicio de Jesús (aparte de su muerte sacrificial) fue el de tomar un recipiente con agua y realizar la humilde tarea de lavarles los pies a sus discípulos. Un acto de servicio simple pero profundo. Al hacer lo que era necesario, pero que nadie más quería hacer, Jesús demostró humildad, amor y verdadero liderazgo.

Esposos, ¿están dispuestos a humillarse a sí mismos y a mostrarse serviciales con su esposa? Esposas, ¿están dispuestas a humillarse a sí mismas y a mostrarse serviciales con su esposo? No estoy presentando una teología santurrona; estoy hablando de seguir verdaderamente a Jesús. En Juan 13, les dijo a los discípulos que les había dado un ejemplo para seguir. Eso también vale para nosotros. De manera similar, en Marcos 10:45, Jesús dijo: "Pues ni aun el Hijo del Hombre vino para que le sirvan, sino para servir a otros." Es una paradoja extraordinaria: el camino hacia arriba va por abajo. La verdadera grandeza se expresa por medio del servicio. ¿Por qué no empezar en casa?

Me llevó varios años descubrir el gozo de servir a mi esposa, pero cuando lo hice, nuestro matrimonio pasó del invierno a la primavera en apenas unas pocas semanas. Una buena pregunta para comenzar es: "¿Qué puedo hacer para ayudarte?"

Señor Jesús, gracias por tu ejemplo de servicio. Si tú te humillaste para servir a tus discípulos, ¿cómo podría quejarme yo por servir a otros? Por favor obra en mí y dame un corazón de siervo hacia mi cónyuge.

7 DE SEPTIEMBRE

DAR EL PRIMER PASO HACIA EL SERVICIO

Cuando éramos totalmente incapaces de salvarnos, Cristo vino en el momento preciso y murió por nosotros, pecadores. Ahora bien, casi nadie se ofrecería a morir por una persona honrada, aunque tal vez alguien podría estar dispuesto a dar su vida por una persona extraordinariamente buena; pero Dios mostró el gran amor que nos tiene al enviar a Cristo a morir por nosotros cuando todavía éramos pecadores. ROMANOS 5:6-8

¿ESTÁ SU RELACIÓN fría y áspera? ¿Ha perdido la esperanza? Si quiere respirar un aire nuevo en su matrimonio, cambie de actitud. Si tiene una opinión negativa acerca de su relación y de su cónyuge, probablemente se mantenga en un matrimonio invernal: negativo, frío e indiferente.

Me llevó mucho tiempo darme cuenta de que el principal sentido de la vida se encuentra en dar, no en recibir. Recuerdo el día que hice una sencilla oración: "Señor, dame la actitud de Cristo. Quiero ser tan servicial con mi esposa como Jesús lo fue con sus discípulos." Cuando recuerdo los años que transcurrieron desde nuestra boda, estoy convencido de que esta fue la oración más importante que hice respecto a mi matrimonio. Cuando comencé a buscar maneras de mostrarme servicial hacia mi esposa, su actitud hacia mí también comenzó a cambiar.

Es natural tratar a su cónyuge de la manera en que él o ella lo trata. Sin embargo, no olvide que Dios nos amó cuando todavía éramos pecadores. Él no esperó que cambiáramos nuestra conducta; tomó la iniciativa de acercarse a nosotros con inmenso amor y gracia. Con su ayuda, nosotros también podemos amar y servir aun cuando hayamos perdido la esperanza. No hay nada más poderoso que el amor incondicional.

Padre, estoy enormemente agradecido de que me amaras aun antes de que yo volviera a ti. Por favor ayúdanos a seguir ese ejemplo, aunque sea mínimamente, en nuestro matrimonio. Quiero mostrarme servicial hacia mi cónyuge, sin importar el trato que yo reciba. Necesito tu ayuda, Señor.

BUSCAR LA RECONCILIACIÓN

Por lo tanto, si presentas una ofrenda en el altar del templo y de pronto recuerdas que alguien tiene algo contra ti, deja la ofrenda allí en el altar. Anda y reconcíliate con esa persona. Luego ven y presenta tu ofrenda a Dios. MATEO 5:23-24

EN UN MUNDO perfecto no habría necesidad de las disculpas, pero en nuestro mundo imperfecto no podríamos sobrevivir sin ellas. Somos criaturas morales; tenemos un profundo sentido de lo bueno y de lo malo. Cuando nos hacen mal, experimentamos dolor y enojo. La ofensa se convierte en una barrera entre las dos personas involucradas. En el matrimonio, provoca tensión y amenaza la unidad. Las cosas no vuelven a ser iguales en la relación hasta que alguno de los dos pide disculpas y el otro perdona.

Cuando la mala acción quiebra un vínculo, algo en nuestro interior clama por la reconciliación. El deseo de reconciliación con frecuencia es más fuerte que el deseo de justicia. Cuanto más intima la relación, tanto más profundo es el anhelo de reconciliación. Tan importante es la reconciliación para Dios que Jesús instruyó a sus oyentes que resolvieran cualquier ofensa antes de ofrecerle un sacrificio al Señor. Antes de humillarnos delante de Dios, necesitamos humillarnos y confesar nuestra falta a los que hemos ofendido.

Cuando un esposo trata injustamente a su esposa, ella tiene con frecuencia dos reacciones. Por un lado, quiere que él pague por lo que hizo; pero al mismo tiempo, desea la reconciliación. La disculpa sincera del marido hace posible una reconciliación genuina. Si no hay tal disculpa, la conciencia moral de la mujer la empujará hacia el reclamo de justicia. Las disculpas son necesarias para mantener una buena relación.

Padre, me doy cuenta de lo importante que para ti es la reconciliación. Gracias por recordarme que pedir disculpas y perdonar son elementos esenciales de un matrimonio. Ayúdame a estar dispuesto a reconciliarme con mi cónyuge a fin de que nuestra relación se mantenga fuerte.

9 DE SEPTIEMBRE

LA CONFESIÓN ES ANTERIOR AL PERDÓN

Si mi pueblo, que lleva mi nombre, se humilla y ora, busca mi rostro y se aparta de su conducta perversa, yo oiré desde el cielo, perdonaré sus pecados y restauraré su tierra. 2 CRÓNICAS 7:14

¿PODEMOS PERDONAR SIN haber recibido una disculpa? Si su definición de perdón consiste en entregar a Dios su dolor, su ira y a la persona que lo ofendió, entonces puede perdonar aunque no haya recibido una disculpa. No obstante, si al hablar de perdón usted implica reconciliación, entonces la disculpa es un ingrediente necesario. A los cristianos se nos instruye a perdonar a otros de la misma manera en que Dios nos perdona. ¿Cómo lo hace Dios? Las Escrituras dicen que si confesamos nuestros pecados, Dios nos perdonará (ver 1 Juan 1:9). En 2 Crónicas 7, el Señor le dice a Salomón que perdonará al pueblo si este se arrepiente y ora con humildad. Nada en las Escrituras indica que Dios perdona los pecados de las personas que no se arrepienten y los confiesan.

Con frecuencia queremos que nuestro cónyuge simplemente olvide lo que ocurrió. No queremos hablar del asunto ni queremos pedir disculpas. Solo queremos que lo ocurrido desaparezca. Sin embargo, las cosas no "desaparecen" así nomás. Dios ha provisto un esquema para el perdón humano y ese esquema incluye pedir perdón por nuestras faltas. La disculpa es una manera de aceptar la responsabilidad por nuestra conducta y expresar arrepentimiento. Reconocemos que lo que le hicimos a nuestro cónyuge levantó una barrera entre nosotros y demostramos que queremos que sea retirada. Cuando pedimos disculpas, es probable que seamos perdonados.

Padre, gracias por tu promesa de perdón para todos aquellos que confiesan sus pecados y renuncian a ellos. Por favor ayúdame a estar dispuesto a confesar mis faltas a mi cónyuge, para que este tenga libertad de perdonarme. Con demasiada frecuencia intento simular que nada ocurrió, pero sé que ese no es el camino para una relación saludable. Cambia mi corazón, Señor.

EL PLAN DE DIOS PARA EL SEXO

Bésame, una y otra vez, porque tu amor es más dulce que el vino.

CANTAR DE LOS CANTARES 1:2

MUCHOS CRISTIANOS HAN crecido con la idea de que el sexo es pecaminoso y mundano, y que los buenos cristianos no hablan sobre sexo. Nada podría estar más lejos de la verdad. La Dra. Ruth no inventó el sexo; el sexo fue inventado por Dios y permítame recordarle que cuando completó el acto creativo por medio del cual nos hizo varón y mujer, miró "¡y vio que era muy bueno!" (Génesis 1:31).

Como con casi todas sus criaturas, Dios nos hizo sexuados. No obstante, el propósito de la sexualidad humana es mucho más amplio que la reproducción. Las Escrituras indican que en el acto sexual marido y esposa llegan a ser "una sola carne." En este acto, nuestras vidas quedan ligadas. No se trata solo de la unión de dos cuerpos. Ocurre algo de carácter emocional, espiritual, intelectual y social. Compromete a la totalidad de la persona. Es el camino de Dios para unirnos en una relación íntima y profunda para toda la vida.

Cuando pensamos en el don del sexo que Dios nos dio, podemos valorar las pautas que estableció sobre cómo practicarlo. En el contexto matrimonial, el sexo crea un vínculo, es placentero y está diseñado para nuestro regocijo.

Señor Jesús, gracias por el regalo del sexo y por el maravilloso papel que puede tener en el matrimonio. Perdóname por avergonzarme a veces de hablar sobre sexo e inclusive por pensar que es pecaminoso. Ayúdanos a mi cónyuge y a mí a celebrar nuestra relación sexual como un regalo que nos has dado y que puede fortalecer nuestro vínculo como pareja.

11 DE SEPTIEMBRE

SATISFACER LAS NECESIDADES SEXUALES

El esposo debe satisfacer las necesidades sexuales de su esposa, y la esposa debe satisfacer las necesidades sexuales de su marido. La esposa le da la autoridad sobre su cuerpo a su marido, y el esposo le da la autoridad sobre su cuerpo a su esposa. No se priven el uno al otro de tener relaciones sexuales.

1 CORINTIOS 7:3-5

¿ESTÁ USTED SATISFACIENDO las necesidades sexuales de su cónyuge? En 1 Corintios 7, se desafía a los maridos y a las esposas a satisfacer mutuamente sus necesidades sexuales. "No se priven el uno del otro," dice la Biblia. Nuestros cuerpos deben ser un obsequio mutuo; debemos estar disponibles para darnos placer sexual el uno al otro. Este es el plan de Dios.

¿Por qué tan a menudo nos resulta difícil experimentar este placer mutuo? Quizás hemos olvidado el ingrediente clave del amor. Amar significa velar por los intereses de la otra persona. La pregunta es: ¿Cómo puedo darte placer? El amor no exige que las cosas se hagan a su manera. El amor no es agresivo ni belicoso, sino que considera primero cómo complacer a la otra persona.

Es triste que "hagamos el amor" frecuentemente se haya circunscrito a "tengamos sexo." El sexo sin auténtico amor mutuo será sin duda algo vacío. El plan de Dios es que el sexo sea una expresión de nuestro profundo amor y un compromiso mutuo para toda la vida. Cualquier cosa inferior a esto frustra el propósito de Dios.

Señor, es verdad que el egoísmo puede causar problemas en nuestra relación sexual. Cuando pienso solamente en mí mismo y en mi propio placer, el sexo se vuelve vacío . . . y sé que no es eso lo que tú quieres. Por favor guíame mientras procuro pensar primero en mi cónyuge. Renueva nuestro amor como pareja y ayúdanos a expresar ese amor por medio del sexo.

12 DE SEPTIEMBRE

PROGRAMAR EL COMPARTIR TIEMPO DE CALIDAD

Oh Dios, tú eres mi Dios; de todo corazón te busco. Mi alma tiene sed de ti; todo mi cuerpo te anhela en esta tierra reseca y agotada donde no hay agua.

SALMOS 63:1

¿CUÁNTO TIEMPO PASA con su cónyuge cada día? Es probable que pasen más tiempo separados que juntos, sin contar el tiempo cuando están dormidos. Esto es bastante normal. Es probable que uno o ambos estén trabajando y habitualmente no trabajamos en el mismo lugar.

Cuando están juntos, ¿cuánto tiempo pasan conversando realmente entre ustedes? ¿Una hora por día? Probablemente no. La mayoría de las parejas dedica menos de treinta minutos a conversar y buena parte de la conversación se enfoca en cuestiones logísticas como: "¿A qué hora debo recoger a Jorge de su práctica de fútbol?" ¿Cuándo tienen conversaciones significativas en las que tratan sobre otros temas como anhelos, frustraciones y alegrías?

¿Por qué no comenzar con quince minutos por día? Puede llamarlo tiempo de pareja, tiempo de conversación o tiempo de sofá. El nombre no es importante. Lo que importa es que pasen tiempo de calidad a diario hablando y escuchándose mutuamente. No solo intercambian información, sino que también se comunican interés mutuo.

Como creyentes, reconocemos la prioridad de pasar tiempo con Dios, pero no le damos la misma prioridad al tiempo que compartimos con nuestro cónyuge. Cuando el rey David escribió el Salmo 63, expresó vívidamente su anhelo de compartir tiempo y diálogo con el Señor, comparándolo con el agua que llega a una tierra reseca y agotada. El tiempo con Dios nos renueva espiritualmente y el tiempo de calidad con nuestro cónyuge nos renueva emocional y relacionalmente. El tiempo compartido trasmite un intenso mensaje emocional: "Te considero importante. Disfruto al estar contigo. Repitámoslo mañana."

Padre, sabes cuánto te necesito y cuánto necesito a mi cónyuge. El tiempo que compartimos me renueva, nos conecta y demuestra que tengo interés. Por favor ayúdanos a establecer tiempo de calidad como una prioridad en nuestro matrimonio.

13 DE SEPTIEMBRE

COMUNICAR AMOR MEDIANTE EL TIEMPO DE CALIDAD

Ámense unos a otros con un afecto genuino y deléitense al honrarse mutuamente.

ROMANOS 12:10

EL TIEMPO DE calidad que se comparte es uno de los cinco lenguajes de amor básicos. Para algunas personas, este es el lenguaje de amor principal y no hay nada que los haga sentirse más amados que el tiempo de calidad. ¿Qué es tiempo de calidad? Es darle a su cónyuge atención exclusiva. Es más que simplemente estar en la misma habitación; es mirarse, hablar y escuchar con empatía, o hacer algo juntos. Lo que se haga no es importante. El énfasis consiste en estar juntos, no en la actividad.

¿Cuánto hace que planificaron una escapada de fin de semana? Si siente que esto lo abruma, quizás pueden comenzar saliendo alguna noche. ¿O qué le parece pasar veinte minutos en el sofá conversando? Mejor aún, pregúntele a su cónyuge qué le gustaría que hicieran.

Si el tiempo de calidad es el lenguaje de amor principal de su cónyuge y hace tiempo que usted no lo emplea, es probable que su pareja se haya estado quejando. Quizás escuche decir: "Nunca pasamos tiempo juntos. Solíamos salir a caminar, pero hace dos años que no lo hacemos." Quizás hasta le diga: "Siento que no me amas." En lugar de ponerse a la defensiva, ¿por qué no reconoce el problema y reacciona de manera constructiva? Recuerde que la Biblia nos pide que nos amemos con sinceridad y que nos deleitemos en honrarnos y complacernos el uno al otro. Responda: "Tienes razón, cariño. ¿Por qué no salimos a caminar esta noche?"

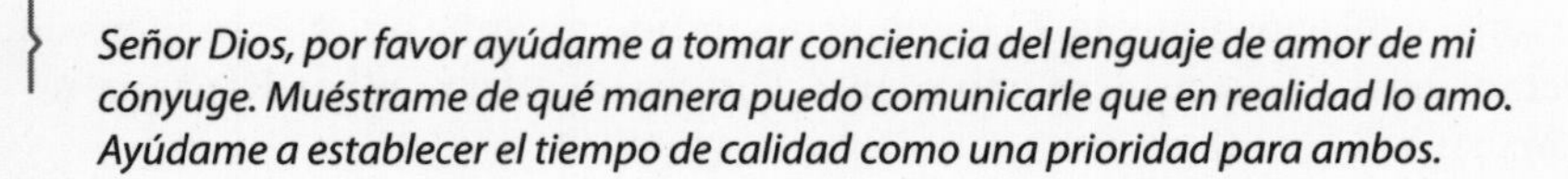
Señor Dios, por favor ayúdame a tomar conciencia del lenguaje de amor de mi cónyuge. Muéstrame de qué manera puedo comunicarle que en realidad lo amo. Ayúdame a establecer el tiempo de calidad como una prioridad para ambos.

CUANDO LOS HIJOS DEJAN EL HOGAR

Vive feliz junto a la mujer que amas, todos los . . . días de vida que Dios te haya dado bajo el sol. ECLESIASTÉS 9:9

UNA PREGUNTA QUE hacen con frecuencia las parejas de mediana edad es la siguiente: "Nuestros hijos ya se han marchado. ¿Y ahora qué?" ¿Cómo se relaciona la pareja entre sí después de que los hijos han dejado el hogar? Durante la transición al nido vacío se hace visible el enfoque mantenido durante los veinte años anteriores. Si se enfocaron exclusivamente en los hijos, quizás tengan que empezar de cero y reconstruir el matrimonio. Si se ocuparon el uno del otro mientras criaban a los hijos, entonces ahora escalarán nuevas alturas de satisfacción conyugal gracias al tiempo extra que pueden compartir. En el libro de Eclesiastés, Salomón alienta a las parejas a que vivan mutuamente satisfechas a lo largo de todas las etapas de la vida. El matrimonio es un regalo durante los primeros años antes del nacimiento de los hijos, lo es durante los ajetreados años de criar a los hijos y sigue siéndolo en los años posteriores a su partida: años que pueden ser innovadores y prometedores.

Cualquiera sea su situación, este es el momento de evaluar el estado de su matrimonio y de tomar acción hacia el crecimiento. Le sugiero asistir a un encuentro de enriquecimiento matrimonial de fin de semana que lo pondrá en contacto con ideas sobre cómo estimular el desarrollo en su matrimonio. También pueden compartir un libro sobre el matrimonio leyendo un capítulo por semana y analizando luego el contenido. Uno que le recomiendo es *Pacto matrimonial* de John Piper. Ocúpese de su matrimonio. No se limite a dejar que las cosas ocurran; tenga un propósito.

Padre, ayúdame a considerar esta nueva etapa del matrimonio como una aventura en lugar de una pérdida. Muéstranos la mejor manera de prestarnos mutua atención y de fortalecer nuestra relación todavía más ahora que hacemos esta transición al nido vacío.

LA COMUNICACIÓN CON DIOS

Jesús contestó: "El mandamiento más importante es: '¡Escucha, oh Israel! El Señor nuestro Dios es el único Señor. Amarás al Señor tu Dios con todo tu corazón, con toda tu alma, con toda tu mente y con todas tus fuerzas'. El segundo es igualmente importante: 'Amarás a tu prójimo como a ti mismo'".

MARCOS 12:29-31

LA PIEDRA FUNDAMENTAL en cualquier relación es la conversación, la comunicación de ida y vuelta. Yo comparto mis ideas y usted escucha; usted comparte sus ideas y yo escucho. ¿Cuál es el resultado? Nos entendemos mutuamente. Si continuamos la conversación por un período de tiempo, llegamos a conocernos el uno al otro. Entonces ¿por qué es tan difícil la comunicación? ¿Por qué 86 por ciento de aquellos que se divorcian dice: "El problema principal fue que llegó el momento en que ya no podíamos conversar"?

Quiero sugerir que parte del problema es que dejamos de conversar con Dios mucho antes de dejar de conversar entre nosotros. Si estoy conversando con Dios a diario, él influirá en mis pensamientos y en mi actitud hacia mi cónyuge. Dios me ha dicho que quiere hacerme más y más parecido a Jesús (ver Romanos 8:29). Cuando me esfuerzo en el proceso, la comunicación con mi esposa fluye con suavidad. Cuando se me cruzan los cables con Dios, entonces mis actitudes hacia mi cónyuge empiezan a deteriorarse.

No creo que sea coincidencia que en Marcos 11 Jesús haya dicho que los mandamientos más importantes son (1) amar a Dios con todo el corazón y (2) amar a los demás como a nosotros mismos. Cuando amamos a Dios y estamos en sintonía con lo que él quiere, el amor a los demás brotará en forma natural.

Estoy convencido de que muchos de los problemas de comunicación en el matrimonio se desvanecerían si pasáramos más tiempo hablando con Dios y escuchándolo.

Padre, ayúdame a recordar que lo mejor que puedo hacer, tanto por mi relación contigo como por mi matrimonio, es pasar tiempo contigo. Mientras leo tu Palabra, oro y escucho, por favor hazme más y más semejante a Cristo. Sé que eso influirá en la manera en que trato a mi cónyuge.

BUSCAR EL MAYOR BIEN

Nuestros padres terrenales nos disciplinaron durante algunos años e hicieron lo mejor que pudieron, pero la disciplina de Dios siempre es buena para nosotros, a fin de que participemos de su santidad. HEBREOS 12:10

"LO HICE PORQUE la amaba." Con frecuencia usamos la palabra *amor* para explicar nuestro comportamiento. ¿Quién no recuerda al padre o a la madre diciendo: "Te castigo porque te amo"? Cuando éramos niños nos resultaba difícil entenderlo, aun cuando parecía sincero. Los padres disciplinan a los hijos porque los aman. Dios hace lo mismo con sus hijos, como dice claramente el versículo citado de la carta a los Hebreos. Su meta final es que seamos más semejantes a él, y su disciplina nos moldea y nos forma de acuerdo con ese propósito. Sin embargo, en el matrimonio no hay un padre sino dos compañeros. No nos disciplinamos el uno al otro, pero sí nos amamos y queremos que nuestra pareja alcance el potencial que Dios le dio.

La pregunta es: ¿Cómo nos damos cuenta de que nuestra conducta es amorosa? Amar es hacer lo que sea mejor para la otra persona, pero a veces resulta difícil discernir en qué consiste. Por ejemplo, la esposa de un alcohólico se ocupa del desastre después de su último episodio de ebriedad. Ella dice que es amor, pero el psicólogo lo llama codependencia. ¿Ayudó la conducta de la mujer a su esposo? Quizás lo hizo en el momento, pero no a largo plazo.

Debemos aprender a amar de una manera eficaz, haciendo lo que sea mejor para la salud emocional, espiritual y física de nuestro cónyuge. Eso significa que en algunos momentos el amor debe ser riguroso. Si esta es su situación, pídale a Dios que le dé la sabiduría para hacer las decisiones correctas sobre la mejor manera de amar a su cónyuge.

Padre, a veces me resulta difícil discernir cuál es el enfoque verdaderamente amoroso para acercarme a mi cónyuge. Necesito tu sabiduría. Por favor ayúdame a tener presente la meta final: que mi pareja sea emocional, espiritual y físicamente saludable. Te doy gracias porque tu meta final es que ambos nos parezcamos más a ti.

17 DE SEPTIEMBRE

TRATAR CON UN CÓNYUGE DIFÍCIL

El amor nunca se da por vencido, jamás pierde la fe, siempre tiene esperanzas y se mantiene firme en toda circunstancia. 1 CORINTIOS 13:7

PARA ALGUNAS PERSONAS, el amor es un desafío extremo. Una mujer vino a mi oficina y me dijo: "Mi esposo ha sido despedido de cuatro empleos en los últimos seis años. No parece tener ningún deseo de construir una carrera estable ni de proveer un ingreso constante para la familia. Consideré que al estar sin empleo, lo menos que podría hacer es ocuparse de algunas reparaciones necesarias en la casa. No hay caso. Está demasiado ocupado navegando en Internet o haciendo deporte con sus amigos. Hacemos planes de tener hijos, pero a veces siento que ya estoy viviendo con uno."

¿Qué le sugeriría usted a esta mujer? Alguna gente diría: "Deja a ese vago." Lo entiendo, pero ese consejo no toma en cuenta la enseñanza del apóstol Pablo en 1 Corintios, de que el amor nunca se rinde sino que siempre mantiene la esperanza. ¡Con Dios nada es imposible! Teniendo eso presente, el consejo que le di fue doble: primero muéstrele amor tierno y después amor riguroso.

La tendencia natural es saltar directamente al amor riguroso y plantear un ultimátum. No obstante, si usted está por cambiar su enfoque, comience siempre con el amor tierno. Le sugiero pasar tres meses expresándole amor a su cónyuge por medio del lenguaje de amor que su pareja prefiere, por lo menos una vez a la semana. Esfuércese por vincularse con su pareja en el nivel emocional. Si esto no produce cambios, entonces muéstrele amor riguroso y comience a establecer algunos límites. En ese momento, su cónyuge extrañará el amor tierno y se dará cuenta de que está a punto de perder algo. Tierno o riguroso, el amor es el mejor camino.

Padre, el matrimonio puede resultar un desafío cuando mi cónyuge actúa de manera irresponsable. Por favor ayúdame a recordar que contigo nada es imposible. Muéstrame cómo comunicarle amor a mi cónyuge y si el amor tierno no da resultado, dame sabiduría mientras exploro el amor riguroso, por el bien de mi cónyuge y el de nuestra relación. Solo tú tienes la sabiduría que necesito, Señor.

OCUPARSE DEL ABUSO VERBAL

Estoy decidido a no pecar con mis palabras. SALMOS 17:3

¿ESTÁ USTED CASADO con un cónyuge que habla de manera abusiva? Un hombre me dijo: "Mi esposa me dijo que soy 'un esposo patético' y agregó que habría estado mejor si se hubiera quedado soltera . . . todo porque no saqué a tiempo la basura. Ha sido así desde que nos casamos. Ya no sé qué hacer."

En primer lugar, comprenda el origen: en muchos casos de abuso verbal subyace una autoestima pobre. Muchos de los abusadores fueron abusados ellos mismos verbalmente. Por lo tanto, si usted quiere ayudar, debe responder a la necesidad de su cónyuge, pero rechazar su comportamiento. Nunca acepte el abuso verbal como algo normal, pero tampoco responda en esa forma abusiva para defenderse. Asegúrese de que *sus* palabras honren a Dios; como el salmista, resuelva no pecar con sus palabras. Podría decir algo así: "Sé que debes sentirte extremadamente frustrado y por eso me dices esa clase de cosas. Me gustaría ayudarte, pero tus palabras me hieren. Quizás podamos hablar sobre esto después de que ambos nos calmemos."

Respaldar la necesidad que tiene su cónyuge de autoestima, amor y aceptación es algo saludable, pero también debe ser sincero sobre su propio dolor. Busque una solución, no un triunfo.

Padre, tú sabes que todos somos capaces de decirnos cosas horribles el uno al otro. Por favor perdóname por las ocasiones en que lo hice. Cuando mi pareja abuse verbalmente de mí, muéstrame la manera correcta de reaccionar. Ayúdame a mantener el compromiso de que mis palabras sean irreprochables.

19 DE SEPTIEMBRE

INTIMIDAD BÍBLICA

[Eva] tomó del fruto y lo comió. Después le dio un poco a su esposo que estaba con ella, y él también comió. En ese momento, se les abrieron los ojos, y de pronto sintieron vergüenza por su desnudez. Entonces cosieron hojas de higuera para cubrirse. GÉNESIS 3:6-7

¿CUÁL ES LA imagen bíblica de la intimidad en el matrimonio? Se encuentra en Génesis 2:25: "El hombre y su esposa estaban desnudos, pero no sentían vergüenza." Esta es una imagen vívida de la intimidad conyugal: dos personas diferentes, iguales en su valor, totalmente transparentes, sin temor de descubrirse mutuamente. Esa es la clase de franqueza, aceptación, confianza y entusiasmo a los que nos referimos cuando usamos la palabra *intimidad*.

Sin embargo, esto fue antes de que el pecado apareciera. Es interesante que la reacción inmediata de Adán y Eva después de comer el fruto prohibido fue sentir vergüenza de su desnudez y buscar con qué cubrirse. En otras palabras, la vestimenta apareció después del pecado. Algo se interpuso entre Adán y Eva y dejaron de ser mutuamente transparentes. Ya no estaban dispuestos a descubrirse; ahora tenían que esforzarse para cultivar la intimidad.

Esto es cierto también para nosotros. Debido a que somos criaturas caídas, a veces tenemos temor de mostrarnos abiertamente. ¿Por qué? Porque con la intimidad se corre el riesgo de la condena y el rechazo. Para superar ese temor, debemos desarrollar una relación de confianza con nuestro cónyuge.

Dios Padre, nuestros conflictos con la intimidad se remontan hasta Adán y Eva y el primer pecado. Te confieso mi temor de ser plenamente conocido por otra persona, incluso por mi cónyuge. Por favor ayúdanos como pareja a esforzarnos por superar esos temores y llegar a ser uno.

SUPERAR LA BRECHA QUE EL PECADO PRODUCE

Pedro se le acercó y preguntó: "Señor, ¿cuántas veces debo perdonar a alguien que peca contra mí? ¿Siete veces?" "No siete veces —respondió Jesús—, sino setenta veces siete". MATEO 18:21-22

¿HAY ALGO EN la experiencia contemporánea que pueda compararse con el entusiasmo que experimentaron Adán y Eva antes de la Caída? Creo que sí. Me refiero a "enamorarse." Esta es una vivencia emocional tan espontánea como cuando Adán vio a Eva por primera vez. La experiencia de enamorarse tiene los mismos elementos de aquel primer encuentro:

- sentirse maravillado
- sentir que nos pertenecemos el uno al otro y que fuimos hecho el uno para el otro, que hay algo en nuestro ser que clama por algo profundo del otro
- intuir que Dios arregló nuestro encuentro
- sentirnos dispuestos a ser mutuamente francos, a compartir nuestros sentimientos más profundos, a tener en nuestro corazón la certeza de que siempre nos amaremos, a entregarnos el uno al otro completamente

¿Qué ocurre con todas esas emociones una vez que nos casamos? Lo mismo que les ocurrió a Adán y a Eva. Pecamos y el pecado nos separa. Empezamos a desconfiar el uno del otro y en consecuencia mantenemos la distancia para protegernos. ¿Qué salida tenemos? Confesión, arrepentimiento y perdón.

La confesión consiste en admitir que lo que hice o dije estaba mal. Arrepentimiento significa que estoy dispuesto a abandonar ese pecado y a caminar en un nuevo rumbo. Perdón significa que estoy dispuesto a recibir tu confesión y tu arrepentimiento, y a permitir que entres nuevamente en mi vida.

Jesús le dijo a Pedro que debemos estar dispuestos a perdonar a la persona que se arrepiente, una y otra vez, ¡porque así es como Dios nos perdona! No siempre es fácil, pero es posible tener un matrimonio íntimo si uno está dispuesto a ocuparse de sus faltas.

Padre, gracias por tu notable perdón. Gracias por perdonarme cuando me arrepiento, aun cuando hago lo mismo una y otra vez. Por favor dame esta misma actitud hacia mi cónyuge. Te pido que haya una creciente atmósfera de intimidad en nuestro matrimonio a medida que aprendemos a confesar nuestras faltas, a arrepentirnos y a perdonarnos mutuamente.

21 DE SEPTIEMBRE

ESTABLECER UN EJEMPLO SÓLIDO DE FE

No hay nada que me cause más alegría que oír que mis hijos siguen la verdad.

3 JUAN 1:4

PARA LA PAREJA cristiana, la mayor alegría es ver a los hijos en el camino de la verdad. Este sentimiento encuentra eco en la última epístola del apóstol Juan. Él consideraba a los creyentes como a sus "hijos" ya que había sido una figura paternal para ellos mientras crecían en la fe, y ahora su fidelidad a Cristo le traía mucho gozo. Por el contrario, nuestra mayor tristeza es ver que nuestros hijos se alejen de Dios.

La mayor influencia que tenemos sobre las convicciones religiosas de nuestros hijos se produce en los primeros dieciocho años de su vida. Los hijos escuchan lo que les decimos y observan nuestro comportamiento. Cuanto más se acerque nuestra práctica a nuestra prédica, tanto más respetarán nuestra fe. En cambio, cuanto mayor sea la distancia entre lo que proclamamos y lo que practicamos, tanto más improbable será que sigan nuestras convicciones religiosas.

¿Qué pasa si nuestros hijos ya crecieron y no ejercimos esta influencia cuando eran jóvenes? Nunca es tarde para decir: "Reconozco que cuando estabas creciendo, mi estilo de vida no era una buena demostración de lo que decía creer. Quisiera volver atrás y vivir otra vez algunas partes de mi vida. Por supuesto, eso es imposible, pero quiero que sepas que lamento haberte fallado." Esto, asociado con un cambio de vida, abre la puerta para la influencia futura en su hijo adulto. Ninguno de nosotros es perfecto. Ocuparnos de las faltas del pasado es el primer paso hacia una relación renovada.

Padre celestial, sabes cuán profundamente anhelo ver a mis hijos serte fieles. Te pido perdón por las ocasiones en que no fui un buen ejemplo para ellos. Por favor ayúdanos a mi cónyuge y a mí a ser honestos acerca de nuestras faltas y que estas no sean un obstáculo en el camino de fe de nuestros hijos.

ORAR POR SU CÓNYUGE

Le pedimos a Dios que les dé pleno conocimiento de su voluntad y que les conceda sabiduría y comprensión espiritual. COLOSENSES 1:9

ORAR POR SU cónyuge puede ser su ministerio más extraordinario. ¿Qué podría ser más importante que eso? Por medio de palabras y ejemplos, la Biblia nos muestra que la oración es poderosa. Santiago 5:16 nos dice: "La oración ferviente de una persona justa tiene mucho poder y da resultados maravillosos." Piense en todos los ejemplos asombrosos de intercesión en la Biblia. Abraham rogó a Dios que salvara a Sodoma. Moisés intercedió por Israel cuando fabricaron el becerro de oro. Daniel ayunó y oró con mucha humildad, confesando sus pecados y los pecados de Israel. Pablo oró pidiendo que los cristianos en Colosas estuvieran llenos del conocimiento de la voluntad de Dios. Jesús oró que a Pedro no le faltara la fe después de haber negado a Cristo.

¿Cómo está orando usted por su cónyuge? Quizás pueda usar Colosenses 1:9-14 como punto de partida. Mientras pide por su cónyuge lo que Pablo pedía para esos creyentes (que se fortaleciera su fe y que Dios les diera perseverancia y paciencia), usted estará ministrando a su esposo o esposa. Es posible que también descubra que su corazón se vuelve más tierno hacia su cónyuge.

La oración intercesora es un servicio para la persona por la cual está orando. Es uno de los medios dispuestos por Dios para cumplir su voluntad en la tierra. Así como nos permite predicar y enseñar, de la misma manera nos permite orar para cooperar con él en su obra. Ore por su cónyuge hoy y observe de qué manera afecta a su matrimonio.

Señor Dios, gracias por el privilegio de presentarte nuestras peticiones. Gracias, también, por el ejemplo de la oración de Pablo, que va más allá de los detalles logísticos y se ocupa de las cosas que realmente importan: la relación de mi cónyuge contigo. Ayúdame a ser fiel orando por mi pareja.

23 DE SEPTIEMBRE

ORAR JUNTOS

[Jesús dijo:] "Pues donde se reúnen dos o tres en mi nombre, yo estoy allí entre ellos". MATEO 18:20

A MUCHAS PERSONAS les resulta difícil orar con su pareja. ¿Por qué? Una razón podría ser que no estén tratándose mutuamente con amor y respeto, y eso se interpone como una barrera entre ellos. La respuesta a este problema es la confesión y el arrepentimiento. En 1 Juan 1:9 dice: "Si confesamos nuestros pecados a Dios, él es fiel y justo para perdonarnos nuestros pecados." Es un pecado no amar a su cónyuge, o no tratarlo con amabilidad y respeto. Ese pecado debe ser confesado y perdonado; entonces podrán orar juntos.

Una segunda razón por la que las parejas no pueden orar podría ser que uno de ellos o ambos no hayan aprendido a orar con otra persona. Para muchas personas, la oración es algo privado. Si bien debe orar en privado *por* su cónyuge, también debe orar *con* su cónyuge. Después de todo, Jesús les dijo a sus discípulos que donde dos o tres de ellos se reunieran, él estaría entre ellos. Esa es una declaración poderosa y un gran argumento a favor de orar como pareja.

Una manera fácil de comenzar es la oración silenciosa. Funciona así: se toman de las manos, cierran los ojos y oran en silencio. Una vez que han terminado de orar, dicen "amén" y esperan hasta que su cónyuge diga "amén." Orar en silencio tomándose las manos es una forma de orar juntos, y enriquecerá su matrimonio.

Padre, te agradezco la promesa de estar presente entre nosotros cuando oremos juntos. A veces lo siento incómodo o difícil, pero por favor ayúdanos a perseverar en el compromiso de orar como pareja. Sé que es espiritual y emocionalmente importante para nosotros.

ORACIÓN CONVERSACIONAL

Dedíquense a la oración con una mente alerta y un corazón agradecido.

COLOSENSES 4:2

LA BIBLIA DICE con claridad que la oración es importante. En Colosenses 4, el apóstol Pablo alienta a los creyentes a dedicarse a la oración; en otra de sus epístolas les dice que oren siempre (ver 1 Tesalonicenses 5:17). Con frecuencia damos por sentado orar, pero es un concepto realmente asombroso. ¡Podemos hablar directamente con el Creador del universo! ¿Por qué no habríamos de hacer de ello un hábito con nuestro cónyuge?

Ayer hablamos sobre orar en silencio con nuestra pareja. Es la forma más fácil de comenzar. Hoy quiero alentarlos a que prueben la *oración conversacional*. En esta modalidad toman turnos para hablar con Dios. Pueden orar una o más veces sobre el mismo tema. Luego uno de ustedes cambia el tema y repiten el proceso. Es hablar con Dios como quien habla con un amigo.

Por ejemplo, un esposo podría decir: "Padre, gracias por protegerme hoy de regreso a casa." Luego la esposa podría orar: "Sí, Padre, sé que hay muchos accidentes cada día y a veces doy por sentado tu amparo. También quiero agradecerte por haber protegido hoy a nuestros hijos." El esposo ora: "Estoy de acuerdo y te pido especialmente que protejas a nuestros niños de aquellas personas que podrían alejarlas de la fe." La esposa ahora: "Oh Padre, danos sabiduría para enseñarles a nuestros hijos a conocerte y a amarte." Y así continúa la conversación con Dios. Es una manera extraordinaria de orar con su cónyuge. No solo los acercará a su Padre celestial, sino que los acercará entre ustedes mientras escuchan y oran por lo que a cada uno le preocupa.

Dios Padre, ¡estoy maravillado de poder hablar contigo en cualquier momento y de que me escuchas! Es un regalo increíble. Por favor ayúdanos a usar este don como pareja. Sé que orar juntos nos ayudará a crecer en nuestro amor por ti y en el amor mutuo. Danos la valentía para comenzar y la disciplina para perseverar.

25 DE SEPTIEMBRE

PEDIR LOS CAMBIOS CON RESPETO

Respeten a todos y amen a sus hermanos en Cristo. 1 PEDRO 2:17

SI USTED ES un recién casado, quizás haya descubierto algunas cosas de su ser amado que no lo entusiasman. Él ronca como un leñador. Ella oprime la pasta dental por la mitad. Él piensa que hamburguesas y el juego de pistolas láser son los ingredientes de una noche romántica. Ella desafina acompañando las canciones de la radio. Él se corta las uñas de los pies frente al televisor y las deja sobre la mesita de centro. Ella sirve comida de preparación rápida para la cena dos veces a la semana.

La clave para resolver estas situaciones irritantes es mantenerlas en la perspectiva correcta. No permita que las cosas pequeñas se conviertan en grandes problemas. No olvide que estas pequeñas dificultades no son las cuestiones que amenazan la vida. Si puede encontrarles solución, excelente. Si no, puede vivir con ellas.

Le sugiero un plan para solicitar cambios: dígale a su cónyuge tres cosas que le gustan de él y luego haga un pedido. Por ejemplo: "¿Por favor podrías retirar el cabello de la rejilla del lavatorio cuando terminas de prepararte por la mañana?" Dado que el elogio precedió al pedido es muy probable que su cónyuge acepte la petición.

Una advertencia: nunca mencione un pedido de cambio más de una vez cada dos semanas. Un acuerdo podría ser que durante esta semana su cónyuge le haga un pedido de cambio a usted y en la próxima semana sea usted quien haga un pedido. La base es el respeto. El apóstol Pedro nos aconseja tratarnos con amor y respeto, y sin duda eso se aplica a nuestro cónyuge. Cuando usted se muestre correcto, afectuoso y respetuoso, verá cambios.

Padre, me resulta fácil asumir que mi manera es la correcta. Tiendo a concentrarme en los defectos de mi cónyuge que me parecen enormes. Por favor, ayúdame a mantener la perspectiva correcta. Ayúdame a tratar a mi cónyuge con amor y con respeto mientras nos ocupamos de las cuestiones menores, y ayúdame a estar dispuesto a escuchar y también a cambiar.

DESPUÉS DE LA BODA

No nos cansemos de hacer el bien. A su debido tiempo, cosecharemos numerosas bendiciones si no nos damos por vencidos. GÁLATAS 6:9

DEMASIADAS PAREJAS CONSIDERAN la boda como la línea de llegada de su relación. Luchan y se esfuerzan para llegar al día del casamiento, y entonces se sientan a esperar que comience el "felices para siempre."

El matrimonio no funciona de esa manera. Si su estrategia para mantener vivo el amor en la relación es no hacer nada, tiene un problema. Se parece al cristiano que considera la salvación como el último paso de la travesía. Una vez cumplida, piensa que puede "cruzarse de brazos" espiritualmente por el resto de su vida. Sin embargo, eso es poco bíblico. En el versículo citado, el apóstol Pablo nos alienta a persistir en el servicio y en las buenas obras. Necesitamos seguir trabajando en nuestra relación con Dios y también necesitamos seguir trabajando en nuestra relación matrimonial. Recuerde que la boda es el primer paso, no el último. Para que su relación funcione a largo plazo, necesita invertir la misma dosis de tiempo, energía y dedicación en los días posteriores a la boda como la que invirtió cuando estaban de novios.

¿Cuáles eran las cosas que hacían cuando eran novios? ¿Se daban regalos? ¿Hacían un esfuerzo para llegar a tiempo? ¿Iban a cenar a lugares elegantes? ¿Se hablaban con amabilidad? ¿Se hacían algunas caricias mientras estaban detenidos frente a un semáforo? ¿Abría la puerta del vehículo para ella? ¿Le lavaba el auto a ella? Quizás es hora de preguntarle a su cónyuge: "De todas las cosas que hacía cuando estábamos de novios, ¿cuál es la que más te gustaría que hiciera ahora?" Deje que la respuesta sea una guía para crecer en su matrimonio.

Señor Jesús, sé que no debo "cruzarme de brazos" espiritualmente, pero con demasiada frecuencia lo hago en mi matrimonio. Me dejo llevar con la expectativa de que nuestro amor se mantenga vivo. Por favor ayúdame a tratar a mi cónyuge de manera correcta y a dedicar la energía necesaria para que la relación crezca.

27 DE SEPTIEMBRE

ALENTAR EL SERVICIO

Pensemos en maneras de motivarnos unos a otros a realizar actos de amor y buenas acciones. HEBREOS 10:24

EN EL MATRIMONIO, tenemos una oportunidad única de alentarnos a servir a Dios mediante el servicio a los demás. Bajo el señorío de Cristo obtenemos satisfacción y autovaloración al ser parte de su propósito mayor. Nos hace sentir valiosos y nos da energía, y eso es bueno para un matrimonio.

Si su esposa toca el piano en la iglesia o presta apoyo a un estudiante con dificultades, usted debería ser su hincha número uno. Si su esposo enseña en una clase bíblica o es voluntario en un refugio para la gente de la calle, necesitará sus palabras de estímulo. Observe las formas constructivas en las que su cónyuge procura usar sus habilidades para ayudar a otros y bríndele aliento. La Biblia dice enfáticamente que nos "motivemos unos a otros" para expresar nuestro amor en actos y en hacer el bien a los demás.

Aliente a su cónyuge, ¡y siéntese a ver lo que Dios hace!

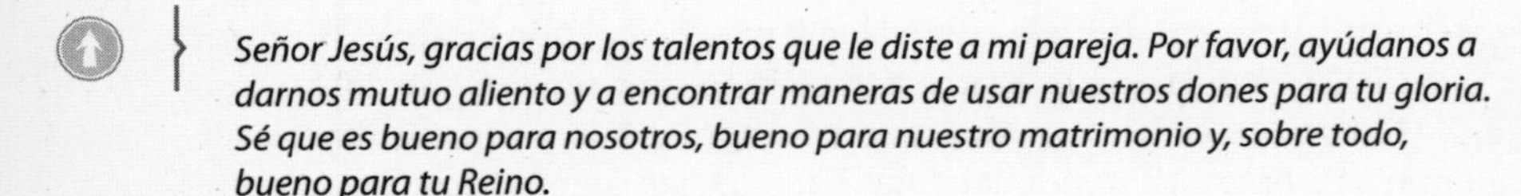

Señor Jesús, gracias por los talentos que le diste a mi pareja. Por favor, ayúdanos a darnos mutuo aliento y a encontrar maneras de usar nuestros dones para tu gloria. Sé que es bueno para nosotros, bueno para nuestro matrimonio y, sobre todo, bueno para tu Reino.

EXPRESAR AMOR A LOS POCO AGRADABLES

Sabemos con cuánta ternura nos ama Dios, porque nos ha dado el Espíritu Santo para llenar nuestro corazón con su amor. ROMANOS 5:5

¿CÓMO PODEMOS AMAR a un cónyuge poco agradable? A lo largo de casi treinta años de consejería he encontrado muchas personas que viven en matrimonios increíblemente difíciles. Sin excepción, la raíz del problema de las dificultades conyugales es el egoísmo y la cura es el amor. El amor y el egoísmo son opuestos. Por naturaleza todos somos egocéntricos, pero cuando nos hacemos cristianos, el Espíritu Santo trae el amor de Dios a nuestro corazón, tal como lo indica Romanos 5:5. Gálatas 5 enumera las cualidades del carácter que el Espíritu Santo producirá en nuestra vida si se lo permitimos y estas incluyen el amor. Ahora podemos llegar a ser instrumentos de Dios para expresar su amor. Compartir este amor divino que fluye en nosotros es la cosa más poderosa que podemos hacer por nuestro cónyuge.

Quiero darle a usted el desafío que les he dado a muchas personas a lo largo de los años. Haga el experimento de amar a su cónyuge incondicionalmente durante seis meses. Descubra el lenguaje de amor principal de su cónyuge y utilícelo por lo menos una vez por semana durante seis meses, sin importar qué trato reciba usted a cambio. He visto derretirse a personas duras, ásperas y crueles mucho antes de los seis meses. Cuando permite que Dios exprese su amor a través de usted, entonces podrá ser el agente de sanación para su cónyuge y para su matrimonio.

Padre celestial, gracias por llenar mi corazón con tu amor. Sin importar lo frustrado que esté con mi matrimonio, quiero tomar el compromiso de amar incondicionalmente a mi cónyuge durante los próximos seis meses y de comunicarme en su lenguaje de amor. Por favor dame determinación para hacerlo. Sé que puedes transformar mi matrimonio.

29 DE SEPTIEMBRE

TOMAR DECISIONES COMO UN EQUIPO

El corazón prudente adquiere conocimiento; los oídos de los sabios procuran hallarlo. PROVERBIOS 18:15 (NVI)

SI TOMAR DECISIONES en el matrimonio es un esfuerzo de equipo, y así debería ser, entonces ¿cómo llegamos a un acuerdo? Como individuos, tenemos conceptos y sentimientos personales sobre cada tema, y ellos no siempre coinciden con los de nuestro cónyuge. Si queremos llegar a un acuerdo, debemos escuchar, comprender y negociar.

En primer lugar *escuche*, para saber lo que piensa su cónyuge. Como vemos en Proverbios 18:15, los sabios buscan conocimiento. Eso implica escuchar y discernir. Tratar de ver el mundo a través de los ojos de su cónyuge lo capacita para *entender* sus pensamientos y sentimientos. Una vez que lo ha logrado, entonces puede pasar a la etapa de *negociar.* Esta no es una palabra negativa. El diccionario la define como "ponerse de acuerdo, conciliar." Cada uno comparte su perspectiva y luego buscamos aquello en lo que podemos coincidir. Cada parte debe estar dispuesta a ceder y a cambiar.

La motivación para hacerlo es el amor. Debemos pensar en el beneficio de la otra persona. El amor dice: "Quiero lo mejor para ti. Por lo tanto, estoy dispuesto a modificar mis planes a fin de satisfacer tus necesidades." En Colosenses 1:8, Pablo escribe acerca del amor por los demás que el Espíritu Santo nos ha dado a los creyentes. Sin ese Espíritu de amor, quizás nunca lleguemos a un acuerdo.

Señor Jesús, tú sabes lo difícil que nos resulta a veces tomar decisiones. Por favor ayúdame a recordar que en última instancia no se trata de ganar o de hacer lo que yo quiero, sino de alcanzar una decisión que nos satisfaga a ambos. Por favor ayúdame a estar dispuesto a escuchar, a comprender y a negociar por el bien de nuestro matrimonio.

BUSCAR ACUERDOS

Las palabras sabias producen muchos beneficios, y el arduo trabajo trae recompensas. Los necios creen que su propio camino es el correcto, pero los sabios prestan atención a otros. PROVERBIOS 12:14-15

AL TOMAR DECISIONES, los matrimonios a menudo discrepan. Si no sabemos cómo negociar, podríamos pasarnos la vida peleando. En el devocional de ayer dije que para lograr coincidencias es necesario escuchar, comprender y negociar. Llegar a un acuerdo expresa la voluntad de moverse. Es lo opuesto de la rigidez. El rey Salomón lo dice claramente en Proverbios 12: "Los necios creen que su propio camino es el correcto, pero los sabios prestan atención a otros." Si respetamos a nuestro cónyuge como nuestro compañero, también debemos respetar su punto de vista. No es sabio ni amoroso aferrarnos a nuestra perspectiva excluyendo a nuestra pareja.

Hay tres posibles maneras de resolver un desacuerdo. Una es la que llamo "encontrarme contigo en tu lado." En otras palabras, usted puede decir: "Ahora que veo lo importante que es esto para ti, estoy dispuesto a hacer lo que quieres." El acuerdo es seguir la opción de su cónyuge para su beneficio.

La segunda posibilidad es "encontrarme contigo en el medio." Esto significa que usted podría decir: "Estoy dispuesto a ceder un poco si tú también cedes un poco y nos encontramos en el medio." Por ejemplo: "Iré contigo a cenar en la casa de tu madre el viernes por la noche si volvemos el sábado por la mañana a tiempo para ver el gran partido."

La tercera posibilidad es "encontrarme contigo más tarde." Una pareja ubicada en esta posición podría decir: "Da la impresión de que no avanzamos nada. ¿Por qué no aceptamos el desacuerdo y volvemos a conversar la próxima semana?" Mientras tanto, mantienen la tregua y se tratan mutuamente con amabilidad.

Padre, gracias por esta sugerencia sobre cómo negociar. Por favor ayúdame a renunciar a la necesidad de que las cosas se hagan a mi manera. Tú sabes que amo a mi cónyuge y quiero respetar sus ideas. Quiero comprometerme a negociar amorosamente cuando tomamos decisiones.

1 DE OCTUBRE

PEDIR PERDÓN

Si afirmamos que no tenemos pecado, lo único que hacemos es engañarnos a nosotros mismos y no vivimos en la verdad; pero si confesamos nuestros pecados a Dios, él es fiel y justo para perdonarnos nuestros pecados y limpiarnos de toda maldad. 1 JUAN 1:8-9

¿POR QUÉ PARA algunas personas resulta difícil decir: "Por favor, perdóname"? Con frecuencia es el miedo a perder el control. Pedir perdón a otros significa que ponemos el futuro de la relación en sus manos. También podría ser el miedo al rechazo. Cuando pedimos perdón, la otra persona podría decir que no y ese rechazo podría ser muy hiriente. Otra barrera importante es el miedo de fallar. Admitir que hicimos algo mal parece lo mismo que decir: "Soy un fracaso."

La comprensión de las Escrituras puede quitarnos todos esos miedos. Romanos 3:23 nos dice: "Pues todos hemos pecado; nadie puede alcanzar la meta gloriosa establecida por Dios." El versículo citado arriba de 1 Juan nos dice abiertamente que si pretendemos no haber hecho nunca nada malo, nos estamos engañando a nosotros mismos. No obstante, el versículo siguiente ofrece una promesa maravillosa: si confesamos nuestros pecados a Dios, él nos perdonará y nos limpiará. Admitir que pecamos es sencillamente admitir que somos humanos. En nuestra relación con Dios y en la que tenemos con nuestros prójimos más cercanos, pedir perdón es el primer paso hacia la sanación.

Señor, ¿por qué me resulta tan difícil admitir mis faltas? Gracias por tu promesa de perdonarme cuando te confiese mi pecado. Ayúdame a estar dispuesto a pedir perdón también a mi cónyuge y de esa manera sanar las heridas que causé.

PEDIR PERDÓN

Me atrevo a pedirte un favor. Podría exigírtelo en el nombre de Cristo, porque es correcto que lo hagas; pero por amor, prefiero simplemente pedirte el favor. Toma esto como una petición mía, de Pablo, un hombre viejo y ahora también preso por la causa de Cristo Jesús. FILEMÓN 1:8-9

SIEMPRE ES CORRECTO solicitar el perdón. Nunca es correcto exigirlo. El esposo que dice: "Te dije que lo siento. ¿Qué otra cosa puedo decir?" está exigiendo perdón. Es probable que no lo reciba, porque ninguno de nosotros responde bien a las exigencias.

Cuando el apóstol Pablo escribió a un hermano en la fe de nombre Filemón para pedirle un favor, le podría haber exigido que respondiera como quería que lo hiciera. Después de todo, Pablo era un apóstol y es probable que tuviera una influencia importante sobre la fe de Filemón. Más aún, el favor que solicitaba era un acto moralmente recto; pero a pesar de todo ello, Pablo prefirió *pedirle* a Filemón, hacerle una petición, y permitir que Filemón tuviera la oportunidad de procesarlo y de decidir por sí mismo. Esa es una actitud sabia en muchas circunstancias y en particular cuando se trata de pedir perdón.

Perdonar es tomar la decisión de levantar la barrera y permitir que la otra persona entre nuevamente en nuestra vida. Siempre queda el riesgo de que vuelva a herirnos. Algunas personas han sido heridas tantas veces que se resisten a perdonar. Sin embargo, la relación no puede crecer sin el perdón. Si la pareja está en un punto muerto, lo exhorto a pedir disculpas y a solicitar el perdón. Entonces permita que su cónyuge tenga tiempo de procesar el dolor antes de responder. Mientras tanto, ore y ame.

Padre, guárdame de exigir que las cosas se hagan a mi manera. Cuando ofenda a mi cónyuge, muéveme a admitir mi falta y a pedir perdón. Entonces ayúdame a darle el espacio necesario para decidir cuándo responder. Gracias por perdonarnos siempre.

3 DE OCTUBRE

ENOJO DISTORSIONADO

El Señor le respondió: "¿Te parece bien enojarte por esto?" JONÁS 4:4

UNA GRAN PROPORCIÓN de nuestra ira es enojo distorsionado. Surge de nuestro egocentrismo, de nuestra personalidad controladora o a veces simplemente de no haber dormido bien.

Siempre es beneficioso conseguir información. Supongamos que su cónyuge prometió estar en casa a las 6:00 p.m., pero llega a las 6:30 p.m. ¿Es eso pecaminoso? No lo sabrá antes de hacer algunas preguntas. Si su cónyuge intencionalmente pensó: *Sé lo que prometí, pero no quiero mantener mi promesa*, significa que ha pecado y su enojo es legítimo. No obstante, si salió del trabajo con tiempo suficiente para llegar a las 6:00 p.m., pero quedó atrapado en una congestión de tránsito, eso no es pecaminoso y su enojo está distorsionado. Está fuera de proporción con la ofensa.

Un ejemplo bíblico de enojo distorsionado nos lo da el profeta Jonás. Quizás lo recuerda principalmente por su clamor en el vientre del pez. Sin embargo, después, finalmente predicó su mensaje de juicio en la ciudad de Nínive. La gente se arrepintió y Dios decidió tener misericordia. Eso enojó a Jonás. ¿Por qué? Porque había profetizado sobre la ira de Dios y esto no había ocurrido. ¡Concluyó que esto lo hacía quedar mal! La ira de Jonás estaba ligada a su orgullo y obviamente no era legítima. Dios mismo le preguntó, en forma retórica: "¿Te parece bien enojarte por esto?"

Volviendo a nuestro ejemplo anterior, usted quizás está muy enojado cuando su cónyuge llega tarde. Sin embargo, al saber que el motivo fue la congestión de tránsito, tendrá que liberar su ira; pero no sobre su cónyuge. Pruebe esta oración: "Padre, sé que estoy molesto. Ayúdame a no descargarme contra la persona que amo. Te entrego mi ira y te pido que me llenes con amor." Su ira se calmará y podrá disfrutar de la noche.

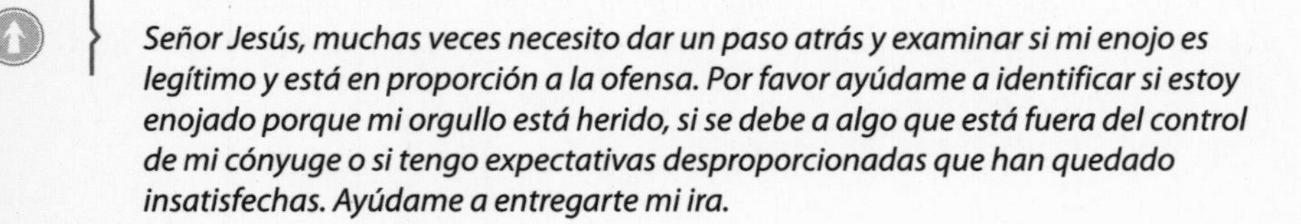

Señor Jesús, muchas veces necesito dar un paso atrás y examinar si mi enojo es legítimo y está en proporción a la ofensa. Por favor ayúdame a identificar si estoy enojado porque mi orgullo está herido, si se debe a algo que está fuera del control de mi cónyuge o si tengo expectativas desproporcionadas que han quedado insatisfechas. Ayúdame a entregarte mi ira.

4 DE OCTUBRE

OCUPARSE DEL ENOJO DISTORSIONADO

La respuesta apacible desvía el enojo, pero las palabras ásperas encienden los ánimos. PROVERBIOS 15:1

EL ENOJO DISTORSIONADO puede destruir su matrimonio. Es la emoción que siente cuando no consigue lo que quiere. A veces se le denomina enojo ególatra, porque la raíz está en usted y no en una circunstancia externa. La ira legítima es la reacción emocional que se da cuando su cónyuge peca contra usted, mientras que el enojo distorsionado puede ser generado por casi cualquier cosa. Quizás su cónyuge está mirando televisión en lugar de ayudarle en la cocina, o quizás se olvidó de comprar leche mientras volvía del trabajo.

La manera en que usted maneje el enojo distorsionado puede construir o destruir su matrimonio. Explotar contra su cónyuge con palabras de juicio o retraerse al silencio será destructivo. Como dice Proverbios 15:1: "Las palabras ásperas encienden los ánimos." El enojo distorsionado de una persona puede encender el enojo del otro con resultados muy negativos. Por el contrario, solicitar un momento para compartir nuestras emociones con una actitud no condenatoria favorecerá la comprensión. Es necesario compartir los sentimientos, pero no hay por qué condenar a un cónyuge por ser olvidadizo o descuidado.

Piense en este enfoque: "Quiero compartir esto contigo, no para condenarte sino para que me conozcas mejor." Esta es la manera de expresarse del cónyuge sabio. Esa actitud permite liberar el enojo y promueve el crecimiento en el matrimonio.

Padre, perdóname por esas ocasiones en las que dejo que la ira me controle. Por favor enséñame a compartir mis emociones sin condenar ni atacar a la persona que amo. Quiero que nuestra relación crezca.

5 DE OCTUBRE

LIBERAR LA IRA

"No pequen al dejar que el enojo los controle". No permitan que el sol se ponga mientras siguen enojados, porque el enojo da lugar al diablo.

EFESIOS 4:26-27

A TODOS NOS sucede. Nos retorcemos por alguna acción o comentario menor de nuestro cónyuge. Ella sacó el perro sin la correa y ahora el vecino llama por teléfono para quejarse. Él deja las medias en el piso en lugar de moverse menos de un metro para colocarlas en el cesto de ropa. Son las cosas pequeñas las que provocan el enojo distorsionado.

¿Cómo manejamos nuestras emociones? Primero, las admitimos. "Me siento enojado." Segundo, no dejamos que la ira nos controle. "Por eso me voy a caminar." Tercero, nos hacemos algunas preguntas clave. *¿Hizo esto a propósito mi cónyuge? ¿Estaba él tratando de lastimarme? ¿Es esto simplemente el resultado de estar casado con un ser humano? ¿Hice cosas parecidas antes? ¿Es esto suficientemente grave como para hablar con mi cónyuge sobre ello, o simplemente lo dejo pasar?*

O lo deja pasar o lo habla con su cónyuge. No reprima el enojo. La Biblia nos advierte que debemos liberarnos del enojo antes de que oscurezca. Cuando lo reprimimos, tiende a controlarnos y, como escribe Pablo, eso "da lugar al diablo." En otras palabras, reprimir el enojo probablemente nos haga pecar más y más. La ira se vuelve cada vez más distorsionada y eso allana el camino para todo tipo de interacciones desagradables en el matrimonio. El enojo debe ser tratado como a una visita, nunca como a un residente.

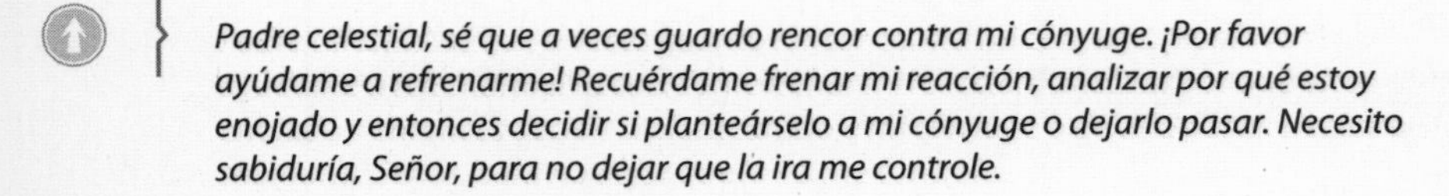

Padre celestial, sé que a veces guardo rencor contra mi cónyuge. ¡Por favor ayúdame a refrenarme! Recuérdame frenar mi reacción, analizar por qué estoy enojado y entonces decidir si planteárselo a mi cónyuge o dejarlo pasar. Necesito sabiduría, Señor, para no dejar que la ira me controle.

CELEBRAR LAS DIFERENCIAS

Si todo el cuerpo fuera ojo, ¿cómo podríamos oír? O si todo el cuerpo fuera oreja, ¿cómo podríamos oler? Pero nuestro cuerpo tiene muchas partes, y Dios ha puesto cada parte justo donde él quiere. 1 CORINTIOS 12:17-18

LAS DIFERENCIAS PUEDEN ser maravillosas. Un viejo refrán dice: "Algunas personas leen la historia, otras la hacen." Por lo general estos dos tipos de personas se casan entre sí. Ahora le pregunto: ¿no es así como lo diseñó Dios?

Nuestras diferencias tienen el propósito de ser complementarias. Sería trágico que su cónyuge fuera igual a usted. Dios tiende a reunir a una persona agresiva con una más pasiva, a una pulcra con una desordenada, a una persona organizada con una despreocupada. ¿Por qué? Porque nos necesitamos unos a otros. Es triste permitir que nuestras diferencias sean causa de división. ¿Por qué lo hacemos? Porque somos egocéntricos. *Soy el centro de la vida*, pensamos. *Mi manera es la mejor. ¡Sé como yo y seremos felices!*

¿Es eso lo que realmente queremos? No lo creo. En 1 Corintios 12, el apóstol Pablo compara a la iglesia con un cuerpo: tienen muchas partes y cada parte es necesaria. Pablo lleva la metáfora casi al absurdo, pidiendo a sus lectores que imaginen cómo podría funcionar el cuerpo si fuera solo una gran oreja. ¡No podría funcionar! ¡Cuánto se limitaría la vida!

Lo mismo es cierto respecto al matrimonio. Somos diferentes y nos necesitamos unos a otros. Tu ímpetu me empuja a intentar cosas que yo nunca hubiera probado por mí mismo. Mi actitud pasiva impide que te lances al vacío. La Biblia tiene razón: dos son mejor que uno.

Padre, gracias por las diferencias entre mi cónyuge y yo. Por favor muéstrame cómo considerarlas con una actitud positiva y no en forma negativa. Ayúdanos a trabajar juntos efectivamente como un equipo.

PALABRAS DE APROBACIÓN

La preocupación agobia a la persona; una palabra de aliento la anima.

PROVERBIOS 12:25

POCAS PAREJAS HAN aprendido el tremendo poder de las palabras de aprobación mutua. Los elogios o las palabras de reconocimiento son expresiones poderosas de amor. El rey Salomón, autor de la antigua "literatura de sabiduría" hebrea que encontramos en la Biblia, escribió varios proverbios acerca de las palabras. El pasaje de Proverbios 12:25 citado arriba destaca la importancia de las palabras de aliento. Proverbios 18:21 es todavía más dramático cuando dice: "La lengua puede traer vida o muerte." Los comentaros críticos e hirientes pueden matar el espíritu de una persona, mientras que las palabras de aprobación traen renovación y esperanza.

Lea las siguientes frases y pregúntese: *¿Le he dicho algo parecido a mi cónyuge en el curso de la última semana?*

- "Te ves muy bien con esa ropa."
- "¡Vaya! ¡Qué hermosa estás con ese vestido!"
- "Debes ser el mejor cocinero del mundo. Me encantan estas papas."
- "Gracias por conseguir la niñera para esta noche. Quiero que sepas que no lo doy por sentado."
- "Realmente aprecio que me ayudes a lavar la vajilla."
- "Estoy orgullosa de que hayas logrado ese informe positivo en el trabajo. Eres un excelente trabajador y se nota."

¿Quiere que mejore su matrimonio? Dígale hoy algo positivo a su cónyuge.

Señor Jesús, ¿por qué me resulta siempre más fácil criticar que elogiar? Por favor ayúdame a estar entrenado para ver las cosas buenas de mi cónyuge y para decir algo al respecto. Quiero que mis palabras den vida, no desánimo. Necesito tu ayuda, Señor, para cultivar nuevos patrones de comportamiento.

CAMBIAR POR MEDIO DE LA APROBACIÓN

Mientras dure ese "hoy", anímense unos a otros cada día, para que ninguno de ustedes se endurezca por el engaño del pecado. HEBREOS 3:13 (NVI)

¿CÓMO SERÍA LA vida si su cónyuge le diera palabras de ánimo todos los días? "Como el cielo," dijo un esposo, y una mujer comentó: "Yo pensaría que mi esposo estaba borracho." Qué trágico que por lo general nos damos tan pocas palabras de aprobación. Permitimos que los sentimientos de dolor, de decepción y de enojo nos impidan decirnos mutuamente frases positivas; o quizás estamos sencillamente atascados en un patrón de comportamiento negativo. Como resultado, el alejamiento y la insatisfacción proliferan.

Todos anhelamos escuchar palabras de reconocimiento, y aquellos para quienes las palabras de aprobación son el lenguaje de amor principal las anhelan aún más. Queremos sentir que nuestros esfuerzos son apreciados y que nuestro cónyuge ve algo positivo en nosotros. Cuando nos elogian, aspiramos a ser mejores. Cuando se nos ignora o se nos condena, nos desanimamos y nos retraemos, o nos enojamos y nos volvemos hostiles. Las palabras positivas pueden cambiar la atmósfera emocional en el matrimonio. Necesitamos buscar algo bueno en nuestro cónyuge y elogiarlo.

El apóstol Pablo desafió a sus lectores a alentarse y edificarse unos a otros (ver 1 Tesalonicenses 5:11). El escritor de la carta a los Hebreos sugirió que los creyentes se dieran mutuamente ánimo a diario, para evitar que su corazón se endureciera y pecaran. El estímulo es importante. Nuestras palabras son como una medicina para una relación enferma. Hay sanación y a menudo comienza con las palabras de reconocimiento.

Padre, no quiero que el corazón de mi cónyuge se endurezca a causa de mi actitud negativa. Por favor ayúdame a ofrecer estímulo mediante palabras afectuosas y alentadoras. Veo muchas cosas buenas en mi pareja y necesito decírselas. Gracias por animarme mediante las palabras afectuosas que leo en tu Palabra.

ALENTAR EL ÉXITO

Les encomiendo a nuestra hermana Febe, quien es diaconisa de la iglesia en Cencrea. Recíbanla en el Señor como digna de honra en el pueblo de Dios. Ayúdenla en todo lo que necesite, porque ella ha sido de ayuda para muchos, especialmente para mí. ROMANOS 16:1-2

LAS PALABRAS DE aliento con frecuencia marcan la diferencia entre el éxito y el fracaso. Por ejemplo, imagine que su cónyuge manifiesta que quiere bajar de peso. La manera en que usted responda puede ser alentadora o desalentadora. Si le dice: "Bueno, espero que no intentes algunos de esos costosos programas de adelgazamiento o te inscribas en un gimnasio caro. No nos alcanzaría el dinero," usted habrá desalentado a su cónyuge. Es muy probable que abandone la idea y no haga ningún esfuerzo por perder peso.

En cambio, considere esta respuesta: "Estoy seguro de una cosa. Si decides bajar de peso lo harás, porque tienes la disciplina para hacerlo. Esa es una de las cosas que admiro de ti." ¡Caramba! Su cónyuge se sentirá alentado y es probable que comience de inmediato.

Al final del libro de Romanos, Pablo escribe varios saludos personales, muchos de los cuales incluyen elogios. En los versículos que citamos arriba, menciona a una mujer llamada Febe, quien es "digna de honra" y "de ayuda." Más adelante en el capítulo menciona por nombre a varias personas y destaca la contribución que hicieron a su trabajo. ¡Imagínese recibiendo un elogio en una carta de Pablo! Los detalles que incluye refuerzan el impacto de sus palabras de aliento.

Cuando tenga la oportunidad de responderle a su cónyuge, piense antes de hablar. Pregúntese: *¿Cómo puedo apreciar y estimular a mi cónyuge para que alcance sus metas?* La mayoría de las personas se siente motivada cuando escucha palabras alentadoras.

Señor Jesús, te pido que me ayudes a pensar antes de responderle a mi cónyuge. Muéstrame cómo alentarlo. No quiero ser un obstáculo en el camino de mi ser amado hacia sus metas, y por eso te pido que me ayudes a desarrollar un patrón de comportamiento que dé estímulo y reconocimiento concreto. Sé que eso fortalecerá nuestra relación.

ENFRENTANDO LA INFIDELIDAD

Señor, tú conoces la esperanza de los indefensos; ciertamente escucharás sus clamores y los consolarás. SALMOS 10:17

¿QUÉ HACEMOS CUANDO descubrimos la infidelidad de nuestro cónyuge? El dolor y la ira son emociones saludables en esa situación. Revelan que usted es un ser humano y que le importa su matrimonio. Indican que se considera una persona valiosa a la que han agraviado. Revelan su interés por la rectitud y la justicia. Estas emociones son completamente apropiadas; solo necesitan ser procesadas de manera positiva.

En un primer momento, llorar, suspirar y sollozar son reacciones saludables ante un sentimiento intenso de dolor y de ira. Sin embargo, el cuerpo tiene un límite para soportar esa agonía; por lo tanto, los momentos de llanto deben intercalarse con períodos de calma. Expresarle verbalmente a su cónyuge el dolor que siente también es una manera sana de procesar el enojo. Lo aliento a comenzar sus expresiones con *yo* y no con *tú*. Por ejemplo: "Me siento engañado. . . . Me siento dolido. . . . Me siento usado. . . . Siento que no me amas. . . . Siento que no tengo ganas de volver a tocarte." Todas estas declaraciones revelan lo que piensa y lo que siente hacia su cónyuge. Si busca una recuperación, es necesario que su cónyuge escuche y entienda la profundidad de su dolor y de su ira.

Recuerde, también, que puede expresarle sus emociones a Dios, que lo ama profundamente y sufre con usted. Él oye su clamor, como nos lo recuerda el Salmo 10. El Salmo 147:3 dice: "Él sana a los de corazón quebrantado y les venda las heridas". Permita que él lo consuele en su angustia.

Padre, no puedo imaginar algo tan doloroso como descubrir que mi cónyuge me ha sido infiel. Te pido que ni mi pareja ni yo tengamos que soportar jamás ese dolor, pero si ocurriera, por favor ayúdanos a superar la situación. Te agradezco la ternura y la compasión que tienes con los que sufren.

11 DE OCTUBRE

PERDONAR LA INFIDELIDAD

Ten misericordia de mí, oh Dios, debido a tu amor inagotable; a causa de tu gran compasión, borra la mancha de mis pecados. . . . Crea en mí, oh Dios, un corazón limpio y renueva un espíritu fiel dentro de mí. SALMOS 51:1, 10

¿HAY VIDA DESPUÉS de un *affaire*? ¿Puede sanar el matrimonio? Sí, si hay arrepentimiento genuino y perdón genuino. Arrepentirse significa "dar la vuelta." En el caso de un *affaire*, esto significa que se debe cortar la relación adúltera.

Si es usted quien tuvo el *affaire*, dígale a la otra persona que sabe que ha estado haciendo algo malo, que le ha pedido a Dios que lo perdone y que se dispone a restaurar su matrimonio. Pídale perdón por hacer lo que sabía que estaba mal y por involucrarlo en su infidelidad. Entonces interrumpa la relación extramatrimonial. En la mayoría de los casos, esto requerirá cortar todo contacto.

Ahora está listo para pedirle a su cónyuge que lo perdone. Dígale a su pareja que su deseo sincero es restaurar el matrimonio. No presione por un perdón rápido y fácil. A su cónyuge le llevará tiempo procesar el dolor y la ira, y debe darle tiempo para pensar y orar. Manifiéstele su disposición para recibir consejería. No espere una sanación inmediata. Destine tiempo para conversar, orar y leer juntos. Si es sincero y su pareja está dispuesta a perdonar, entonces su matrimonio puede crecer.

El Salmo 51 expresa la contrición del rey David después de su relación adúltera con Betsabé y de conspirar para que mataran a su esposo. Lea ese pasaje y verá un modelo de arrepentimiento sincero; ponga en práctica el modelo de David mientras busca recoger los pedazos de su matrimonio.

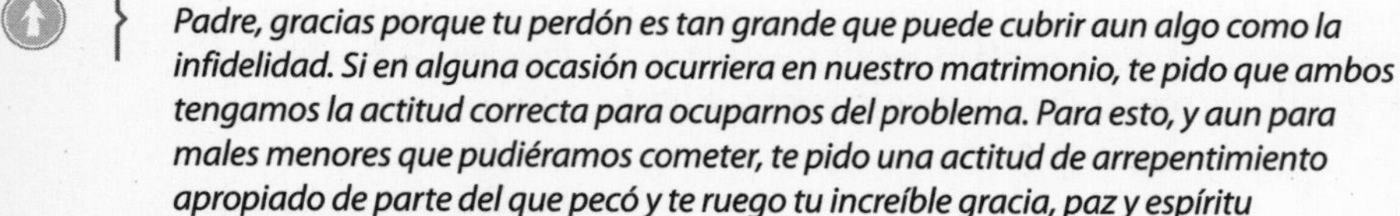

Padre, gracias porque tu perdón es tan grande que puede cubrir aun algo como la infidelidad. Si en alguna ocasión ocurriera en nuestro matrimonio, te pido que ambos tengamos la actitud correcta para ocuparnos del problema. Para esto, y aun para males menores que pudiéramos cometer, te pido una actitud de arrepentimiento apropiado de parte del que pecó y te ruego tu increíble gracia, paz y espíritu perdonador para el que fue ofendido.

12 DE OCTUBRE

CONFIAR DESPUÉS DE LA INFIDELIDAD

Los justos caminan con integridad; benditos son los hijos que siguen sus pasos.

PROVERBIOS 20:7

¿CÓMO SE RECONSTRUYE la confianza después de un *affaire*? Una mujer me dijo: "Estoy dispuesta a perdonar a mi esposo, pero no sé si podré volver a confiar en él." El perdón es la decisión de retirar el castigo, de restaurar al ofensor y de permitirle que entre nuevamente a su vida, pero no reconstruye inmediatamente la confianza. Si usted tuvo un *affaire*, rompió el pacto de fidelidad matrimonial. Destruyó la confianza en el corazón de su cónyuge y solo usted puede restaurar esa confianza.

La confianza crece cuando usted se muestra confiable, así que no le mienta a su pareja. Cuando diga que va a hacer algo, hágalo. Si promete cortar todo contacto con su amante, hágalo . . . hasta el mínimo llamado o correo electrónico. Cuando diga que va a ver a un amigo, asegúrese de que es allí adonde va. Anime a su cónyuge a llamar y verificar. Cada vez que compruebe que usted es confiable, crecerá la confianza de su cónyuge. No obstante, si usted sigue engañándolo, nunca se recuperará la confianza.

Pídale a Dios que haga de usted una persona de carácter e integridad, como menciona Proverbios 20:7. Manténgase siempre por encima del reproche; evite incluso la apariencia de que está haciendo algo malo (ver 1 Tesalonicenses 5:22, RV60). Esta es la manera más rápida de restaurar la confianza en el corazón de su pareja.

Padre, solo tú puedes restaurar la confianza en una relación rota. Oro por tu sanación, tu gracia y tu restauración en nuestro matrimonio, tanto para las pequeñas como para las grandes violaciones de nuestra confianza mutua. Haz que ambos estemos dispuestos a dar los pasos necesarios.

13 DE OCTUBRE

DIFERENCIAS EN LA CRIANZA DE LOS HIJOS

Si necesitan sabiduría, pídansela a nuestro generoso Dios, y él se la dará; no los reprenderá por pedirla. SANTIAGO 1:5

UNO DE LOS asuntos que a menudo perturba la unidad de la pareja es la diferencia de opinión en cuanto a cómo criar a los hijos. Una mujer dijo: "No teníamos problemas en nuestro matrimonio hasta que llegó el bebé. Desde entonces lo *único* que tenemos son problemas. Nuestro estilo de crianza es muy diferente."

Este es un problema común y la manera de encararlo puede afianzar o romper su matrimonio. Quizás nunca coincidan en todos los detalles sobre la crianza, pero necesitan encontrar algunos temas en común.

Permítame sugerir que el punto de partida es la oración. Ore pidiendo a Dios que los acerque en los temas básicos de la crianza de los hijos. También ore pidiéndole ayuda para entender cuál es la mejor manera de criar a su hijo. Dios está interesado en sus hijos y además los conoce a la perfección. Por lo tanto, cuando le pide sabiduría, Dios está plenamente calificado para darla. Santiago 1:5 nos asegura que si pedimos sabiduría, Dios nos la dará. Él quiere guiarnos y puede hacerlo.

No existen los padres perfectos, pero sí podemos evitar algunos riesgos. La crianza mejorará si evita los riesgos de la sobreprotección, la permisividad o el excesivo distanciamiento de sus hijos. Recuerde que su meta final es que sus hijos crezcan seguros del amor que ustedes les tienen, firmes en su fe y con un carácter íntegro. En la medida en que usted y su cónyuge conversen y oren juntos, el Señor los ayudará a alcanzar estas metas.

Padre, criar a los hijos puede ser difícil. Gracias por prometernos sabiduría cuando te la pidamos. Te pido que nos acerques a mi pareja y a mí mientras analizamos estilos y enfoques de crianza. Tú nos conoces a nosotros y a nuestros hijos a la perfección y oro para que nos muestres la mejor manera de criarlos para que te conozcan y te amen.

UN FUTURO Y UNA ESPERANZA

"Pues yo sé los planes que tengo para ustedes —dice el Señor—. Son planes para lo bueno y no para lo malo, para darles un futuro y una esperanza".

JEREMÍAS 29:11

¿HA SENTIDO ALGUNA vez que su matrimonio no tenía esperanza? A diferencia de sus sentimientos actuales, su futuro puede ser brillante. Los planes de Dios para usted son para lo bueno, como nos recuerda el texto citado. Dios le dio estas palabras al profeta Jeremías cuando los israelitas estaban cautivos en Babilonia. ¡Sentían que las circunstancias no podían ser peores! Muchos de ellos habían sido desterrados a un país extraño, donde la cultura era antagónica hacia los judíos. Los que quedaron en la tierra natal enfrentaban condiciones que a menudo eran desoladoras. Se habrán preguntado si Dios los había abandonado, pero las palabras de Dios a Jeremías les aseguraban que él todavía tenía buenos planes para ellos. Esto es cierto también para usted.

Los fracasos del pasado no tienen por qué destruir su esperanza para el futuro. Si usted comienza a tomar decisiones correctas hoy, las perspectivas de tener un matrimonio mejor serán buenas. La comunicación y la comprensión mutua pueden llegar a ser más íntimas de lo que jamás fueron. Cuando perdonen el pasado, compartan sus sentimientos, busquen comprenderse y aprendan a amarse el uno al otro, usted y su cónyuge pueden encontrar plenitud en su matrimonio.

Esto no es solo un deseo. Se ha hecho realidad para cientos de parejas que se han comprometido a tomar el camino de la reconciliación. Comienza cuando usted decide hacer lo mejor a partir de lo que tiene, un día a la vez.

Padre, te agradezco por esta palabra de esperanza del libro de Jeremías. Tú nunca abandonas a los tuyos y siempre tienes buenos planes para nosotros. Te agradezco por esas palabras tranquilizadoras para mi matrimonio. Por favor ayúdame a perdonar las cosas del pasado, a tomar buenas decisiones en el presente y a mirar hacia adelante a un futuro satisfactorio.

VIVIR EN EL PRESENTE

Sean agradecidos en toda circunstancia, pues esta es la voluntad de Dios para ustedes, los que pertenecen a Cristo Jesús. 1 TESALONICENSES 5:18

SI USTED ESTÁ en un matrimonio problemático, quizás esté tentado a huir, pero a la vez piensa que debe haber un camino mejor. Lo hay, y proviene de hacer el máximo con lo que tiene, un día a la vez. No arruine su futuro al permitir que la amargura le consuma el espíritu. No se destruya con la lástima de sí mismo. No ahuyente a sus amigos por rechazar constantemente su consuelo.

Usted puede hacer su vida miserable si se concentra en los problemas. O bien puede decir con el salmista: "Este es el día que hizo el SEÑOR; nos gozaremos y alegraremos en él" (Salmos 118:24). Quizás no pueda alegrarse por el pasado o por su situación presente, pero sí puede alegrarse de que Dios le haya dado la capacidad de usar este día para bien. También puede responder al desafío del apóstol Pablo en 1 Tesalonicenses 5 de ser agradecido en toda circunstancia. Esto no significa que deba ser agradecido *por* las circunstancias, sino de que en cada situación trate de encontrar algo por lo cual agradecer a Dios. Él está presente en sus circunstancias, y cuanto más lo busque, tanto más lo encontrará.

No trate de vivir hoy todo su futuro. Jesús enfatizó la importancia de vivir un día a la vez (ver Mateo 6:34). Algunas preguntas que debe hacerse son: *¿Qué puedo hacer hoy para mejorar mi situación? ¿Sobre qué necesito orar hoy? ¿Con quién necesito hablar hoy? ¿Qué iniciativa debo tomar hoy?* Dios solo le ha confiado el presente y lo único que él espera es que use sabiamente este día.

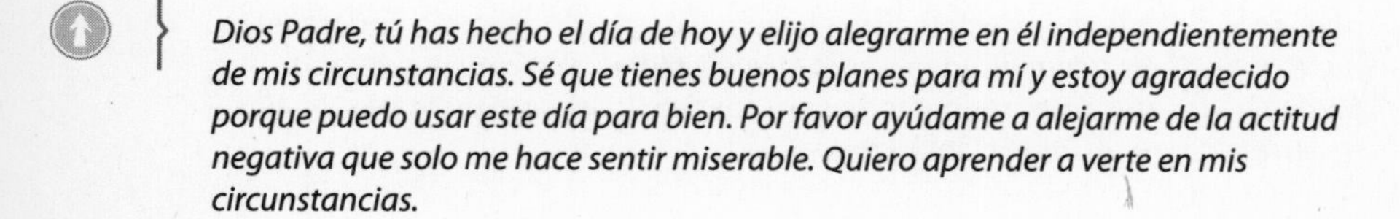

Dios Padre, tú has hecho el día de hoy y elijo alegrarme en él independientemente de mis circunstancias. Sé que tienes buenos planes para mí y estoy agradecido porque puedo usar este día para bien. Por favor ayúdame a alejarme de la actitud negativa que solo me hace sentir miserable. Quiero aprender a verte en mis circunstancias.

16 DE OCTUBRE

HACER EL MÁXIMO EN ESTE DÍA

Vengan, adoremos e inclinémonos. Arrodillémonos delante del Señor, nuestro creador, porque él es nuestro Dios. Somos el pueblo que él vigila, el rebaño a su cuidado. ¡Si tan solo escucharan hoy su voz! SALMOS 95:6-7

EN LOS MATRIMONIOS difíciles nos sentimos tentados a hundirnos en la pena. Cada día se convierte en un repaso del pasado. Sin embargo, en la economía de Dios, cada día es una oportunidad para cambiar. Busque en su Biblia el término *hoy* y encontrará una larga lista de ocasiones en las que se le presentaba una opción al pueblo. Ese día podían elegir entre seguir a Dios o darle la espalda, entre escuchar su voz o ignorarla. (Vea el Salmo 95 y Deuteronomio 11:26-27 para encontrar apenas algunos ejemplos.) Lo que hicieran con el "hoy" definiría el tono que tendrían los días siguientes. Lo mismo es cierto para usted. No es posible enderezar toda su vida hoy, pero puede lograr el máximo de este día, puede esforzarse por limpiar un rincón de su vida. Elija el rincón que considere más importante en este momento.

Mientras limpia esos rincones día a día, toda la vida comenzará a parecerle más brillante. ¿No puede transformar a su cónyuge? Entonces transforme su actitud acerca del comportamiento de su cónyuge. Cambie su propio comportamiento y confiese sus faltas del pasado. Pídale a Dios que le ayude a hacer algo amable por su pareja hoy. Usted no puede *cambiar* a su cónyuge, pero puede *influir* en él. Un acto bondadoso cada día probablemente cambie el clima en la relación y es posible que influya en su cónyuge para retribuir la buena actitud.

No se rinda jamás. Siempre hay algo bueno que puede hacerse hoy. Hacer el máximo en el día de hoy es lo más poderoso que puede hacer por un mañana mejor.

Señor Jesús, sé que cada día presenta una opción. Puedo concentrarme en los conflictos del pasado y quedarme en el mismo lugar, o puedo elegir hacer un cambio positivo. Por favor dame la valentía y la decisión de hacer elecciones correctas hoy. Que mis pequeños pasos hacia adelante lleven a nuestro matrimonio a un lugar más firme y más amoroso.

17 DE OCTUBRE

¿QUÉ ES UNA DISCULPA?

Llevó nuestros pecados tan lejos de nosotros como está el oriente del occidente.

SALMOS 103:12

¿HA NOTADO ALGUNA vez que lo que una persona considera como disculpa no lo es para otra persona? Considere este dialogo de una pareja en mi oficina. La esposa dice: "Yo lo perdonaría si él pidiera disculpas." El esposo responde: "Ya pedí disculpas." "No te disculpaste," dice ella. "Te dije que lo lamentaba," responde el esposo. "Esa no es una disculpa," declara ella. Entonces ¿qué es una disculpa?

Lo cierto es que significa algo diferente para cada persona. Después de tres años de investigación, la doctora Jennifer Thomas y yo hemos llegado a la conclusión de que hay cinco elementos esenciales en una disculpa. Los hemos denominado los cinco lenguajes de la disculpa. Igual que los lenguajes de amor, cada persona tiene un lenguaje principal para la disculpa; uno de los cinco le llega más profundamente que los otros cuatro. Si usted no habla el lenguaje correcto, la persona a la que ofendió podría considerar que su disculpa no es sincera. En el caso de la mujer que visitó mi oficina, decir: "Lo lamento" no era el lenguaje apropiado. Quizás el esposo era sincero, pero ella no lo sentía de esa manera.

Afortunadamente, Dios siempre nos escucha y nos responde cuando le pedimos perdón, como puede verse en el texto citado arriba. Aquel que puede conocer nuestro corazón se interesa más por nuestra sinceridad que por las palabras que usamos para expresarla. No obstante, como simples seres humanos, a menudo nos quedamos atascados en las palabras. En los próximos días hablaremos sobre los cinco leguajes de la disculpa.

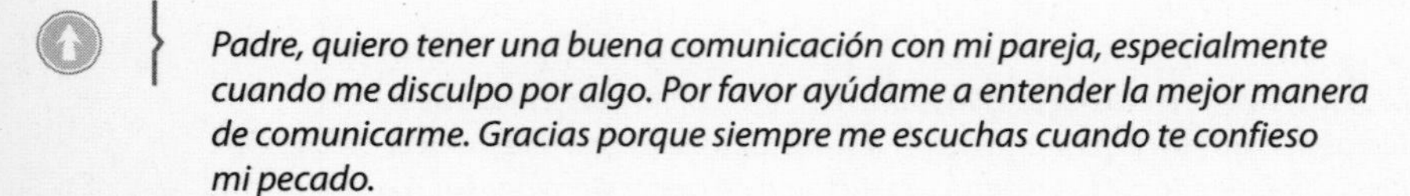

Padre, quiero tener una buena comunicación con mi pareja, especialmente cuando me disculpo por algo. Por favor ayúdame a entender la mejor manera de comunicarme. Gracias porque siempre me escuchas cuando te confieso mi pecado.

EXPRESAR SINCERIDAD

Al obedecer la verdad, ustedes quedaron limpios de sus pecados, por eso ahora tienen que amarse unos a otros como hermanos, con amor sincero. Ámense profundamente de todo corazón. 1 PEDRO 1:22

¿HA DUDADO ALGUNA vez de la sinceridad de la disculpa de alguna persona? Probablemente se debió a que la persona no se expresó en "el lenguaje de la disculpa" que usted entiende mejor. Quizás dijo: "Lo lamento," pero usted quería escuchar: "Estuve mal." Quizás dijo: "¿Me perdonas?," pero usted quería que le dijera: "¿Qué puedo hacer para corregir esto?" Su pareja dijo: "Estuve mal. Me siento muy mal," pero eso fue lo mismo que le dijo la semana pasada. Lo que usted quiere es la evidencia de arrepentimiento y alguna certeza de que esto no seguirá ocurriendo.

Muchas de nuestras disculpas no se reciben como sinceras porque no estamos hablando el lenguaje de la disculpa de la persona ofendida. Si las parejas logran aprender cada uno el lenguaje de la disculpa del otro y a usarlo cuando lo ha ofendido, el perdón será mucho más fácil. Usted puede decidir perdonar a alguien aun cuando ponga en duda su sinceridad, pero es mucho más fácil si en su corazón cree que la persona es sincera. Primera de Pedro 1:22 deja en claro que los creyentes debemos mostrarnos amor sincero, un amor que nace del corazón. Asegurémonos de que también estamos comunicando ese amor a nuestro cónyuge.

Padre, sabes cuánto amo a mi pareja. Por favor ayúdame a comunicárselo también cuando me disculpo, para que pueda darse cuenta de mi sinceridad.

19 DE OCTUBRE

LOS LENGUAJES DE LA DISCULPA

"Oh Señor, ten misericordia de mí —pedí en oración—, sáname, porque contra ti he pecado". SALMOS 41:4

¿CONOCE USTED LOS cinco lenguajes de la disculpa? Lo que voy a compartir con usted podría mejorar enormemente su habilidad para disculparse con eficacia.

- El primer lenguaje de la disculpa es *expresar pesar*. Ejemplos: "Lo lamento" o "Me siento mal por lo que hice."
- El segundo lenguaje de la disculpa es *aceptar nuestra responsabilidad*. "Estuve mal" o "Fue culpa mía."
- El tercer lenguaje de la disculpa es *hacer restitución*. "¿Qué puedo hacer para corregir esto?"
- El cuarto lenguaje de la disculpa es *arrepentimiento genuino*. "No quiero seguir lastimándote. Sé que esto está mal y no quiero que vuelva a suceder."
- El quinto lenguaje de la disculpa es *pedir perdón*. "¿Me perdonas, por favor?" o "Valoro nuestra relación y espero que me perdones."

De los cinco, es probable que su cónyuge prefiera uno de estos lenguajes. Uno de ellos le parecerá más valioso que los otros cuatro. Para disculparse con éxito, usted debe aprender el lenguaje de la disculpa preferido de su cónyuge.

Quizás puede descubrir su propio lenguaje de la disculpa por la manera en que le confiesa su pecado a Dios. Preste atención a las palabras que usa habitualmente cuando confiesa y pide perdón; estas le darán pistas. Afortunadamente, ¡el Señor conoce nuestro corazón y no depende de nuestras palabras para definir si somos sinceros!

Padre, gracias por hacernos personas tan diferentes. Por favor ayúdame a entender a mi cónyuge y a descubrir lo que es más importante para él en una disculpa. Gracias por tu constante perdón.

EL CAMBIO COMIENZA CONMIGO

No solo escuchen la palabra de Dios, tienen que ponerla en práctica. De lo contrario, solamente se engañan a sí mismos. . . . Si miras atentamente en la ley perfecta que te hace libre y la pones en práctica y no olvidas lo que escuchaste, entonces Dios te bendecirá por tu obediencia. SANTIAGO 1:22, 25

NO ES FÁCIL mejorar un matrimonio, pero puedo sugerirle una manera infalible de lograrlo: comience cambiando su propia actitud. En lugar de maldecir en la oscuridad, encienda una vela en su propio corazón. Dígale a Dios: "Te pido que me des una visión sobre cómo ser un cónyuge piadoso y estaré dispuesto a hacer los cambios." Luego lea la Biblia y busque los pasajes que le dirán cómo deben ser un marido cristiano o una esposa cristiana.

Tome esto como su sueño y medite en ello a lo largo del día. Pídale a Dios que le ayude a ponerse a la altura de ese modelo. Haga algo cada día que le haga sentirse mejor cónyuge. Por ejemplo, identifique cosas sobre las que pueda hacer un elogio sincero. Piense en las maneras en que podría ser servicial con su pareja. Piense en un regalo que enriquecería su vida. Piense cómo podrían pasar juntos más tiempo, pero no se limite a pensar: ¡hágalo!

En el pasaje citado arriba, vemos que Santiago desafió a sus lectores a que hicieran algo más que solo oír la Palabra de Dios. Si la oímos pero no cambiamos nuestro comportamiento, nos estamos engañando a nosotros mismos. El cambio transformador puede ocurrir cuando llevamos a la práctica la orientación que recibimos de Dios.

Cuando su actitud y su comportamiento cambien, usted tendrá una influencia positiva en su cónyuge. Esta influencia será mucho más poderosa que las críticas que le dirigía antes. Su matrimonio puede cambiar y el cambio comienza por usted.

Padre, con frecuencia me quejo de mi matrimonio, pero no estoy dispuesto a hacer nada al respecto. Por favor perdona mi arrogancia al pensar que la culpa es de mi pareja. Quiero comprometerme a cambiar yo mismo. Por favor muéstrame cómo puedo ser un buen cónyuge. Transforma mis palabras y mis pensamientos; hazme conforme a tu imagen. Que yo pueda ser una influencia positiva en mi matrimonio.

LA FIDELIDAD DE DIOS HACIA UN MATRIMONIO DIFÍCIL

No obstante aún me atrevo a tener esperanza cuando recuerdo lo siguiente: ¡el fiel amor del Señor *nunca se acaba! Sus misericordias jamás terminan. Grande es su fidelidad; sus misericordias son nuevas cada mañana.*

LAMENTACIONES 3:21-23

A MENUDO ME hacen una pregunta de esta índole: "Nos casamos porque yo estaba embarazada y ahora siento que cometí un gran error. ¿Puedo divorciarme, o debo soportarlo? Si es así ¿con qué comienzo?"

Esta pregunta da por sentado que hay solamente dos alternativas: seguir en el matrimonio sintiéndose miserable por el resto de su vida, o conseguir un divorcio y ser feliz. Sugiero que hay una tercera alternativa que ofrece más esperanza: esforzarse por construir un matrimonio exitoso. Muchas personas se casan en circunstancias poco ideales. En algunos casos, el embarazo. En otros, la dependencia emocional, el deseo de liberarse de un hogar deplorable, sentimientos románticos equívocos y un sinnúmero de otros factores. Comenzar en un camino pedregoso o casarse por razones equivocadas no significa que usted no pueda llegar a tener un buen matrimonio.

Cualquier pareja puede construir un matrimonio exitoso si busca la ayuda de Dios. Mediante la oración, la lectura de la Biblia y libros cristianos sobre el matrimonio, y el consejo sabio, usted puede tener un buen matrimonio. El profeta Jeremías escribió palabras hermosas e inspiradoras en el libro de Lamentaciones. Sin importar las circunstancias (y las de Israel eran atroces en el momento de esta profecía), el Señor es fiel. ¡Sus misericordias son nuevas cada día! Con él siempre habrá esperanza. Dios puede sanar los errores del pasado y proveer esperanza para el futuro.

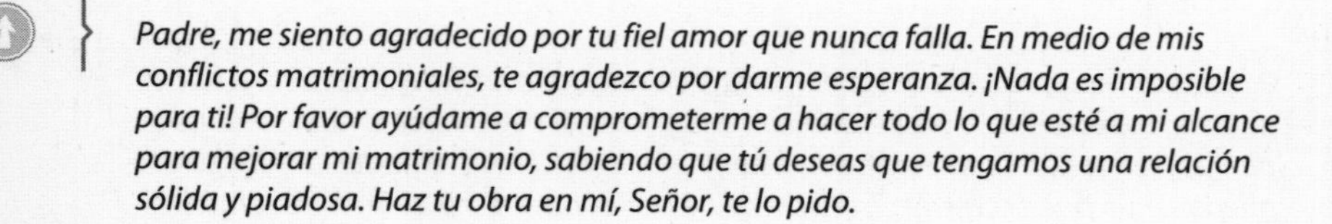

Padre, me siento agradecido por tu fiel amor que nunca falla. En medio de mis conflictos matrimoniales, te agradezco por darme esperanza. ¡Nada es imposible para ti! Por favor ayúdame a comprometerme a hacer todo lo que esté a mi alcance para mejorar mi matrimonio, sabiendo que tú deseas que tengamos una relación sólida y piadosa. Haz tu obra en mí, Señor, te lo pido.

OCUPARSE DE LAS EXPECTATIVAS

Líbrense de toda amargura, furia, enojo, palabras ásperas, calumnias y toda clase de mala conducta. EFESIOS 4:31

NUESTRA SOCIEDAD HA experimentado grandes cambios en las expectativas fundamentales del equipo esposo-esposa. Tradicionalmente, el marido era el proveedor y la esposa era el ama de casa. Actualmente, son más las mujeres que trabajan fuera del hogar que las que siguen en el rol tradicional del manejo doméstico. Esto tiene sus beneficios, pero ha generado nuevas áreas de conflicto en el matrimonio.

Si la esposa trabaja fuera del hogar y cumple un rol similar al del esposo en la provisión financiera, ¿asumirá él la misma proporción de responsabilidad en las tareas del hogar? Probablemente no, según las investigaciones más recientes. En consecuencia, la esposa con frecuencia se siente sobrecargada, como si tuviera dos empleos a tiempo completo. Si no se tratan esos sentimientos negativos, pueden convertirse en amargura. Sabemos que eso no es lo que Dios quiere para nosotros. El apóstol Pablo deja en claro que necesitamos erradicar la amargura y las palabras ásperas de nuestro corazón. ¿Cómo podemos ocuparnos de esas emociones negativas?

El mejor camino es compartir los sentimientos y negociar el cambio. Si plantea sus pedidos de manera positiva es más probable que obtenga mejor respuesta. Por ejemplo, la esposa podría decir: "Te amo y quiero ser una buena esposa, pero estoy a punto de hundirme. Necesito tu ayuda." Luego puede describir la presión que siente al tener tanto que hacer. Esto forma parte de la conversación constante que toda pareja necesita tener acerca de quién hace qué tareas.

Padre, a veces me siento abrumado con todo lo que intento hacer en el trabajo, en la casa, con mi familia y con mis otros compromisos. Quiero ser un buen cónyuge, pero con frecuencia me parece que no podré lograrlo y eso me resiente. Por favor ayúdame a encarar estas emociones de manera sana, conversando sobre ellas con mi pareja. Danos una actitud paciente y comprensiva mientras definimos quién debe hacer qué en nuestro matrimonio.

23 DE OCTUBRE

TRABAJANDO COMO UN EQUIPO

Es mejor ser dos que uno, porque ambos pueden ayudarse mutuamente a lograr el éxito. Si uno cae, el otro puede darle la mano y ayudarle; pero el que cae y está solo, ese sí que está en problemas. ECLESIASTÉS 4:9-10

MUCHAS PAREJAS LLEGAN al matrimonio dando por sentado que la casa se manejará de la manera en que lo hacían mamá y papá. El problema es que ahora hay dos pares de papá y mamá que probablemente no hacían las cosas de igual manera. Sus padres y los de su pareja no hacían las cosas de la misma manera, de modo que ahora esposo y esposa tienen expectativas muy diferentes. ¿Cuál es la solución? Debemos diseñar nuestra propia manera de hacer las cosas.

Haga una lista de todas las responsabilidades hogareñas que le vengan a la mente. Lavar la vajilla, preparar la comida, hacer las compras, limpiar el piso, lavar el auto, cortar el césped, pagar las cuentas . . . todo. Pídale a su cónyuge que haga lo mismo. Luego reúnan ambas listas y tendrán una "lista global" de responsabilidades. A continuación, cada uno debería tomar las listas y anotar sus iniciales junto a las tareas que considera que podrían ser su responsabilidad. Por último, reúnanse y vean en qué coinciden. Las diferencias deben ser negociadas y alguno tendrá que estar dispuesto a tomar la responsabilidad.

Pongan a prueba la distribución durante seis meses y entonces evalúen cómo marchan las cosas. ¿Siente que las responsabilidades están repartidas equitativamente? ¿Está alguno de ustedes luchando con tareas que quizás el otro haría más fácilmente? ¿Qué cambios necesitan hacer?

Mientras hablan sobre estos asuntos recuerden que están en el mismo equipo. Como dice Eclesiastés 4, dos personas que trabajan juntas pueden ayudarse mutuamente a lograr el éxito. ¿No es esto lo que usted quiere para su matrimonio? Usen sus fortalezas para ayudarse el uno al otro.

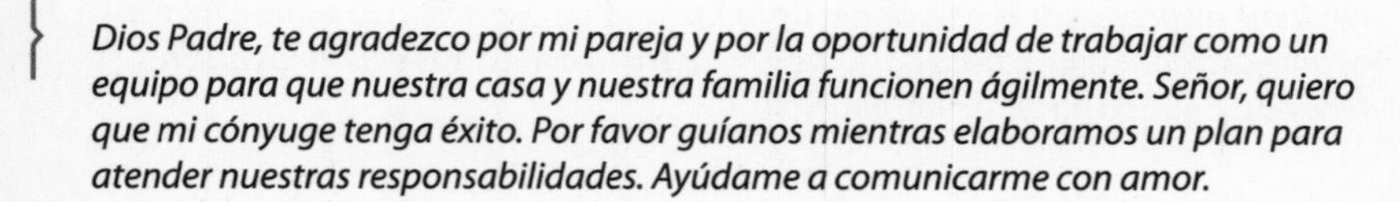

Dios Padre, te agradezco por mi pareja y por la oportunidad de trabajar como un equipo para que nuestra casa y nuestra familia funcionen ágilmente. Señor, quiero que mi cónyuge tenga éxito. Por favor guíanos mientras elaboramos un plan para atender nuestras responsabilidades. Ayúdame a comunicarme con amor.

EVITAR LOS PUNTOS MUERTOS

Trabajen de buena gana en todo lo que hagan, como si fuera para el Señor y no para la gente. COLOSENSES 3:23

UNA VEZ TUVE a una pareja en mi oficina que había llegado a un punto muerto respecto a quién limpiaría el baño. Él insistía en que era tarea para una mujer. Ella sostenía que era una tarea masculina. Estaba creciendo moho en el inodoro porque ninguno de los dos cambiaba de opinión.

"¿Qué les parece contratar a alguien para que limpie el baño una vez por semana?" pregunté.

"No podemos pagarlo," dijo el marido.

"¿Conocen a alguien que podría hacerlo sin cobrar?"

"Mi madre," respondió él, "pero no voy a pedirle que lo haga. Sería tonto."

"¿Entonces qué sería lo más lógico que hicieran?" pregunté.

"Lo lógico sería que lo limpiara ella," dijo él.

"No, lo lógico es que lo limpie él," respondió la esposa.

"Entonces acaban de resolver el problema," dije. "Usted limpia el baño esta semana y ella lo limpia la siguiente."

"Pero eso es ceder," objetó él.

"Sí," dije, "y en eso consiste el matrimonio."

Esta pareja no tenía problemas con el inodoro sino con sus actitudes. Cuando ambos eligen una actitud amorosa, no existen estos empates y las tareas se llevan a cabo. Recuerde que, como nos dice Colosenses 3:23, debemos hacer nuestro trabajo de buena gana, como para el Señor y no para la gente. Mientras negocie las responsabilidades con su cónyuge, el fundamento no debe ser el de los derechos individuales, sino el de servir a Dios y expresarse amor mutuamente.

Padre, me resulta fácil quedar atrapado en analizar qué es lo justo y en pensar solamente en mi posición. Por favor ayúdame a recordar que al servir a mi pareja estoy sirviéndote a ti. Perdóname por las ocasiones en las que soy obstinado y poco amable. Enséñame de qué manera negociar sobre las responsabilidades domésticas con una actitud de amor.

25 DE OCTUBRE

LOS REGALOS COMO SÍMBOLO DE AMOR

Así, todos los del pueblo de Israel —cada hombre y cada mujer con deseos de colaborar en la obra que el Señor le había dado por medio de Moisés— presentaron sus ofrendas con generosidad al Señor. ÉXODO 35:29

LA MAYORÍA DE las ceremonias de casamiento incluye el intercambio de anillos. El pastor dice: "Estos anillos son el símbolo exterior y visible del lazo interior y espiritual que une a sus dos corazones en un amor que no tiene fin." Esto no es mera retórica. Es la verbalización de una verdad importante: que los símbolos tienen valor emocional.

Los símbolos visuales del amor son más importantes para algunas personas que para otras. Por eso los individuos tienen actitudes diferentes hacia los anillos de matrimonio. Algunos nunca se los sacan. Otros casi nunca los usan. Esto con frecuencia se relaciona con el lenguaje de amor. Si recibir regalos es mi lenguaje de amor principal, le daré mucho valor a mi anillo de matrimonio y quizás me hiera si mi cónyuge no parece sentir lo mismo. También me sentiré emocionalmente conmovido por otros regalos que mi cónyuge me ofrezca a lo largo de los años, porque los recibiré como expresiones de amor. Sin esos símbolos visuales, podría cuestionar el amor de mi pareja.

Durante siglos la gente ha demostrado su amor al Creador ofreciéndole regalos. Éxodo 35 relata cuando los israelitas ofrendaron libremente oro, plata, bronce, lino y otros obsequios exquisitos que podían usarse en el tabernáculo. Ciertamente, el Señor no necesitaba las ofrendas, pero el acto de hacerlas demostraba el amor y la sinceridad de la gente. Una dinámica similar se da en la relación de muchos matrimonios.

Si usted oye: "¿No me trajiste nada?" cuando regresa a casa después de un viaje, o si su ser amado se muestra profundamente herido cuando usted se olvidó de darle un regalo de cumpleaños, entonces sabe que el lenguaje de amor de su pareja es el de recibir regalos. Use ese lenguaje y mantendrá lleno el depósito de amor de su cónyuge.

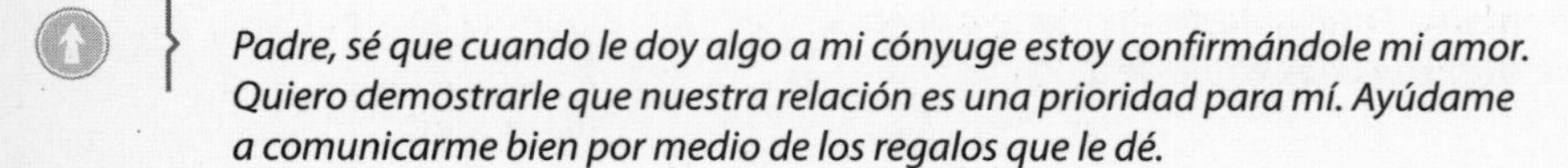

Padre, sé que cuando le doy algo a mi cónyuge estoy confirmándole mi amor. Quiero demostrarle que nuestra relación es una prioridad para mí. Ayúdame a comunicarme bien por medio de los regalos que le dé.

26 DE OCTUBRE

APRENDIENDO A DAR REGALOS

Dado que ustedes sobresalen en tantas maneras —en su fe, sus oradores talentosos, su conocimiento, su entusiasmo y el amor que reciben de nosotros— quiero que también sobresalgan en este acto bondadoso de ofrendar.

2 CORINTIOS 8:7

UNA MUJER SE queja: "Mi esposo nunca me regala nada."

¿Qué responde él? "No soy una persona que da regalos. No recibí regalos cuando era niño y nunca aprendí a elegirlos. No me resulta natural."

¡Felicitaciones! Acaba de hacer el primer descubrimiento sobre cómo ser un gran amante: usted y su cónyuge hablan diferentes lenguajes de amor. Ahora que ha hecho el descubrimiento, dispóngase a aprender su segundo lenguaje.

¿Por dónde empezar? Haga una lista de aquellos regalos por los que su pareja expresó entusiasmo a lo largo de los años. Esa lista le dará una idea del tipo de regalos que le gusta. Además, anote aquellos comentarios casuales tales como "me gustaría tener uno de esos" cuando salen de compras o cuando su pareja hojea una revista. Escríbalo para que no se le olvide. Otra posibilidad es pedirles ayuda a los miembros de la familia. Su hermana podría ser la persona indicada para ayudarlo a elegir un regalo para su esposa, o su cuñado podría saber exactamente qué regalarle a su esposo.

El apóstol Pablo escribió a la iglesia en Corinto, alentándolos a contribuir con un obsequio material para los creyentes en Jerusalén, que estaban sufriendo. A medida que los corintios crecían en su fe, Pablo quería que sobresalieran "en este acto bondadoso de ofrendar." Por supuesto, se estaba refiriendo a la ofrenda de dinero, pero los principios inherentes son similares. Los creyentes expresaron su amor a Cristo y a sus hermanos cristianos mediante sus ofrendas, y nosotros podemos expresar amor a nuestro cónyuge mediante actos similares, generosos y considerados.

Señor Jesús, quiero ser un dador generoso, porque sé que los regalos comunican el amor que siento por mi pareja. Por favor muéstrame de qué manera ser amoroso y sensible cuando elijo un regalo. Que la dicha de la persona que amo sea mi motivación y mi meta. Gracias por tu ejemplo de ser tan generoso con nosotros.

27 DE OCTUBRE

EXPRESAR AMOR POR MEDIO DE REGALOS

La persona que promete un regalo pero nunca lo da es como las nubes y el viento que no traen lluvia. PROVERBIOS 25:14

YO ESCUCHÉ LA frase y usted también: "Lo que vale es la intención," pero le recuerdo que lo que vale no es la intención que queda en su cabeza. ¡Lo que realmente vale es el obsequio que resultó del pensamiento en su cabeza! Las buenas intenciones no son suficientes. El proverbio citado nos da una descripción algo graciosa de la persona que promete un regalo pero no lo hace: es como "las nubes y el viento que no traen lluvia." Si los regalos son importantes para su cónyuge, asegúrese de hacerlos.

Hay regalos de todos los tamaños, colores y formas. Algunos son costosos, otros son gratuitos. Para la persona cuyo lenguaje de amor principal es recibir regalos, el costo del obsequio no será importante, salvo que esté fuera de proporción con lo que usted puede afrontar.

Los regalos se pueden comprar, encontrar o hacer. El esposo que recoge una flor silvestre ha encontrado una manera de expresar amor (¡a menos que su esposa sea alérgica a las flores!). Por un par de dólares puede comprar una linda tarjeta, o puede hacer una usted mismo sin incurrir en gastos. Doble un papel por la mitad; tome una tijera y recorte un corazón; escriba "Te amo" y firme con su nombre. Los regalos no tienen por qué ser costosos. Hasta una golosina o una chuchería del kiosco puede provocar una sonrisa en el rostro de su cónyuge. Verdaderamente, lo que vale es la intención.

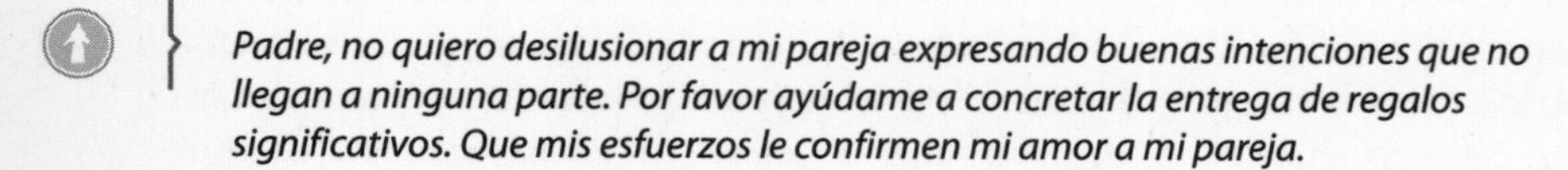

Padre, no quiero desilusionar a mi pareja expresando buenas intenciones que no llegan a ninguna parte. Por favor ayúdame a concretar la entrega de regalos significativos. Que mis esfuerzos le confirmen mi amor a mi pareja.

FRANQUEZA AMOROSA

La rectitud y la justicia son el cimiento de tu trono; el amor inagotable y la verdad van como séquito delante de ti. SALMOS 89:14

UN HOMBRE ME dijo: "Mi esposa es muy frágil emocionalmente y yo no quiero herirla, por lo que me guardo mis sentimientos, pero a veces siento que voy a explotar." ¿Le parece que este hombre está haciéndole un favor a su esposa? Sus intenciones quizás sean buenas, pero en mi opinión está destruyendo su matrimonio.

El Salmo 89 menciona "el amor inagotable y la verdad" como dos de las características prominentes de Dios. Cuando se ignora la verdad, se pone en riesgo al amor. La Biblia también dice que debemos decir la verdad en amor y que el hacerlo nos ayuda a ser cada vez más semejantes a Cristo (ver Efesios 4:15). Ambos puntos son importantes: (1) decir la verdad y (2) hacerlo de manera amorosa.

Recuerde que el amor edifica. El amor fortalece. El amor procura hacer lo mejor para la otra persona. Reprimir sus frustraciones, heridas y sufrimiento no es bueno para su pareja ni para su matrimonio. De hecho, es sumamente injusto porque la excluye de su vida. Su pareja no puede responder a su dolor si no está al tanto del mismo.

Si usted está en esta situación, podría decir: "Te amo, cariño, y me doy cuenta de que estuve mal al no compartir antes contigo lo que estaba sintiendo. No quería herirte, pero eso no lo justifica. Por favor escúchame. No pretendo menospreciarte; solo trato de que sepas cómo me siento." Luego dígale la verdad acerca de sus emociones. Ahora su cónyuge tiene la oportunidad de ayudar. Quizás se sorprenda ante la respuesta.

Padre, gracias por mostrarnos en tu Palabra que la verdad y el amor son ambos características inherentes de tu naturaleza y que debieran serlo de la nuestra. Cuando reprimo la verdad porque no quiero lastimar a mi cónyuge, casi siempre estoy engañándome a mí mismo acerca de mis motivaciones. Por favor ayúdame a hablar con franqueza pero con amabilidad, mientras me esfuerzo por amar a mi cónyuge de tal modo que pueda comunicarme claramente.

29 DE OCTUBRE

REFUTANDO LOS MITOS DEL MATRIMONIO

Conocerán la verdad, y la verdad los hará libres. JUAN 8:32

QUIERO COMPARTIR CUATROS mitos que a menudo destruyen nuestra motivación para trabajar a favor de nuestros matrimonios. Si creo en esos mitos quedaré preso, pero las paredes de la prisión en realidad serán de papel. Solo pueden retenerme si yo considero que son demasiado sólidas como para atravesarlas. Jesús les dijo a sus oyentes que cuando conocemos la verdad, esta nos hace libres. Podemos quedar libres de estos mitos cuando los enfrentamos con la verdad.

Mito n.º 1: Mi actitud mental y la calidad de mi matrimonio estarán determinados por el ambiente.

La verdad: Dios puede darnos paz mental aun en las peores circunstancias (ver Juan 14:27). Puedo ser un instrumento de Dios para mejorar mi matrimonio.

Mito n.º 2: Las personas no pueden cambiar.

La verdad: Las personas cambian todos los días, a menudo de manera dramática. Dios se ocupa de transformar vidas (ver 2 Corintios 5:17).

Mito n.º 3: Cuando uno está en un matrimonio difícil, solo tiene dos opciones: vivir de manera miserable o irse.

La verdad: Usted puede ser un agente de cambio positivo en su matrimonio (ver Romanos 12:2).

Mito n.º 4: Algunas situaciones son irremediables.

La verdad: Con Dios, ninguna situación es irremediable (ver Romanos 15:13). Él es el Dios de los milagros. Enfoque sus ojos en él y no en su situación.

Señor Dios, gracias por la verdad de tu Palabra, que contrarresta las mentiras que con frecuencia creemos. Por favor ayúdame a aferrarme a tus verdades: que el cambio puede suceder, que ninguna situación es irremediable, que tú quieres el bien para mi matrimonio. Transfórmame, Señor, y dame un amor transformado hacia mi cónyuge.

SACAR EL TRONCO

No juzguen a los demás, y no serán juzgados. Pues serán tratados de la misma forma en que traten a los demás. El criterio que usen para juzgar a otros es el criterio con el que se les juzgará a ustedes. ¿Y por qué te preocupas por la astilla en el ojo de tu amigo, cuando tú tienes un tronco en el tuyo? . . . Primero quita el tronco de tu ojo; después verás lo suficientemente bien para ocuparte de la astilla en el ojo de tu amigo. MATEO 7:1-3, 5

ES FÁCIL IDENTIFICAR las fallas de nuestra pareja, pero es más difícil admitir las propias. Cuando viene una pareja a buscar consejería, con frecuencia le doy una hoja de papel a cada uno y les pido que anoten las faltas de su cónyuge. Escriben profusamente durante diez o quince minutos. Algunos hasta piden más papel.

Luego les pido que anoten sus propias fallas. La mayoría de las personas solo alcanzan en pensar en *una*. Las he visto estar allí sentadas por largo rato tratando de pensar en una segunda falta. Rara vez ha regresado alguien a la consulta con más de cuatro cosas en esa lista. Vemos veintisiete cosas malas en nuestro cónyuge, pero tenemos apenas cuatro en nuestra propia lista.

Tendemos a mirarnos a través de cristales de color rosa. Nuestras faltas no nos parecen tan grandes porque estamos acostumbrados a ellas. Hemos vivido con ellas durante años. Entonces, naturalmente, atribuimos el problema a la conducta de nuestra pareja. Sin embargo, Jesús nos advirtió que no nos juzgáramos unos a otros, porque el nivel de crítica que aplicamos a otros podría ser usado en contra nuestra . . . ¡posiblemente por nuestro cónyuge! Jesús nos dijo que primero sacáramos la viga de nuestro propio ojo. Una vez que lo hayamos hecho, entonces podremos ver más claramente para ayudar a nuestro cónyuge a ocuparse de sus faltas.

Cuando se trata de buscar reconciliación auténtica con nuestra pareja, el primer paso será admitir nuestras propias faltas.

Señor Jesús, estoy avergonzado por la frecuencia con que critico duramente a mi cónyuge sin meditar en mis propias faltas. Por favor perdona mi actitud de juicio. Ayúdame a ocuparme de mis propios asuntos antes de cargar la culpa sobre mi pareja. Por favor ayúdame a expresarle amor, paciencia y amabilidad a mi cónyuge, en lugar de crítica.

31 DE OCTUBRE

ENOJO CON DIOS

El Señor está cerca de los que tienen quebrantado el corazón; él rescata a los de espíritu destrozado. SALMOS 34:18

QUIZÁS NO SE hable mucho acerca de ello, pero lo cierto es que a veces los cristianos nos enojamos con Dios cuando sentimos que nos ha tratado injustamente. Esto suele ocurrir después de algún acontecimiento difícil; por ejemplo, cuando a uno de nuestros hijos se le diagnostica una enfermedad grave o cuando nace con una discapacidad física o mental. Si este enojo no se trata adecuadamente, provocará discordia en el matrimonio. ¿Por qué? Porque como no nos sentimos cómodos expresándole nuestro enojo a Dios, entonces lo exteriorizamos con nuestro cónyuge. Nuestra pareja se sentirá atropellada, ya que la situación no es de su responsabilidad. En consecuencia, nuestro cónyuge también se enojará. Dos personas enojadas no hacen un buen matrimonio.

Si usted siente que Dios ha sido injusto con usted, permítame alentarlo a presentarle su ira directamente a él. No sienta vergüenza de sus emociones; puede abrir su corazón libremente delante de Dios. No lo fastidiará y su enojo no lo tomará por sorpresa.

Cuando Job estaba viviendo un tiempo de intenso sufrimiento, se desesperaba por saber el por qué. Llevó sus preguntas a Dios, Dios escuchó y finalmente respondió. Dios no le explicó todo; de hecho le respondió con más preguntas que respuestas. Sin embargo, Job se sintió seguro de la presencia de Dios, de que lo había escuchado y de que Dios tenía el control. Respondió maravillado: "Hasta ahora solo había oído de ti, pero ahora te he visto con mis propios ojos" (Job 42:5). A menudo, cuando expresamos nuestro enojo a Dios, él nos consuela renovando nuestra perspectiva.

El Señor conoce su corazón y quiere hablar con usted a través del sufrimiento. El Salmo 34 nos recuerda que él está cerca del quebrantado de corazón. El primer paso hacia la sanación es admitir ante Dios que siente ira.

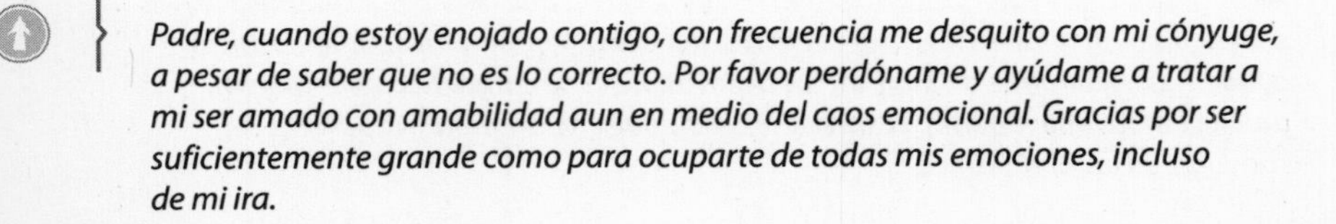

Padre, cuando estoy enojado contigo, con frecuencia me desquito con mi cónyuge, a pesar de saber que no es lo correcto. Por favor perdóname y ayúdame a tratar a mi ser amado con amabilidad aun en medio del caos emocional. Gracias por ser suficientemente grande como para ocuparte de todas mis emociones, incluso de mi ira.

MOTIVADO POR LA NECESIDAD

Les doy un nuevo mandamiento: ámense unos a otros. Tal como yo los he amado, ustedes deben amarse unos a otros. JUAN 13:34

NUNCA PODREMOS OCUPARNOS de los verdaderos problemas de una relación si no hemos entendido lo que motiva el comportamiento de la otra persona. Todo nuestro comportamiento está motivado por necesidades personales, inclusive la necesidad de amor.

Bárbara se queja de que su marido no tiene tiempo para ella. A menudo levanta la voz y le dirige discursos airados, acusándolo de que no se interesa por ella. A veces estos discursos funcionan, y Roberto se sienta y conversa con ella . . . pero se muestra resentido. Cuánto mejoraría el intercambio si Roberto entendiera que el lenguaje principal de Bárbara es el tiempo de calidad, e hiciera un esfuerzo por conversar con ella frecuentemente. Ocuparse de la necesidad de amor de ella bien podría eliminar su comportamiento negativo.

Como creyentes, se nos llama a amarnos unos a otros como Cristo nos ama. Ese fue el "nuevo mandamiento" que Jesús dio a sus discípulos en Juan 13, y es un mandamiento desafiante. Una manera en la que podemos aplicarlo es asegurarnos de responder con paciencia, aun cuando nos provoquen. Amar a su cónyuge con un amor como el de Cristo significa tomar en cuenta su corazón. Aprender a identificar la necesidad emocional que hay detrás del comportamiento de su pareja (en lugar de discutir solamente sobre los síntomas) es un paso importante para ser una influencia positiva en una relación que de otra manera sería difícil. No maldiga el comportamiento. Atienda la necesidad.

Padre, cuando me siento tentado a poner los ojos en blanco o a contraatacar, ayúdame a ser lo suficientemente paciente como para mirar más allá de la manera en que actúa mi ser amado. Te pido sabiduría para reconocer las necesidades que hay detrás de sus acciones y gracia para satisfacerlas.

2 DE NOVIEMBRE

DAR LIBERTAD

Ustedes, mis hermanos, han sido llamados a vivir en libertad; pero no usen esa libertad para satisfacer los deseos de la naturaleza pecaminosa. Al contrario, usen la libertad para servirse unos a otros por amor. GÁLATAS 5:13

AYER HABLAMOS SOBRE la necesidad emocional de amor. Otra de nuestras profundas necesidades emocionales es la libertad. Queremos ser libres para expresar en el matrimonio nuestros sentimientos, pensamientos y deseos. Queremos libertad para tomar decisiones. Con frecuencia hacemos cosas unos por otros, pero no nos gusta ser manipulados u obligados a hacerlo. Si nos sentimos controlados, nos enojamos y nos ponemos a la defensiva.

La libertad nunca es absoluta. La libertad sin límites no crea una vida de amor. En Gálatas 5, el apóstol Pablo destacó que los creyentes son libres en Cristo. Libres de la ley, libres del pecado, libres para ser la persona que Dios creó. Sin embargo, nos alienta a usar esa libertad para servirnos mutuamente por amor. No lo hacemos por la culpa ni por la manipulación sino por elección. El amor elige procurar lo mejor para el ser amado.

Cuando nos damos cuenta de que todas las personas tienen esta necesidad de libertad, dejaremos a nuestro cónyuge en libertad para tomar decisiones. Formularemos pedidos en lugar de exigencias. Expresaremos nuestra opinión, pero respetaremos su opción para discrepar. El amor y la libertad son dos factores fundamentales en un matrimonio saludable.

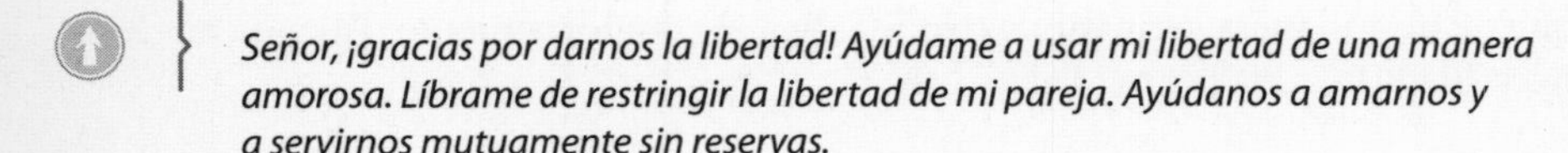

Señor, ¡gracias por darnos la libertad! Ayúdame a usar mi libertad de una manera amorosa. Líbrame de restringir la libertad de mi pareja. Ayúdanos a amarnos y a servirnos mutuamente sin reservas.

LA PERSONA TRABAJÓLICA

El Señor ha declarado hoy que tú eres su pueblo, su tesoro especial, tal como lo prometió, y que debes obedecer todos sus mandatos. DEUTERONOMIO 26:18

¿ES SU CÓNYUGE trabajólico? Si es así, debe entender que el deseo de ser valorado es una de las principales necesidades emocionales que empujan a algunas personas. Muchos trabajólicos no se dan cuenta de que nuestro verdadero valor radica en ser hijos de Dios y en vivir de acuerdo con sus planes para nosotros. Después de todo, Deuteronomio 26 habla sobre los hijos de Dios como "su tesoro especial." Nuestro Padre celestial nos ama, no por lo que somos ni por lo que hacemos sino porque él nos creó. No podemos hacer nada para aumentar o disminuir nuestro valor ante sus ojos.

Los trabajólicos tienden a olvidar esto. En consecuencia, ponen todo su esfuerzo en tratar de sobresalir en el trabajo y a menudo descuidan hasta sus relaciones más cercanas. Quizás su padre le dijo: "Nunca llegarás a nada," así que se pasa la vida tratando de demostrar que su padre estaba equivocado. Es un amargo círculo vicioso.

Si usted está casado con un trabajólico, no despotrique del trabajo que hace su pareja. En cambio, ofrezca elogio, admiración y estímulo. Dígale lo orgulloso que se siente. Cuanto más lo alabe y cuanto más valore a su cónyuge por lo que es, en lugar de por lo que hace, es muy probable que su pareja trabajólica restará tiempo del trabajo para compartirlo con usted.

Padre, te doy gracias por amarnos y valorarnos incondicionalmente. Ayúdame a recordar que en última instancia mi valor proviene solo de ti, no de algo que yo pueda lograr. Por favor ayúdame a comunicarle lo mismo a mi cónyuge.

4 DE NOVIEMBRE

TIEMPO DE CALIDAD CON LOS HIJOS

El Señor es como un padre con sus hijos, tierno y compasivo con los que le temen. SALMOS 103:13

EN LOS ÚLTIMOS años, hemos escuchado mucho sobre el tiempo de calidad. Las agendas saturadas, el incremento de familias donde tanto el padre como la madre trabajan y las familias con un solo padre contribuyen a que todos nos sintamos presionados por el tiempo. No obstante, mientras que los adultos hablan sobre el tiempo de calidad, los niños tienen hambre de él. Si usted tiene hijos, seguramente observará que buena parte de su mal comportamiento es un clamor por tiempo compartido. Para el niño, hasta una mala atención es mejor que nada.

Somos afortunados al no tener que recurrir al mal comportamiento para obtener la atención de Dios. El Salmo 103 lo compara con el mejor de los padres, tierno y compasivo hacia sus hijos. Cuando hablamos, él escucha. Cuando lo llamamos, él está allí. Ese es un gran ejemplo del tiempo de calidad.

Tiempo de calidad significa prestarle a su hijo atención exclusiva. Tenemos que hacerlo cuando son criaturas, pero a medida que crecen con frecuencia dejamos que otras responsabilidades nos alejen de ellos. Lo desafío a darse tiempo para mirar a los ojos de sus hijos, escucharlos cuando hablan, hacerles preguntas y comunicarles: "Eres importante para mí." Es un tiempo bien invertido. Una relación más cercana con sus hijos también beneficiará a su matrimonio.

Dios Padre, gracias por estar siempre disponible para mí. Ayúdame a satisfacer también esa necesidad de mis hijos. Por favor dame la paciencia y la sabiduría para interrumpir lo que esté haciendo y darle a mi hijo atención exclusiva. Ayúdame a comunicarles a mis hijos cuánto significan para mí y también cuánto para ti.

CONTAR HISTORIAS

Grábense estas palabras en el corazón y en la mente. . . . Enséñenselas a sus hijos y repítanselas cuando estén en su casa y cuando anden por el camino, cuando se acuesten y cuando se levanten. DEUTERONOMIO 11:18-19 (NVI)

A TODOS LOS niños les encantan las historias. Cuando son pequeños se las leemos y la historia con frecuencia inicia conversaciones interesantes. Los relatos estimulan las emociones. Preguntarles a los niños: "¿Cómo te hace sentir eso?" es una manera de ayudarlos a aprender a expresar sus emociones. A los niños también les gusta que les relate acerca de su infancia. Cuando comparten esas historias, los padres y abuelos transmiten al niño un sentido de pertenencia y de historia familiar.

Si usted tiene hijos, recuerde que leer y contar historias es una manera de darle al niño tiempo de calidad. Durante esos breves momentos, el niño tiene su atención exclusiva. Si este es el lenguaje principal de amor del pequeño, entonces no hay nada mejor para hacer que se sienta amado. Cuando usted satisface la necesidad de amor del niño, está poniendo el fundamento de un futuro brillante.

La Biblia también dice que relatar historias de fe es una manera importante de enseñar a nuestros hijos sobre Dios. Sea que estemos repitiendo hechos de la Biblia o compartiendo la manera en que Dios obró hoy en nuestra vida, estamos colocando un sólido fundamento de fe, al compartir esos minutos valiosos con nuestros hijos. Toda su familia se beneficiará.

Señor Dios, tengo muchísimo para comunicar a mis hijos. Ayúdame a destinar el tiempo para conversar, para conectarme con ellos, para contarles historias y especialmente para enseñarles acerca de ti. Por favor ayúdanos a mi cónyuge y a mí a ser buenos compañeros en la tarea de la crianza.

6 DE NOVIEMBRE

RELACIÓN DE PACTO

Dios nos mostró el gran amor que nos tiene al enviar a Cristo a morir por nosotros cuando todavía éramos pecadores. ROMANOS 5:8

CUANDO SE CASÓ, ¿firmó un contrato o hizo un pacto? Cuando firma un contrato de hipoteca, el banco le presta dinero *si* usted acepta hacer los pagos mensuales. Si deja de pagar, el banco le hará juicio sobre la casa para recuperar su dinero.

Muchas parejas tienen esa actitud en cuanto al matrimonio. Quizás digan: "Te amaré y te seré fiel *si* tú me amas y me eres fiel." Esa no es la perspectiva bíblica del matrimonio. En el sentido bíblico, el matrimonio es un pacto, no un contrato. El pacto matrimonial está basado en el amor incondicional en cualquier circunstancia.

Dios es el creador del amor incondicional. Romanos 5 nos recuerda que Dios nos amó y se sacrificó por nosotros cuando todavía éramos pecadores, cuando éramos desagradecidos y no lo merecíamos. El profeta Isaías comparó nuestros mejores esfuerzos con "trapos sucios" (64:6). No tenemos nada para ofrecer a Dios, pero de todos modos él nos ama. Amar al que no lo merece es el sello de Dios. También es la clave para un matrimonio exitoso.

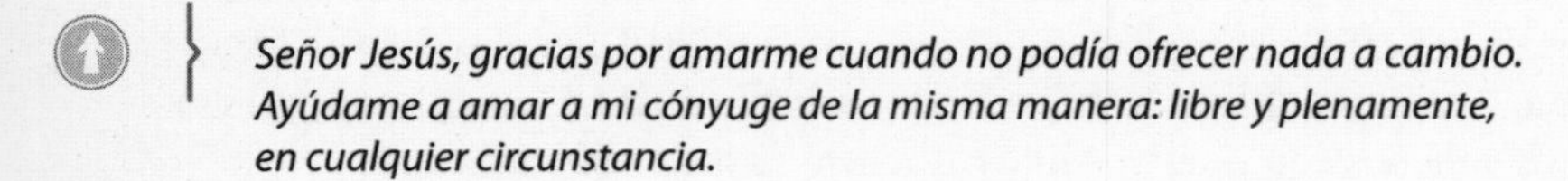

Señor Jesús, gracias por amarme cuando no podía ofrecer nada a cambio. Ayúdame a amar a mi cónyuge de la misma manera: libre y plenamente, en cualquier circunstancia.

EL PODER DE LA DISCULPA

Mientras me negué a confesar mi pecado, mi cuerpo se consumió, y gemía todo el día. . . . Finalmente te confesé todos mis pecados y ya no intenté ocultar mi culpa. Me dije: "Le confesaré mis rebeliones al SEÑOR*", ¡y tú me perdonaste! Toda mi culpa desapareció.* SALMOS 32:3, 5

HISTORIA DE AMOR, película clásica de los años setenta, nos decía que el amor auténtico consiste en no tener que decir nunca: "Lo siento." Creo que no lo habían entendido bien, por una simple razón: todos somos humanos y los seres humanos somos imperfectos. Todos nosotros herimos a las personas que más amamos. Un buen matrimonio no requiere perfección, pero sí requiere que nos disculpemos cuando fallamos.

Cuando digo: "Lo siento," comunico que lamento que mis palabras o mi comportamiento hayan hecho sufrir a la otra persona. Es un principio básico para llevarnos bien con los demás. También refleja la verdad espiritual de que para recibir perdón, primero debemos admitir lo que hemos hecho. Ignorar nuestro pecado no hace que desaparezca, como experimentó el rey David antes de escribir las palabras del Salmo 32. Más aún, ignorar el pecado a menudo nos hace sentir mucho peor. Sin embargo, cuando expresamos pesar por nuestras faltas y por el dolor que causamos, limpiamos el camino para el perdón y la reconciliación. Eso es verdad en nuestra relación con Dios y también en nuestro matrimonio.

¿Cuándo fue la última vez que dijo: "Lo siento" a su pareja? Si ha pasado tiempo, es probable que le deba alguna disculpa. Amar significa estar siempre dispuesto a decir: "Lo siento."

Dios, a veces me resulta difícil humillarme para decir un simple "Lo siento." Ayúdame a no dar por sentado el perdón de mi cónyuge y a estar dispuesto a admitir cuando estoy en falta.

ALGO MÁS QUE "LO SIENTO"

El oído pone a prueba las palabras que oye igual que la boca distingue los sabores. JOB 12:11

QUIZÁS USTED HAYA dicho: "Lo siento," pero a su cónyuge le resulta difícil perdonarlo. Quizás siente frustración y se dice a sí mismo: *Ya pedí disculpas. ¿Qué más puedo hacer?* Si lo está tomando en serio, le diré qué hacer. Hágale a su cónyuge esta pregunta: "¿Qué puedo hacer para enmendar esto?" También podría decir: "Sé que te lastimé y me siento mal por eso, pero quiero corregirlo. Quiero hacer algo para demostrarte que te amo."

Esto es mucho más poderoso que decir simplemente: "Lo siento." ¿Por qué? Porque a veces las palabras no significan mucho a menos que estén respaldadas por la acción. Job, el personaje del Antiguo Testamento, estaba saturado con los discursos de sus amigos, quienes trataban de encontrarle sentido al terrible sufrimiento de Job. No obstante, mucho de lo que decían era erróneo y, en el pasaje citado arriba, Job dice que puso a prueba las palabras de ellos para determinar la verdad. Todos hacemos lo mismo: ponemos a prueba las palabras para ver si son genuinas y si es probable que se acompañen con la acción.

Para generar confianza, usted debe demostrar que sus palabras son genuinas. Cuando le pregunta a su cónyuge de qué manera puede enmendar la situación, significa que está intentando hacer restitución. Demuestra que realmente le importa la relación. Después de todo, lo que su pareja quiere saber es si la disculpa es sincera. Asegúrese de que su respuesta sea transparente.

Señor, con frecuencia debo esforzarme un poco más para reparar algo. Ayúdame a demostrarle a mi cónyuge que soy sincero y que deseo hacer lo correcto. Ayúdame a estar dispuesto a buscar la reconciliación que necesita nuestra relación.

CONSTRUIR INTIMIDAD MEDIANTE LA ACTITUD DE ESCUCHAR

Presten atención a cómo oyen. A los que escuchan mis enseñanzas se les dará más entendimiento; pero a los que no escuchan, se les quitará aun lo que piensan que entienden. LUCAS 8:18

CONSTRUIR INTIMIDAD ES un proceso, no un acontecimiento. No conseguimos la intimidad para guardarla en el estante como un tesoro por el resto de nuestra vida. La intimidad es algo fluido, no estático, y la manera de mantener la intimidad es la comunicación.

La comunicación implica dos elementos simples: *autorrevelarnos* y *escuchar.* Una persona le expresa a otra sus pensamientos, sentimientos y experiencias (se revela a sí misma) mientras la otra *escucha* con la meta de entender lo que su cónyuge piensa y siente. Luego se invierte el proceso y el que habla se convierte en oyente. El simple acto de hablar y escuchar mantiene la intimidad.

Si esto es todo, ¿cuál es el problema? El egoísmo. Con demasiada frecuencia dejamos de escuchar y empezamos a sermonear. Cuando las dos partes sermonean, ninguno de los predicadores tiene audiencia. Cuando nos cansamos de hablar mutuamente nos retraemos en silencioso resentimiento. Nunca podremos recuperar la intimidad a menos que pidamos disculpas y nos perdonemos recíprocamente por ser egoístas.

Como podemos ver en Lucas 8:18, Jesús habló acerca de escuchar. Cuando escuchamos atentamente ganamos en comprensión, pero cuando no estamos prestando atención perdemos hasta lo que habíamos entendido antes. De allí la importancia que tiene el escuchar atentamente para construir la intimidad.

Padre, necesito escuchar mejor, tanto a ti como a mi cónyuge. Ayúdame a frenar mi mente y mi boca cuando sea el turno del otro para hablar. Por favor dame mayor comprensión a fin de que podamos desarrollar más intimidad.

FAVORITISMO EN LA FAMILIA

Dios no muestra favoritismo. ROMANOS 2:11

¿CÓMO PODEMOS *DEJAR* a nuestros padres después de casarnos y *honrarlos* al mismo tiempo? Esto puede ser delicado, por supuesto, porque por lo general hay dos pares de padres en la vida de una pareja. Los conflictos se presentan especialmente en las vacaciones. Quizás la madre de la esposa quiere que la pareja venga a su casa para Nochebuena, mientras que la madre del marido los quiere recibir para el almuerzo de Navidad. Eso es factible si las dos familias viven en la misma ciudad, pero no si viven a setecientos kilómetros de distancia.

El principio prevaleciente debe ser el de la equidad. Romanos 2:11 dice que "Dios no muestra favoritismo." En este pasaje en particular, el apóstol Pablo está recordando a sus lectores que Dios no hace distinción entre los creyentes judíos y los gentiles, pero sin duda esta ausencia de favoritismo por parte de Dios se extiende también a otros grupos. Él es nuestro modelo. Debemos tratar de igual manera a los dos pares de suegros. Esto quizás signifique pasar la Navidad este año aquí y el próximo año allá, o pasar la Navidad con una familia y el Día de Acción de Gracias con la otra. El mismo principio se aplica a las llamadas telefónicas, correos electrónicos, visitas, cenas y vacaciones.

Usted no es responsable de la felicidad de sus padres; eso lo determinará la actitud de ellos mismos. Usted está sencillamente procurando mostrar el mismo respeto y honor por ambos. Al hacerlo, ha seguido el mandato bíblico: honra a tu padre y a tu madre.

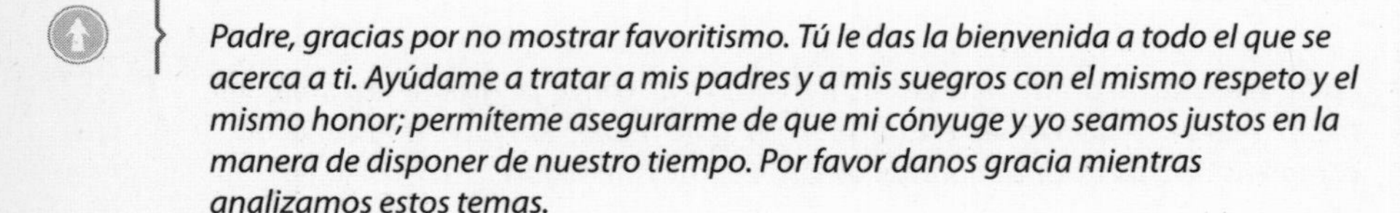

Padre, gracias por no mostrar favoritismo. Tú le das la bienvenida a todo el que se acerca a ti. Ayúdame a tratar a mis padres y a mis suegros con el mismo respeto y el mismo honor; permíteme asegurarme de que mi cónyuge y yo seamos justos en la manera de disponer de nuestro tiempo. Por favor danos gracia mientras analizamos estos temas.

RECIBIR CONSEJO

Consigue todo el consejo y la instrucción que puedas, para que seas sabio por el resto de tu vida. PROVERBIOS 19:20

ESTA ES UNA pregunta frecuente que escucho como consejero: "Hace poco tuvimos a nuestro primer hijo y mi madre insiste en hacer cosas que contradicen nuestro enfoque de crianza. No quiero herir sus sentimientos. ¿Qué debemos hacer?" Siempre conviene comenzar reconociendo que las intenciones de su madre (o de su suegra) son buenas. Reconozca su intento de ayudar. Más aún, algunas de las sugerencias pueden ser excelentes, de modo que no debe descartarlas simplemente porque es su madre.

Recuerde que el libro de Proverbios habla con excelencia de aquellos que buscan consejo e instrucción. Cuando se trata de la crianza de los hijos, las ideas y el conocimiento de otros (ya sea de los padres o de los libros) con frecuencia son provechosos. Por otro lado, no debe permitir que su madre controle sus decisiones en cuanto a la crianza. Usted y su cónyuge son responsables de criar a su hijo.

Le sugiero que escuche las sugerencias de su madre y se las agradezca. Luego, usted y su cónyuge hagan lo que consideren mejor para su hijo. Si su madre se molesta porque no tomaron en cuenta su consejo, dígale: "Te entiendo, mamá, y realmente aprecio tu consejo, pero debemos hacer lo que consideramos mejor para nuestro hijo. Eso es lo que tú y papá hicieron, ¿verdad?, y creo que hicieron una tarea bastante buena conmigo."

Quizás su madre no quede conforme, pero aprenderá a mantenerse al margen y a esperar que usted le pida consejo . . . lo cual, digamos de paso, sería una movida sabia de su parte.

Gracias, Dios, por el niño que nos has dado para criar. Gracias, también, por darnos padres amorosos y considerados. Te pedimos sabiduría para analizar los consejos y tomar decisiones sabias mientras criamos a nuestro hijo.

CRECIMIENTO PERSONAL

Tú creaste las delicadas partes internas de mi cuerpo y me entretejiste en el vientre de mi madre. ¡Gracias por hacerme tan maravillosamente complejo! Tu fino trabajo es maravilloso, lo sé muy bien. SALMOS 139:13-14

LOS MATRIMONIOS FRACASAN por tres razones principales: (1) falta de relación íntima con Dios, (2) falta de relación íntima con el cónyuge o (3) falta de un íntimo conocimiento y aceptación de nosotros mismos. En los próximos días nos ocuparemos de la tercera de estas causas.

La mayoría de nosotros tiende a subestimarse o a sobrevalorarse. Nos percibimos ya sea como fracasados inútiles o como el regalo de Dios para el mundo. Ambos extremos son incorrectos. En realidad, cada persona sobre la tierra es un milagro de la destreza de Dios y es un ser "maravillosamente complejo," como dice el salmista. Al mismo tiempo, todas las personas sobre la tierra han pecado y nadie puede alcanzar la gloria de Dios (ver Romanos 3:23). Ninguno de nosotros tiene valor por algo que haya hecho, sino porque el Señor nos creó y nos salvó.

Lo cierto es que el patrón de sentimientos, pensamientos y comportamientos que constituyen su personalidad tiene tanto fortalezas como debilidades. El primer paso para lograr el máximo de su potencial es identificar sus fortalezas y buscar cómo canalizarlas hacia acciones productivas. A continuación, identifique sus debilidades y propóngase crecer. El crecimiento personal seguramente se derramará hacia su matrimonio.

Señor Jesús, ayúdame a valorarme con acierto. Sé que me creaste a tu imagen y, sin embargo, fallo constantemente. Necesito reconocer mis fortalezas y mis debilidades, y esforzarme por cambiar de la manera que quieres que lo haga. Quiero crecer personalmente para ser también un mejor cónyuge.

TRANSFORMADO POR EL ESPÍRITU SANTO

Dejen que el Espíritu les renueve los pensamientos y las actitudes. Pónganse la nueva naturaleza, creada para ser a la semejanza de Dios, quien es verdaderamente justo y santo. EFESIOS 4:23-24

¿ES SU PERSONALIDAD una ventaja o un contratiempo para su matrimonio? La mayoría de los rasgos de personalidad se describe con palabras contrastantes. Hablamos de individuos optimistas o pesimistas, críticos o elogiadores, extrovertidos o introvertidos, pacientes o impacientes. Si bien nuestra personalidad se desarrolla durante la infancia, siempre es moldeable. Podemos cambiar.

Si me doy cuenta de que mi tendencia a retraerme y a mantener silencio es perjudicial para mi matrimonio, puedo aprender a compartir mis sentimientos y mis pensamientos. Si me doy cuenta de que mi actitud crítica está destruyendo el espíritu de mi pareja, puedo romper este esquema y aprender a ofrecer elogios. El mensaje de la Biblia es que Dios nos ama tal como somos, pero nos ama demasiado como para dejarnos donde estamos. Todos necesitamos crecer y el crecimiento requiere cambios. Mi personalidad puede influenciarme, pero no necesito dejarme controlar por ella. En cambio, debo ser controlado por el Espíritu Santo. En Efesios 4, Pablo nos dice: "Dejen que el Espíritu les renueve los pensamientos y las actitudes." Él obra en nuestra vida, pero debemos permitirle que lo haga. Cuando me rinda a él, comprobaré cambios valiosos en mi enfoque de la vida y del matrimonio.

Espíritu Santo, sé que puedes transformarme mediante tu poder. Quiero ser renovado. Quiero parecerme más a Jesús. Ayúdame a rendirme a ti. Quiero cosechar los beneficios en mi vida y en mi matrimonio.

14 DE NOVIEMBRE

MIRAR HACIA EL FUTURO

Olvido el pasado y fijo la mirada en lo que tengo por delante, y así avanzo hasta llegar al final de la carrera para recibir el premio celestial al cual Dios nos llama por medio de Cristo Jesús. FILIPENSES 3:13-14

EL CRECIMIENTO PERSONAL conduce al crecimiento del matrimonio. El crecimiento personal puede ocurrir de muchas maneras, incluyendo el ocuparnos de los sentimientos de inferioridad y superioridad, o comprender nuestra personalidad y entender de qué manera afecta a nuestro matrimonio. Hoy quiero ocuparme de la necesidad de aceptar esas cosas de nuestra personalidad que no pueden ser modificadas.

Quizás el factor inmutable de mayor influencia en su vida sea su historia. Por definición no puede ser modificada. Para bien o para mal, vivos o muertos, conocidos o desconocidos, sus padres son sus padres. Su infancia, placentera o penosa, es su infancia y parte de su historia. Su matrimonio o sus relaciones del pasado entran en la misma categoría. No importa cuáles sean las circunstancias, es inútil razonar: "Nunca nos deberíamos haber casado." Ese hecho no puede ser modificado. Pueden divorciarse, a menudo con gran sufrimiento, pero nunca podrán borrar su matrimonio. Su historia no se puede cambiar, pero debe aceptarla y ocuparse de ella.

El apóstol Pablo tenía un pasado que le hubiera gustado borrar. Había sido un fariseo intachable y había perseguido con celo a los cristianos, encarcelando inclusive a algunos de ellos. Cuando se convirtió dio un giro completo, y con el tiempo llegó a ser el misionero más conocido en la iglesia primitiva. Hizo mucho por el reino de Dios, pero tuvo que vivir con el recuerdo de su pasado. Queda claro en estos versículos de Filipenses que Pablo lo logró principalmente mirando hacia adelante, hacia el futuro. Esto se aplica a nosotros también. Debemos confesar nuestras faltas, aceptar el perdón de Dios y continuar. Cuando usted acepta su pasado y se concentra en el futuro, está avanzando hacia el crecimiento en su matrimonio.

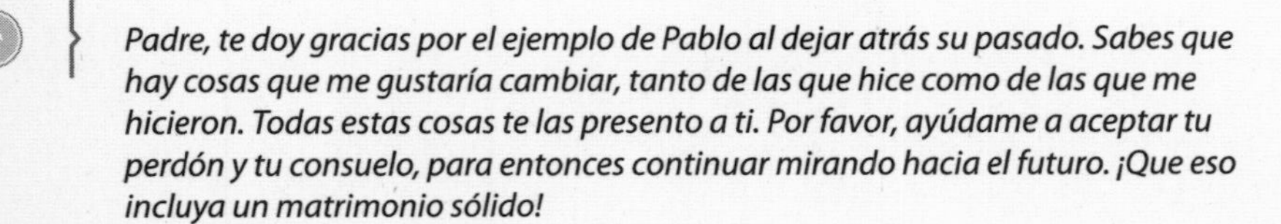

Padre, te doy gracias por el ejemplo de Pablo al dejar atrás su pasado. Sabes que hay cosas que me gustaría cambiar, tanto de las que hice como de las que me hicieron. Todas estas cosas te las presento a ti. Por favor, ayúdame a aceptar tu perdón y tu consuelo, para entonces continuar mirando hacia el futuro. ¡Que eso incluya un matrimonio sólido!

EL PODER DEL AMOR

Imiten a Dios en todo lo que hagan porque ustedes son sus hijos queridos. Vivan una vida llena de amor, siguiendo el ejemplo de Cristo. Él nos amó y se ofreció a sí mismo como sacrificio por nosotros, como aroma agradable a Dios.

EFESIOS 5:1-2

EN EL CONTEXTO del matrimonio, cuando no nos sentimos amados, las diferencias se magnifican. Cada uno de nosotros considera al otro como una amenaza a su felicidad. Luchamos por encontrar propósito y valor personal, y el matrimonio se convierte en un campo de batalla en lugar de un refugio.

El amor no es la respuesta para todos los problemas, pero crea un clima de seguridad en el que podemos buscar una respuesta a las cuestiones que nos inquietan. En la seguridad del amor, una pareja puede conversar las diferencias sin temor a ser juzgada. Los conflictos pueden resolverse. Dos personas diferentes pueden aprender a vivir en armonía y a descubrir cómo apoyar al cónyuge. Estas son las recompensas del amor.

El amor es verdaderamente la fuerza más poderosa del mundo. Fue el amor lo que llevó a Cristo a dar su vida por nosotros. Tenemos vida eterna a causa de su amor y también tenemos la oportunidad de amarnos unos a otros como sus representantes. En Efesios 5, el apóstol nos alienta a seguir el ejemplo de Cristo y a practicar una vida de amor. Los matrimonios funcionan mejor cuando ambos cónyuges se sienten genuinamente amados. La decisión de amar a su cónyuge tiene un tremendo potencial y aprender su lenguaje de amor principal convierte ese potencial en una realidad.

Padre, gracias por el poder transformador del amor. Tu amor me da muchísimas cosas: valor personal, propósito y vida eterna. Ayúdame a que pueda aprender a imitarte al amar a mi cónyuge y que ese amor produzca en nosotros mayor unidad.

16 DE NOVIEMBRE

EL DIALECTO DEL CONTACTO FÍSICO

Esposos, sean comprensivos en su vida conyugal. 1 PEDRO 3:7 (NVI)

EN EL MATRIMONIO, el lenguaje de amor del *contacto físico* tiene muchos dialectos. Esto no significa que todos los contactos sean parecidos. Algunos darán más placer a su cónyuge que otros. Su mejor instructor será su cónyuge. Su esposa sabe lo que ella percibe como una caricia amorosa; no insista en acariciarla a su manera y cuando a usted le parezca. Respete sus deseos. Aprenda sus dialectos. No cometa el error de creer que la caricia que le da placer a usted también se lo dará a ella.

Primera de Pedro 3:7 dice que los esposos deben vivir con su esposa "sabiamente" (RV60) o de manera comprensiva (NVI). En otras palabras, debemos conocer profundamente a nuestra esposa. Varones, la principal fuente de conocimiento sobre lo que hace sentirse amada a su esposa es su esposa. Algunas esposas disfrutan de un masaje en la espalda, a otras les da lo mismo y otras lo encuentran molesto. Mujeres, lo mismo se aplica para la relación con sus maridos, por supuesto.

Dios hizo a su cónyuge singular. El contacto físico es uno de los cinco lenguajes de amor, pero usted debe descubrir qué *clase* de caricias disfruta su cónyuge. Cuando hable el dialecto correcto del contacto físico, su pareja se sentirá amada.

Padre, gracias por el don del contacto físico. Quiero usarlo para comunicar mi amor. Por favor ayúdame a estar en armonía con las necesidades y deseos de mi cónyuge, no solo con los míos.

CARICIAS CREATIVAS

Bésame, una y otra vez, porque tu amor es más dulce que el vino.

CANTAR DE LOS CANTARES 1:2

LAS CARICIAS CREATIVAS pueden ser prolongadas o breves. Un masaje de espalda toma tiempo, pero poner la mano sobre el hombro de su cónyuge mientras le sirve una taza de café lleva apenas un instante. Sentarse muy juntitos en el sofá mientras miran su programa favorito de televisión no requiere de un tiempo adicional, pero podría comunicar su amor con mucha fuerza.

Hacerle una caricia a su cónyuge cuando pasa por la habitación donde está sentado lleva apenas un instante. Tener contacto entre ustedes cuando salen de la casa y una vez más cuando regresan quizás solo implique un breve beso o un abrazo, pero puede comunicarle mucho a su cónyuge.

Si usted descubre que el contacto físico es el lenguaje de amor principal de su cónyuge, descubrir nuevas maneras y otros lugares donde acariciarlo puede ser un desafío estimulante. Usted podría descubrir que puede llenar la provisión de amor emocional de su pareja mientras caminan de la mano por la playa de estacionamiento. Un beso después de subir al auto podría hacer que el regreso a casa pareciera más corto. El Cantar de los Cantares es la descripción de un marido y de su esposa que disfrutan de acariciarse el uno al otro. Puede ser inspirador leerlo si está buscando nuevas maneras de expresarle amor a su pareja mediante el contacto físico.

Querido Señor, ayúdame a ser generoso con mi tiempo y mis caricias. Quiero expresar mi amor a mi cónyuge de maneras nuevas y creativas.

HABLAR UN LENGUAJE DE AMOR QUE NO ES EL PROPIO

El esposo debe satisfacer las necesidades sexuales de su esposa, y la esposa debe satisfacer las necesidades sexuales de su marido. La esposa le da la autoridad sobre su cuerpo a su marido, y el esposo le da la autoridad sobre su cuerpo a su esposa. No se priven el uno al otro de tener relaciones sexuales.

1 CORINTIOS 7:3-5

UNA MUJER ME dijo: "Quiero acariciar a mi esposo, pero cuando lo intento se retrae. Actúa como si le irritara, a menos, por supuesto, que estemos teniendo relaciones sexuales." ¿Qué está diciéndole este hombre a su esposa por medio de su comportamiento? Que el contacto físico no es su lenguaje de amor principal. Responderá mucho mejor a las palabras de aprobación o ante alguno de los otros lenguajes de amor. Si el contacto físico es el lenguaje de amor principal de su cónyuge, aceptará con gusto las caricias tiernas en cualquier momento en que usted quiera dárselas.

Con frecuencia, la gente habla su propio lenguaje de amor cuando comunica afecto a los demás. De modo que si su cónyuge constantemente quiere abrazarlo o besarlo, podría ser que eso es lo que quiere recibir de usted.

Algunas personas encontrarán difícil comunicarse en el lenguaje del contacto físico. Quizás no recibieron caricias de niños y les resulte incómodo darlas, pero cualquiera puede aprender a hablar este lenguaje. El consejo conyugal que el apóstol Pablo da en los versículos citados arriba dice explícitamente que no debemos privar a nuestro cónyuge del acto sexual, ni de ninguna otra caricia significativa. Cuando nos casamos, nuestros cuerpos dejan de ser nuestra propiedad personal. Podemos contar con las caricias como un regalo mutuo. Recuerde que amar es buscar la manera de satisfacer la necesidad de su cónyuge, no la propia. Usted no acaricia porque le resulta placentero a usted mismo sino porque le comunica amor a su ser querido.

Padre, has dejado en claro que la caricia es un regalo del que no debo privar a mi pareja. Por favor ayúdame a ofrecerla de manera libre y generosa, como un obsequio de amor.

AMAR EL DINERO

El amor al dinero es la raíz de toda clase de mal; y algunas personas, en su intenso deseo por el dinero, se han desviado de la fe verdadera y se han causado muchas heridas dolorosas. 1 TIMOTEO 6:10

¿POR QUÉ HA llegado a ser el dinero un problema tan grande en los matrimonios estadounidenses? Algunas de las parejas más pobres de Estados Unidos tienen recursos en abundancia en comparación con las masas de la población mundial. Estoy convencido de que el problema no reside en la cantidad de dinero que tiene la pareja, sino en la actitud que tiene hacia él y en la manera en que lo maneja.

Esto coincide con las palabras de Pablo en 1 Timoteo 6:10. Cuando amamos el dinero por sobre todas las cosas, estamos dispuestos a hacer casi cualquier cosa para conseguir más. Pablo se refiere a los creyentes cuyo afán por el dinero ha provocado que se desvíen de la fe y que sufran "muchas heridas dolorosas." Esas heridas no son el resultado de tener o no tener dinero sino de permitir que se convierta en el foco central de nuestra vida. Si en nuestro matrimonio el dinero es más importante que Dios, entonces tendremos problemas en los dos frentes.

Controle su actitud. ¿Está usted esperando felicidad del dinero, o la espera de Dios? Su respuesta tendrá un impacto profundo en su matrimonio.

Padre, el dinero puede ser muy seductor. No quiero amarlo ni procurarlo al precio de perjudicar mi fe o mi relación con los demás. Por favor guarda mi corazón y haz que mantengamos nuestras prioridades en orden como pareja.

20 DE NOVIEMBRE

¿DÓNDE ENCONTRAMOS SATISFACCIÓN?

Persigue la justicia y la vida sujeta a Dios, junto con la fe, el amor, la perseverancia y la amabilidad. Pelea la buena batalla por la fe verdadera. Aférrate a la vida eterna a la que Dios te llamó y que confesaste tan bien delante de muchos testigos. 1 TIMOTEO 6:11-12

MUCHAS PAREJAS CREEN que sin tan solo tuvieran cien dólares más cada mes, podrían tener tranquilidad financiera. Dicen: "Si tan solo superamos esta loma, estaremos satisfechos." No obstante, ese es un razonamiento incorrecto. Si se encuentra con ellos dos años más tarde, todavía estarán tratando de superar la loma.

La verdadera satisfacción no se encuentra en el dinero sino en "la justicia y la vida sujeta a Dios, junto con la fe, el amor, la perseverancia y la amabilidad"; en pocas palabras, en vivir conforme a los valores de Dios. Esta es la manera en que el apóstol Pablo aconsejó que viviera su joven amigo Timoteo. Hacer lo correcto, expresar amor, ser paciente con las imperfecciones y tener una percepción realista de sí mismo son los elementos que le darán verdadera satisfacción a la vida y al matrimonio.

Quizás usted diga: "Necesito tener alimento, vestido y techo." Es verdad y estas son las cosas que Dios promete a los que lo ponen a él en el primer lugar. Jesús dijo: "Busquen el reino de Dios por encima de todo lo demás y lleven una vida justa, y él les dará todo lo que necesiten" (Mateo 6:33). Nuestras provisiones materiales son el subproducto de una vida recta y piadosa. Cuando nos concentramos en el Señor y en nuestra relación conyugal, encontramos satisfacción.

Señor Jesús, gracias por la promesa de que proveerás todo lo que necesitemos. Por favor ayúdanos como pareja a vivir una vida piadosa y a poner tus valores en primer lugar, no al dinero.

21 DE NOVIEMBRE

TRABAJANDO JUNTOS EN LA MAYORDOMÍA

El amo lo llenó de elogios. "Bien hecho, mi buen siervo fiel. Has sido fiel en administrar esta pequeña cantidad, así que ahora te daré muchas más responsabilidades. ¡Ven a celebrar conmigo!". MATEO 25:21

LA PALABRA BÍBLICA típica con respecto al dinero es *mayordomía*. Somos responsables de usar sabiamente todo lo que Dios nos da. El monto de nuestros recursos es relativamente poco importante, pero la fidelidad en el uso de nuestros recursos es de suma importancia. Cuando Jesús relató la parábola de los talentos, concluyó con las palabras citadas arriba en las que el amo elogia al siervo por su arduo trabajo y su fidelidad. El Señor no espera que todos tengamos el mismo monto de dinero o de talento, pero sí espera que trabajemos duro con lo que tengamos.

Los recursos financieros tienen un tremendo potencial para hacer el bien. Como mayordomos, somos responsables de usar todo lo que Dios nos ha dado. Planificar, comprar, ahorrar, invertir y ofrendar de manera coherente son partes integrales de nuestra mayordomía.

En el matrimonio, todo esto debe hacerse con la colaboración de nuestro cónyuge. No podemos ser llaneros solitarios financieros y pensar que de todos modos tendremos intimidad en el matrimonio. Las finanzas son una parte importante del matrimonio y ambos cónyuges deben participar en su manejo. Tener éxito con el dinero y fallar en el matrimonio es un éxito vacío.

Señor Jesús, estoy agradecido por la parábola de los talentos y por recordarnos que te interesas en los detalles de lo que hacemos con nuestro tiempo y con nuestro dinero. Por favor ayúdanos a trabajar juntos como pareja. Recuérdanos que todo lo que tenemos es tuyo y ayúdanos a usar esos recursos con sabiduría.

22 DE NOVIEMBRE

COMPARTIR NUESTRAS EMOCIONES

Hace tiempo el SEÑOR le dijo a Israel: "Yo te he amado, pueblo mío, con un amor eterno. Con amor inagotable te acerqué a mí". JEREMÍAS 31:3

¿SE HA SENTIDO alguna vez desilusionado, triste, frustrado, temeroso o enojado? ¿Sabía usted que la Biblia enseña que tanto las emociones positivas como las negativas son dones de Dios? Que monótona sería la vida si no tuviéramos emociones. Intente imaginarse contemplando una puesta de sol, un encuentro deportivo o el mar sin sentir emoción alguna. Imagínese junto a la tumba todavía abierta de un amigo, sin sentir nada.

Fuimos hechos a la imagen de Dios y en parte eso significa que somos criaturas emocionales. Dios siente ira, amor, odio y compasión. El pasaje de Jeremías citado arriba es apenas uno de muchos lugares a lo largo de la Biblia donde el Señor expresa emociones intensas por su pueblo. Jesús, quien era Dios encarnado, se sintió deprimido y apesadumbrado cuando se aproximaba su muerte en la cruz (ver Mateo 26:36-46). No era una persona desapasionada y tampoco deberíamos aspirar a serlo nosotros.

Todos los seres humanos experimentan emociones, pero algunas parejas no las comparten entre sí. Quizás cuando niños les enseñaron a esconder sus emociones. "Los muchachos grandes no tienen miedo," pudieron haber dicho algunos padres. Es de esperar que el matrimonio sea una relación íntima. Si no compartimos nuestras emociones, inhibiremos la intimidad y en consecuencia provocaremos un distanciamiento en la pareja. Compartir las emociones positivas estimulará la alegría. Compartir las emociones negativas aliviará el sufrimiento. Permitir que su cónyuge entre al mundo de sus emociones favorecerá la intimidad en su matrimonio.

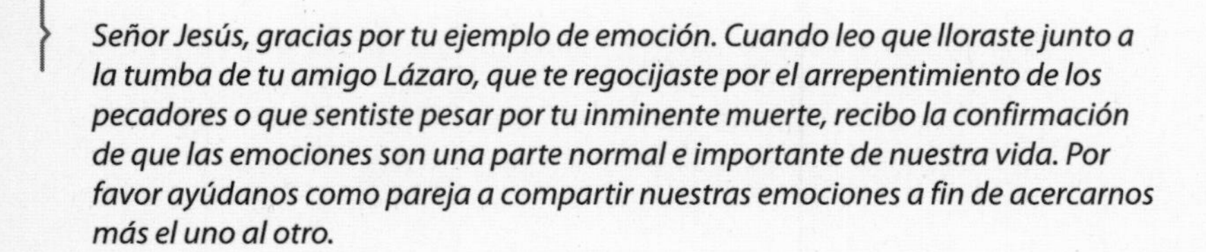

Señor Jesús, gracias por tu ejemplo de emoción. Cuando leo que lloraste junto a la tumba de tu amigo Lázaro, que te regocijaste por el arrepentimiento de los pecadores o que sentiste pesar por tu inminente muerte, recibo la confirmación de que las emociones son una parte normal e importante de nuestra vida. Por favor ayúdanos como pareja a compartir nuestras emociones a fin de acercarnos más el uno al otro.

EXPRESAR SABIAMENTE LAS EMOCIONES

Uno es esclavo de aquello que lo controla. 2 PEDRO 2:19

¿POR QUÉ SOMOS tan temerosos de las emociones negativas? Quizás porque hemos visto a amigos que actuando bajo esas emociones han tomado malas decisiones. Hicieron lo que sentían que debían hacer y por ello sufrió todo su entorno.

Debemos distinguir entre emociones negativas y acciones negativas. Por ejemplo, digamos que usted se siente triste por el distanciamiento emocional que hay entre usted y su cónyuge. Podría compartir lo que siente y tratar de fortalecer su relación: un enfoque sabio. Por el contrario, podría tener un *affaire* con una tercera persona: un enfoque absolutamente necio.

Las emociones siempre nos estimulan a actuar. Sin embargo, debemos tomar decisiones responsables. No elegimos nuestras emociones, pero sí optamos por nuestras acciones. Nuestras emociones no deben controlarnos. En realidad, si lo hacen, según 2 Pedro 2:19 nos hemos vuelto esclavos o esclavas de ellas. Las emociones no son nuestros dueños, pero pueden ser herramientas valiosas.

Compartir con su cónyuge lo que siente le dará la posibilidad de hacer descubrimientos adicionales. No hacerlo limitará sus pensamientos y sus acciones a su propia sabiduría. Las Escrituras dicen que es mejor ser dos que uno (ver Eclesiastés 4:9). Recuerde que la esencia del matrimonio es compartir la vida. Las emociones son parte de la vida.

Padre, gracias por darme la oportunidad de compartir alegrías y tristezas con mi cónyuge. Cuando lo hago, las alegrías son mayores y los dolores se alivian. ¡Qué don tan maravilloso! Por favor ayúdanos a compartir nuestras emociones con más libertad.

EVITAR LA AMARGURA

Cuídense unos a otros, para que ninguno de ustedes deje de recibir la gracia de Dios. Tengan cuidado de que no brote ninguna raíz venenosa de amargura, la cual los trastorne a ustedes y envenene a muchos. HEBREOS 12:15

SU CÓNYUGE LO hirió profundamente y usted está enojado. ¿Qué hará al respecto?

Es natural sentir ira cuando nos han ofendido, pero si no se maneja adecuadamente, puede ser muy destructiva. El libro de Hebreos nos advierte contra dejar que brote "ninguna raíz venenosa de amargura," porque puede producir corazones endurecidos, conflicto y corrupción. Tomando en cuenta esta declaración, ¿cómo deberíamos reaccionar cuando nos enojamos?

Una reacción es reprimir el enojo: guardarlo en nuestro interior donde seguirá ardiendo. Cuando hacemos esto, el enojo acumulado se convertirá en amargura y llegará a ser un cáncer maligno que lentamente destruirá la fibra de la vida. Otra reacción es la expresión descontrolada del enojo. Igual que una explosión, destruye todo lo que está a su alcance. Un estallido tal es semejante a un ataque cardiaco emocional y puede generar daños irreversibles.

Hay un camino mejor. Comienza diciéndose a sí mismo: *Estoy sumamente enojado por lo que hizo mi pareja, pero no dejaré que su ofensa me destruya y tampoco intentaré destruirlo. Entrego mi cónyuge a Dios, quien es justo, y manifestaré mi enojo ante él.*

Señor Jesús, sabes que hay momentos en que mi corazón está lleno de amargura hacia mi cónyuge. Por favor ayúdame a no concentrarme en la ofensa que recibí sino a entregarte a ti la situación. Sé que tú puedes sanarme, Jesús.

CONFESAR LA AMARGURA

Líbrense de toda amargura, furia, enojo, palabras ásperas, calumnias y toda clase de mala conducta. EFESIOS 4:31

USTED TIENE DERECHO a sentir enojo, ¡pero no amargura! Sí, tiene derecho a sentir enojo, pero no tiene derecho a destruir a una criatura de Dios: a usted mismo.

En la Biblia, la amargura está considerada como pecado porque es el resultado de una decisión. El sentimiento de enojo no puede ser evitado, pero la amargura es el resultado de la decisión diaria de permitir que el enojo permanezca en su corazón. Por eso, en Efesios 4 Pablo ordena a los creyentes que se libren de la amargura. El autor de la carta a los Hebreos nos advierte que no debemos permitir que brote una raíz de amargura, porque nos corromperá y nos desviará de la fe (ver 12:15). Debemos confesar la amargura como un pecado y aceptar el perdón de Dios.

Aun así, es importante advertir que una sola confesión de amargura no podría aliviar todos los sentimientos hostiles. Si usted ha estado albergando amargura por largo tiempo, las emociones que acompañan a la amargura pueden demorar en morir.

¿Qué hacer cuando regresan los pensamientos y los sentimientos de enojo y de amargura? Usted podría orar: "Padre, tú sabes lo que estoy pensando y sintiendo, pero te he entregado esas emociones. Ahora ayúdame a hacer algo bueno con mi vida hoy." Independientemente de las circunstancias, permita que Dios ame a su cónyuge por medio de usted.

Padre, a veces quiero aferrarme a mi enojo y a mi amargura. Por momentos parece bueno, pero con el tiempo endurece mi corazón y cambia la manera en que considero a mi pareja. Te confieso mi amargura y te pido perdón. Por favor ayúdame a renunciar a ella, ahora y cada vez que regrese.

26 DE NOVIEMBRE

EVITAR LAS DISCUSIONES

Evitar la pelea es una señal de honor; solo los necios insisten en pelear.

PROVERBIOS 20:3

ESCUCHO CON FRECUENCIA este comentario en las sesiones de consejería: "¡No me gusta hablar con mi cónyuge porque siempre terminamos discutiendo!" A algunas personas les encanta discutir; a otras no. La Biblia dice que es honroso evitar una pelea y que es sabio no pelear. Esa es una regla básica para el matrimonio, pero no significa que se deba cortar por completo la comunicación. ¿Se retira usted de una conversación porque teme que desemboque en una discusión? Esa puede ser una reacción natural, ¿pero a dónde conduce? Al silencio y al aislamiento. Ese matrimonio no crecerá.

¿Cómo puede aprender a conversar con un cónyuge argumentador sin llegar a la discusión? En primer lugar, reconozca que tiene un problema: el temor a la discusión le está impidiendo una comunicación eficaz. Necesita compartir esta situación con su cónyuge. Por ejemplo, podría decir: "De verdad quiero que tengamos un buen matrimonio con buena comunicación. Pienso que tú también lo quieres, pero necesito compartir algo contigo. Últimamente evito conversar contigo porque temo que terminemos en una discusión. ¿Lo has notado?" ¡Vaya! Usted ha puesto las cartas sobre la mesa. Su cónyuge tiene la oportunidad de responder. Diga lo que diga, le sugiero que usted proponga lo siguiente: "¿Podríamos acordar una noche por semana para discutir? El resto de la semana podemos hablar de las cosas buenas de nuestra existencia."

Es probable que su cónyuge se muestre abierto a esta alternativa. Después de todo ¿por qué discutir todo el tiempo si pueden limitarlo a una noche por semana? Si se presenta un tema que debe ser encarado, comprométanse a tratarlo con calma. Si no pueden hacerlo, anótenlo para retomarlo en el horario semanal designado para "la discusión de los conflictos." Si usted es el cónyuge argumentador, quizás pueda sugerir usted mismo esta alternativa. Verá florecer su comunicación una vez que desaparezca la amenaza de la discusión constante.

Señor Dios, nuestros niveles diferentes de aceptación del conflicto y de la discusión hacen que a veces interrumpamos nuestra comunicación. Ayúdame a darme cuenta cuando mi pareja o yo nos retraemos para evitar la pelea. Por favor danos la moderación necesaria para hablar de las cosas con calma y para comunicarnos con eficacia sin discutir constantemente.

HACER PREGUNTAS

Que las palabras de mi boca y la meditación de mi corazón sean de tu agrado, oh Señor, mi roca y mi redentor. SALMOS 19:14

COMUNICARSE ES EL arte más importante en el matrimonio y a menudo el más ignorado. ¿Cómo respondería usted a esta pregunta: "¿Quieres compartir conmigo algo que te haya pasado hoy y cómo te afectó?" ¿Cómo cree que respondería su cónyuge? ¡Qué le parece preguntárselo y observar su respuesta! Compartir el uno con el otro no es tan difícil y puede alentarse con preguntas.

Las preguntas tienen que ser concretas y de final abierto. "¿Tuviste un buen día?" probablemente solo obtenga como respuesta un sí o un no. En su lugar, pruebe: "¿Cuáles fueron los mejores y los peores momentos de tu día y por qué?" Requerirá un poco de reflexión, pero ambos pueden responder a esa pregunta y las respuestas pueden guiar a una conversación más comprometida. Las preguntas no deben hacerse con la intención de generar una discusión, sino de entender lo que está ocurriendo en la vida de su cónyuge.

El silencio conduce al aislamiento y a la separación. Compartir sus pensamientos conduce a la comprensión y al acercamiento. El matrimonio debe consistir de dos personas que tienen comunión entre sí, no en dos personas que viven solas en la misma casa. Mientras conversamos, podemos pedirle a Dios que nuestras palabras y nuestro diálogo sean de su agrado. Haga hoy una pregunta y aliente una conversación significativa.

Padre, quiero que la comunicación en nuestra relación te honre a ti. Por favor ayúdanos a acercarnos mutuamente haciéndonos preguntas. Quiero estar sinceramente comprometido en lo que está ocurriendo en la vida de mi pareja. Muéstrame cómo alentar una conversación honesta y valiosa mediante mis preguntas.

28 DE NOVIEMBRE

ENRIQUECER LA COMUNICACIÓN

No empleen un lenguaje grosero ni ofensivo. Que todo lo que digan sea bueno y útil, a fin de que sus palabras resulten de estímulo para quienes las oigan.

EFESIOS 4:29

APRENDER A COMPARTIR lo que piensa es el factor más importante de la comunicación. En los matrimonios que fracasan, casi todas las parejas dicen: "Nuestra comunicación sencillamente se acabó." ¿Cómo impedimos que esto ocurra? Hacemos lo que hacíamos cuando estábamos de novios: escuchar cuando la otra persona habla. Escuchar sin emitir juicio.

Si su cónyuge aparece con una idea que a usted lo sorprende, resista el impulso de reaccionar con una actitud crítica. En lugar de ello haga preguntas. Puede decir: "Esa es una idea interesante. Si intentáramos aplicarla en nuestro matrimonio, ¿cómo sería? ¿En qué forma respondería a alguna de tus necesidades? Si la pusiéramos en práctica, ¿cuál sería la desventaja?" Preguntas similares facilitan el diálogo significativo.

Afirmaciones tales como "Eso no funcionará" o "No quiero hacerlo" detienen la conversación en seco. No está mal pensarlo y hasta expresarlo . . . si se hace de manera positiva *después* de escuchar atentamente a su cónyuge. Entonces puede decir: "Me temo que no funcionaría en nuestro caso. No estoy seguro de querer hacerlo. ¿Podemos pensarlo por unos días y entonces volver a conversarlo?" Eso es mostrarse colaborador y respetuoso, según el consejo que recibimos de Pablo en Efesios 4. Nuestras palabras al otro deben ser estimulantes, no abusivas ni desalentadoras.

Si mantienen la conversación abierta y respetuosa, estarán progresando hacia un matrimonio más maduro.

Padre, cuando mi pareja comparta una idea conmigo, por favor dame una mente abierta para escuchar antes de reaccionar. Que mis palabras y mis preguntas sean perceptivas y constructivas mientras nos esforzamos por llegar a acuerdos como pareja.

EL REGALO DEL MATRIMONIO

El hombre que halla esposa encuentra un tesoro, y recibe el favor del SEÑOR.
PROVERBIOS 18:22

HECHA LA INVESTIGACIÓN, el matrimonio resulta ganador. Es cierto. Las personas casadas son más felices, y están más sanas y satisfechas con la vida que las personas solteras. (Las personas más felices son aquellas que han estado casadas mucho tiempo con la misma persona.) Parece que en la actualidad la gente está descubriendo por medio de la investigación sociológica lo que la Biblia declaró hace miles de años.

Fue Dios quien dijo: "No es bueno que el hombre esté solo" (Génesis 2:18). Adán, el primer hombre, tenía una vocación. Tenía un lugar donde vivir y abundantes animales a los cuales atender. Inclusive tenía una relación con Dios, pero Dios consideró que Adán necesitaba una esposa. Dios había creado a todos los animales en pares —macho y hembra—, pero inicialmente había creado un solo ser humano. La creación de Eva no fue una ocurrencia tardía. Dios no dijo: "Oh, olvidé hacer una mujer. Será mejor que me ocupe de eso." ¡No! Fue una cuestión de elegir el momento oportuno. Desde el comienzo, el propósito de Dios fue crear a los seres humanos varón y mujer, pero primero quiso darle a Adán tiempo para inspeccionar el mundo y descubrir su necesidad de compañía: alguien semejante a él. Entonces Dios creó lo que denominó "una ayuda ideal para él."

El rey Salomón nos dice en Proverbios 18 que el hombre que encuentra esposa (o, podríamos extrapolar, la mujer que encuentra esposo) encuentra un tesoro. El matrimonio es un regalo hermoso que nos da el Señor.

Padre, te agradezco por mi cónyuge y por el regalo del matrimonio. Estoy agradecido por tener una pareja que puede ser mi compañía a lo largo de la vida. Por favor ayúdame a recordar que mi cónyuge es un tesoro y una recompensa de tu parte. Ayúdame a tratarlo como tal.

BENEFICIOS DEL MATRIMONIO

Como ya no son dos sino uno, que nadie separe lo que Dios ha unido.

MATEO 19:6

EN LA ESENCIA del matrimonio está el concepto del compañerismo. Cuando Dios dijo de Adán: "No es bueno que el hombre esté solo," estaba reconociendo algo acerca de la naturaleza humana. No fuimos creados para vivir en soledad, aislados de los demás. Después de crear a Eva, Dios dijo: "Serán una sola carne." Esto es lo opuesto de estar solo.

El matrimonio es la relación entre varón y mujer como iguales. No son rivales sino compañeros de equipo. Estamos unidos por Dios para toda la vida, para cumplir su propósito en nuestra vida. Jesús dijo que una vez unidos en matrimonio un hombre y una mujer, nadie debería separarlos. Estamos unidos como una sola persona en una relación de pacto.

Tengo la plena convicción de que algunas personas son llamadas por Dios a mantenerse solteras, pero creo que es la excepción y no la regla. También sé que todos nosotros vivimos una parte de nuestra existencia como solteros, antes y después del matrimonio. Antes del matrimonio, la soltería nos ayuda a descubrir nuestra necesidad de compañerismo. Después de la muerte del cónyuge nos adaptamos a estar solos y disfrutamos de los recuerdos de la intimidad que compartimos a lo largo de los años. El matrimonio es idea del Creador, y fue diseñado para beneficio de los humanos y gloria de Dios.

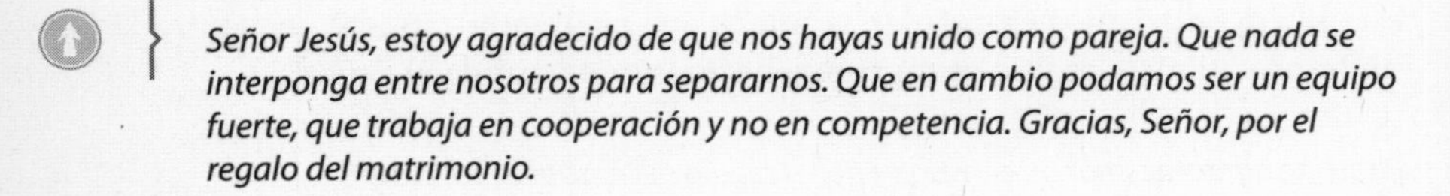

Señor Jesús, estoy agradecido de que nos hayas unido como pareja. Que nada se interponga entre nosotros para separarnos. Que en cambio podamos ser un equipo fuerte, que trabaja en cooperación y no en competencia. Gracias, Señor, por el regalo del matrimonio.

CUANDO EL ALCOHOLISMO ENTRA EN EL MATRIMONIO

¿Quién tiene angustia? ¿Quién siente tristeza? . . . Es el que pasa muchas horas en las tabernas, probando nuevos tragos. . . . Pues al final [el vino] muerde como serpiente venenosa; pica como una víbora. PROVERBIOS 23:29-30, 32

POCAS COSAS DAÑAN tanto la integridad matrimonial como el alcoholismo. Es más, la investigación ha demostrado que un matrimonio en el que uno de sus miembros es adicto al alcohol o a otra sustancia adictiva tiene solo una entre diez oportunidades de sobrevivir. Casi todos conocemos a alguien que tiene un problema con el alcohol, y los estudios indican que las tasas del alcoholismo están en aumento en Lationamérica, así que estamos tratando con un problema de magnitud colosal.

El alcoholismo no es un problema nuevo; existe desde los tiempos del Antiguo Testamento. Es más, en Proverbios 23 el rey Salomón escribió una vívida descripción de los efectos negativos de beber crónicamente en exceso. El alcoholismo produce angustia y sufrimiento.

¿Por qué es tan destructivo el alcoholismo para el matrimonio? La respuesta reside en el comportamiento que provoca el abuso de sustancias. El alcohólico es extremadamente egocéntrico; la vida se centra en la satisfacción de sus propias necesidades. En su esfuerzo por ocultar su adicción, el abusador se vuelve un experto en el engaño. Ese engaño levanta muros de separación entre la pareja. El alcohólico es insensible a los sentimientos de quienes se interesan por él, y su adicción con frecuencia conduce al abuso verbal y a la pérdida del empleo.

El cónyuge que se concentra en estos síntomas en lugar de enfocar el problema de fondo se frustrará enormemente. Con mucha frecuencia, el cónyuge se convierte en un consentidor, alguien que hace todo lo posible para mantener la paz en la familia. En última instancia, lo único que puede ayudar a un alcohólico es el amor riguroso.

Padre, te pido que nos guíes y nos ayudes mientras analizamos la manera de ocuparnos de las adicciones o de los hábitos que amenazan la unidad en nuestro matrimonio, incluyendo aquellos que podrían no ser tan evidentes como el abuso de sustancias. Por favor danos sabiduría.

AMAR A UN ALCOHÓLICO

Sobre todo, vístanse de amor, lo cual nos une a todos en perfecta armonía.

COLOSENSES 3:14

VIVIR CON UNA persona alcohólica o con cualquier tipo de adicto requiere la aplicación del amor riguroso. Bárbara se dio cuenta de esto después de vivir diez años con un esposo alcohólico. Los alcohólicos saben manipular, defraudar y mentir a fin de salirse con la suya. Sus historias y sus excusas suenan tan convincentes que usted quiere creerles.

Sin embargo, finalmente Bárbara aprendió a amar auténticamente a su esposo negándose a encubrirlo, a disculparlo o a rescatarlo de las consecuencias de su comportamiento. Dejó que su esposo permaneciera en la prisión local a pesar de sus ruegos de que pagara la fianza para sacarlo. Permitió que perdiera el trabajo en lugar de intervenir en su defensa. Cuando él salió de juerga, ella se fue con los niños a la casa de su mamá.

Ese fue el colmo para Daniel. Él le suplicó y le rogó a Bárbara que regresara, pero ella fue capaz de decir que no ante sus lágrimas. Le dijo que no regresaría hasta que él se matriculara en un programa de tratamiento y aceptara recibir consejería matrimonial juntos. Daniel volvió a suplicar la noche siguiente y ella repitió la respuesta. Una semana más tarde, él se matriculó en el programa de tratamiento.

La Biblia dice claramente que debemos "[vestirnos] de amor," como escribió Pablo en Colosenses 3, pero amar a alguien no significa permitirle que nos pisotee; por el contrario, significa hacer lo mejor para esa persona. Bárbara estaba aprendiendo que el amor riguroso es el único amor que el alcohólico entiende.

Padre, a veces pensamos que el amor tierno y suave es la única manera de parecernos a Cristo. No obstante, sé que no nos amas siempre de esa manera; cuando leo la Biblia, veo ocasiones en las que impusiste consecuencias a fin de que la gente se sintiera motivada a cambiar. Por favor ayúdame a reconocer cuándo es apropiado el amor riguroso en mi matrimonio y ayúdame a ponerlo en práctica sin olvidar lo que sea mejor para mi pareja.

ESPERANZA PARA EL ALCOHÓLICO

Sabemos que nuestro antiguo ser pecaminoso fue crucificado con Cristo para que el pecado perdiera su poder en nuestra vida. Ya no somos esclavos del pecado. Pues, cuando morimos con Cristo, fuimos liberados del poder del pecado. ROMANOS 6:6-7

¿CÓMO PUEDE SER usted un agente positivo para el cambio mientras vive con un alcohólico? Como Bárbara, de quien leímos ayer, usted quizás necesite decir algo como lo siguiente: "Te amo demasiado como para quedarme tranquila mientras te destruyes a ti mismo y a mí. La próxima vez que llegues borracho a casa, me mudaré con los niños a casa de mis padres."

Esto puede parecer poco cristiano, pero en realidad podría ser la única clase de amor que un alcohólico entienda. Los alcohólicos se sentirán motivados a buscar ayuda solo cuando se den cuenta de que están a punto de perder algo importante.

Hay esperanza; la liberación es posible para el alcohólico. Romanos 6 y muchos otros pasajes de la Biblia dejan en claro que como creyentes no debemos permanecer esclavizados por el pecado. ¡Cristo nos ha liberado de su poder! Él puede transformar nuestra vida y vencer en cualquier área donde el pecado todavía nos controle. Muchos cristianos dan testimonio de que alguna vez estuvieron esclavizados por el alcohol, pero ahora están libres. Algunos se liberaron de manera instantánea. La mayoría se recuperó con la ayuda de un programa cristiano de tratamiento, el apoyo de buenos profesionales y una familia que aprendió cómo ser parte del proceso de sanidad.

Si usted está casado con un alcohólico, comience buscando ayuda para usted mismo. Aprenda de qué manera puede ser parte de la recuperación. Llame a su iglesia y averigüe qué grupo local podría ser de ayuda. Analice los programas de tratamiento locales. Tenga la información preparada para el momento en que su cónyuge decida buscar ayuda.

Padre celestial, te agradezco porque hay esperanza para el alcohólico y para su familia. Ya sea este u otro pecado el que esté afectando a nuestro matrimonio, te pido sabiduría, transformación y disposición para cambiar. Ayúdame a confiar en que puedes quebrar el poder del pecado en nosotros.

4 DE DICIEMBRE

CUANDO ESTÉ ENOJADO CONSIGO MISMO

Los necios dan rienda suelta a su enojo, pero los sabios calladamente lo controlan. PROVERBIOS 29:11

DE VEZ EN cuando, la mayoría de nosotros hace cosas tontas. Luego nos enojamos con nosotros mismos. Este enojo puede ser leve, mediano o intenso, según lo que hayamos hecho. Si llego a mi auto en el garaje y me doy cuenta de que dejé la llave en el segundo piso, el enojo conmigo mismo puede ser leve. Si cierro el vehículo con las llaves dentro, en la playa del centro comercial, mi enojo será mediano, pero si pierdo las llaves en una cacería a cientos de kilómetros de la civilización, mi enojo podría ser intenso.

¿De qué manera afecta esto al matrimonio? Cuando me enojo conmigo mismo, quizás me desquito con mi cónyuge. Es probable que él vea lo injusto, responda con enojo y comience un intercambio desagradable. Sería mejor decirme a mí mismo: *Hiciste algo tonto y perderás un poco de tiempo, pero no lo empeores refunfuñando o desquitándote con alguien que no tiene la culpa. Veamos, ¿cómo se puede resolver el problema?* Una vez que lo haga, puedo avanzar hacia la solución.

El rey Salomón dijo sin rodeos que alguien que desahoga su enojo contra otro que no tuvo ninguna responsabilidad con la situación es un necio; el que puede controlarse es sabio. Siempre es mejor alejarse de la frustración que no conduce a nada y pensar en cómo se puede mejorar la situación.

Hacer algo tonto no lo convierte a uno en una persona tonta. No se castigue a sí mismo y, por favor, no se desquite con su cónyuge.

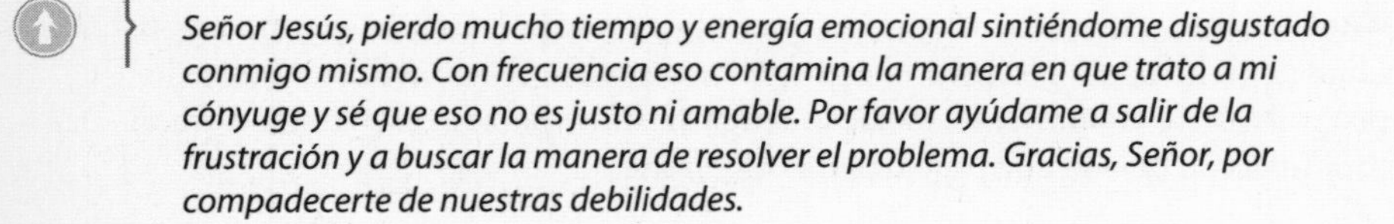

Señor Jesús, pierdo mucho tiempo y energía emocional sintiéndome disgustado conmigo mismo. Con frecuencia eso contamina la manera en que trato a mi cónyuge y sé que eso no es justo ni amable. Por favor ayúdame a salir de la frustración y a buscar la manera de resolver el problema. Gracias, Señor, por compadecerte de nuestras debilidades.

5 DE DICIEMBRE

RESOLVER EL ENOJO CON UNO MISMO

Su amor inagotable hacia los que le temen es tan inmenso como la altura de los cielos sobre la tierra. Llevó nuestros pecados tan lejos de nosotros como está el oriente del occidente. SALMOS 103:11-12

QUIERO SUGERIRLE CUATRO pasos para resolver el enojo consigo mismo. En primer lugar, admita que está enojado. "Me siento enojado conmigo mismo" es la primera declaración en el proceso de sanación.

En segundo lugar, examine su enojo preguntándose: *¿Hice algo mal?* La respuesta le ayudará a definir si su enojo es justificado o está distorsionado. Un enojo justificado significa que hizo algo moralmente malo. El enojo distorsionado significa que está desilusionado de sí mismo, pero que no hizo algo moralmente malo. Olvidarse de llevar las camisas de su esposo a la lavandería no es un pecado. Olvidar no es un pecado sino parte de nuestra condición humana.

En tercer lugar, confiese cualquier falta que haya cometido: ante Dios y ante la persona a la que afectó.

En cuarto lugar, decida perdonarse a sí mismo. No gana nada condenándose a sí mismo con comentarios tales como: "Merezco sufrir; miren lo que hice. Fui tan tonto. Hice algo que sabía que estaba mal. No merezco perdón." Recuerde que Satanás es el acusador (ver Job 1:6). Dios es el perdonador. ¿Por qué no estar del lado de Dios? El Salmo 103 nos dice que él "llevó nuestros pecados tan lejos de nosotros como está el oriente del occidente." En otras palabras, nuestros pecados han sido completamente eliminados. Si el Señor lo ha perdonado, entonces usted puede perdonarse y, una vez que lo haya hecho, estará en mejores condiciones para relacionarse libremente con su cónyuge, sin culpa ni enojo.

Padre, sabes lo fácil que me resulta enojarme conmigo mismo y lo difícil que me es renunciar al esquema mental de autocondenarme. Cuando haga algo que no debo, por favor ayúdame a estar dispuesto a confesar la ofensa y a pedirte perdón. Sé que esa es la única manera de resolver mi enojo. Mientras proceso esta ira, ayúdame a no descargarla en mi cónyuge sino a mantener una actitud amorosa.

6 DE DICIEMBRE

CONSTRUIR UN CIMIENTO FIRME

[Jesús dijo:] "Les mostraré cómo es cuando una persona viene a mí, escucha mi enseñanza y después la sigue. Es como una persona que, para construir una casa, cava hondo y echa los cimientos sobre roca sólida. Cuando suben las aguas de la inundación y golpean contra esa casa, esta queda intacta porque está bien construida". LUCAS 6:47-48

LA CLAVE PARA un matrimonio firme es un cimiento firme. Jesús relató acerca de una persona sabia que puso los cimientos de su casa sobre la roca sólida. Cuando vinieron las tormentas y las inundaciones, la casa se mantuvo firme. En contraste, una persona necia construyó una casa sin cimientos. Se derrumbó durante la primera tormenta. La fe, la confianza y la obediencia son los cimientos de nuestra relación con Dios. En nuestro matrimonio, el cimiento es la unidad.

En el diseño de Dios, el matrimonio involucra dos personas (esposa y esposo) que se vuelven una. Eligen compartir la vida con más profundidad entre sí que con cualquier otra persona. Esa intimidad abarca todos los aspectos de la vida. Idealmente, antes de casarnos deberíamos explorar las bases que nos darán la unidad. En el aspecto intelectual, ¿estamos en la misma onda? ¿Podemos conversar y entendernos mutuamente? En lo emocional, ¿somos capaces de compartir nuestros sentimientos sin temor al rechazo? En lo social, ¿disfrutamos de actividades similares? En lo espiritual, ¿caminamos al mismo ritmo?

Después del casamiento, construiremos sobre este fundamento. Si el cimiento es inestable, será más difícil construir la intimidad. No obstante, debemos construir, porque de eso se trata el matrimonio. Si optamos por desentendernos y tener existencias separadas, estaremos quebrantando el propósito de Dios para el matrimonio. Puede ser difícil crear intimidad, pero si nos comprometemos a seguir el plan de Dios, contaremos con toda su ayuda.

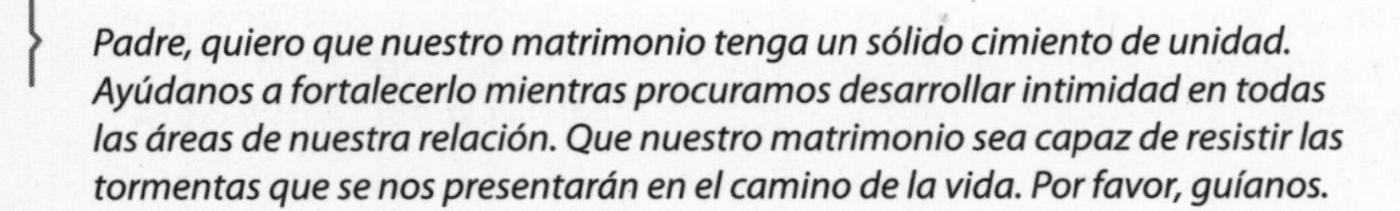

Padre, quiero que nuestro matrimonio tenga un sólido cimiento de unidad. Ayúdanos a fortalecerlo mientras procuramos desarrollar intimidad en todas las áreas de nuestra relación. Que nuestro matrimonio sea capaz de resistir las tormentas que se nos presentarán en el camino de la vida. Por favor, guíanos.

7 DE DICIEMBRE

EL FUNDAMENTO DE LA INTIMIDAD ESPIRITUAL

Nadie puede poner un fundamento distinto del que ya tenemos, que es Jesucristo.

1 CORINTIOS 3:11

LA INTIMIDAD ESPIRITUAL es con frecuencia el área más difícil del matrimonio y es, sin embargo, la más importante. Nuestra relación con Dios afecta todo lo que hacemos. El apóstol Pablo escribió en 1 Corintios 13 que el único fundamento para los creyentes es Jesucristo. Confiar en él para nuestra salvación provee la base y el rumbo para el resto de nuestra vida.

Obviamente, cada uno de nosotros debe mantener su intimidad con Dios. No podemos hacer eso por nuestro cónyuge, pero como matrimonio podemos compartir ese camino y, al hacerlo, alentarnos para fortalecer mutuamente la intimidad. Permítame compartir algunas sugerencias para mejorar la intimidad espiritual:

1. Compartan mutuamente algo que les gustó en el servicio de adoración al que asistieron. (Eso es mucho más edificante que compartir las cosas que no les gustaron.)
2. Compartan un versículo bíblico leído durante el tiempo devocional. No lo use para sermonear a su cónyuge sino para compartir algo que encontró alentador o revelador.
3. Oren juntos. Si lo prefieren comiencen con la oración silenciosa; tómense de las manos y oren en silencio. Diga amén en voz alta cuando haya terminado y espere a que su cónyuge también diga amén. Eso no es difícil y los acercará.

Así como su relación con Dios afecta todos los demás aspectos de su vida, la intimidad espiritual también afectará todos los demás aspectos de su matrimonio. A medida que estamos cada vez más cerca de Dios estaremos más cerca el uno del otro. La intimidad espiritual enriquecerá la intimidad emocional, intelectual y física. Todos estos aspectos forman parte de llegar a ser *uno* en el matrimonio.

Señor Jesús, sé que tú eres el fundamento de mi vida. Ninguna otra cosa podría ocupar ese lugar tan importante. Te pido que nuestra relación contigo también sea lo central en nuestro matrimonio. Ayúdanos a compartir los desafíos y los estímulos que encontremos mientras nos acercamos cada vez más a ti. Que podamos crecer en intimidad a medida que crezca nuestra intimidad espiritual.

8 DE DICIEMBRE

PATRONES DE COMUNICACIÓN

Que las palabras de mi boca y la meditación de mi corazón sean de tu agrado, oh S*EÑOR*, *mi roca y mi redentor.* SALMOS 19:14

TODOS SOMOS COMUNICADORES. La pregunta es qué clase de comunicadores somos. Dicho en pocas palabras, comunicarnos es compartir la vida con otra persona. Es el proceso por medio del cual dos individuos deciden revelarse mutuamente parte de sus pensamientos, sentimientos y experiencias.

A nivel superficial, la comunicación parece algo sencillo. Uno podría preguntarse por qué la investigación indique que la falta de comunicación es uno de los principales problemas en las relaciones personales. Uno de los factores es que nuestras emociones a menudo interfieren con la interacción genuina. Los sentimientos de dolor, enojo, temor, desilusión, frustración o baja autoestima son con frecuencia un obstáculo para franquearnos con el otro.

En nuestro esfuerzo por mantener la estabilidad emocional desarrollamos una variedad de patrones de comunicación. Al cabo de un tiempo, ni siquiera somos conscientes de estos esquemas; simplemente hacemos lo que nos sale naturalmente. Es posible que en forma individual y como pareja ustedes hayan desarrollado patrones positivos y también patrones negativos.

En los próximos días exploraremos algunos de los patrones negativos en los que podemos caer y procuraremos modificarlos. Como dice el salmista en el texto citado arriba, queremos que las palabras que salgan de nuestra boca sean saludables, amorosas y agradables para Dios, especialmente aquellas que le dirigimos a nuestro cónyuge.

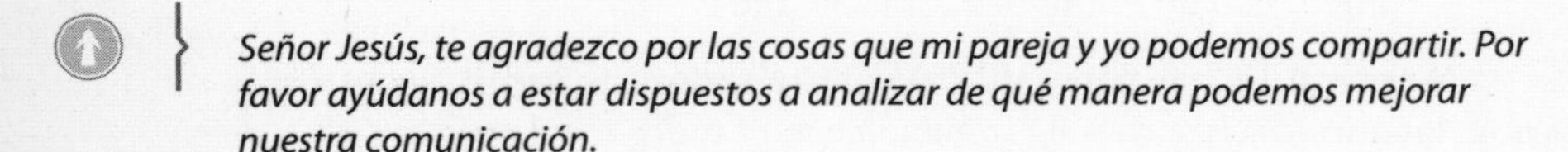

Señor Jesús, te agradezco por las cosas que mi pareja y yo podemos compartir. Por favor ayúdanos a estar dispuestos a analizar de qué manera podemos mejorar nuestra comunicación.

EVITAR LA PACIFICACIÓN

Hablaremos la verdad con amor y así creceremos en todo sentido hasta parecernos más y más a Cristo, quien es la cabeza de su cuerpo, que es la iglesia. EFESIOS 4:15

LOS EXPERTOS EN el matrimonio han descubierto algunos patrones comunes que son perjudiciales para la comunicación. Uno de ellos es el que a veces se denomina la Paloma. En este esquema, uno de los cónyuges calma al otro a fin de evitar su enojo. Es el síndrome de "la paz a cualquier precio." Las afirmaciones típicas de una Paloma son "Está bien para mí" o "Cualquier cosa que te haga feliz me hace feliz a mí."

Las Palomas siempre están tratando de calmar a la otra persona. A menudo se disculpan por cosas insignificantes que podrían haber molestado al cónyuge. Casi nunca discrepan abiertamente con su pareja, sin importar cómo se sientan. El patrón de comunicación de la Paloma suele surgir de una baja autoestima. El apaciguador quizás piense: *Mis ideas no valen nada, ¿para qué expresarlas?* Es posible que tema la reacción de su cónyuge si discrepa.

Debería resultar obvio que este patrón de comunicación no construye matrimonios auténticos. La sinceridad honra a Dios y refleja su imagen. Salmos 31:5 se refiere al Señor como el "Dios de la verdad" (NVI). Debemos aprender a decir la verdad —por supuesto que con gracia y amor, como nos alienta a hacerlo el apóstol Pablo en el versículo citado arriba—, pero debemos decir la verdad.

Señor Dios, queda claro en las Escrituras que la verdad es sumamente importante para ti. Ayúdanos como pareja a comprometernos a decirnos mutuamente la verdad con amor. Ayúdame a no tener miedo de decir lo que pienso o lo que necesita ser dicho.

CULPARSE MUTUAMENTE

Ya no hay condenación para los que pertenecen a Cristo Jesús; y porque ustedes pertenecen a él, el poder del Espíritu que da vida los ha libertado del poder del pecado, que lleva a la muerte. ROMANOS 8:1-2

ASÍ COMO LA comunicación positiva favorece una relación, la comunicación negativa la sabotea. Otro patrón frecuente de comunicación negativa es el que se denomina el Halcón. Las frases típicas de un Halcón incluyen: "Es todo por tu culpa," o "Si me hubieras escuchado, no estaríamos en medio de este desastre." En este estilo de comunicación, uno de los cónyuges culpa al otro de todo. El Halcón es el jefe, el dictador, el que está al mando y que nunca se equivoca. Puede hasta caer en el abuso verbal con expresiones tales como: "Nunca haces nada bien," "Siempre lo arruinas todo," "¿Cómo puedes ser tan tonto?" o "Si no fuera por ti todo sería maravilloso." El Halcón nunca acepta la responsabilidad por un problema.

Por lo general, los Halcones sufren de baja autoestima. No pueden admitir que están en falta porque eso confirmaría la sensación de fracaso que ya tienen. Los Halcones necesitan el toque sanador de una verdad bíblica: todos somos pecadores, pero en Cristo recibimos perdón. No hay condenación para los que le pertenecen a Cristo Jesús, como nos lo dice Romanos 8; todo lo contrario, si hemos confesado nuestros pecados, estamos libres de ellos. Si Cristo no nos condena, ¿por qué condenarnos el uno al otro? La comunicación conyugal consiste en un pecador perdonado conversando con otro pecador perdonado.

Si usted ve el estilo Halcón en el funcionamiento de su matrimonio, pídale perdón a Dios y comience de nuevo.

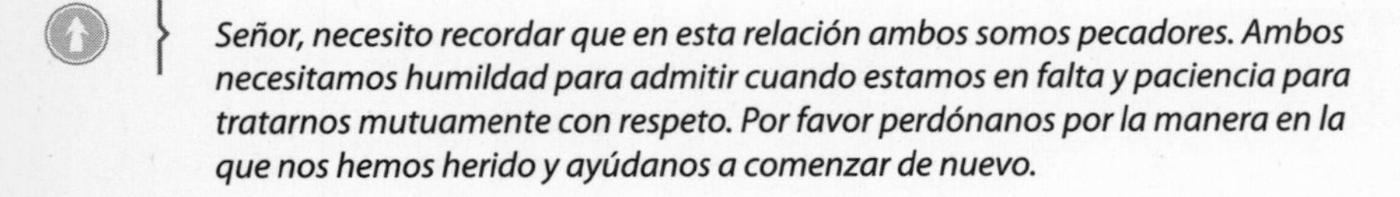

Señor, necesito recordar que en esta relación ambos somos pecadores. Ambos necesitamos humildad para admitir cuando estamos en falta y paciencia para tratarnos mutuamente con respeto. Por favor perdónanos por la manera en la que nos hemos herido y ayúdanos a comenzar de nuevo.

11 DE DICIEMBRE

CUANDO LA RAZÓN ES DEMASIADO RAZONABLE

Alégrense con los que están alegres y lloren con los que lloran.

ROMANOS 12:15

SIN DARNOS CUENTA, muchos de nosotros hemos desarrollado patrones de comunicación negativos que están destruyendo nuestro matrimonio. Otro de estos patrones es el de la Lechuza. El señor o la señora Lechuza es reposado, frío y sereno. Es el síndrome de "seamos razonables." Estas personas se parecen más a una computadora que a un ser humano y pueden dar una respuesta lógica a cualquier cosa.

Explicarán con calma cualquier cosa sobre la que usted tenga preguntas. Harán que la respuesta suene tan razonable que usted se preguntará cómo pudo ser que alguien pudiera pensar de otra manera. Esta gente por lo general se considera razonable e inteligente. Se enorgullecen de no manifestar sus emociones y cuando otra persona lo hace, esperan serenamente hasta que la tormenta haya pasado y entonces continúan con su razonamiento.

La verdad es que esta clase de razonamiento desapasionado no siempre es coherente con el ideal de Dios para nosotros. Romanos 12:15 nos anima a alegrarnos con los que se alegran y a llorar con los que lloran. En otras palabras, tenemos que identificarnos con la situación del otro y consolarlo, experimentando algunas de sus emociones.

Lo triste es que el señor y la señora Lechuza, tan reposados, fríos y serenos, no se dan cuenta de que tienen un problema. Se preguntan por qué su cónyuge no reconoce en ellos sabiduría superior. ¿Podría alguien hacerlos caer de la percha?

Señor Jesús, tiendo a ser demasiado racional. Perdóname por la arrogancia de no tomar en cuenta los sentimientos de mi pareja. Por favor, dame humildad para reconocer que mi manera de ser no es perfecta. Enséñame a valorar las emociones de mi cónyuge y a identificarme compasivamente con ella.

12 DE DICIEMBRE

IGNORAR EL ASUNTO

Mis amados hermanos, quiero que entiendan lo siguiente: todos ustedes deben ser rápidos para escuchar, lentos para hablar y lentos para enojarse.

SANTIAGO 1:19

EL ÚLTIMO PATRÓN negativo de comunicación que analizaremos es el del Avestruz: "Ignóralo y desaparecerá." Este esquema es el de una persona que en esencia ignora cualquier acción o comentario de la otra persona que le parezca desagradable. El Avestruz rara vez responde directamente a lo que la otra persona dice. Lo que hace es cambiar de tema y seguir adelante.

Los Avestruces son activistas. Si son habladores seguirán con la matraca hablando sobre cosas que no se relacionan con nada. Si son de los que hacen cosas, estarán constantemente sumergidos en la actividad. Si les pregunta qué están haciendo, rara vez le darán una respuesta directa.

El Avestruz a veces desarrolla un estilo cantarín. Usted puede interrumpir y hacer sus propios comentarios, pero entonces el Avestruz volverá a hablar, casi siempre sobre cualquier tema que no se relaciona en absoluto con lo que usted acaba de decir, e incluso con lo que el Avestruz estaba hablando. La conversación continúa en muchas direcciones y rara vez alcanza alguna conclusión. Si usted inicia un tema de conversación que al otro le resulta incómodo, es probable que inmediatamente cambie de tema.

El apóstol Santiago tiene un excelente consejo para esta persona: que sea rápida para escuchar y lenta para hablar. Antes de hacer su aporte, asegúrese de que escucha y entiende lo que la otra persona dice. La Biblia afirma que ignorar los temas desagradables, especialmente al ser confrontados con algo que hemos hecho mal y que debemos corregir, es una actitud necia y conduce al conflicto (ver Proverbios 10:17).

Si usted o su cónyuge tiene la tendencia del Avestruz, quizás necesite la ayuda de un consejero. Sin ella, seguirá ignorando a su pareja, y esa es una base muy pobre para una comunicación honesta y frontal.

Padre, esta tendencia de ignorar los asuntos difíciles en nuestro matrimonio a veces nos afecta a ambos. Ayúdame a reconocer lo destructiva que es. Por favor muéstranos la manera correcta para encarar frontalmente los conflictos y las dificultades con gracia y con valentía.

CAMBIAR EL PATRÓN

Que sus conversaciones sean cordiales y agradables, a fin de que ustedes tengan la respuesta adecuada para cada persona. COLOSENSES 4:6

EN LOS DÍAS anteriores hemos considerado algunos patrones enfermizos de comunicación. Hemos analizado a la Paloma, al Halcón, a la Lechuza y al Avestruz. Hoy quiero sugerir cinco maneras de modificar esos patrones.

Primero, identifique el patrón nocivo. ¿Cuál de los cuatro es el más prevaleciente en su matrimonio?

Segundo, reconozca que ese esquema es perjudicial para su relación. Por ejemplo, dígase a sí mismo: "Soy un Halcón y esto está lastimando mi matrimonio."

Tercero, decida que quiere modificar ese patrón. Los cambios no se producirán de manera automática con el paso del tiempo. Las cosas solo cambian cuando decidimos cambiarlas.

Cuarto, reemplace los viejos esquemas con otros nuevos. Consiga un buen libro sobre comunicación y descubra a qué se parece la comunicación saludable. Luego comience a incorporar esas ideas en su matrimonio. Por supuesto, esto lleva tiempo y esfuerzo, pero rinde grandes dividendos.

Por último, admita las ocasiones en las que vuelve a caer en el viejo patrón de comunicación. Ningún patrón cambiará de la noche a la mañana y una recaída no es un fracaso. Es algo normal cuando se corrige un mal hábito. Sea perseverante y eventualmente usted y su cónyuge verán el cambio.

Que su meta consista en seguir el consejo del apóstol Pablo de mantener conversaciones "cordiales y agradables" entre ustedes.

Padre celestial, dame sabiduría para reconocer los patrones negativos de comunicación en mi vida y en nuestra relación. Por favor ayúdanos a identificar los problemas, a estar dispuestos a cambiar y entonces a realizar el cambio. Quiero que mi manera de hablar te honre.

14 DE DICIEMBRE

AMOR = RECTITUD

El amor consiste en hacer lo que Dios nos ha ordenado, y él nos ha ordenado que nos amemos unos a otros, tal como ustedes lo oyeron desde el principio.

2 JUAN 1:6

A VECES ALGUIEN le dirá a su cónyuge: "Quiero que seas feliz. Si dejarme te hace feliz, hazlo. Me dolerá, pero quiero que seas feliz." En un nivel superficial eso puede parecer un amoroso acto de autosacrificio, pero en realidad no lo es. El amor verdadero busca el bien de la otra persona y, según las Escrituras, romper el pacto conyugal no es bueno. (Ver 1 Corintios 7:10-11, por ejemplo.)

El mayor bien de una persona no está en la felicidad sino en la rectitud. Si la felicidad se encuentra haciendo algo malo, esa felicidad será efímera, porque los placeres del pecado son siempre momentáneos (ver Hebreos 11:25). Los cristianos nunca deben alentar el divorcio en nombre de la felicidad. Por el contrario, debemos alentarnos unos a otros en la rectitud. Como dice el apóstol Juan en el pasaje citado arriba, amar consiste en seguir los mandamientos de Dios, es decir, en vivir con rectitud.

La verdadera pregunta es: ¿qué nos enseña la Biblia que hagamos en la situación que estamos viviendo? Si usted no sabe la respuesta, entonces busque a un pastor consagrado que esté familiarizado con los principios bíblicos para la relación matrimonial. Una vez que sabemos qué es correcto, como creyentes debemos procurar hacerlo sin importar el costo.

Padre, gracias por esta útil definición del amor. Este no consiste en hacer feliz a mi cónyuge a cualquier precio. Más bien, consiste en alentar a mi pareja a hacer lo que es correcto y que, en última instancia, será lo mejor para ella: obedecer tus mandamientos. Por favor ayúdame a honrar mis votos matrimoniales aun en medio de los conflictos, en lugar de inclinarme simplemente por la solución más fácil.

CAMINANDO POR FE HACIA LA RECONCILIACIÓN

La fe es la confianza de que en verdad sucederá lo que esperamos; es lo que nos da la certeza de las cosas que no podemos ver. HEBREOS 11:1

CUANDO LAS COSAS se ponen difíciles en su matrimonio, quizás le parezca más fácil rendirse y buscar la felicidad por su lado, especialmente cuando los sentimientos amorosos se han evaporado. Sin embargo, aunque el llamado cristiano no es un camino fácil, es el correcto. Puedo prometerle que después del esfuerzo de la reconciliación, el camino correcto conduce tanto al amor como a la felicidad.

La decisión de buscar la reconciliación es un paso de fe. Usted ve que la relación carece de los sentimientos cálidos del amor, que las diferencias no se resuelven y que no logra la intimidad que desea para el matrimonio. Por lo tanto, primero debe dar los primeros pasos por fe, no por lo que ve. No obstante, no se trata de una fe ciega: es la fe que se basa en el consejo de Dios. Aferrándose a su mano, usted debe caminar con él, confiando en su sabiduría de que lo correcto es honrar el pacto conyugal.

Cuando por fe usted sale en busca de la reconciliación con su pareja, se une a las filas de los héroes de la Biblia. Lea Hebreos 11 y encontrará muchos ejemplos de personas que actuaron por fe, sin ninguna garantía de que las cosas saldrían como ellos querían. La única certeza que tenían de que las cosas finalmente resultarían para bien era la promesa de Dios. Usted cuenta con la misma promesa. ¿Necesita algo más que eso?

Padre, mi desafío es caminar por fe. Cuando nuestro matrimonio atraviese un momento difícil, ayúdame a trabajar por la reconciliación porque es lo correcto. Quizás no tenga mucha garantía de que mi cónyuge se mostrará receptivo, pero cuento con tu promesa de estar conmigo. Por favor dame la fortaleza para tomar la decisión correcta.

SERVIR EN LUGAR DE EXIGIR

[Jesús dijo:] "El que quiera ser líder entre ustedes deberá ser sirviente, y el que quiera ser el primero entre ustedes deberá convertirse en esclavo. Pues ni aun el Hijo del Hombre vino para que le sirvan, sino para servir a otros y para dar su vida en rescate por muchos". MATEO 20:26-28

LA LLAVE QUE abre la puerta a un matrimonio feliz es aprender a mostrarse servicial con su pareja. Debo confesar que me llevó varios años descubrir esa llave. Cuando me casé, estaba pensando en lo feliz que me haría mi esposa. Cuando no me satisfizo su desempeño, me sentí desilusionado, herido, enojado y hostil. Un cuadro poco agradable.

¿Le ha pasado lo mismo a usted? Le exige cosas a su pareja y luego se enoja cuando no hace lo que usted reclama. Entonces reacciona: "¿Por qué no lo hiciste? Sabes lo importante que es esto para mí" o: "¿Cómo pudiste hacer eso? Sabes cómo me hace sentir." Con esas expresiones usted está intentando manipular el comportamiento de su cónyuge.

¿Ya descubrió que no funciona? La gente no responde bien ante las exigencias. En lugar de eso, procure servir. Jesús dijo a sus discípulos que cualquiera que aspire a ser un líder debe primero servir a los demás. Deberíamos seguir su ejemplo y servir a los demás.

Pruebe haciendo algo por su cónyuge que usted sabe que le agradará. Desarrollar su actitud de servicio tiene mucho más potencial que seguir haciendo exigencias. ¡Haga algo bueno por su pareja, hoy!

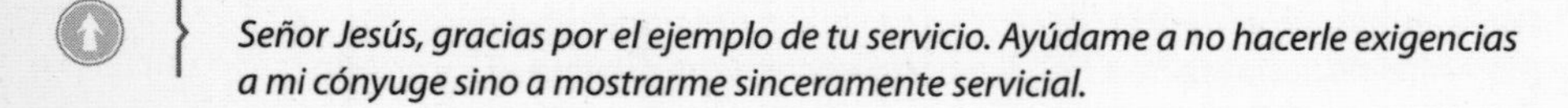

Señor Jesús, gracias por el ejemplo de tu servicio. Ayúdame a no hacerle exigencias a mi cónyuge sino a mostrarme sinceramente servicial.

17 DE DICIEMBRE

EL SERVICIO DE ESPOSOS Y ESPOSAS

Es más, sométanse unos a otros por reverencia a Cristo. Para las esposas, eso significa: sométanse cada una a su marido como al Señor. . . . Para los maridos, eso significa: ame cada uno a su esposa tal como Cristo amó a la iglesia.

EFESIOS 5:21-22, 25

LA ACTITUD DE servicio mutuo de parte del esposo y de la esposa produce un matrimonio que madura, pero el servicio debe ser mutuo. Una esposa sometida y servicial con un marido tiránico y exigente nunca producirán un matrimonio feliz. Una esposa dominante con un esposo pasivo tampoco encontrarán la satisfacción conyugal.

El esposo debe aprender a servir a su esposa como Cristo sirvió a la iglesia. La esposa debe aprender a servir a su esposo como sirve al Señor. El servicio mutuo es el que produce mutua alegría.

Los jugadores de tenis pasan horas cada semana mejorando sus saques, o servicios. ¿Necesita usted prestar atención y mejorar este aspecto de su relación que tiene el potencial de brindarle un matrimonio grandioso? Desarrollar el servicio podría hacer la diferencia entre el éxito y el fracaso en su matrimonio.

¿Está usted dispuesto a pedirle a Dios que le dé la actitud de Cristo hacia su cónyuge? ¿A pedirle que le ayude a servir como él servía? Es una oración a la que Dios responderá y eso hará crecer a su matrimonio.

Padre, te pido que obres en mi corazón y que me des una actitud como la de Cristo hacia mi pareja. Ayúdame a servir como tú lo hiciste: de todo corazón, con ternura, sin esperar nada a cambio.

LIBERTAD PARA SERVIR

Ustedes, mis hermanos, han sido llamados a vivir en libertad; pero no usen esa libertad para satisfacer los deseos de la naturaleza pecaminosa. Al contrario, usen la libertad para servirse unos a otros por amor. GÁLATAS 5:13

EN LOS ÚLTIMOS días hemos estado hablando sobre desarrollar nuestra actitud de servicio. Debemos aprender a aceptar la actitud de servicio que tuvo Cristo. Cuando usted y su pareja son mutuamente serviciales, entonces ambos ganan.

Una cosa que estimula el servicio es mostrar reconocimiento. ¿Ha sido servicial su cónyuge con usted esta semana? ¡Piénselo! ¿Sacó la basura, preparó una comida, lavó la vajilla, cortó el césped, le cambió los pañales al bebé o bañó al perro? Si así fue, ¿por qué no expresarle gratitud? Usted podría decir: "Sabes, no te lo dije antes, pero de verdad te agradezco por haber bañado al perro. A mí me resulta difícil hacerlo. Sé que es un trastorno y realmente te lo agradezco."

Identifique algo que su pareja haya hecho por usted y muéstrele reconocimiento. Luego haga usted algo por su cónyuge. El servicio mutuo y la gratitud mutua llevan a un gran matrimonio. No son una obligación sino algo que se da con libertad, como señala el pasaje de Gálatas citado arriba. Al entregar nuestra vida el uno por el otro, descubrimos la alegría del servicio.

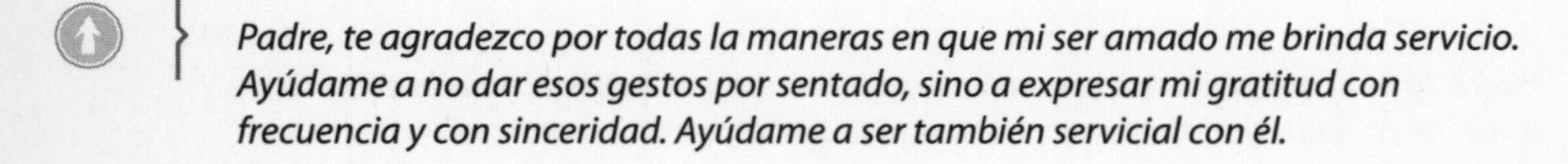

Padre, te agradezco por todas la maneras en que mi ser amado me brinda servicio. Ayúdame a no dar esos gestos por sentado, sino a expresar mi gratitud con frecuencia y con sinceridad. Ayúdame a ser también servicial con él.

EL REGALO DEL ENOJO

Dios es mi escudo, quien salva a los de corazón recto y sincero. Dios es un juez honrado; todos los días se enoja con los malvados. SALMOS 7:10-11

A MENUDO SE considera al enojo como un enemigo del matrimonio, pero creo que Dios se propuso que fuera un amigo. La emoción del enojo es un regalo de Dios. Refleja nuestra preocupación por lo correcto y nuestro amor hacia las personas.

El pasaje del Salmo 7 muestra que el Señor está enojado con aquellos que hacen algo malo. ¿Por qué? El Salmo 7 continúa luego hablando de las personas que tienden trampas a los demás y que tienen intenciones de violencia. Esos individuos tienen una enorme capacidad para hacerle daño a otros y ese menosprecio por sus semejantes enoja al Señor.

De la misma manera, si nuestro cónyuge está cometiendo un pecado, es posible que nos enojemos porque sabemos que herirá a otros, inclusive a sí mismo. En el ejemplo de Salmos, la ira de Dios y las acciones resultantes tienen el potencial de guiar a los pecadores al arrepentimiento. De manera similar, nuestro enojo debería motivarnos a ser una influencia sobre nuestra pareja, para que deje de hacer algo malo y haga lo correcto.

En el plan de Dios, la ira lleva a un buen fin. Sin embargo, como con todos los dones de Dios, Satanás procura torcer ese plan y con frecuencia lo logra. Cuando cedemos ante Satanás, nuestro enojo empeora la situación en lugar de mejorarla. Quizás reaccionamos con juicio en lugar de hacerlo con preocupación, o quizás nos demos aires de ser moralmente superiores, o seamos hirientes en la manera de expresarnos.

Lo mejor que podemos hacer cuando estamos enojados es orar. Debemos pedirle a Dios que nos muestre cómo tener una influencia positiva sobre nuestro cónyuge. Recuerde que el propósito del enojo es motivarnos a colaborar con Dios para ayudar a nuestra pareja a abandonar la conducta pecaminosa.

Padre, cuando me sienta enojado con mi cónyuge, por favor ayúdame a analizar los motivos del enojo. Cuando sea una ira justificada, porque mi pareja está haciendo algo malo o dañino, dame la sabiduría para reaccionar. Sé que debo concentrarme en alentar a mi cónyuge a regresar al camino correcto.

20 DE DICIEMBRE

CONFRONTAR CON MANSEDUMBRE

Amados hermanos, si otro creyente está dominado por algún pecado, ustedes, que son espirituales, deberían ayudarlo a volver al camino recto con ternura y humildad. Y tengan mucho cuidado de no caer ustedes en la misma tentación.

GÁLATAS 6:1

¿CUÁNDO FUE LA última vez que estuvo enojado con su cónyuge? ¿Qué hizo? Su conducta ¿mejoró o empeoró la situación? Las Escrituras dicen que cuando encontramos a un hermano o hermana en Cristo haciendo algo malo, debemos buscar su restauración "con espíritu de mansedumbre" (Gálatas 6:1, RV60). En otras palabras, debemos ser tiernos y humildes porque nosotros también pecamos de vez en cuando. No estamos en posición de juzgar sino de ayudar a nuestro cónyuge a retomar el camino correcto.

Cuando esté enojado con su pareja, la confrontación amorosa será el enfoque más positivo. Quizás está enojado porque cree que su cónyuge ha hecho o dicho algo malo. O quizás no hizo algo que usted piensa que debería haber hecho. Un acercamiento manso podría ser: "Cariño, quizás entendí mal, pero me siento muy dolido y enojado, y necesito tu ayuda. ¿Es este un buen momento para hablar?"

Comparta su percepción y luego escuche a su cónyuge. Usted no puede cambiar su comportamiento, pero puede influenciarlo. Sabrá que su enojo cumplió su propósito cuando escuche decir: "Lo siento. Estuve mal. Con la ayuda de Dios no volveré a hacerlo. ¿Me perdonas?"

Padre celestial, ayúdame a ser siempre tierno y humilde cuando confronte a mi cónyuge por algo incorrecto que esté haciendo. Sé lo propenso a fallar que soy yo mismo y quiero extenderle gracia a mi pareja también. Por favor ayúdame a usar mi enojo de manera sabia, no para descargarme sino para motivarme a confrontar con amor cuando sea necesario.

21 DE DICIEMBRE

MANEJO SALUDABLE DEL ENOJO

¡Ya no sigas enojado! ¡Deja a un lado tu ira! No pierdas los estribos, que eso solo trae daño. SALMOS 37:8

COMO HEMOS VISTO, el enojo es un componente inevitable en cualquier relación, incluyendo la del matrimonio. Hemos comentado algunas de las razones que hay detrás del enojo, pero hoy quiero enfocarme en el aspecto práctico. A continuación encontrará seis sugerencias sobre cómo manejar el enojo hacia su cónyuge.

1. Dígase a sí mismo: "Está bien que me sienta enojado."
2. Recuérdese: "No está bien que descargue mi enojo sobre mi cónyuge, ni que me encierre en el silencio."
3. Ore pidiéndole a Dios sabiduría sobre cómo manejar su enojo.
4. Busque una explicación a lo sucedido antes de emitir juicio. Podría decir: "Cariño, hay algo que me molesta, pero quizás he malentendido la situación. ¿Puedo hacerte una pregunta?"
5. Busque una solución; no aspire a ganar la discusión. Si usted gana, su cónyuge pierde. Usted no quiere estar casado con un perdedor, ¿verdad? La pregunta apropiada es: "¿Cómo podemos resolver este problema?"
6. Confirme a su pareja que la ama. Por ejemplo: "Te amo y no quiero que se levante ninguna barrera entre nosotros."

Como nos recuerda el salmista, perder el control solo produce daño. En contraste, estos seis pasos allanan el camino para una buena solución. El manejo saludable del enojo bien puede salvar su matrimonio.

Padre, gracias por estas sugerencias sobre cómo manejar el enojo con mi cónyuge. Por favor ayúdame a ponerlas en práctica. Que el enojo no me lleve a pecar; que pueda ser respetuoso y tierno con mi pareja.

22 DE DICIEMBRE

NUESTRA NECESIDAD PRIMARIA

Tres cosas durarán para siempre: la fe, la esperanza y el amor; y la mayor de las tres es el amor. 1 CORINTIOS 13:13

EL AMOR Y el matrimonio van juntos, tal como un caballo y un carruaje. ¿Verdad? Pues bien, deberían ir juntos, y en un matrimonio saludable, es así. La mayoría de la gente coincide en que nuestra necesidad emocional más profunda es la de sentirnos amados. El apóstol Pablo identifica al amor como lo más grande que existe y el rey David escribió que el "amor inagotable [de Dios] es mejor que la vida misma" (Salmos 63:3). No cabe duda de que el amor fiel de Dios puede ser nuestro sólido fundamento emocional. Sin embargo, también necesitamos experimentar el amor humano, y si estamos casados, la persona cuyo amor anhelamos más es nuestro cónyuge. Lo cierto es que si nos sentimos amados, todo lo demás se puede manejar, pero si no nos sentimos amados, los conflictos se convierten en un campo de batalla.

Ahora bien, no quiero ser mal entendido. No estoy sugiriendo que el amor sea nuestra única necesidad. Los psicólogos han observado que también tenemos necesidades emocionales básicas de seguridad, autoestima y propósito. Sin embargo, el amor se entrecruza con todas esas necesidades.

Si me siento amado, entonces puedo relajarme con la certeza de que mi cónyuge no querrá hacerme daño. Me siento seguro en su presencia. Puedo enfrentar las inseguridades en el trabajo. Quizás tenga enemigos en otras áreas de mi vida, pero sentiré seguridad en la relación con mi pareja. En los próximos dos días hablaré acerca de cómo satisfacer de manera eficaz la necesidad que tiene su cónyuge de sentirse amado.

Señor Jesús, gracias por tu amor que nunca falla y gracias por el amor que puedo compartir con mi pareja. Por favor ayúdame a amar de manera eficaz para que mi cónyuge pueda sentirse seguro en nuestra relación.

SABERNOS VALIOSOS

Miren con cuánto amor nos ama nuestro Padre que nos llama sus hijos, ¡y eso es lo que somos! 1 JUAN 3:1

CON FRECUENCIA EL amor en el matrimonio hace la diferencia entre una baja autoestima y una autoestima sana. El amor marca la diferencia en la manera en que me percibo a mí mismo.

Por supuesto, en realidad todos nosotros somos valiosos sencillamente porque fuimos creados a la imagen de Dios. El apóstol Juan dice claramente que Dios nos llama hijos porque nos ama profundamente. La Biblia usa también la figura de una oveja. El Salmo 100:3 dice: "¡Reconozcan que el SEÑOR es Dios! Él nos hizo, y le pertenecemos; somos su pueblo, ovejas de su prado." En pocas palabras, somos personas amadas y valoradas, pertenecemos al Creador y él nos cuida. Ese es un mensaje maravilloso respecto al valor de cualquier persona creyente.

Sin embargo, no todos nos *sentimos* valiosos. En el matrimonio, podemos ser instrumentos de Dios para fortalecer la autoestima de nuestra pareja. La mejor manera de hacerlo es amar a su cónyuge y comunicarle la verdad de Dios. Utilizar el lenguaje de amor de su cónyuge y mantener llena su provisión de amor también le comunica que es una persona valiosa. Después de todo, si mi cónyuge me ama, debo valer algo.

¿Conoce usted el lenguaje de amor principal de su cónyuge, lo que le hace sentirse realmente amado? Entonces pídale a Dios que le dé la habilidad de utilizar bien ese lenguaje, sea el contacto físico, las palabras de aprobación, el tiempo compartido, los regalos o los actos de servicio. Observe cómo florece su pareja y se desarrolla la persona que Dios se propuso que fuera. El amor hace la diferencia.

¡Padre celestial, gracias por permitir que te llamemos Padre! Nos adoptaste como tus hijos y te ocupas tiernamente de nosotros como un pastor lo hace por sus ovejas. Gracias por valorarnos. Por favor ayúdame mientras me esfuerzo por comunicar ese valor a mi cónyuge mediante mis expresiones de amor.

TRASCENDENCIA PERSONAL

Sobre todo, deben vivir como ciudadanos del cielo, comportándose de un modo digno de la Buena Noticia acerca de Cristo. Entonces . . . sabré que están firmes y unidos en un mismo espíritu y propósito, luchando juntos por la fe, es decir por la Buena Noticia. FILIPENSES 1:27

LA NECESIDAD DE trascendencia motiva buena parte de nuestro comportamiento. Queremos que nuestra vida tenga alguna influencia. Por supuesto, soy valioso porque Dios me hizo. La vida tiene sentido. Hay un propósito trascendente: el de compartir el amor de Dios con los demás, difundiendo la Buena Noticia. El apóstol Pablo alentaba a los creyentes a mantenerse unidos en este propósito, y eso sigue siendo válido en la actualidad. Cuando comunicamos el amor de Dios, estamos haciendo algo de la mayor trascendencia.

Sin embargo, podría no sentirme valioso hasta que una persona me exprese su amor. Cuando mi cónyuge invierte de manera afectuosa su tiempo, energía y esfuerzo en mí, me siento valioso, pero lo más sorprendente es que cuando decido amar a mi pareja y dar la vida por su bienestar, entonces me siento todavía más valioso. ¿Por qué? Porque es más bienaventurado dar que recibir.

Nuestro ejemplo es Cristo. Él dio su vida por la iglesia (ver Efesios 5:25); en consecuencia, Dios "le exaltó hasta lo sumo" (Filipenses 2:9, RV60). Una de sus principales contribuciones a la causa de Cristo es amar a su cónyuge.

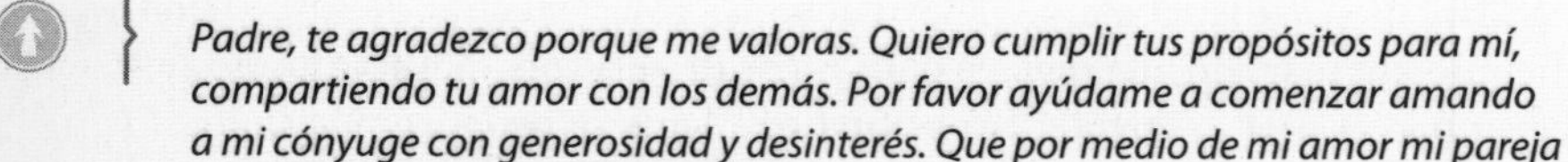

Padre, te agradezco porque me valoras. Quiero cumplir tus propósitos para mí, compartiendo tu amor con los demás. Por favor ayúdame a comenzar amando a mi cónyuge con generosidad y desinterés. Que por medio de mi amor mi pareja se sienta también una persona valiosa.

OLVIDAR EL PASADO

Olvido el pasado y fijo la mirada en lo que tengo por delante, y así avanzo hasta llegar al final de la carrera para recibir el premio celestial al cual Dios nos llama por medio de Cristo Jesús. FILIPENSES 3:13-14

SEGÚN 1 CORINTIOS 13:5, el amor "[no] lleva un registro de las ofensas recibidas." ¡Cuántas veces me ha tocado escuchar en la sesión de consejería que cada cónyuge presenta la lista de faltas cometidas por su pareja en el pasado! La herida, el dolor y la desilusión se sienten como si la ofensa hubiera sido el día anterior. Pregunto: ¿de qué sirve eso?

Todos hemos cometido pecados en el pasado. Sí, todos somos culpables de faltas espantosas, pero el gran mensaje de Navidad es que Dios perdona y una vez que hemos sido perdonados, Dios ya no se acuerda de nuestras faltas. En efecto, en Isaías 43:25 nos dice: "Nunca volveré a pensar en ellos." ¡Qué extraordinaria promesa!

Tenemos que seguir el ejemplo de Dios. Si nuestra pareja confiesa su falta y pide perdón, nunca más debemos sacar a la luz el pasado. Recuerde que su bienestar no está determinado por el pasado sino por lo que haga con el futuro. Lo importante es la manera en que se tratan el uno al otro hoy y no cómo se trataron el mes o el año pasado.

Siga el ejemplo del apóstol Pablo en Filipenses 3, olvide el pasado, concéntrese en el futuro y en su meta final: vivir como Cristo. Olvidar el pasado es la clave que les puede abrir el futuro y traer reconciliación entre usted y su cónyuge.

Padre, en este día de Navidad, te doy gracias por enviar a Jesús al mundo para salvarnos. ¡Su sacrificio hace posible que nos perdones y que olvides el pasado! Por favor ayúdame a dejar de recordar las faltas de mi pareja y a no fomentar mi dolor. En lugar de eso, quiero mirar hacia adelante, hacia el crecimiento y la reconciliación que podemos experimentar en el futuro. Señor, enséñame cómo perdonar y amar como tú lo haces.

26 DE DICIEMBRE

EL AMOR NO EXIGE QUE LAS COSAS SE HAGAN A SU MANERA

[Pablo dijo:] "He sido un ejemplo constante de cómo pueden ayudar con trabajo y esfuerzo a los que están en necesidad. Deben recordar las palabras del Señor Jesús: 'Hay más bendición en dar que en recibir'". HECHOS 20:35

LA FELICIDAD ES un bien muy singular. La persona que sale a buscarla nunca la encuentra. Mujeres y hombres solitarios, de todas las épocas, han admitido lo inútil de su búsqueda de la felicidad, entre ellos de manera notable el rey Salomón, en su libro Eclesiastés. Este rey poderoso y rico, con sirvientes que atendían todos sus asuntos, descubrió que la mayoría de los aspectos de la existencia eran tediosos, carentes de sentido y de alegría.

La mayoría de nosotros se casa dando por sentado que será feliz. Después del casamiento descubrimos que nuestra pareja no siempre se ocupa de hacernos felices. Quizás hasta exija más y más de nuestro tiempo, energía y recursos en pro de su propia felicidad. Nos sentimos estafados y usados; entonces peleamos por nuestros derechos. Exigimos que nuestro cónyuge haga ciertas cosas por nosotros, o nos rendimos y buscamos la felicidad en algún otro lugar.

Parte de la definición del amor que da el apóstol Pablo en 1 Corintios 13 afirma que el amor "no exige que las cosas se hagan a su manera." La felicidad genuina es el subproducto de hacer feliz a otra persona. ¿Qué podría haber sucedido si el rey Salomón hubiera encontrado alguien a quien servir? ¿Acaso no dicen las Escrituras que "hay más bendición en dar que en recibir" (Hechos 20:35)?

¿Quiere usted ser feliz? Descubra las necesidades de otra persona y procure responder a ellas. ¿Por qué no comenzar con su pareja? "¿En qué puedo ayudarte?" es una buena pregunta para comenzar.

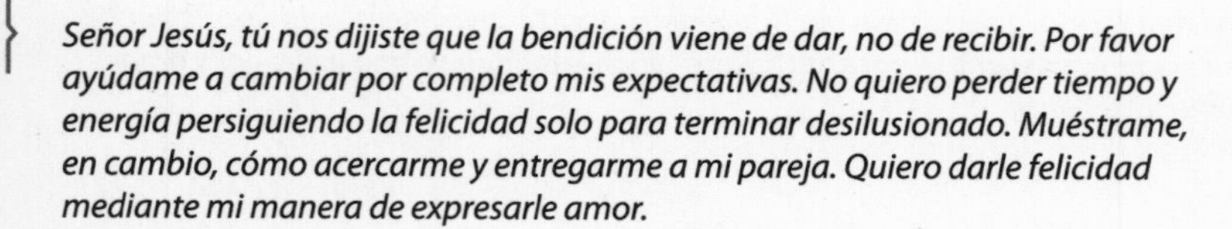

Señor Jesús, tú nos dijiste que la bendición viene de dar, no de recibir. Por favor ayúdame a cambiar por completo mis expectativas. No quiero perder tiempo y energía persiguiendo la felicidad solo para terminar desilusionado. Muéstrame, en cambio, cómo acercarme y entregarme a mi pareja. Quiero darle felicidad mediante mi manera de expresarle amor.

27 DE DICIEMBRE

COMENZAR BIEN LA RELACIÓN CON LA FAMILIA POLÍTICA

Respeten a todos y amen a sus hermanos en Cristo. 1 PEDRO 2:17

CUANDO USTED SE convierte en suegra o suegro, entra a un nuevo mundo de relaciones. No permita que eso simplemente ocurra. Es conveniente conversar sobre ello.

Antes de que se case su hijo o su hija, hablen acerca de cómo será la vida después de la boda. Hable con su cónyuge; hable con su hijo o hija; hable con su futuro yerno o nuera.

Usted desea tener relaciones sanas, de modo que debe conversar sobre lo que espera en ese sentido. Escúchense el uno al otro. Respeten sus ideas. Acuerden las reglas de juego. Respondan a las siguientes preguntas:

- ¿Cómo debe dirigirse a nosotros el futuro yerno o la futura nuera?
- Si vivimos en la misma zona, ¿debemos avisar antes de presentarnos de visita? ¿O simplemente aparecemos en cualquier momento?
- ¿Qué tipo de contacto mantendremos después de la boda? ¿Con qué frecuencia nos llamaremos o nos visitaremos?
- ¿Queremos que nos inviten a cenar? ¿Tiene cada pareja la libertad de no aceptar la invitación, en caso de tener otros planes?
- ¿Daremos ayuda económica a la joven pareja? En ese caso, ¿cómo lo haremos para que la joven pareja no se sienta controlada?
- Cuando tratamos a los miembros de nuestra familia y a los nuevos miembros con amor y respeto, seguimos el consejo del apóstol Pablo. También establecemos el marco para sólidas relaciones familiares en los años venideros. Prepararse para la vida después de la boda es tan importante como preparar la boda en sí.

Padre celestial, quiero tener una buena relación con mi yerno o nuera, sea que esté ahora o en un futuro lejano en esa situación. Gracias por recordarme que la comunicación proactiva, el amor y el respeto serán siempre un beneficio. Que nuestras relaciones familiares crezcan cada vez más fuertes, más solidarias y más afectuosas.

ACCIONES SOBRE EMOCIONES

No nos cansemos de hacer el bien. A su debido tiempo, cosecharemos numerosas bendiciones si no nos damos por vencidos. GÁLATAS 6:9

HOY, MI DESAFÍO es que usted ame a su cónyuge, aun cuando guarde hacia él emociones negativas. Quizás se pregunte si eso es ser hipócrita. Mi respuesta es no. Ser hipócrita sería decir que siente algo que en realidad no siente, mientras que *actuar* de manera amorosa independientemente de las emociones que siente no lo es. Cuando usted expresa bondad mediante un regalo o un gesto amable, no está declarando que lo motiva alguna emoción cálida. Simplemente está decidiendo ser amable.

La Biblia nos dice que no nos cansemos de hacer el bien. Al tratar a nuestro cónyuge de manera amable y afectuosa, estamos haciendo lo que le agrada a Dios. Él promete que, si perseveramos, eventualmente veremos la bendición.

Es lo mismo que hacemos cada mañana. Yo no sé cuál es su caso, pero si yo me levantara de la cama solamente los días en que siento deseos de hacerlo, ya me hubieran salido escaras. Casi todas las mañanas actúo a pesar de mis sentimientos y me levanto cuando suena la alarma. Más tarde me siento bien de haberme levantado; es decir, casi todos los días.

Los sentimientos negativos se alivian con más prontitud cuando se los ignora que cuando se los consiente. Cuando usted actúa de manera positiva a pesar de las emociones negativas, contribuye a modificar el clima emocional de su pareja. Se disipa el resentimiento y ambos cónyuges están mejor dispuestos entre sí. ¡Quizás esta es la bendición que Dios promete! Una vez que llegan a ese punto, entonces pueden ocuparse juntos del tema que inicialmente provocó sus sentimientos negativos.

Padre, por favor dame perseverancia para tratar amablemente a mi cónyuge, aun cuando no sienta deseos de hacerlo o cuando sienta deseos de rendirme. Sé que cuando expreso tu amor, la atmósfera entre mi pareja y yo puede cambiar. Necesito tu voluntad y tu decisión para superar mis emociones y hacer lo correcto. Gracias por ayudarme, Señor.

EL PODER TRANSFORMADOR DEL AMOR

La clase de fruto que el Espíritu Santo produce en nuestra vida es: amor, alegría, paz, paciencia, gentileza, bondad, fidelidad, humildad y control propio. ¡No existen leyes contra esas cosas! GÁLATAS 5:22-23

SE CUENTA DE una mujer que fue a consultar a un consejero matrimonial. "Quiero divorciarme de mi esposo," dijo, "y quiero que le duela lo más posible."

"En ese caso," le dijo el consejero, "comience a llenarlo de elogios. Cuando usted se haya vuelto indispensable para su marido, cuando él piense que usted lo ama devotamente, entonces comience el juicio de divorcio. Esa es la mejor manera de que él sufra."

Unos meses más tarde, la mujer regresó e informó que había seguido el consejo recibido.

"Bien," dijo el consejero. "Ahora es el momento de comenzar el divorcio."

"¿Divorcio?" preguntó la mujer. "¡Jamás! Me he enamorado de este señor."

Las palabras y los actos afectuosos no solo transforman al cónyuge; transforman también a la persona que habla y actúa amorosamente. ¿Acaso no dijo Jesús: "¡Ama a tus enemigos! ¡Ora por los que te persiguen!" (Mateo 5:44)? ¡Quizás esto se aplique a su cónyuge, por lo menos en algunos momentos! Quizás parezca imposible, pero Gálatas 5 confirma que no todo el esfuerzo depende de nosotros. El Espíritu Santo que vive en el interior de los creyentes produce atributos piadosos: amor, alegría, paz, paciencia, gentileza, bondad, fidelidad, humildad y control propio. ¡Qué listado tan extraordinario! Lo que debemos hacer es permitir que él trabaje en nuestro ser.

Amar a su cónyuge en el poder del Espíritu Santo nunca empeorará la situación. ¿Quién sabe? Hasta podría mejorar. Vaya en contra de lo que le dicten sus sentimientos y dele una oportunidad al amor.

Padre, te agradezco por el don del Espíritu Santo que es capaz de producir en mí un fruto maravilloso. Por favor ayúdame a quitarme del camino y a permitir que obre tu Espíritu. Con tu ayuda puedo amar a mi cónyuge mediante mis actos, aun cuando no sienta deseos de hacerlo. Señor, quiero ser transformado por tu amor.

30 DE DICIEMBRE

¿CUÁL ES SU LEGADO?

Ustedes deberían imitarme a mí, así como yo imito a Cristo.

1 CORINTIOS 11:1

ENTRE LAS COSAS que usted dejará atrás cuando muera se encuentra su legado conyugal. Su ejemplo ejercerá una influencia en la vida de sus hijos y en otros que lo observan. Pocas cosas tienen tanta importancia como construir un tipo de matrimonio que le gustaría que sus hijos imiten.

Cuando les pregunto a padres ya mayores: "¿Qué desea para sus hijos adultos?," con frecuencia responden: "Quiero que establezcan un buen matrimonio y que críen a sus hijos como personas afectuosas y ciudadanos responsables." Esa es una meta que vale la pena. ¿Qué está haciendo usted a favor de esa meta? Sostengo que el modelo de su propio matrimonio es el factor más importante para ayudar a que sus hijos tengan un buen matrimonio.

La pregunta es: ¿dejará usted un legado positivo o uno negativo? Muchos adultos jóvenes tienen conflictos, en gran medida, por causa de la influencia del ejemplo negativo que les dejaron los padres. Otros tienen la bendición de haber tenido un buen modelo.

No es demasiado tarde. Mientras tenga vida, usted tiene tiempo para trabajar en el legado conyugal que dejará. Lo mejor que puede hacer es lo que hizo Pablo: seguir el ejemplo de Cristo. Cuando más cerca lo seguimos y nos tratamos entre nosotros de la manera en que él quiere que lo hagamos, tanto más semejante a Cristo será nuestro legado.

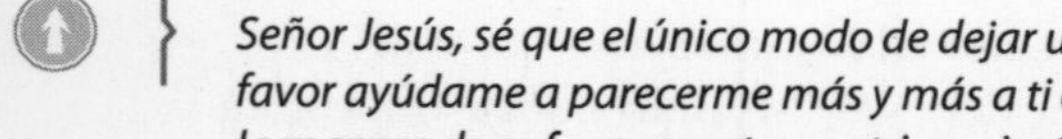

Señor Jesús, sé que el único modo de dejar un legado firme es seguir tu ejemplo. Por favor ayúdame a parecerme más y más a ti en la manera de tratar a mi pareja y en la manera de enfocar nuestro matrimonio. Quiero dejar un buen ejemplo a quienes nos rodean. Gracias, Señor.

UN LEGADO CONYUGAL POSITIVO

Sé un ejemplo para todos los creyentes en lo que dices, en la forma en que vives, en tu amor, tu fe y tu pureza. 1 TIMOTEO 4:12

¿QUÉ CLASE DE legado les dejará a sus hijos? Cuando usted muera, dejará algún legado material: dinero, ropa, muebles, vehículos, etcétera. No obstante, el legado más poderoso que dejará es el legado de su matrimonio.

Juan enterró a su padre de setenta y ocho años apenas un año después de la muerte de su madre. Su papá había estado viviendo durante varios años en un hogar para mayores y se le había acabado el dinero. No dejó ninguna herencia material. "Antes de que muriera," recordaba Juan, "dijo que quería dejarme su anillo de bodas. Después de su muerte, cuando volví a la residencia, me entregaron una bolsa con la ropa de mi padre. En el fondo había una pequeña bolsa de plástico con su anillo de bodas. Ahora ese anillo está sobre mi cómoda. Lo miro todos los días para recordarme del marido fiel que fue para mi madre durante más de cincuenta años. Pienso en todo lo que hizo por mí cuando yo era joven, y mi oración es que yo pueda ser la clase de esposo y padre que él fue."

Las palabras de Juan hablan con elocuencia de un legado mucho más valioso que el de una propiedad material. El apóstol Pablo le escribió a Timoteo, alentándolo a ser un ejemplo en su manera de vivir, de creer y de amar. Ese es un desafío para nosotros también. ¿Qué pensarán algún día sus hijos cuando miren su anillo de boda?

Señor Jesús, quiero dejar un legado positivo. Por favor ayúdanos a mi pareja y a mí a amarnos bien, aun durante los tiempos difíciles en nuestro matrimonio. Que aquellos que nos rodean puedan mirar nuestro matrimonio y sentirse alentados.

ÍNDICE TEMÁTICO

ÍNDICE DE REFERENCIAS BÍBLICAS

ACERCA DEL AUTOR

EL DOCTOR GARY CHAPMAN es autor del clásico éxito de ventas *Los cinco lenguajes del amor* (más de 4 millones de ejemplares vendidos) y de muchos otros libros sobre el matrimonio y la familia. También es coautor con Catherine Palmer de la serie de ficción basada en *Las cuatro estaciones del matrimonio*. El doctor Chapman es director de Marriage & Family Life Consultants, Inc., y un orador de fama internacional. Conduce el programa radial *Love Language Minute,* que se escucha en más de doscientas emisoras en Estados Unidos. Él y su esposa, Karolyn, viven en Carolina del Norte.